浙江文史记忆丛书

王永昌·主编

浙江文史记忆

上虞卷

马志坚·著

浙江人民出版社

《浙江文史记忆》丛书编委会

《浙江文史记忆》丛书绍兴编委会

《浙江文史记忆·上虞卷》编委会

总　序

袁家军

习近平总书记高度重视文化的力量，强调文化是民族的灵魂，是维系国家统一和民族团结的精神纽带，是民族生命力、创造力和凝聚力的集中体现。浙江是中华文明的重要发祥地之一，浙江文化在中华文化长河中留下了浓墨重彩的一笔。

浙江有悠久的历史文化。距今一百万年的长兴七里亭遗址，将古人类在浙江境内劳动、生息的历史追溯至旧石器早期；八千年前跨湖桥的一只独木舟，重新标记了我国舟船文化的发端；七千年前河姆渡的干栏式建筑，印证了长江流域同样存在灿烂绚丽的新石器文明；六千年前的马家浜文化与其后的崧泽文化、良渚文化一脉相承，被称为“江南文化的源头”；良渚古城遗址更是实证了中华五千年的文明。浙江有丰富的经典文化。“和合文化”中“贵和尚中、善解能容，厚德载物、和而不同”的宽容品格，成为中华民族所追求的一种文化理念；唐代四百多位诗人在“浙东唐诗之路”留下传世佳句；南宋建都临安留下了风雅宋韵；阳明心学成为明中叶后中国思想界的重要潮流；浙东学派在当时史学界乃至整个古代史学发展史上都有举足轻重的地位。浙江还诞生了独特的红色文化。100多年前，中国共产党在南湖红船诞生，这是“红色根脉”的源头坐标，南湖红船成为见证建党“开天辟地的大事变”的红色符号，“红船精神”成为中国革命精神之源。同时，浙江是习近平新时代中国特色社会主义思想重要萌发地，这是“红色根脉”的新时代标识。博大璀璨的浙江文化，滋润着一代又一代浙江人民，培育出文明智慧、勤劳勇敢的人文精神。

习近平总书记在浙江工作期间，作出了“八八战略”重大决策部署，明确要求进一步发挥浙江的人文优势，积极推进科教兴省、人才强省，加快建设文化大省，启动实施文化建设“八项工程”，推动浙江社会主义文化大发展大繁荣。党的十八大以来，以习近平同志为核心的党中央以高度的文化自觉和文化自信，不断深化对新时代中国特色社会主义文化建设规律的认识，深刻阐明了文化的战略地位、根本属性、根本功能、实践路径，把坚持社会主义核心价值体系作为新时代坚持和发展中国特色社会主义的十四条基本方略之一，把“坚持共同的理想信念、价值理念、道德观念，弘扬中华优秀传统文化、革命文化、社会主义先进文化，促进全体人民在思想上精神上紧密团结在一起”作为中国特色社会主义制度和国家治理体系的13个显著优势之一，明确了坚定文化自信、推动社会主义文化繁荣兴盛的方向举措，对坚持和完善繁荣发展社会主义先进文化的制度、巩固全体人民团结奋斗的共同思想基础作出了部署安排，为推动社会主义文化繁荣兴盛、建设社会主义文化强国提供了根本遵循。

这些年来，历届浙江省委坚定不移沿着习近平总书记指引的道路奋勇前进，特别是最近几年来围绕“文化强省、提升浙江软实力，文化树人、引领社会新风尚”这一总目标，大力推动在共同富裕中实现精神富有，在现代化先行中实现文化先行，走出了一条具有中国特色、时代特征、浙江特点的文化发展之路。我们深入研究习近平新时代中国特色社会主义思想在浙江的萌发与实践、习近平科学的思维方法在浙江的探索与实践，大力弘扬“红船精神”、浙江精神，立起思想理论的主心骨；深入实施浙江文化研究工程，加快之江文化中心等重大文化设施建设步伐，以26个山区县为重点，在全省实施百城万村文化惠民工程，不断完善基层公共文化设施网络；大力实施数字化改革，推进大数据、人工智能与文化发展有机融合，培育流媒体、电子竞技、视频点播、数字文娱等文化产业新业态，做强做长数字文化产业链；实施“宋韵文化传世工程”，形成宋韵文化挖掘、保护、提升、研究、传承的工作体系，让千年宋韵在新时代“流动”起来、“传承”下去；做大做强大运河文化带、之江文化产业带，加快打造浙东唐诗之路、大运河诗路、钱塘江诗路、瓯江山水诗路等“四条诗路”，推进横店影视文化产业集聚区等重大平台建设，点亮国家版本馆杭州分馆、中国美院等散落在之江两岸的“艺术明珠”，形成璀璨夺目的“艺术星河”；实施公民道德建设工程、时代新人培育工程、文明好习惯养成工程，深化信用浙江建设，培育“浙江有礼”省域品牌，加快推进以人为核心的现代化。

历史观照现实、远观未来，文化浸润时代、推动进步。浙江省文史研究馆牵头编纂的《浙江文史记忆》丛书，以大历史观的视角，重点讲好浙江历史上的文史记忆故事，生动叙述重要历史演进、重要历史任务、重大历史事件和重要历史文脉，多视角展示了浙江历史文脉、浙江文化风采、浙江精神风骨，充分体现了中华文化的基本属性和浙江文化的独特魅力，具有浓厚的中国气派、浙江韵味，是新时代文化浙江建设的重要成果。特别是这套丛书较好地突出了“八八战略”对浙江新时代发展的引领作用，记述了改革开放以来尤其是进入新世纪、新时代以来浙江发展的重大成就，为读者从整体上把握习近平总书记指引浙江文化大省建设的发展历程和实践成果提供了有益参考。

当前，我们已经踏上第二个百年新征程，正在扎实推动高质量发展建设共同富裕示范区。在这个历史进程中，文化不仅是软实力，也是硬实力；是支撑力，也是变革力。浙江将坚持以习近平新时代中国特色社会主义思想为指导，深入落实习近平总书记为浙江擘画的文化大省建设宏伟蓝图，站在赓续中华文脉的高度，传承好深深烙印在浙江人身上的“文化基因”，加快建设文化强省，打造新时代文化高地，深化文化建设“八项工程”，深入推进新时代文化浙江工程，着力打造思想理论高地、精神力量高地、文明和谐高地、文艺精品高地、文化创新高地，培育浙江文化新标识，构建文化建设大平台，打造更多浙江文化“金名片”，努力以“文化密码”破解高质量发展难题、以文化建设构筑共同富裕新格局，以实际行动坚决拥护“两个确立”、坚决做到“两个维护”。

《浙江文史记忆》导论

浙江历史悠久、文化璀璨，在中华文明发展史上具有重要地位。“浙江”为钱塘江古称，因江流曲折而得名。它地处中国东南沿海，陆域面积10.55万平方千米，其中山地丘陵约占70%，其余基本为平原河湖，故有“七山一水二分田”之说，同时也是全国海岸线较长和岛屿最多的省份。古往今来，浙江有丝绸之府、鱼米之乡、文物之邦和“诗画江南，山水浙江”的盛誉，令人流连忘返，美不胜收。

悠久的历史文化是我们的根和灵魂，任何时代的人们都只能在前人的基础上前行。今天的浙江，要实现社会主义现代化，推进物质富足、精神富有全面进步的共同富裕，创造美好生活，建设美丽浙江，就需要我们深入挖掘阐述、传承光大灿烂厚重的浙江历史文化，讲好浙江历史上的人文故事。为此，浙江省文史研究馆从2017年开始调研、酝酿并组织全省范围内《浙江文史记忆》丛书的编撰工作，力求从文史视角比较系统地介绍浙江历史上的重要文明演进、重要文化人物和重大文史事件，期望以生动的叙述方式多视角地展示浙江的历史文脉、文化风采和精神风骨，阐发浙江文化的独特魅力和历史传承发展的基本脉络。这样做，无论就其视角、风格还是省域范围讲，都是一件极富创新性和文化价值的大事。经五年左右、数百名专家学者的共同努力，《浙江文史记忆》丛书首批分册即将出版。在导论中，我们将对各重大历史阶段的国家概貌、浙江概况特别是浙江文史特点，作“三点一线”式提纲挈领的介绍，便于广大读者了解各个时期在全国宏观发展背景下，浙江历史文化发展的主要轮廓、脉络和重点、特点，同时把这一过程（从史前到2021年即中国共产党成立100周年）划分为以下十个阶段。

史前浙江的历史与文化

中华文明是人类最古老的文明之一。文字出现以前，学术界一般称之为史前社会即原始社会，具体又可分为旧石器时代和新石器时代两个阶段。

浙江是中国古代文明的发祥地之一，约100万年前境内就有人类活动。进入新石器时代后，距今约1万年的浦江上山文化、约8000年的萧山跨湖桥文化、约7000年的余姚河姆渡文化和嘉兴马家浜文化、约5000年的余杭良渚文化等如一颗颗串起历史的璀璨明珠，向世人展示了悠久厚重、灿烂辉煌的地域文化。

发展到距今约5000年时，是中华文明和国家从萌生到崛起的时代。其时，黄河、长江流域等地陆续出现了城邑与国家的初始形态——邦国，这是中国早期文明与国家形成的重要标志。起源于浙江境内并主要分布于太湖流域的良渚文化就处于这一时期，它以规模宏大的城址、功能复杂的“环壕聚落”、分等级设立的祭坛和墓地等一系列相关遗址，以及大量由神、人、兽图案“三位一体”组成的玉琮等精致玉器，不仅显示了其集政治、经济、文化和宗教为一体的早期城市特征，同时展示了中国新石器时代晚期区域性国家的雏形。2019年，因在世界文化界具有“人类早期城市文明的杰出范例”和“实证中华五千年文明史的圣地”等重大影响，良渚古城遗址被成功列入《世界遗产名录》。良渚文化与世界各主要文明比肩而立，在多元一体的中华文明起源史上占有十分重要的地位。

先秦时期的浙江历史与文化

秦朝建立之前的时期一般被称为先秦时期。这一时期的夏、商、西周，是中国奴隶社会形成与发展时期。其后的东周（具体分为春秋和战国两个阶段）则是中国社会由奴隶制向封建制转型的社会大动荡、大分化、大变革时代。

先秦初期，与北方中原相比，良渚文化消逝后，由于恶劣的气候、环境等因素，浙江长期处于相对落后状态。到春秋时期，越族在会稽（今绍兴）立国建都，并设立了包括行政机构、军队、刑法、税赋等在内的一整套国家制度和运行机制，这是有文字记载后最早在浙江出现的国家，也是浙江地域文明摆脱弱势、重新崛起的重要标志。其间，发生了历史上具有重要影响的吴越争霸之战。起初，以今江苏苏州为中心的吴国实力强于越国。公元前494年，吴国大败越国，越王勾践不得不赴吴国做苦役。三年后获释回国，勾践又韬光养晦、卧薪尝胆、发愤图强，并大力发展经济、军力。经“十年生聚，十年教训”，终于攻灭吴国，并从此称雄，甚至一度还将国都迁至琅琊（今山东临沂），确立了“四分天下而有之”的霸主地位。

先秦时期也是浙江文化的重要生成期，如生产工具由青铜器替代了新石器，这是具有划时代意义的进步。同时，春秋战国时期又是中国历史上诸子百家“百花齐放、百家争鸣”的辉煌时期，无疑对浙江文化产生了重要影响。在此基础上，越国一带也形成了有独特个性的越文化，例如以范蠡、文种为代表的一批士大夫所持有的“柔而不屈，强而不刚”等治政理念和“因时所宜”“随时以行”的辩证思想，特别是由此显现的自强不息、发愤图强等精神，为浙江精神之先声，对当时和其后浙江文化发展具有重大意义。

秦汉六朝的浙江历史与文化

这一时期既有秦汉大一统的宏伟格局，又有三国、两晋（西晋、东晋）、南北朝等战火不熄的纷争局面。初期，秦王朝通过推行郡县制等措施以扼制地方势力的壮大，在中国首次建立了中央集权统一的多民族国家。西汉前期针对连年战乱和秦朝的统治教训，实行无为而治、与民休息等政策，因而出现了“文景之治”[①]的繁盛景象，这也是中国历史上第一个盛世。进入三国两晋南北朝后，经三四百年的分裂局面，到隋朝时，全国重归统一。

公元前222年，秦军攻占会稽，将吴越合为一郡，统称会稽郡，郡治设于今江苏苏州，其时浙江分属会稽郡、鄣郡、闽中郡。东汉时又以钱塘江为界，以西的乌程、余杭等为吴郡，以东为会稽郡，这也是以钱塘江为界划分行政区的最早记载。到六朝[②]时，浙域已形成较为完备的州、郡、县三级行政体制。这一时期，从西汉时东瓯国在温台地区的短暂立国，到三国时富阳人孙权所建立的东吴，再到长兴人陈霸先所建陈朝的独霸一方……越国故地经历了由盛转衰并再度崛起的重大变迁。在秦至西汉的200多年中，浙江在经济发展等方面远落后于北方。自东汉中后期起，与北方长期战乱相比，浙江因远离中原等原因得以缓慢发展。到西晋末年，由于北方人口向南大规模迁徙，给浙江带来了先进的生产技术，促进了经济发展，如东汉时鉴湖等一批水利工程得以兴修，以青瓷为代表的手工业发展迅速，还陆续出现了山阴（今绍兴）、钱唐（今杭州）、乌程（今湖州）、句章（今宁波慈城）和章安（今台州）等一批重要城镇和港口。到东晋时，浙江已有7郡51县，成为以长江中下游为中心的江南基本经济区的核心区域之一。这标志着我国古代经济区域发生了由北向南扩展的重大变化，为之后隋唐时期经济重心的逐渐南移奠定了基础。

这一时期，是浙江文化在儒家思想一统格局下，在适应中融合、

---

① 指西汉文帝、景帝统治时期，因重视经济和社会发展并采取了一系列措施，而使国家出现的盛世局面。

② 一般将先后定都于今江苏南京（当时称建业、建康）的东吴、东晋和南朝的宋、齐、梁、陈，并称为“六朝”。

在转换中创新的重要成长期，并先后呈现出两个阶段性的重要特点：

一方面，经历了越国由强势到衰落的边缘化变迁。大规模人口南迁，使越文化逐渐变为一种边缘文化，被“定于一尊”的儒学则逐渐占据了区域文化的主导地位。但浙江的思想文化界并未消沉，最典型的便是上虞人王充。王充一生历经四朝，对已居主流的儒家文化，既未全盘接受，也未一概排斥，而是通过《论衡》等论著，对流行的天人感应、谶纬迷信和鬼神之说等进行了辩驳，并提出了鲜明的“疾虚妄”“崇实知”“重效验”等朴素的唯物主义认识论思想，从而开了浙学求真务实之风，有“浙学开山之祖”之誉。此后，袁康（东汉史学家）、吴平（东汉史学家）所编撰的并有“一方之志，始于《越绝》”之称的《越绝书》，赵晔（东汉史学家）记载吴越两国兴亡始末的《吴越春秋》，以及“博学洽闻”的虞翻（三国时东吴经学家）在易学领域的重要成就等，都从不同侧面对记录浙江历史、传承地域文化产生了重要影响。

另一方面，六朝开创了浙江文学艺术领域的第一个高潮期。东晋以前，与中原相比，浙江的文学艺术多显寂寞而无生机。伴随着一系列历史重大变化，特别是“永嘉之乱”、晋室“衣冠南渡”[①]后，一度沉寂的地域文化在中原文化的冲击下被重新激活。再加之浙江始于春秋战国时的“尚武”之习已逐渐转向“崇文”之风，儒学在民间逐渐普及，以及受晋室门阀士族所带来的“清谈”“玄学”之风的熏陶浸染，使得以自然山水风光为主要创作对象的诗歌、绘画和书法等文学艺术，呈现出前所未有的兴盛状态和南北交融的多元格局。无论是在书法界具有至高无上地位的“书圣”王羲之和为“百工所范”的山水

① 晋武帝去世后，西晋皇族为争夺政权，爆发了长达十六年的“八王之乱”，严重破坏了社会经济。匈奴贵族刘渊趁机起兵反晋，建立政权，国号汉。永嘉五年（311），汉军在宁平城之战中歼灭晋军主力，并攻破洛阳，俘获晋怀帝，杀王公士民三万余人，史称“永嘉之乱”。建兴四年（316），汉军攻破长安，西晋灭亡。为此中原士族相继南逃，并在南方建立东晋政权。因“衣冠”泛指官僚士大夫，故史称“衣冠南渡”。

画先驱戴逵（东晋画家），还是“中国山水诗鼻祖”谢灵运和将所创“永明体”自诩为“入神之作”的沈约（南朝文学家）等，他们既在不同程度上受到“清谈”“玄学”环境的熏陶浸染，又显现了崇儒尚文的柔平之风和各树一帜的创新意蕴，并对后世的文学艺术产生了重要影响。

隋唐五代的浙江历史与文化

这是一个全国由大一统到再度陷入大分裂的重要时期。首先是隋朝结束了自汉末以来除西晋短暂统一外长达近400年的分裂局面，再建统一的多民族国家。特别是唐朝经“贞观之治”，经济社会持续繁荣，进入了“开元盛世”[①]的鼎盛期。但随着时代推移，阶级矛盾、社会问题又日趋激化。“安史之乱”[②]后，由于朋党相争、宦官专权尤其是藩镇割据，同时裘甫（唐末浙东农民起义军领袖）、黄巢等领导的农民起义的沉重打击，唐朝最终覆灭，中国进入了五代十国战乱不休的割据局面。

隋唐五代是浙江在各种矛盾交汇融合过程中持续发展的时代。隋朝曾实行州县、郡县两种行政管理体制。唐朝又先后推行了改郡为州、以州领县和道、州、县三级区划等不同体制，其时“浙江”作为行政区的名称正式出现，全境分为浙东、浙西两“道”，此后历代按此格局发展并基本不变。

隋朝复归统一后，随着隋初合钱唐四县初置“杭州”，以及开凿“自京口（今江苏镇江）至余杭，八百余里，广十余丈”的江南运河，以向京城输送粮食为主的繁忙漕运，使浙江与中央的关系日趋紧密，同时也使杭州地位、影响日增。随着全国经济中心日趋南移，南方经济在相对稳定的社会环境下快速发展并逐渐超过了北方。唐朝全国人

① 唐初贞观年间，唐太宗李世民为促进国家发展采取了一系列措施，出现了政治清明、经济复苏、文化繁荣的局面，史称“贞观之治”。其后开元年间，唐玄宗延续了这一局面并使唐朝进入全盛时期，史称“开元盛世”。

② 唐朝将领安禄山、史思明发动的叛乱，历时七年多，对经济社会发展造成了严重破坏，形成了长期的藩镇割据局面，唐朝从此由盛转衰。

口有5000多万，其中浙江就有400多万。其时浙江社会相对稳定，人民生活安定，农牧渔业、手工业等各业兴旺，尤以杭州为中心，经过白居易等良吏善治，尽显“东南名郡，咽喉吴越，势雄江海”的繁华景象。

进入五代十国后，北方中原先后出现了后梁、后唐等五个朝代，南方则分布着南唐、吴越等十个割据政权，其中钱镠所建的吴越国在十国中立国时间最长，前后传三世、历五王，共计72年。吴越国共有14州86县，其控制领域大致包括今浙江和周边江苏、福建和上海的一部分，但实际仍处于中原王朝控制之下，外敌环伺，处境艰难。为此，钱镠以“勿废臣礼”“不兴兵举”等保境安民举措，力求尊奉中原政权并与之和平相处。同时又以修筑捍海塘等方式大兴水利、交通等经济发展之策，并频繁与日本、高丽等国进行交往，因而开“钱塘富庶，由是盛于江南”之先河。北宋王朝建立后，相继除灭割据政权，十国仅存吴越。为此吴越国王钱俶（吴越国末代国王）审时度势，最终以率所属州县“纳土归宋”的实际举措，既使浙地避免了严重的战争创伤，使百姓免遭生灵涂炭，同时又使整个南方归于统一。

隋唐五代是浙江文化发展的繁荣期，其主要特点有：一方面，佛、道两教发展迅速。浙江宗教历史源远流长，早在东汉末年，佛教已传入浙江境内。东晋时著名道学大师葛洪已在江南炼丹。隋朝时，智顗（佛学大师）在浙江创建了中国第一个本土化佛教宗派——天台宗，标志着佛教中国化基本完成。隋唐五代，佛、道两教在浙江已呈鼎盛景象，如唐朝时，全国共有寺院5300多所，浙江就占有总数的17%以上，与隋朝时一样居全国第一。又如本土宗教道教，唐王朝视其为“家教”并倡导道教立国，而浙江又是道教传布地最多的地区。特别是吴越国历代钱王均给予佛教至高无上的地位，并以今杭州为中心积极打造“东南佛国”，境内寺塔林立，仅武肃王钱镠所建寺塔就“倍于九国”。而且隋唐五代的宗教发展还日益显现出儒、释、道三教互补、有机融合的多元格局。天台宗由高僧鉴真传至日本，既体现了浙江文化兼收并蓄的包容，更显现了浙江宗教在全国以至全世界的影响力。

另一方面，以唐朝为标志，隋唐五代浙江的文学艺术独领风骚，成就卓然。在文学界，有将唐诗创作推向高峰的名列“初唐四杰”的骆宾王，有自号“四明狂客”的贺知章，还有以“苦吟诗囚”著称的孟郊等。以400多位诗人笔下1500多首诗作串起的浙东唐诗之路，更是这一领域繁盛的重要标志。同样，在书法领域，笔致典雅、气韵豁达的虞世南，方圆兼具、温雅多方的褚遂良等，无疑是继晋代之后书法艺术的又一高峰。

宋代浙江的历史与文化

北宋、南宋是中国历史又一重要时期，尤其南宋在浙江历史上更具特殊意义。随着吴越国等地方割据政权的相继完结，北宋结束了唐末以来的分裂割据局面，取得了局部统一。1127年“靖康之难”[①]后北宋王朝覆灭，宋高宗赵构在南京（今河南商丘）即位，由此拉开了南宋历时152年的历史帷幕。学术界对两宋特别是南宋的历史地位历来众说纷纭，后期评价则渐趋客观并基本形成共识。如普遍认为：不应仅从军事方面评价南宋，而应从经济、文化、社会等各方面全面衡量。特别应看到，此后中国历史上再未出现过严重分裂局面。同时，继经济重心南移后，南宋还完成了文化重心的南移，从而使江南成为全国经济、文化最为发达的地区。这一结论对客观认识浙江的历史发展具有重要意义。

两宋的全国行政管理区划先后经历了从“州”“道”到“路”的多次变化。997年，全国分为15路，浙江属两浙路（同时还包括今苏南和上海等地，即“江南”地区），治杭州。1138年，南宋正式定都杭州（时称“临安”），浙江处于前所未有的中心区位。经北宋范仲淹、王

① 北宋靖康二年（1127），金兵大举南下，攻取北宋首都东京（今河南开封），并掳走徽、钦二帝，导致北宋灭亡，又称“靖康之乱”等。

安石和苏轼等对杭州、宁波等地的持续治理，浙江的农业水利、手工业、制造业等都在全国首屈一指，两浙路的人口以及向朝廷提供的粮食、布帛、税赋等均居全国首位。另外，自北宋始，以明州为中心并逐步扩展至温州、嘉兴澉浦等地的海上丝绸之路已十分兴盛。为此，当时苏轼等人便有“两浙之富，国用所恃”“国家根本，仰给东南”等评语，整个浙江已呈现出“天上天堂，地下苏杭”和“东南第一州”的繁华景象。尽管南宋军事上始终处于受外敌侵扰的危险境地，但宗泽、李纲、韩世忠和岳飞等一批爱国将领的殊死抵抗，也为南宋的和平发展环境创造了重要条件。

从北宋到南宋，特别是南宋时期，浙江一带不仅经济发展在全国首屈一指，而且文化发展也进入了历史鼎盛期，全域尽显人文渊薮的发展景象和畿辅之区的奢华气派，并成为全国的中心，具备领先之势。

宋代浙江文化的突出成就之一是“浙学”的出现。自北宋起，与全国各地一样，浙江的思想学术也处于从六朝、隋唐的佛道兴盛向儒学复兴的重要转换期。经北宋新儒学的强力推动，发展到南宋，在对朱熹理学、陆九渊心学兼容并包的同时，浙江思想学术界更注重创新发展。其时，各地书院林立，讲学成风，思想活跃，学派纷涌，所谓“宋之南也，浙东儒者极盛”，浙学因此应运而生。浙学主要包括以叶适为代表的永嘉学派，以陈亮为代表的永康学派，以吕祖谦为代表的金华学派和以“甬上四先生”杨简等为代表的四明学派，它们共同构成了注重务实，讲求事功，强调经世致用、农商并行和义利统一的独树一帜的浙派学风，并对后世思想学术发展产生了重大深远的影响。

两宋浙江的文学艺术领域名人荟萃，各显风采。其中有被视为“词家之冠”“后世规范”的北宋词人周邦彦，有以“诗豪”陆游为代表的南宋爱国主义诗人，有画风恬适清丽的“南宋四大家”及南宋画院，有起源于温州并堪称“中国戏曲之祖”的南戏，等等。因此，南宋既是传承历代文化艺术的集大成者，又把这一优势推向了历史发展的新高点。

两宋浙江在科学技术等其他领域，同样成就卓著。如北宋有“中国古代科学史最卓越人物”之称的沈括和其百科全书式并具有里程碑意义的著作《梦溪笔谈》，以及当时杭州书肆工匠毕昇和其被视为“中国古代四大发明”之一的活字印刷术。此外，南宋时期，教育、医学、造船、航海等方面也成就不凡。

元代浙江的历史与文化

元朝是中国历史上第一个由少数民族建立的全国性政权，结束了长达370多年多个政权并立对峙的局面，再度实现了民族大融合。元朝统治者采取各种手段实施高压管控，如将全国居民分为四等，通过实施行省制加强中央对地方的管控，以迅速建立新的统治体系和恢复社会秩序。

元初浙江属江淮行省，治所在杭州。其后名称、治所多有变动，最终定为江浙行省，治所也定于杭州。面对南宋覆亡后再度衰落的严峻考验和错综复杂的民族、社会矛盾，基本处于边缘地位的浙江人，充分利用统治者“必行汉法，乃可长久”的治理理念，顺时应变，积极推动各地经济社会恢复发展。元代浙江经济最具成就的海外贸易延续了两宋时的优势，当时全国7个市舶司中，有4个分别设在杭州、庆元（今宁波）、温州和澉浦，浙江以“东南之利，舶商居第一”的地位而占据对外发展先机，并成为对外文化交流的重镇。除与日本、高丽等国的传统交往外，典型的是以意大利旅行家马可·波罗为代表的一批西方旅行家纷至沓来，他们把杭州视为“世界上最美丽华贵之城”并广泛宣传，从而进一步提升了杭州和浙江在世界的知名度。

元朝在实行严厉的民族政策的同时，在经济社会发展方面也采取了一些安抚措施，同时推行较开放的文化政策，因而此时浙江思想学术领域的成就虽不突出，但文化艺术成就继续居于全国领先地位。如在书画艺术界，有“元画冠冕”和书法“冠绝古今”“全才”之称的一代宗师赵孟頫，有以“神韵超逸，体备众法”知名且以“中国十大传世名画”之一《富春山居图》为代表作的黄公望，以及“元四家”中“出新意于法度之中”的吴镇和“元气磅礴”的王蒙等，正因他们的杰出成就，浙江也成为元代书画创作的高地。与书画艺术交相辉映的是戏剧戏曲创作，其时杭州已成为元曲后期的中心地，名作纷呈、名家辈出，同时还有以“南戏之祖”《琵琶记》和《白兔记》等为标志的经典南戏，从而使传统文化艺术上承宋代之繁盛，下启明清之辉煌。

明代浙江的历史与文化

明代是中国历史上具有社会转型意义的重要时期。明初统治者通过行政区划设置与变革等方式，进一步强化了中央集权。同时自16世纪中叶始，受西方发展等外界因素影响，中国传统社会开始转型，其中既有经济发展中所孕育的商品经济（甚至被学术界视为资本主义）的萌芽，又有伴随这一过程的变革思想的渐趋觉醒。

明初，浙江已逐步改变了以往多头管理并多有变化的行政格局，成为全国13个布政使司之一的单独行政区，同时逐渐确立了以杭州为中心及严州（今建德、桐庐、淳安等地）、嘉兴、湖州、绍兴、宁波（包括今舟山等地）、温州、台州、金华、衢州和处州（今丽水）11府并立的行政格局。南宋覆灭后，经元代重新定位，明代浙江接受了从皇畿到行省、从中央到地方的角色转换。同时，相对稳定的政治社会环境，人口频繁迁徙所带来的生产要素的流动更新，以至出现了“今天下风俗，惟江之南靡而尚华侈”的社会现象，使包括浙江在内的江南地区经济和社会发展水平继续居于全国领先地位。而且此时传统农业已不再一业独大，而是与新兴手工业甚至以商品经济为特征的工商业多业并存、共同繁荣，从而成为社会转型的重要标志。但这种局面并非一帆风顺，例如其时浙江的发展中心基本在杭、嘉、湖和宁、绍等沿海地区，而这也正是倭寇大规模频频袭扰之地。正因为有戚继光和胡宗宪、俞大猷等一批武将文臣，以“廿载平倭，十年抗敌，有进无退，不屈不挠”的精神英勇抗倭，从而维持了浙江数百年相对安稳的和平局面。

与以往一样，政治上的边缘化，并未削减浙江人的文化创造力，相反，地域文化仍持续发展并直追南宋时的辉煌。其时境内名家如林、人才辈出。据统计，明清时期杭州是全国出进士人数最多的府，明代即有进士477人，其中状元2人。同时，此时浙江官、私两学盛行，书院机构众多，藏书出版业红火，如嘉靖年间范钦以“天一生水，地六成之”理念所建成的藏书楼——宁波天一阁，不仅在当时具有重要影响，而且成为中国历史最悠久的私家藏书楼和世界最古老的三大家族图书馆之一，这些都推动了浙江文化事业的进一步发展。

在思想学术领域，有“对中国思想文化史影响最大的浙江思想家”之称的王阳明，在深刻洞察程朱理学的弊端和社会重重危机后，力排众说，以“心即理”“致良知”“知行合一”等一系列思想主张，突破了程朱理学的僵化格局，成为明中叶以后引领中国思想界的主要潮流，并成为中外公认的“立德、立功、立言”“三不朽”人物。其后，阳明心学还逐步传到了日本乃至世界各地，影响广泛而深远。与此同时，被誉为“开国文臣之首”的宋濂，“佐定天下，料事如神”的政治家、军事谋略家刘基，被视为“明之学祖”的方孝孺，以及明末以纠后期王学流弊而创立“蕺山学派”的刘宗周等，都是这一时期对后世产生重要影响的思想大家。

在文学艺术创作领域，明代浙江文人十分抵触积弊深重的专制体制，日渐触及平民社会并注重追求自由闲适等风格，如凌濛初“拍案惊奇”系列白话小说对市井生活描写得入木三分，汤显祖传世之作《牡丹亭》对民间爱情刻画得婉转情深等，都是这一风格的典型代表。明末，受商品经济发展趋势的影响，并反感刻意粉饰太平的“台阁体”[①]等形式，反对复古、张扬个性的创新意识不断增强。如张岱诗文

① 明初上层官僚间形成的一种文风，不仅内容多歌功颂德，且过于追求形式的典雅工丽，风格华靡萎弱。因推倡者多为官居宰辅的“台阁重臣”，故称“台阁体”。

所寄托的对国破家亡的沧桑之悲和“予夺之权，自民主之”的民生情怀，画坛“怪杰”陈洪绶尽显市民意识又故作怪异的画作，以及被视为一代狂士、一代奇人、既才华横溢又命运多舛的徐渭等都十分典型，这同样突出反映了时代的叛逆求变意识和文化创新的转折趋势。

清代浙江的历史与文化

清代是中国历史上最后一个封建王朝。以1840年为界又可分为两个时期，前期曾出现过版图辽阔、经济繁荣、文化昌盛且综合国力居世界前列的“康乾盛世”[①]；后期由于集权专制、闭关锁国等弊端积重难返，加之外敌入侵等因素而日趋衰败没落。因而清代又是中国历史的重大转折期。1840年爆发的中英鸦片战争，使中国开始沦为半殖民地半封建社会，中华民族陷入屡受帝国主义侵略的深重灾难，同时也拉开了中国近代史的帷幕。经全国人民不屈不挠的顽强抗争，1911年由民主革命先行者孙中山领导的辛亥革命，推翻了统治中国长达268年的清王朝。同时以次年年初成立的中华民国为标志，宣告了中国数千年封建专制统治的终结。

顺治年间，“浙江”作为独立的行政区划得以正式命名，同时在督抚制下，又体现为道、府、州厅县等不同的管理层级，基本由4道、11府和78州厅县的行政格局组成。由于江浙一带是清军遭遇抵抗最严重的区域之一，因而清初统治者采取了剃发易服、迁界禁海和“文字狱”等严厉高压管控措施，致使全省各地专制统治日益强化，民族、阶级和社会矛盾错综复杂，发展再受环境制约。其后，清廷又通过实行“摊丁入亩”[②]等改革举措推动经济社会发展，一度出现了“康乾盛

① 清朝康熙、雍正、乾隆三代皇帝统治130多年间，中国经济发展成效显著，疆域辽阔，国力强大，社会相对稳定，是中国封建王朝最后一个盛世，又称“康雍乾盛世”。

② 系清康雍年间将历代相沿的丁银并入田赋征收的一种赋税改革制度，一定程度上减轻了无地少地农民的经济负担，促进了经济和人口增长，又称“摊丁入地”“地丁合一”等。

世”的繁盛景象。这一时期，全省各地农业等经济持续发展，特别是随着人口的频繁迁徙和同向集聚，一大批“半多商贾”“十农五商”即以商品经济为主要特征的中小城镇迅速崛起。

19世纪中叶，内忧外患接踵而至。1840年，英军攻占定海，这成为中国近代史上第一次丧师失地的战事。但浙江军民无所畏惧，殊死抗敌：从葛云飞、王锡朋、郑国鸿“定海三总兵”身先士卒、为国捐躯，到乍浦海防阵地376名官兵未后退一步，全部战死疆场，浙江大地处处呈现英勇抗争的悲壮场景。但最终因朝廷昏庸、军事实力薄弱等原因，浙江人民自此陷入半殖民地半封建社会的深重灾难。此后，以宁波开埠和洋务运动为标志的资本主义经济在矛盾夹缝中艰难发展，同时也孕育了反帝爱国主义运动和资产阶级维新主义思潮；最终，经收回利权、护路拒款、立宪请愿等多次社会运动蓄能造势，势如破竹的辛亥革命敲响了中国数千年封建王朝在浙江统治的最后丧钟。以1840年鸦片战争为节点，清代浙江文化可相对分为前清和晚清两个发展阶段。

从1644年清军入关到1840年共近200年时间。这一时期的思想学术领域，首推“清初三大启蒙思想家”之一的黄宗羲。在对包括阳明学流弊在内的明代学术思想进行系统总结和深刻反思的基础上，以创立浙东经史学派为标志，黄宗羲再举“明经通史，经世致用”之大旗，被视为“清代学派开山之祖”。另外，被视为学术“奇儒”的朱舜水，在梁启超眼里“清代史学盛于浙”“最称首出”的万斯同，慎思明辨的“一代巨匠”全祖望，以及史学理论集大成者章学诚等，共同引领浙江乃至全国思想学术的发展。但是，由于受“文字狱”等专制政策的严厉打压，自清中叶起，大批文人不敢面对现实，转而埋首于训诂、辑佚、辨伪的故纸堆中，遂使考据之风盛行，严重禁锢了思想学术的发展进步。“日之将夕，悲风骤至”，为此以龚自珍“万马齐喑究可哀”“我劝天公重抖擞”的高声呐喊为标志，整个社会充溢着对封建专制的强烈愤懑，更孕育了转型求变的热切期盼。

在文学艺术领域，这一时期的显著特点，是进一步转向关注社会、面对现实，从而呈现出多种流派风格并存的转型之势。如在文学创作上，被誉为独领清代三百年并创“浙西词派”的一代词宗朱彝尊，其词作诗文看似清空新雅，实则反映了他在朝代转换之际的坎坷人生和复杂心境。有“古典浙诗殿军”之誉的袁枚，其诗作尽显高唱“性灵”的通达圆润，然其深处却是追求个性解放的不弃坚守。在戏曲创作上，以“代表清代戏剧最高成就”而著称的洪昇，其描写爱情悲剧的传世不朽之作《长生殿》，同样寄寓了作者自身因仕途艰辛、家多变故而对社会的忧愤之思。这一切都在不同程度上折射出时代变化的深刻印迹。

从1840年鸦片战争爆发到1911年辛亥革命，是中国社会性质发生重大转折，同时也是浙江文化急剧变革的时期。一方面，浙江积淀深厚的地域文化沿着传统轨迹继续传承前行，如书画俱佳的“新浙派”创始人赵之谦，以任伯年等浙人为主体并多居上海的“海上画派”，以及创立于1904年的西泠印社等，都积极推动了文化传承。

更重要的是另一方面，作为共和革命重要策源地之一的浙江，以反帝反封建为主旨的变革之潮风起云涌。特别是面临西方文化的强烈冲击，身处山河破碎、生灵涂炭的危机困局，浙人在被迫调适中反思、在沉沦痛苦中抉择，文化界呈现出前所未有的急速变局。这一过程中，思想学术界仍一马当先：有以“睁眼看世界”“师夷长技以制夷”的睿智谏言开时代变局的思想家魏源，有学术上享“启后承先一巨儒”之誉又为实业救国身体力行的孙诒让，有投身保路运动的晚清名臣汤寿潜，有“志在流血，性分所定，上可以质皇天后土，下可以对四万万人矣”的章太炎，更有为实现民族复兴理想而大义凛然、舍生取义的辛亥革命先烈徐锡麟、秋瑾，等等。他们普遍经历了从幻想君主立宪维新的“知识反抗”（蒋梦麟语），到最终以“社会和政治反抗”（马叙伦语）彻底革命的思想转变，他们的影响和价值绝不仅限于文化领域，而是对整个社会转型和进步都有重要的引领意义。同时，这一时期强烈的变革之风又在民国得以持续蔓延，并最终掀起了时代巨变的狂飙巨浪。

民国浙江的历史与文化

1911年，辛亥革命推翻了清王朝。次年1月，中华民国在南京宣告成立。但革命成果很快落入以袁世凯为代表的北洋军阀手中，中国又开始陷入军阀割据混战的黑暗之中。1919年，面临西方列强通过“巴黎和会”对中国的肆意掠夺，在国家蒙辱、人民蒙难、文明蒙尘的危急关头，中国爆发了反帝反封建的五四运动。之后，中国共产党于1921年宣告成立，成为近代中国发展的关键转折点。1927年，已执掌国民党军政大权的蒋介石，发动了针对中国共产党和进步力量的“四一二”反革命政变，全国又处于一片“白色恐怖”之中。其后，面对国民党反动派的黑暗统治和日本帝国主义的残酷侵略，在中国共产党的领导下，全国人民不屈不挠，前赴后继，先后夺取了土地革命、抗日战争和解放战争的伟大胜利，最终迎来了中华人民共和国的诞生。

民国初期，浙江曾实行省、道、县三级管理体制，1932年起改为省、行政督察区、县三级管理体制。至1948年末，全省以6个行政督察区、78个县为基本行政区划格局。军阀统治早期，浙江曾由力主“浙人治浙”的军政府当政。其间，由于进步与保守的斗争、反动势力各派间的明争暗斗，政治风云起伏多变。国民政府当政期间，全省经济社会虽有所发展，如到1937年抗日战争全面爆发前，全省的工厂数与资本额分别是辛亥革命前夕的26倍和36.7倍，但持续加剧的内忧外患又一步步将浙江拖入战乱的深渊。1921年，中国共产党在嘉兴南湖的一条游船上宣告成立，不仅标志着浙江作为党的诞生地和中国革命红船起航地被载入史册，而且使苦难深重的浙江人民从此找到了出路，看到了希望的曙光。在浙江大地上，涌现了一批以俞秀松、宣中华、张秋人、刘英等为代表的革命先烈。在中国共产党的领导下，全省人民经过艰苦卓绝的顽强斗争，最终赢得了革命胜利。

民国时期的浙江文化，在传承延续传统文化的同时，更呈现为两种文化的激烈交锋和重大转折。一方面，浙江的文化发展与成就在全国仍具有相当影响，而且范围不断扩展。如在教育科技领域，建立了著名的国立浙江大学和一大批师范、中小学等各类学校。其间，蔡元培对“思想自由，兼容并包”理念的坚守、倡导，李叔同学术涵养的博大精深，马一浮传承民族文化的苦心孤诣，夏丏尊传播新文化的矢志不渝，以及竺可桢将浙江大学打造为“东方剑桥”的坚韧毅力，茅以升在钱塘江大桥建而被毁、毁而复建过程中所体现的顽强意志……都是浙江教育、科技等事业艰辛发展的历史缩影。在文学艺术领域，从国立艺术院（今中国美术学院）的创立，到传统越剧艺术的广泛传播，从王国维、徐志摩、戴望舒等炉火纯青的文学佳作，到吴昌硕、黄宾虹、潘天寿、丰子恺等精美绝伦的书画精品，浙江文坛一如既往，名人辈出。他们既注重遵循传统，又善于吸收西学新风，从而使悠久厚重的浙江文脉在艰难环境中，通过变革创新不断赓续传承。

另一方面，以五四新文化运动为历史开端和重要标志，进步和红色文化日益成为引领全省文化发展的主旋律。尽管国民党当局对浙江的思想学术和文化艺术各领域进行高压管控，但先进思想文化的抗争从未停息，也从未放弃引领地位。如被毛泽东誉为“代表中华民族新文化方向”和“民族魂”的鲁迅，便是先进文化的旗手和典型代表。其间，无论是早期经亨颐等进步先贤的觉醒先导，还是以陈望道翻译《共产党宣言》和冯雪峰创建“左联”等为标志的马克思主义思想的坚定引领，以及在不同时期、不同领域为进步文化事业作出杰出贡献的邵飘萍、任光、郁达夫、茅盾、郑振铎、艾青、夏衍等，他们分别以不同形式的文化成果为“匕首”“投枪”和号角，与国民党反动派和日本帝国主义等黑暗势力进行了艰苦卓绝的斗争，有的甚至献出生命，在浙江以至全国文化史上谱写了一部部悲壮诗篇，奏响了一曲曲新文化凯歌，并成为这一发展过程中的鲜红旗帜和先导力量。

中华人民共和国成立以来浙江的历史与文化

1949年10月中华人民共和国成立，使浙江与全国各地一样“换了人间”。之后，全省经历社会主义革命和社会主义建设的艰辛曲折探索，各项事业取得崭新成就。进入20世纪70年代末，改革开放的春潮开始在浙江大地涌动，浙江经济体制改革和运行机制在全国率先进行了创新探索，并迅速推动经济社会快速发展。特别是进入21世纪以来，在“八八战略”和习近平新时代中国特色社会主义思想的指引下，浙江各项事业持续健康发展，现代化建设勇立潮头。

新中国成立初期，浙江的经济基础极为薄弱：全省国民年收入不到15亿元，年人均只有66元；全省城乡年人均消费只有62元，农民年人均收入不到50元……就是在这样几近废墟的基础上，浙江省委带领全省人民开始了社会主义革命和社会主义建设的全新探索。从始于1953年的全省国民经济第一个五年计划，到1956年农业、手工业和资本主义工商业社会主义改造的基本完成，以新中国第一座自行设计、施工的新安江水电站等一批建设项目为标志，勤劳智慧的浙江人民焕发出无限活力，在短短的时间里，在浙江初步建立社会主义基本制度，创造了不平凡的建设业绩，文艺、教育、卫生、体育、科技等各个领域也开始呈现繁荣景象。但始于1966年的“文化大革命”，使浙江与全国各地一样，遭受了新中国成立以来最严重的挫折和损失。

1978年末，中共十一届三中全会胜利召开后，改革开放浪潮迅速席卷全国，浙江人民以巨大热情和干劲全身心投入这一伟大事业，并以显著成就走在全国前列，先后创造了第一批个体工商户、第一批私营企业、第一家股份合作企业、第一批专业市场、第一座农民城、第一批网络市场、第一座特色小镇、第一条民营控股铁路等诸多“全国第一”，形成统筹利用两个市场、两种资源的发展格局，使浙江成为全国体制机制最活、开放程度最高和经济发展最快的省份之一。改革开放以来，浙江注重坚持以发展为第一要务，以开放带动发展，从资源小省逐步发展成为经济大省和经济强省；注重坚持以改革创新为发展动力，从而成为中国民营经济和市场经济发展的先行省份；注重坚持以人民为中心和共享发展为根本目的，从实现人民初步富裕到向全面小康不断迈进，并在建设共同富裕美好社会的进程中，高度重视发挥文化铸魂塑形赋能的强大动能；注重坚持统筹协调发展，以新型工业化、新型城市化为引领，不断提升城乡、区域、海陆一体化发展水平，等等。这一切同时也为下一步发展积累了丰富经验，创造了良好的发展基础。

进入21世纪，作为中国革命红船起航地、改革开放先行地和习近平新时代中国特色社会主义思想重要萌发地，浙江人民又满怀豪情、意气风发地开启了历史新征程。2002年，时任省委书记习近平在经过深入调研后深刻洞察到：浙江发展正处于人均GDP近3000美元的重要“门槛”阶段，很多全国其他地方尚未遇到的问题有可能在浙江会更早地显现出来，因此，浙江要善于扬长避短，发挥优势，并通过深化体制机制改革创造新的优势，继续走在全国发展前列。在2003年7月召开的省委十一届四次全体（扩大）会议上，习近平代表省委提出了浙江面向未来发展的“八八战略”：一是进一步发挥浙江的体制机制优势，大力推动以公有制为主体的多种所有制经济共同发展，不断完善社会主义市场经济体制；二是进一步发挥浙江的区位优势，主动接轨上海、积极参与长江三角洲地区合作与交流，不断提高对内对外开放水平；三是进一步发挥浙江的块状特色产业优势，加快先进制造业基地建设，走新型工业化道路；四是进一步发挥浙江的城乡协调发展优势，加快推进城乡一体化；五是进一步发挥浙江的生态优势，创建生态省，打造“绿色浙江”；六是进一步发挥浙江的山海资源优势，大力发展海洋经济，推动欠发达地区跨越式发展，努力使海洋经济和欠发达地区的发展成为我省经济新的增长点；七是进一步发挥浙江的环境优势，积极推进以“五大百亿”工程为主要内容的重点建设，切实加强法治建设、信用建设和机关效能建设；八是进一步发挥浙江的人文优势，积极推进科教兴省、人才强省，加快建设文化大省。

“八八战略”既体现了中国特色社会主义的本质要求，又抓住了浙江的发展特点，是指引浙江人民“干在实处、走在前列、勇立潮头”的纲领性思想理念，并迅速成为指导浙江经济社会发展的基本战略举措。在“八八战略”的指引下，从经济发展的“腾笼换鸟”“凤凰涅槃”到遍布全省的“绿水青山”，从社会综治的“平安浙江”到现代化治理新格局的“法治浙江”，从文化大省、文化强省建设到全面开启文化浙江建设新征程，从帮助欠发达地区脱贫致富的“山海协作”到高质量建设共同富裕示范区……浙江人民又创造了一个个发展新业绩。同时，作为习近平新时代中国特色社会主义思想重要萌发地，浙江的发展实践对全国各地都产生了重要的示范影响。

人间正道是沧桑。2021年中国共产党建党百年之际，浙江的区域生产总值已达7.35万亿元，经济发展总水平从当初的全国第12位连续多年居第4位，当年全省城乡居民人均收入达5.7万元，同样连续保持了全国各省（区）第一位的水平。2021年7月1日，省委书记袁家军在浙江省庆祝中国共产党成立100周年大会上指出，浙江要守好“红色根脉”、打造“重要窗口”，争创社会主义现代化先行省，高质量发展建设共同富裕示范区，继续为实现人民对美好生活的向往不懈努力。浙江，正站在“两个一百年”的历史交汇点上，为实现第二个百年目标和中华民族伟大复兴的中国梦而不懈奋斗。

结 语

文化是民族的血脉，是人民的精神家园。追昔抚今，从1万年前上山文化的孕育初发，到5000年前良渚文化的文明曙光，从2500年前越国精神的创立彰显，到1000年前宋韵文化的鼎盛辉煌，从1949年新中国的成立，到2021年中国共产党的百年华诞……这一漫长过程无一不显现着地域文化的浸润，体现着精神引导的力量。

2006年，时任浙江省委书记习近平将新时期的浙江精神概括为

"求真务实、诚信和谐、开放图强"，这既是浙江文脉薪火传承的真实写照，也是对浙江人民在历史发展中所呈现的精神品格的科学提炼和深刻总结，更是激励浙江文化发展前行的强劲动力。其中，遵循规律、尊崇科学的"求真"精神是浙江人民始终不渝的真理追求，注重现实、讲求实效的"务实"精神是浙江历史世代传承的风尚精华，诚实立身、守正不渝的"诚信"精神是浙江世人躬身践行的行为准则，天人合一、和美与共的"和谐"精神是浙江发展孜孜以求的至高意境，海纳百川、兼容并蓄的"开放"精神是浙江自然、人文环境有机融合的独特秉性，励志奋进、自强不息的"图强"精神更是浙江古今历久不衰的主题、主体。它们滋育着浙江的生命力，催生着浙江的凝聚力，激发着浙江的创造力，培植着浙江的竞争力，并由此成为引导浙江发展进步的强大动力。同时这也正是《浙江文史记忆》丛书所要呈现给广大读者的浙江发展的主题和主旋律。

《浙江文史记忆》丛书编委会

2022年3月

舜帝坐像（李金海供）

上虞博物馆藏新石器时代石钺（高宝萍供）

上虞博物馆藏商代石犁（李金海供）

上虞博物馆藏越国铜剑（李金海供）

上虞出土东汉越窑青瓷四系罐（刘育平供）

上虞博物馆藏东汉画像镜（李金海供）

曹娥庙（刘育平供）

上虞档案馆藏陈望道译《共产党宣言》中文首译本（李金海供）

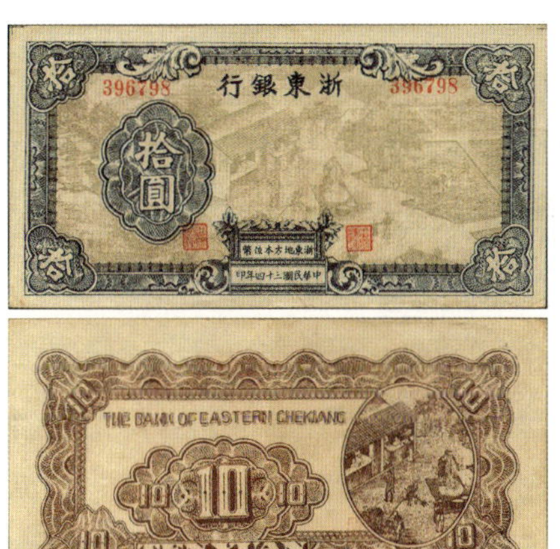

上虞档案馆藏“抗币”（李金海供）

海涂世纪新丘六标段龙口合龙（陈肖平供）

东山指石（马志坚供）

曹娥江新貌（陈肖平供）

《浙江文史记忆·上虞卷》前言

“上虞名郡，溯自大舜。后妃淑德，娥皇女英。汉有大儒，王充论衡。晋则谢安，东山大隐。曹娥至孝，英台情深。史推实斋，文称丏尊。迄至今世，马竺谢晋。文物大邦，千古扬名。”这是金庸大侠1994年春“虞山论剑”时留下的慷慨陈词。的确，上虞是一片“千古扬名”的土地。

金庸题词（陈肖平供）

一

上虞属河姆渡文化圈。

上虞历史可分为考古历史、传说历史、建县历史三说。考古历史以现有出土文物为依据，至今约5500年；传说历史以虞舜传说为参照，距今约4200年；建县历史（市、区）以史料记载为根据，截至2021年，累计2243年。

根据文化性质的递进演化，上虞考古历史大体可以分为四期：

第一期为本土原生文化时期，起自河姆渡文化，止于秦汉，前后约3200年。上虞以河姆渡文化为底色，遗存多处史前文化遗址，其中，百官三棚桥遗址属河姆渡文化第三期。后来良渚文化又对上虞产生影响，并在河姆渡文化的基础上演进，使得上虞终以越文化面目呈现。此三者皆由先越族群在此前后相承，分合归一，属于本土原生文化。

第二期为内外融合文化时期，起自秦汉，止于五代，前后约1000年。此间上虞原先封闭隔绝的生存状态被完全打破，异域文明纷纷涌入，出现越汉（楚）、越胡等不同文化交融和合的格局，越汉（楚）以儒、道文化为代表；越胡以佛教文化为代表。彼时，上虞许多窑场或多或少有胡人参与烧作，胡人甚至与当地人相互通婚，出现不少越夫胡妇、胡夫越妇的家庭。

第三期为精神重塑文化时期，起自北宋，止于元明，前后约500年。这时经学衰落，儒家主流意识形态走低。在魏晋玄学、隋唐佛学的轮番冲击下，儒家作出回应，寻求能为士庶接受、能抵御外学的理论依据，理学的出现和新儒学的复兴，便是儒家精神重塑的标志。此间，朱熹、张栻等理学大家先后在上虞讲学授徒；汪大定、楼杓、高衍孙等一批深谙理学的饱学之士在此宰县；五夫月林书院、西溪湖泳泽书院皆以讲授理学为事；上虞也出现了诸如李光父子、潘畤父子和孙邦仁、孙应时、刘汉传等理学名流。君子如草上行风，随着理学的传播流行推动了民众的教化，上虞士庶的生存状态和精神面貌都得以重塑。如果说，北宋以前，左右上虞民间价值取向仍然是传统的巫术思想，那么，宋代开始，特别是南宋，以理学为标志的新儒学完全占领民间，成为寻常百姓生活遵循的思想。

第四期为中西激荡文化时期，起自晚清，止于民国，约100年。此间国门洞开，上虞出现西人传教或本地人外出从事洋务的情况，无论是上虞本地人，还是在外地的上虞人，皆被卷入这场三千年未有之大变局。光绪二十九年（1903），马一浮在美国读到《资本论》，且将其带回祖国；新文化运动时，杜亚泉、范寿康均参与中西文化论战；1921年，叶天底将《共产党宣言》首个中文全译本带进上虞。与此同时，范寿康在《东方杂志》发表《马克思的唯物史观》，介绍马克思唯物主义学说。此外，春晖中学创办，一批满脑子新思潮的教师在此执教，让上虞成为传播他们思想文化的基地。

二

上虞传统文化有三段高光时期。

汉晋南朝。一是孝子连闾，曹娥、杨威、包娥、谢弘微等孝感动天，青史留名。二是贤士继踵，孟尝、魏朗、朱儁、綦毋俊、戴就、卓恕等义高天下。三是作为瓷器发源地，上虞于三国西晋成为全国制瓷业中心。四是学术高标，王充《论衡》、魏伯阳《参同契》、嵇康《声无哀乐论》和慧皎《高僧传》发蒙独见。五是以谢安、谢灵运为代表的东山文化，独步江左，震撼天下，尤其是谢灵运的山水诗对盛唐诗风影响重大。

宋明。一是忠节盈朝，李光、刘汉弼、赵氏“三忠”为两宋忠烈，叶经、谢瑜、陈绍、徐学诗等“上虞四谏”和倪元璐等为有明风骨。二是德风熏乡，五夫月林书院、西溪湖泳泽书院中，朱熹、张栻等大德鸿儒讲学传道。三是义门惊艳，峨眉乡（今属丰惠镇）刘氏为宋廷旌表全国51家义门之一。四是诗会唱和，魏仲远在夏盖湖畔以诗会友，宋濂、王冕、高明、朱右等一批浙东大咖云集，影响不输当年兰亭雅集。

晚清民国。一是涌现出一批发凡起例的思想家。二是涌现出一批学问精深、格调高雅的考古学家和艺术家。三是涌现出一批苦心孤诣的科学家和教育家。四是涌现出一批铁肩担道义的文学家和社会活动家。五是涌现出一批悲天悯人的慈善家。

三

一地文化有一地的特质，即便貌似形肖，其内涵构成亦有别义，此谓之“一方水土养一方人”。

上虞“五山一水四分田”，面山、襟江、滨海，其文化心理既有山的硬气、田的地气，又有水的灵气、海的大气。其民性大体南强北雄，东敏西慧。南部崇山峻岭，石气所钟，民多刚强，宁折不弯；北部前江后海，土地盐碱，灾害频发，非背水一战、破釜沉舟不能存活，故民风苦厉，性情雄霸，敢闯敢拼；东翼小有耕地，但居民密集，人地矛盾突出，人多习贸迁，故性格机敏灵活，善察言观色捕捉商机；西翼地力相对优沃，交通灵便，沃野相连，一季熟而千家香，一水动而万户波，耕、贸、养、读皆从容不迫，民性笃定。

上虞文化特质要之有三：

第一是勤劳俭约。虽说此为中华民族共同特质，但在上虞的缘起不同。别地纵然同样辛苦劳累，但耕者耕之、渔者渔之，主业单一，再苦再累也还有空档期可以“猫冬”。而上虞人除了过年，在劳作上一年四季基本上无缝对接。渔、猎、樵、耕、织、茶、窑、稻、桑（养蚕）、贸、艺（手艺）、烧（烧炭、煮盐），样样都要操劳，白昼交替，此起彼伏，每一行收益均甚微薄，非勤劳俭约难以度日。

第二是气节相高。上虞人负意气，重清节。民间有“熬气过日子”“宁可跟自着，不可跟人着（求己不求人）”“赌气不赌财”“不蒸馒头争口气”和“爹有不如娘有，娘有不如自有”等说法。这投射到士子身上，就变成了狷介耿直的霜雪之志。是故，士庶皆行“穷不失义，达不离道”之准则，这也是周边县邑皆出谋求割据独立的“反贼”，唯独上虞从来不出这般“强人”的文化原因。

第三是耕读传家。虽说此为农耕民族普遍现象，但在上虞有所不同。上虞的“读”有读书明理之义，也有谋饭碗的动因，也就是说把读书当作一种糊口的途径。读书无论有无功名，或笔耕（当师爷），或舌耕（做塾师），即便再怎么落魄，上街摆个代人写信的摊头，多少能糊口。这是由上虞土地贫瘠，且人多地少的现实决定的。然只需稍能果腹，上虞人就立马回归高位，以知书达礼为尚，孝亲敬老，教化子孙，训育乡里，所谓“仓廪实而知礼节，衣食足而知荣辱”。明清县志上说，上虞“习勤俭，安耕织不乐商贾……士勤诵读，尊师友，廉耻为尚，气节相高”，此言非虚。

四

《浙江文史记忆 · 上虞卷》除前言之外共10章81小节。全书以“江流万古，孝友天下”为主题，体现上虞生生不息、源源不断、只争朝夕的精神，以及推己及人、开放包容、拥抱世界的胸怀。

5000多年前，这片山水上的一群先民生活生产欣欣向荣，他们点起篝火，载歌载舞，上虞的文史记忆由此展开……

目·录

第五章　风起云涌（两宋时期）

第六章　剑气啸风（元明时期）

第七章 人间烟火（清朝）

第八章　波涌浪卷（辛亥革命至抗日战争前后）

第九章　鸡鸣不已（五四运动以来）

第一章

洪涛雄魂

先秦时期

上虞是一片神奇的土地，地形狭长，地势侧倾，江河交贯，山原截然。在新石器时代的河姆渡文化、良渚文化时期，就有先民在这里劳作生息。“舜会百官”便是在这片土地上流传的古老传说之一。

面山襟江

——“舜会百官”的传说之地

上虞居宁绍平原中段，地形呈长条状，北南舒展，纵约60千米；东西收窄，宽在46千米左右，乍一看，恰似一张悬舒的芭蕉叶。“蕉叶”的柄部浸泡在杭州湾中，中部东、西两侧分别扎着两个可爱的“发髻”，最南端是两“髻”前方合力顶着的一朵美丽的“花冠”。而中间纵贯全境的曹娥江及其众多大小不等的支流，就像“蕉叶”的茎络。

如果我们沿杭甬铁路画一条线，可将上虞地貌分成截然不同的两半。线以南主要是丘陵山脉，线以北除了少数零散的孤丘以外，基本上是一马平川。

分布在曹娥江两侧的是四明山、会稽山所引领的余脉，总体上愈往南海拔愈高。此中，四明山余脉“家底”厚实，“人丁”兴旺，会稽山余脉略逊一筹。

四明山家族中，居于上虞南端与嵊州相交的覆卮山是上虞最高峰。方圆7.3平方千米，主峰海拔861.3米，因谢灵运尝登此山、饮罢覆卮而得名。清光绪《上虞县志校续》载“有石浪五”。所谓“石浪”是一种形象的说法，实际上是分摊大致均匀的带状块石阵，有10多条，大小不一，从峰峦之间顺坡而下，长短十余米至近千米不等，叫得出名的有“大浪”“小浪”“梅浪”“乌浪”。其中“大浪”长近1000米，最宽处达50米，上下两端垂直落差300米，是“浪”群中的“大哥大”。众“浪”悬搁天际，丛丛簇簇，滚滚滔滔，似蛟龙穿云，若万马奔腾，相当壮观，谓之天际线上永无止境的“马拉松”亦无不可。“石浪”阵势高调恣肆却“来历不明”。著名地质学者韩同林教授认为，“石浪”属第四纪冰川遗迹，距今200万至300万年，其他学者专家也有不同观点，“石浪”究竟是什么原因形成的，也尚无一致意见。

此外，上虞境内的四明山家族中300米以上的山冈不下26座，200米上下的丘陵比比皆是，在此介绍几座比较出名的山。

太平山，又叫伞山，位于陈溪乡境内，以汉末道人于吉等（嘉泰《会稽志》作“丁古”）在此修炼，藏有道书《太平青箓》而得名，早先山上留有石室、石臼、支石等遗物。

石笋山，以山腰耸立两支高30余米状如毛笋的山岩而得名，其中一支早年被雷击断仅存其半，是陈溪乡醒目的地标。

凤鸣山，传“昔有仙女跨鸾作凤鸣至此”而名，立有凤鸣祠，左侧有凤鸣洞，阔丈余，深数十丈，高如之，相传旧有仙人隐其内，位于今丰惠镇境内。

金罍山，东汉仙道名家魏伯阳修炼之所，高3丈，广十余亩。旁有丹井，因晋太康中浚井得金罍而得名，位于今丰惠集镇西南首。

东山，又名指石山，谢安故居和谢灵运山居所在地，“东山再起”成语诞生地，山上留有谢安墓等不少“两谢”古迹。

兰芎山，别名兰穹山，旧名兰风山，传因山上多生兰花而得名。名士王弘之曾在山间一处叫“三石头”的地方垂钓；仙道家葛玄、葛洪在山巅修炼，今有丹井存焉。

与四明山相比，会稽山家族略显单薄，故事亦稀。其最高峰称年灿会山，居汤浦虞、嵊交界处，海拔406米。另外，海拔300米以上的山冈7座，其余皆为一二百米高的丘陵。以下是会稽山家族的几位

“代表成员”。

四峰山，海拔298.8米，位于今上浦镇境内曹娥江与小舜江的北首，因山有四峰而得名。相传汉时山上、山腰分别有仙家建大仙坛、小仙坛；山周瓷石蕴藏量丰富，著名的小仙坛越窑遗址即在山东南麓，此山周围亦是汉晋越窑聚烧区。

龙会山，系曹娥街道、长塘镇和上浦镇的界山，海拔378.6米，因每逢雷雨之际，山上有两龙相会而得名。

南部山岭堆列，并不是冈峦连绵、层岭叠翠、密不透风的，而是间有章镇、丁宅、丰惠、汤浦等多处盆地，姚江、四十里河、十八里河等江河也穿插其中。此外，杭甬铁路北翼冲积平原上的几座孤丘也值得一提。

福祈山，俗名大山，海拔137米，位于小越街道西首。早先山西南麓是夏盖湖，元朝士绅魏文炳父子在山之阳筑福缘精舍，旧有尚古亭、[illegible]深轩、寄傲轩、见山楼等建筑，与潘纯、高明、王冕等名士唱和，名噪一时。明朝开国文士宋濂曾为之作《见山楼记》。

丰山，亦作峰山，海拔40米，位于今曹娥街道梁巷村，旧为会稽一个重要的渡口码头。唐朝时山上雕凿有一尊半身大佛，曾为佛教道场，日本僧人最澄曾在此接受顺晓和尚灌顶，日本佛教界视为密宗祖庭。光启二年（886），钱镠兵出平水，进屯丰山，并以此为据点攻破越州。20世纪60年代至80年代，人们在山北炸山采石，劈山折半，石料主要用于曹娥江抛坝。

据明清《上虞县志》记载，境内有大小湖泊72个，居南部低山丘陵者多为潟湖，有的即便今被称为“水库”，亦由早年潟湖改造而来。主要有：驿亭镇白马湖、上妃湖（清代废）、破冈湖，小越街道小越湖，丰惠镇查湖、西溪湖，梁湖街道皂李湖、洪山湖，上浦镇大湖，曹娥街道漳汀湖等。其中的潟湖或为江流带挽，或为运河串联，成为上虞水利命脉的重要部分。

常言道：上到山头，下到海头。连接山海两头的是大江干流，也是上虞人的“母亲河”。

上虞“母亲河”有两条，一条是上虞江，另一条是曹娥江。

上虞江，别称舜江，两头归海，以兰芎山、龙山为中段坐标，一头东接姚江，经甬江入海，另一头北出龙山，与曹娥江合流至杭州湾归海。龙山至姚江这段江流，后来被改造成四十里河，成为浙东运河的一部分。

曹娥江以孝女曹娥而得名，有广义、狭义之分。广义的曹娥江，为浙江省第三大江。其源出金华市磐安尖公岭，流经新昌、嵊州、上虞，最后在杭州湾入海，全长192千米。狭义上的曹娥江南接剡溪，北流入海。境内长69千米，流域面积649平方千米。其别名有上虞江、舜江、东小江等。其主要支流有四条：东翼分别是隐潭溪、下管溪，西翼分别是范洋江、小舜江。

隐潭溪源头在余姚，从上虞岭南乡白龙潭村入境，经章镇镇藕浦、泰山，往西南经猫山闸流入曹娥江。全长30千米，上虞境内长24.5千米，河床均宽约60米，最狭处25米，流域面积73平方千米。

下管溪与隐潭溪同源，在陈溪乡入境，经下管、丁宅，在上浦镇浦口村流入曹娥江，全长39千米，上虞境内长32.3千米，河床均宽100米，最狭处50米，总流域面积225平方千米。

范洋江发源于嵊州，在章镇镇覆船山西麓入境，至罗村山流入曹娥江，全长25.5千米，流域面积88平方千米，境内长1千米，河床宽20米。1970年有过一次改道工程，掘新河1000米，较原流缩短700米。

小舜江源于嵊州，流经柯桥区谷来、王坛，在上虞汤浦镇大溪口村入境，在上浦小江口入曹娥江，谢灵运《山居赋》称作“小江”。全长73千米，流域面积544平方千米，境内长19千米，流域面积87平方千米，河床均宽40米。1964年在庙基湾红庙至曹娥江处裁弯取直，开新河700米，比原流缩短3.2千米。当然，后来汤浦水库的兴建，小舜江的面貌又有改变。

上虞的两条“母亲河”头岔尾结，恰似一幅手执规矩的伏羲女娲交尾图。“母亲河”万古江流，奔流不息，时而波涛汹涌，面目可怖；时而风平浪静，慈眉善目，孕育出上虞生生不息的历史文化。

特别的位置和神奇的地形地貌，给上虞佩戴上山岭、堤塘、堰坝等披挂，这种“三多”格局，在中国别的县邑较为少见。上虞先民筚路蓝缕，在这样的环境中世代繁衍。

从现有考古资料看，东面的余姚河姆渡文化，与西面的余杭良渚文化，都先后对上虞产生了影响。20世纪70年代，人们在上虞百官三棚桥发现了史前文化遗址，浙江省文物考古研究所前所长刘军认为这相当于河姆渡文化第三期，并将之写入其所作的《河姆渡文化》一书。根据这个判断，可知上虞这片土地有人类活动的时间距今至少5500年。之后，良渚文化浸染此地，境内虽然未作相应的考古发掘，但从零星采集到的史前陶器、石器等文物看，其中不少具有良渚文化特征。像1972年五一公社（今属驿亭镇）马慢桥村出土的一件黑陶鬶，就是典型的良渚文化器物。2009年，驿亭镇赵埠村一村民，在牛角山捡拾到一件穿孔石钺，器型扁平，磨制精细，通高13.5厘米，刃宽11.5厘米，背脊宽10.5厘米，孔径2.5厘米，孔壁厚1厘米，背脊线厚0.5厘米。类似扁平的孔石钺，上虞博物馆收藏不少。此外，上虞博物馆收藏的陶豆、玉璧等也都是良渚文化性质的器物，所有这些无不说明在河姆渡文化末期，良渚文化对上虞产生了影响。

20世纪70年代以来，上虞先后发现了不少遗址，影响较大的有三棚桥遗址、后郭渎遗址和后旺遗址。

三棚桥遗址：分布在百官城区东三棚桥约150米长的河岸中。1973年，人们对此河三棚桥至牛头山段（今属驿亭镇）进行的疏浚水利工程中发现了此处遗址。可辨陶器有：鼎、釜、罐、钵、豆、鸟形盉等夹砂陶器及其碎片。罐为直口，口部形状不规则，弧形腹，黑色胎体，双耳呈圆孔状。盉为红陶质，敞口，圆流，口流间置把，鼓腹，平底。釜为灰陶质，圆鼓腹，绳纹圜底。

后郭渎遗址：位于虞北平原沥海镇最东端，与今崧厦镇福海村相邻。1973年疏浚河道时，河岸断面上露出两个叠压文化层：上层出土先秦时期印纹陶器和碎陶片；下层出土新石器时期夹砂红陶残片和鼎足，部分陶片上饰有粗略的篮纹、弦纹、绳纹等。

后旺遗址：1973年被发现，分布于江山公社（今属梁湖镇）后旺村西毛竹丘阜上，出土了不少夹砂红陶鼎足状器物、部分加工粗糙的石斧和表面磨光的钺形石斧。

此外，丰惠镇夹塘村汤管头山、上浦镇浦下村金菊湾、曹娥街道凤凰山，以及道墟街道称山，以及环白马湖等地，都有史前石器零星出土。

遗址及其出土文物表明，无论是河姆渡文化时期，还是良渚文化时期，上虞都是古越先民栖息的热土，并且在良渚文化的强盛时期，一个号称虞舜的部族首领将自己的伟绩“书写”在这片土地上，烙印之深空前绝后。其中，又以“舜会百官”为人津津乐道。其事最早见于《晋太康三年地记》。《水经注》引《晋太康三年地记》：“舜避丹朱于此，故以名县，百官从之，故县北有百官桥。”从这则记载看，“上虞”与“百官”两处地名的来源，皆与舜那一次回家乡有关。

虞舜是一个传说中的人物。姚姓，名重华，字都君，有虞氏。因四岳举荐，接受尧帝禅让而登天子位，后世习称舜、舜帝或者大舜，司马迁《史记·五帝本纪》有传，“天下明德皆自虞帝始”，后世以“尧天舜日”赞其盛德。

关于舜的籍贯，历史上有《孟子》“诸冯说”、《史记》“冀州说”。上虞亦是虞舜传说的重要依附地，《会稽旧记》说：“舜，上虞人，去县三十里有姚丘，即舜所生也。”今天的上虞人也一直以舜的后人自居。

相传舜出生在曹娥江（上浦段）东岸的虹漾村（今属上浦镇东山村），父亲叫瞽叟，是个盲人，母亲叫握登。舜出生不久后母亲去世，后来这座山被称为舜母山，亦作握登山，山上旧有握登舜母庙。

没过几年瞽叟续弦，舜不仅有了继母，还添了一个名叫象的异母弟弟。舜继母嚣顽，弟象骄横，而父亲又喜欢听妻子和象的话，对舜动辄则咎，还常存害死舜的心思。而舜每天诚心谨慎地侍候父亲、继母和弟弟，没有任何松懈。

舜二十岁就以孝行闻天下。其时，部落联盟首领唐尧年高，其子丹朱又甚不肖，难当重任，经四岳推举，尧选择了舜做他的接班人，并把娥皇、女英两个女儿嫁给了舜。

然而，瞽叟想要害死舜的心思越发严重。《史记·五帝本纪》记载了两件事。一是瞽叟等人让舜爬到仓库顶上修抹屋面，然后撤走梯子，并纵火烧廪，意欲将舜烧死在屋顶。所幸舜用两个斗笠作翅膀，从仓库顶上“飞”了下来。二是瞽叟让舜穿井，待舜下到井底，瞽叟夫妻二人和象一起向井中填土，意欲把舜活埋在井底。然而舜还是从井壁的孔道中逃脱。这两则故事都反映了瞽叟等人的恶毒和舜的聪明智慧。

实际上，上虞一带还有一些舜母子斗法、斗而不破的小故事流行。比如，继母让舜和象上山割柴草，并明言谁割得多谁就有饭吃，割得少的人只能挨饿。说罢她交给舜一把剃头刀，给象一把柴刀。舜用剃头刀割茅草，一会儿的工夫割了一大捆。象见舜割茅草轻松又顺手，也学着样割茅草，结果因柴刀太钝，反而连一根茅草都割不断，只得两手空空回家。继母见计落空，便让兄弟俩换了工具再次上山，心想这回象一定能赢。孰料这次舜用柴刀砍树枝，一会儿工夫又砍了一大捆。象学着样用剃头刀砍树枝，结果又败。相似的故事还有“兄弟种芝麻”“芦花衣”等。

舜孝顺勤劳、智慧厚道，为百姓所拥戴。《史记·五帝本纪》有云：“舜耕历山，历山之人皆让畔；渔雷泽，雷泽上人皆让居；陶河滨，河滨之器皆不苦窳（yǔ）。一年而所居成聚，二年成邑，三年成都。”

尧在对舜进行种种考察后，对舜十分满意，便将帝位禅让给舜。

尧崩，舜为之守孝三年。这既是一个臣子对先君王的礼敬，又是一个女婿对岳父的孝道。就在舜守丧年满、行将施政的时候，丹朱因心里不服对舜发难，意欲夺回帝位。舜为了不引起无谓的争斗，有意退避丹朱，回到故乡上虞隐居。可是，丹朱无德，众臣并不认可丹朱，他们朝觐“不之丹朱而之舜，狱讼者不之丹朱而之舜，讴歌者不讴歌丹朱而讴歌舜”。众臣纷纷跟从虞舜而非丹朱。舜在今城区百官附近的一座桥上，会见前来跟从他的文武众臣，留下“舜会百官”的千古美谈，这座桥被后世称为“百官桥”，又叫舜桥。

上虞至今留有百官桥、舜井、籴米石、谷林、象田等诸多传说中舜回乡隐居的故迹，是旧会稽地区舜遗迹分布最多的县邑。在唐代，上虞百官龙山北麓建有大舜庙五间三进，第一进正殿祀舜帝，第二、第三进分别祀后稷、四岳。庙西、东两侧各有一口井，传说舜出生时井中泉水喷涌。庙每进都建有戏台。整座建筑石雕、砖雕、木雕与红柱彩梁交相辉映，显得格外恢宏壮丽。同时，梁湖建有总管庙作为舜的行宫。春秋两祭，香火鼎盛。今天人们皆以“虞山舜水”称谓这片土地。

舜帝庙（李金海供）

“舜会百官”作为传说，生动地体现了上虞地域文化的特色。它既不是“老乡见老乡，两眼泪汪汪”的那般苦情凄恻，又不是“大风起兮云飞扬”的这般高迈张扬。它有着独特、深刻和丰富的思想文化内涵，它是危微精一的道心明德，是谦和礼让的圣者风范，是知行合一的家国情怀。

如果说面山襟江，是老天留给上虞的特色基业，那么“舜会百官”的历史底蕴便是上虞行走岁月、一路相随的珍贵行囊。

第二章

海湾彩虹

秦汉时期

浙江文史记忆·上虞卷

上虞于秦始皇二十五年（公元前222）建县，经200多年的积累发展，至东汉人文蔚起，成为上虞历史上的第一块文化高地，彼时的上虞恰似杭州湾畔的彩虹，横空耀辉，天下瞩目。

实事疾妄

——王充及其《论衡》精义

1900多年前的一天，上虞江上阴风呼号，惊涛拍岸。一个略显沧桑的老人，在江边踽踽徘徊，凝神思索。他目光炯炯，须发飘飘，用毕生心血熬出皇皇巨著《论衡》。自从有了他，赤县神州批判精神热血偾张，学术脊梁陡然挺起，思想天空豁然开朗。他像一颗明亮的星星，在历史星河中闪耀，这个人就是东汉思想家王充。

王充，字仲任。其先世居魏郡元城（今河北省大名县）。元城王氏家势显赫，出过王政君、王莽两位大人物，其他人物担任过的诸如列侯、将军及大小官吏职务不在话下。元城王氏势力的急剧膨胀，使王充的先祖也沾得不少荣光。

王充祖上三迁至上虞。一迁会稽阳亭。王充祖上因“几世尝从军有功”，封会稽阳亭（具体地点无考），就这样从燕赵之地，鲜衣怒马来到封地就安，过着衣食无忧的生活。可惜好景不长，随着新莽政权倒台，家势急转直下，套在王充先祖头上的光环迅即消失，以前衣来伸手、饭来开口的生活不复存在，王氏一族不得已以农桑为业，自食其力。环境变了，世祖王勇原来在燕赵之地打打杀杀的风习却不改，

“横道伤杀，怨仇众多”，在乡里住不下去了，只得从阳亭出走，另觅生路。二迁钱唐。为避仇家报复，祖父王泛举家担载迁到钱唐县（今杭州市），以贾贩为事。王泛生有两子，老大叫王蒙，老二叫王诵。做生意本当和气生财，但是王泛父子老毛病不改，与当地一个叫丁伯的豪右结下梁子。三迁上虞。常言道：强龙难压地头蛇。何况王家是败毛的凤凰不如鸡，在钱唐不得久居，只好继续逃亡，这回来到了上虞，在曹娥江西侧乌石山麓（今属章镇镇）安家。

东汉建武三年（27），王充出生在上虞，黄晖《论衡校释》附《王充年谱》载，汉和帝“永元中病卒于家”。永元年号共16年，永元中大体在公元97年，也就是说王充活了70岁左右。

王充6岁启蒙，8岁进入书馆读书，后来从上虞江畔走出，奔赴洛阳京师深造，师从班彪，成为上虞历史上第一个有史可稽的太学生。大概对于王充来说，上虞给他们家带来了太多的希望，他欲忘记祖上过去那段屈辱的历史，在异地他乡重起炉灶，这就有必要对以往的种种不堪作出切割，便有了《论衡 · 自纪篇》说的“王充者，会稽上虞人也”这些话。王充以上虞为归宿，上虞以王充为荣耀。

汉代太学生本来就凤毛麟角，像王充这样的寒门子弟更是数十年难遇。在那个“举秀才不知书，察孝廉父别居”的官场生态环境里，不善攀附的王充仕途十分崎岖，时断时续地在县、郡、州、府掾功曹、五官功曹行事，或者在从事、治中之类的幕僚队伍中辗转迁流，大半生跌跌撞撞，磕磕绊绊，被波谲云诡的官场弄得焦头烂额。

按照黄晖《王充年谱》的记载，王充撰写《论衡》始于汉明帝永平二年（59），其时王充32岁。此后近40年王充笔耕不辍。现仅存《论衡》30卷85篇，20余万言。

以孔孟为代表的先秦儒学，由董仲舒作了一次改造。其中最核心的标志是“天人观”分流。先秦儒家对鬼神持怀疑态度，存而不论，主张敬而远之。而经董仲舒改造后的新儒学则对此持肯定态度，强调“天人感应”，且得到了汉武帝的首肯，成为官学。“天人感应”的出发点和动机不一定邪恶，但引起了学术界沉渣泛起的后果，以至于在西汉末年至东汉前期，神学泛滥、迷信盛行、虚言妄语当道，整个社会乌烟瘴气。对此情景，王充怒不可遏，他拍案而起，像一匹杀出重围的“黑马”，呼啸而来，一路狂奔，《论衡》就是在这样的时代背景下走进人们的视野。其论危言峻发，振聋发聩，在中国思想界树起了第一面批判的大旗。冯友兰说，王充“结两汉思想之局，开魏晋思想之路”。

综罗《论衡》全书，其思想精义大抵如下：

第一是天地元气观。王充认为，世界由元气组成，包括人在内的万物皆由元气所生。元气观贯穿《论衡》始终，是其全部立论的基石。

第二是证验实然观。王充说“事有证验，以效实然”。为此，他反对一切虚言妄语。这是他写作《论衡》的出发点和目的。王充主张凡事都要经过事实验证。“凡论事者，违实不引效验，则虽甘义繁说，众不见信。”他反对世传圣人生而知之的说法，认为无论圣人抑或是普通人说话论事，都需要以事实来检验证明是否正确。王充的“证验实然”相当于今天的实事求是。

第三是厚今薄古观。王充认为古今一气，上世治者是圣人，今世亦是圣人。他指出：“天之禀气，岂为前世者渥，后世者泊哉！”同时认为今人比前人更好。“古有无义之人，今有建节之士。”他说如今的汉朝，道路无盗贼之迹，深幽迥绝无劫夺之奸，以危为宁，以困为通，远比三皇五帝时期要强。

第四是经世致用观。王充反对哗众取宠、不着边际的悬言空谈，主张言论著述必须得实资治。他说：“故夫贤人之在世也，进则尽忠宣化，以明朝廷；退则称论贬说，以觉失俗。”无道理的争论无益于治。为此，他对商鞅的《耕战》、管仲的《轻重》等文章十分赞赏，认为能够“富民丰国，强主弱敌”。

第五是科学分析观。王充认为浙江、山阴江、上虞江等江水之所以有涛，是因为大海入江之环境浅狭造成的，“入三江之中，殆小浅狭，水激沸起，故腾为涛”。同时也与月相有关，“涛之起也，随月盛衰，小大满损不齐同”。《论衡》中这样的例子很多。如“云繁为雨”“云雾雨之征也”以及对太阳运动轨迹的解释等，都体现出他的科学探索精神。

第六是无鬼无神观。王充说：“人，物也；物，亦物也。物死不为鬼，人死何故为鬼?”又从人的来源借以说明：“人之所以生者，精气也。死而精气灭，能为精气者，血脉也。人死血脉竭，竭而精气灭，灭而形体朽，朽而成灰土，何用为鬼?”他将人死比作火灭。王充不信鬼神，因而对卜筮、禳星避害、雩祭祈雨应验等说法也持否定态度。

第七是丧事薄葬观。王充认为人死无知，亦不能为鬼，故厚葬无益。他认为，活人与死人的道理互不相关，对活着的人奉养优厚，好的风俗自然会形成。他推导说，多数人生前一般都很节俭，假如死后若知自己被厚葬，这就违背了他生前的心愿；假如死人什么也不知道，于死人而言，厚葬薄葬亦无紧要，以此提出他厚养薄葬的主张。

第八是崇仁知识观。主要是三条：一是知识就是力量。他说：“人有知学，则有力矣。”二是知识来源于经验，不能如神般未卜先知，认为即便像孔子这样的大才，也是通过温、良、恭、俭、让这些尊行得到知识的。三是不同的人有不同的知识层次。王充将读书人分成儒生、通人、文人、鸿儒四等。此外，王充特别强调仁、礼、义和清白廉洁。他说知识是筋骨之力，是工具，而仁义的力量更重要。他说：“知夫筋骨之力，不如仁义之力荣也。”又说，“国之所以存者，礼义也。民无礼义，倾国危主”；还说，“案古篡畔之臣，希清白廉洁之人”。

第九是重视人才观。王充认为人才十分重要，他以用兵为例说：“孙武、阖庐，世之善用兵者也。知或学其法者，战必胜。”同时，王充认为人才隐沉难得，将之比作水中的“大石”和“金铁”。他高呼要重视荐举人才，认为“火之光也，不举不明”。

第十是生态整体观。王充认为，天地人与万物是一个相互依存的整体，强调阴阳和顺。他说：“阴阳和则谷稼成，不则被灾害。阴阳和者，谷之道也。”反之，“阴阳不和，灾变发起”。王充肯定人与自然的有机联系，要求人类顺应自然，与自然和谐相处。

参同相契

——魏伯阳与他的丹道理论

追求健康长寿是人类亘古不灭的话题，1800多年前，一个叫魏伯阳的上虞人为此作了不懈探索，撰成一部旷世奇书——《参同契》。

魏伯阳身世轨迹不甚清晰。清董德宁《元真录》载："伯阳真人，名笃，字恪斋，别号云霞子，道号伯阳先生。"其活动年代大体在东汉恒帝刘志（146—167年在位）前后，出身高门，性喜恬淡，不乐权荣，唯以丹道养生为事。

魏伯阳是上虞俗传"三仙六奇人"[①]中的"三仙"之一。在民间，他完全是个神仙形象。葛洪《神仙传》记载了他的传奇故事。魏伯阳与三个弟子[②]以及一条狗入山修炼丹道。丹成之日，魏伯阳有意要考验弟子一番，说丹已炼成，不知效果如何，打算先给狗吃，看看反应。魏伯阳说毕投丹于狗，狗吞下倒地便死。众弟子面面相觑。魏伯阳叹

① "三仙六奇人"是清朝以前上虞民间流传的说法，所指人物版本不一。其中一说"三仙"：魏伯阳、葛玄、陶弘景；"六奇人"：徐太极、吴范、孙奚叟、许璋、潘免之、王昌二。但无论何种说法，魏伯阳皆居"三仙"之首。

② 按照《传灯录》的说法，魏伯阳的这三个弟子分别是汝南周燮、南阳冯良和虞巡。

了口气摇摇头说："我违背世俗，入山修道，不得成仙，也不想活了。"话音刚落他就将手中的一粒丹丸吞下，也立时倒地。这时其中一个弟子说："师傅非凡人，服丹而死，这是天意，我们就顺从天意吧。"他说完拿起丹丸吃下，又倒在地上。另两个弟子对视一下，心生退意，借口给师傅、师兄购买棺材下山走了。两人前脚刚走，魏伯阳即从地上起身，他望着匆匆下山的弟子的背影，微微一笑，然后把真丹塞进倒地的弟子与狗的口中，救活了他们。接着魏伯阳手书一信，让路过的樵夫捎带下山交给那两个弟子。两个弟子读完师傅的信后，悔恨不已。

《参同契》学术界也叫《周易参同契》，以大易、黄老、炉火言丹事，综合儒道两家学说，别开生面，在中国古代哲学、化学、药物学、天文历算等学科领域，具有相当高的地位。全书分上、中、下三卷（篇），计6000余言，皆由四五字一句的韵文以及少数长短不齐的散文体和离骚体写成。其文古奥艰深，晦涩难懂，问世以来注家多达百数十家之众。但是，各注家篇章划分不一，文理阐发仁智互见，至今没有形成一个权威的说法。不过，有一点可以肯定的是，魏伯阳的炼丹学说是指内外丹兼修，也就是说既指"术士服食之，寿命得长久"的外丹，亦指修炼精气神的内丹，"含精养神，通德三元，精液凑理，筋骨致坚"。

"大易情性，各如其度；黄老用究，较而可御；炉火之事，真有所据。三道由一，俱出径路。"这是魏伯阳的《参同契》全书的宗旨。此"大易"包含两层意思：一是《周易》，亦即文王六十四卦；二是"汉易"。"大易"即经孟喜、京房等人扩充演绎过的易道，主要是"纳甲法"和"十二消息法"，当然，也有五行易学，即将五行配四方与中宫。"黄老"指黄帝与老子。传统上黄帝不仅是中华民族的始祖，还是道成德就的"神仙"。而老子因一部《道德经》被奉为"太清道德天尊"。在道家眼中，此两人皆是入世"真人"，只不过前者为道德功业实践者，后者为道德理论创始者。"炉火"即炼丹用火的度控，有三层意思。一是以卦进火。除去乾（☰）坤（☷）坎（☵）离（☲）四卦，按余六十卦昼夜各进一卦计，一月三十天刚好六十卦。二是炼丹用火总体上按照先人留下的600篇《火记》行事。但魏伯阳创造性地将“纳甲法”和“十二消息法”引入其中。三是以卦象对应天象调节火候。按照阴阳和合、四时顺宜、五行生克的原理，注重月相的弦、望、晦、朔循卦爻序列渐进。众所周知，火候十分微妙，不能用时钟或者刻盘计量，在炼丹过程中最难把握，魏伯阳妙用周易卦爻符号表示火候，解决了内外丹炼制过程中时空、质量和场的转换问题，这是一个了不起的发明。

除此以外，还需要强调两点。一是魏伯阳认为内丹的核心是“元精”与“元气”。两者皆指先天之精气。元精与元气合炼，方能“偕以造化，精气乃舒”。同时，魏伯阳亦重视先天、后天两气感化交互作用。其中先天元气，有的道书特写作“炁”（qì）。二是药性需辨阴阳，归相类。阴阳相制，相反相成，是炼丹的重要原理。另外，丹药材料必须为同类方能合体。三是强调铅、汞合药的重要性。以铅汞入丹是魏伯阳的秘诀，也是返老还童的宝典，这对后来的葛洪影响甚大。

后世人多把《参同契》看作宣扬服丹成仙的道书。的确，魏伯阳自己也说坚持服丹就能“老翁复丁壮，耆妪成姹女”，同时还能“御白鹤，驾龙鳞；游太虚，谒仙君”。但这只是一个方面。其实，魏伯阳是一个特别讲究正德性的人。他在《参同契》中说，不可以用歪门邪道、投机取巧存心行事，所谓“世人好小术，不审道深浅。弃正从邪径，欲速阏不通”。他认为自己“著作图籍”不单是为后人留下一部丹书，更是想辟出一条“开示后昆”的人间正道。这是相当可贵的。

显然，魏伯阳属于明道暗儒、儒道合一之人。《参同契》不少地方都有以道喻理之论。比如，“委志归虚无，无念以为常”，说的是人要节制贪欲；“先迷失轨，后为主君。无平不陂，道之自然……帝王承御，千秋常存”，说的是君主应道法自然，做到为政之道，一张一弛，这样才可以长治久安；“若夫至圣，不过伏羲，始画八卦，效法天地；

文王帝之宗，结体演爻辞；夫子庶圣雄，十翼以辅之。三君天所挺，迭兴更御时”，这是把儒家圣人孔子列作与伏羲、周文王相提并论的“三君”之一。所以，把魏伯阳视为世俗意义上的“道士”或道教中人，都有失偏颇。

显而易见，魏伯阳的修丹“成仙”说，不完全是指成为一般道教人士所鼓吹的肉体永生不死的“神仙”，更是指成为在精神上“道成德就”“长乐无忧”的“仙人”。按照清朝乡贤董德宁的说法，“存亡由我之主，忧乐任吾之情，此乃道成之功验，是为德就之休徵。姑且潜伏人间，点化凡流以入道，隐踪尘世，积累功行以待时”。可见，魏伯阳是个忧乐挂怀、处世以德、与人为善的君子圣贤，没有半点不问世事、一心出世求仙的影子。

《参同契》得到后世的普遍认可。唐刘知古《日月玄枢论》说：“道至秘者，莫过还丹；还丹可验者，莫若龙虎；龙虎所自出者，莫若《参同契》焉。”北宋高象先《金丹歌》说：“又不闻（淳于）叔通、（徐）从事、魏伯阳，相将笑入无何乡，准《连山》作《参同契》，留为万古丹中王。”北宋张紫阳《悟真篇》：“叔通受学魏伯阳，留为万古丹经王。”清《四库全书总目提要》：“后来言炉火者，皆以是书为鼻祖。”清代上虞学者徐立纯说：“万卷丹书，参同第一。其文古，其辞奥，而义理幽深，包罗广大。以言乎易，则变化阴阳，天人合法；以言乎丹，则火候药物，内外兼明，实儒道并行之至文，此诚与经史诸书媲美，千古而不朽者哉。”

毫无疑问，丹道思想来源于“神仙”信仰，这在中国至少绵延了2000多年。这是人们长生不老的追求持续萌动的结果。服丹不能永生，但养性可以长寿。前者是迷信，后者是科学。健康长寿是全人类的梦想。如果我们剥去《参同契》身上“成仙”这件罩衫，把一个天人合一、淡泊安宁、持正养生的魏伯阳推到前台，那么，魏伯阳的学术思想对于今天生命科学的探索前进，仍有很大意义。

20世纪30年代初，《参同契》由广州中山大学化学教授吴鲁强与麻省理工学院戴维斯教授译成英文，传向国际。英国科学家李约瑟认为该书是“化学之祖”。他说，“化学是地地道道从中国传出去的”，《参同契》是“全球第一本这方面的书籍”。李约瑟看似给出了很高的评价。其实，他的见识不如尼采。尼采说：“我们通过科学从事物中发现的东西，其实是预先塞进去的，塞进去的叫艺术和宗教，重新把它领出来叫科学。”所以，这里应当补说一句：李约瑟只是一个把《参同契》学术思想，以现代科学语言方式重新领出来的人，他只窥见魏伯阳思想中的一隅，《参同契》是前无古人、后无来者的千古绝学，仅用“化学之祖”这一称呼实在难以概括。

江以孝永

——孝女曹娥与其碑庙

汉安二年（143）端午节后17天，一个蓬头垢面的少女，双眉紧锁，步履蹒跚，在江边不停地探头张望。她忧戚的目光紧紧地盯着自己刚刚抛到江面上的一件罩衫，忽然，罩衫被一个旋涡卷进江底，她高呼一声“爹——爹”，便纵身一跃，跳入江中，江水在激起一阵浪花后迅速合拢，像什么也没发生过，只有那一声撕心裂肺的叫喊在波涛汹涌的江面上久久回荡，催人泪下。这位少女便是曹娥。

曹娥自幼失母，与父亲曹盱（一作旴）相依为命，居住在舜江之侧象山头曹村，也就是今梁湖街道皂李湖村。据清光绪二十一年（1895）世德堂《虞西板桥曹氏大全宗谱·子集》载，曹盱是西汉开国丞相曹参次子，平阳侯、会稽太守曹崇（一作窋）六世孙。不过，“君子之泽，五世而斩”，此时的曹盱只是个为乡里禳灾祈福的巫祝。

汉安二年（143）农历五月初五，曹盱依例来到县江祭祀潮神伍子胥。孰料船刚刚划到江心，风浪涌起，祭船左颠右簸，曹盱一个踉跄跌落江中，被浪涛卷走，不知所踪。曹娥闻讯，急速赶到江边。她眼噙泪花，泣不成声地向乡亲们打探情由，寻找父亲。四周除了呼啸的江风和拍岸的惊涛外，再无父亲的身影。可是，曹娥不死心，坚信父亲还活着，她要找到父亲一起回家。信念支撑着曹娥日以继夜、日复一日地寻找父亲，她下雨在瓜棚里躲一会，饿了在沙滩地摘个瓜充饥，累了在土墩上小坐片刻，这样在江边来来回回地寻找了17天，还是没有结果。万般无奈之际，曹娥想起了老辈的故事，她赶忙脱下身上罩衫，高高举起，双膝跪地，对天祝告："若值父尸，衣当沉；若不值，衣当浮。"说毕顺手将一个瓜裹在罩衫中，用力抛向江面。于是，便有了开头的那一幕。

孝感动天，奇迹发生了。5天后，曹娥竟然背负父亲双双浮出水面。不幸的是，此时父女俩均已溺亡。此时此刻，夹岸青山，浩荡江流，蔽天乌鸟，都为这个年少孝女肃穆礼敬，呜咽动情，乡民们也涕泪交流。不知不觉间，一首诉说曹娥寻父的歌谣《河女》悄然传开："孝女曹娥，年甫十四，贞顺之德，过越梁宋……"

越地之民，自古喜欢以歌谣表达情感。但是，这首《河女》，绝非"舅舅舅舅，河里游游"那样有口无心的顺口溜，而是发自心底、汩汩流露着孝亲报恩的真情实感。这是对上虞"孝德之乡"最为生动的诠释。

曹娥的寻父孝行，风一般传遍山阴会稽，在大江南北流传开来。事隔8年，上虞来了一位名叫度尚的县长。他听闻曹娥孝行，赞不绝口，遂将曹娥墓移地重新掩埋，向朝廷表为孝女，并亲撰诔辞，立碑建庙。

综观前史，官府以如此隆重的形式表彰一个民间少女，是史无前例的。汉代以孝治国。孝女曹娥被范晔收入《后汉书》。东汉时期，被朝廷冠以"孝女"名号的只有两人，而"孝女曹娥"居首。因为这个缘故，曹娥成为《二十五史》明确记载的第一位孝女。

说到曹娥碑，范晔《后汉书·列女传》李贤注引东晋虞预《会稽典录》记载了一则故事，曰："上虞长度尚弟子邯郸淳，字子礼。时甫弱冠，而有异才。尚先使魏朗作曹娥碑，文成未出，会朗见尚，尚与

曹娥碑（马志坚供）

之饮宴，而子礼方至督酒。尚问朗碑文成未？朗辞不才，因试使子礼为之，操笔而成，无所点定。朗嗟叹不暇，遂毁其草。”就这样，一块传扬后世的曹娥碑惊艳出世。

这是会稽郡继秦始皇会稽刻石、汉三老碑后第三块影响很大的碑刻。然会稽刻石是外来的“皇恩”，表达的是“普天之下，莫非王土”的生猛皇权；汉三老碑只书刻了祖孙三代的名讳，在书法史上有一定价值。而曹娥碑刻是对曹娥孝行的由衷赞美，是上虞人对德性之美发自内心的崇尚。

由于曹娥碑文写得清丽凄恻，文采飞扬，读来朗朗上口，人谓碑有“三绝”：孝行绝，文章绝，书法绝。一时间远近文士骚客络绎来观，争相“打卡”。其中，东汉中郎蔡邕闻讯来观，并以隐语题赞：“黄绢幼妇，外孙齑臼。”这是一个隐语，意为绝妙好辞（辤）。

蔡邕题碑事最早亦见于虞预《会稽典录》和东晋的裴启《语林》。其中，南朝宋刘义庆《世说新语》的记载比较详细，还牵扯到曹操与杨修两大名世人物。其《捷悟篇》曰：

魏武尝过曹娥碑下，杨修从，碑背上见题作“黄绢幼妇，外孙齑臼”八字。魏武谓修曰：“解不？”答曰：“解。”魏武曰：“卿未可言，待我思之。”行三十里，魏武乃曰：“吾已得。令修别记所知。”修曰：“黄绢，色丝也，于字为绝。幼妇，少女也，于字为妙。外孙，女子也，于字为好。齑臼，受辛也，于字为辞。所谓绝妙好辞也。”魏武亦记之，与修同，乃叹曰：“我才不及卿，乃觉三十里。”

曹操、杨修未尝到过江南，不可能“尝过曹娥碑下”。合理的推想是，当时有曹娥碑拓片行世，他俩都曾见过拓片和蔡邕题的隐语。两人为消解军旅寂寞，便在行军途中谈论起来。能破多年之谜，是当时一大新闻，刘义庆为使佳话流传，将其收入《世说新语》成为美谈。

“笑读曹娥碑，沉吟黄绢语。”由于曹娥的孝行和曹娥碑的文采，后世许多大咖均以一书曹娥碑为快。晋朝王羲之、唐朝李北海、宋朝蔡卞、明朝董其昌、清朝王作霖和钱泳等，无不挥毫作书，一吐心曲。

可以确切地说，同一块碑文，聚集如此多的顶级书坛名家用心而书，历史上是很少见的。没有人发号施令，没有人资助悬赏，没有人封官许愿，在孝的呼唤、德的感召之下，一代代人接力传承曹娥的孝德。人同此心，心同此理，当然，其中也包含了对度尚、邯郸淳和蔡邕的回望与礼敬。

现存于曹娥庙的行书曹娥碑，是宋元祐八年（1093），由越州知州蔡卞所书，明代重刻，碑高2.1米，宽1米，正文竖书14行，历经民国17年（1928）大火灼烤，顽强存世，弥足珍贵。“孝女曹娥者，上虞曹盱之女也……”如今多少人在碑前驻足留恋，反复吟诵碑文。

曹娥庙，西靠凤凰山，东面曹娥江，占地面积近10亩。始建于元嘉元年（151），早年有曹娥祠、曹娥宅、贞孝庙、孝女庙、娘娘庙等称谓。旧在江东，后因风潮损坏移置今处。

历史上的曹娥庙毁建多次，规模不断扩大。现存建筑，除南侧土谷祠、东岳殿为清代遗构外，其余均系民国建筑。整座庙宇分三条纵轴线布局：北轴线三开间，依次由牌坊、饮酒亭（已毁）、碑廊、双桧亭和曹娥墓等建筑组成；中轴线五开间，依次由山门、戏台、天井、正殿、后殿和仙坛等建筑组成。其中，正殿主祀曹娥。宋朝和明朝，主祀两侧配享孝女朱娥和诸娥。后殿祀曹娥父母，故也称双亲殿；南轴线三开间，依次由山门、戏台、土谷祠、沈公祠（又称崇功祠）、东岳殿和阎王殿等建筑组成。曹娥庙高柱抗殿，建筑恢宏大气、庄重精美，以雕刻、书法、楹联、壁画“四绝”著称于世。

北宋伊始，孝女曹娥屡沐朝廷敕封。宋大观四年（1110）封“灵孝夫人”；宋政和五年（1115）封“灵孝昭顺夫人”；宋淳祐六年（1246）封“灵孝昭顺纯懿夫人”，并封其父为“和应侯”，封其母为“庆善夫人”；元至元五年（1339）封“慧感夫人”；清嘉庆十三年（1808）封“福应夫人”；清同治五年（1866）封“灵感夫人”。曹娥还被钦赐了“福被曹江”匾额，声名日隆。唐宋之际，曹娥等孝子（女）行迹已传至日本，在日本至今尚能见到，相当于中国宋明时期传抄的阳明、船桥两种版本的中国《孝子传》。

“今生不到曹娥殿，来世亲爹亲娘勿得见。”自从度尚立碑建庙以后，在官府曹娥忌日致祭的影响下，民间也形成了祭祀孝女曹娥的庙会习俗。会期通常在夏历五月十五日至二十二日。其时，但凡象山港以北、钱塘江以南的沿海居民，无论男女老幼，都要赶到曹娥庙祭拜孝女，在曹娥庙内烧香点烛、念经宿山、宣卷做戏，在曹娥江上龙舟竞渡。与此同时，各地商贩、肩挑贸易者带着香烛锡箔、淘箩筅帚、簸箕筛匾、缸甏罐坛、锄头铁锆售卖，甚至有杂耍跌打、卖武膏药者，热闹非凡。

“千秋庙祀彰灵孝，万古江流著大名。”江以孝永，碑以孝隆，庙以孝崇，曹娥庙被称为“江南第一庙”。

合浦还珠

——循吏孟尝的高风亮节

合浦还珠亦作合浦珠还，是个使用率很高的成语。合浦是汉代郡名，位于今广西南部；还珠或者珠还，表示失去的东西重新回来，也引申为人去而复回。成语典故出自《后汉书·循吏列传》。

一天上午，合浦郡丽日朗照，风和气清，府衙门前不远的官道上，众吏民在合力攀车扯臂，苦苦挽留一位离任太守，说什么也不让他走。太守实在无法，只好佯装留下，待到众人散去，便私下让老仆人雇来一条民船，等到半夜时分，太守朝衙署正堂深鞠一躬，然后从边门埠头登船。“欸乃”一声，船缓缓地离岸而去，半江渔火映照着小船，默默地送一个伟岸的身躯渐行渐远。此人便是成语典故的主人公——孟尝。

孟尝，字伯周，生卒年不详。其生活年代大体与魏伯阳相仿。孟氏一族，聚居上虞老县城东南首，宅第、产业不止一处。旧时在今丰惠镇政府东南不远有孟宅桥，再往东南一里许有还珠门和还珠桥，此桥后来亦称“孟宅桥”或“孟闸桥”。桥东建亭曰“孟桥亭”。其檐柱书楹联曰：“珠还合浦韵事流传；亭旁孟尝仁风广被。”宋代华镇《会稽览古诗》其九《孟桥》诗："溪上还珠太守家，小桥斜跨碧流沙。清风不共门墙改，长与寒泉起浪花。"孟桥亭东南不远处有还珠村，旧立孟尝祠，经明朝知县胡思伸修葺，并补题"感雨还珠"匾，今行政村更名孟尝村。

孟氏门风尚义，多出循吏，在两汉颇具影响。王充《论衡·齐世篇》说，会稽孟英、孟章父子皆为郡决曹掾，前者"卒代将死"，后者"以身代将"。《后汉书》载："其先三世为郡吏，并伏节死难。"《三国志·吴志·虞翻传》裴松之注引《会稽典录》说："决曹掾上虞孟英，三世死义。"说的也是孟尝的先辈崇仁尚义的风范。

孟尝大义，首见于为乡人包娥"鸩婆"冤案平反昭雪一事。对此，范晔《后汉书》这么说：

> 尝少修操行，仕郡为户曹史。上虞有寡妇至孝养姑。姑年老寿终，夫女弟先怀嫌忌，乃诬厌苦供养，加鸩其母，列讼县庭。郡不加寻察，遂结竟其罪。尝先知枉状，备言之于太守，太守不为理。尝哀泣外门，因谢病去，妇竟冤死。自是郡中连旱二年，祷请无所获。后太守殷丹到官，访问其故，尝诣府具陈寡妇冤诬之事。因曰："昔东海孝妇，感天致旱，于公一言，甘泽时降。宜戮讼者，以谢冤魂，庶幽枉获申，时雨可期。"丹从之，即刑讼女而祭妇墓，天应澍雨，谷稼以登。

包娥确有其人，其父包全世居皂李湖东北长埭山麓，父女俩皆以孝闻名。尤其是包娥，以赡养婆母称孝乡里，只因姑子悍妒，倒打一耙，诬告其不孝，毒死母亲。郡县偏听偏信，造成旷世奇冤。自从孟尝为包娥出头，使得本来默默赡养婆母的包娥孝名远扬，人们名其地曰"孝闻岭"。多少年来，今岭侧低矮的包娥墓默默地在向过往的人们诉说着包娥故事。

孟尝为包娥伸张正义，不惜舍弃"铁饭碗"的劲头，广泛为人称道。因为这个缘故，孟尝被“策孝廉，举茂才，拜徐令”。政声上好，“州郡表其能，迁合浦太守”。

合浦郡紧邻北部湾，与海南岛隔海相望。其地不生庄稼谷物，唯海出珍珠名闻天下。这里特产马氏珠母贝（亦称合浦珠母贝），所产珍珠粒大、圆润、光彩迷人，时人谓之“南珠”。明朝学者屈大均《广东新语》说：“合浦珠名曰南珠，其出西洋者曰西珠，出东洋者曰东珠。东珠豆青色白，其光润不如西珠，西珠又不如南珠。”当地百姓靠采珠为业，并以此与相邻的交趾“常通商贩，贸籴粮食”以为生计。

然而，之前宰守贪秽，为谋取不当利益，与不法商人勾结，上下其手，滥采无度，珠户若有不愿下海者，即遣悍吏上门逼迫。“叫嚣乎东西，隳突乎南北；哗然而骇者，虽鸡狗不得宁焉。”一来二去，导致生态失衡，珠贝绝迹。合浦“行旅不至，人物无资，贫者饿死于道”。

就在百姓叫天不应、呼地不灵之时，孟尝来到了合浦。他知道这是因恶性采珠引起的资源枯竭，生态链不修复，百姓就无活路。于是，他对症下药，“革易前敝，求民病利，曾未逾岁，去珠复还，百姓皆反其业，商货流通，称为神明”。

显然，孟尝的作为得罪了原来的利益集团，百姓的生活有了盼头，而孟守的仕途却到了尽头。他不得已称病辞职，穿着“小鞋”打道回家。

回到上虞的孟尝，并没有直奔老家，而是隐处穷泽，身自耕佣。先是只有他一人垦荒躬耕垄亩，没多久，“邻县士民慕其德，就居止者百余家”。司马迁《史记》称赞虞舜明德风范时说的，所居“一年成聚，二年成邑，三年成都”现象，奇迹般地出现在了孟尝身上。

事实上，孟尝在乡隐居期间，正直的朝官中也有知情人士。像尚书同郡杨乔，就不忍孟尝被明珠弃野，他亡身进贤，先后7次向朝廷递书，疾呼重用孟尝。其表曰：

> 臣前后七表，言故合浦太守孟尝，而身轻言微，终不蒙察。

区区破心，徒然而已。尝安仁弘义，耽乐道德，清行出俗，能干绝群。前更守宰，移风改政，去珠复还，饥民蒙活。且南海多珍，财产易积，掌握之内，价盈兼金，而尝单身谢病，躬耕垄次，匿景藏采，不扬华藻，实羽翮之美用，非徒腹背之毛也。而沉沦草莽，好爵莫及，廊庙之宝，弃于沟渠。且年岁有讫，桑榆行尽，而忠贞之节，永谢圣时。臣诚伤心，私用流涕。夫物以远至为珍，士以稀见为贵。蟠木朽株，为万乘用者，左右为之容耳。王者取士，宜拔众之所贵。臣以斗筲之姿，趋走日月之侧。思立微节，不敢苟私乡曲。窃感禽息，亡身进贤。

泣血之言令苍天动容，却感动不了权臣们的铁石心肠，桓、灵政治生态之不堪，惨不忍睹，任杨乔百般呼喊，朝廷就是装聋作哑，无奈孟尝这颗“明珠”再无复还之望。终于，一代英贤老死家乡，空留下王勃“孟尝高洁，空余报国之情”的千古慨叹。

王朗问士

——龙山时代的英贤群像

龙山，是四明山余脉伸向西北的末梢，也是上虞百官的西南屏障。秦汉上虞县治设在龙山北麓，后人称这个时期为龙山时代。

在易学家眼里，包括上虞在内的东汉会稽风水佳丽，人文茂盛。上应牵牛之宿，下当少阳之位。东渐巨海，西通五湖，南畅无垠，北渚浙江。山有金木鸟兽之殷，水有鱼盐珠蚌之饶。海岳精液，俊异滋茂，忠臣系踵，孝子连闾，为天下瞩目的东南巨镇。

但凡一地官长到任，必以了解治下风土人情为先务，会稽守王朗也不例外。初平末年（193），王朗临郡会稽，与功曹虞翻亦有一番饶有兴味的摸底问答。谈到会稽人物，虞翻如数家珍，一口气把王太守说得瞠目结舌。涉及上虞，虞翻这样说："征士上虞王充，各洪才渊懿，学究道源，著书垂藻，骆驿百篇，释经传之宿疑，解当世之槃结，或上穷阴阳之奥秘，下摅人情之归极。交趾刺史上虞綦毋俊，拔济一郡，让爵土之封；决曹掾上虞孟英，三世死义。"又说："河内太守上虞魏少英，遭世屯蹇，忘家忧国，列在八俊，为世英彦……近故太尉上虞朱公，天资聪亮，钦明神武，策无失谟，征无遗虑，是以天下义兵，思以为首。上虞女子曹娥，父溺江流，投水而死，立石碑纪，炳然著显。”还说：“近者太守上虞陈业，洁身清行，志怀霜雪，贞亮之信，同操柳下，遭汉中微，委官弃禄，遁迹黟、歙，以求其志。高邈妙踪，天下所闻……其探及秘术，言合神明，则太史令上虞吴范……上虞樊正，咸代父死罪。”虞翻提到的郡中人物数量以上虞为最。

王太守的问话很有意思，他不问会稽有多少老板大户，哪些家族有朝廷背景，只问贤士孝子。同样，虞翻口中也没有大款豪右、外戚裙带，值得品味。

王充、曹娥、魏伯阳和孟氏在本章前几节已经提及，这里再选几位上虞的英贤作粗略介绍。

一、怀仁让封綦毋俊

綦毋俊生卒年不详，大体上比王充晚生二三十年。最早提到綦毋俊的是《会稽典录》，说得略微详细一点的是明代欧大任撰的《百越先贤志》。其少治《左氏春秋》，永初四年（110）举孝廉，拜左校令，出为交趾刺史。元初三年（116），合浦反叛，朝廷遣侍御史任连，督州郡兵讨之。时綦毋俊在苍梧，与任连合力平叛，兵锋所向，莫不摧靡。綦毋俊论功可以得到朝廷的爵、土封赏。然而綦毋俊说自己未建寸功，一会儿说朝廷天威，叛军合该当死，一会儿说任督指挥有方，一会儿又说士卒效命，总之百般推让功劳。朝廷心知肚明，仍按例封赏于他。綦毋俊遂把得到的所有封赏，都转手分给了部属。于是，便有了虞翻说的“拔济一郡，让爵土之封”。

孔子曰“仁者爱人”，又曰“夫仁者，己欲立而立人，己欲达而达人”。綦毋俊辞爵让土，行由仁生。

二、舍生取义戴景成

戴就，字景成。生卒年不详，年岁大体与綦毋俊相仿。仕郡仓曹掾。扬州刺史诬告太守成公浮贪污受贿，遣部从事薛安临郡查办案子。薛从事雷厉风行，一到郡里便收缴仓库簿录，并收戴就于钱塘县狱，逼其揭发检举成公浮。戴就心里明白，这是诬告，遂为太守鸣冤。然而州部似乎定了调子，要将太守拿下，对戴就刑讯逼供，惨毒之状轮番升级，先是“幽囚考掠”；再是“烧鋘斧，使就挟于肘腋”，烧焦的皮肤片片掉到地上；又将其覆于船下“以马通薰之”，时间长达一夜两日；还以竹针刺进其指甲中，并令其抓土，惨不忍睹。戴就几度昏死，但醒后依旧为太守鸣冤叫屈。他说：“太守剖符大臣，当以死报国。卿虽衔命，固宜申断冤毒，奈何诬枉忠良，强相掠理，令臣谤其君，子证其父。”大义陈词，掷地铿锵。由于戴就坚持不告成公浮，成公浮“贪污”案得以撤销。后来，刘宠举荐戴就为孝廉，累官至光禄勋主事。《后汉书》有传。

“义在甘心自杀身，人情天理此为真。”孟子说：“生，亦我所欲也；义，亦我所欲也。二者不可得兼，舍生而取义者也。”戴就以自己的生命实践，诠释了孟子舍生取义的道理。

三、进退据礼魏少英

魏朗，字少英。生卒年不详，大体生活在东汉质帝、桓帝时期。性矜严亮直，毕生践行一个“礼”字。一是知贤礼让。魏朗年轻时是县衙胥吏。其时，县长度尚欲为孝女曹娥立碑，使魏朗撰写碑文。但魏朗写好后没敢拿出来。原因是县衙来了个叫邯郸淳的后生，一方面他是度县长的外甥，另一方面，邯郸淳文笔声名在外，魏朗打定主意，让贤者为师。度尚不知隐情，以为魏朗写不出碑文，顺势让外甥代劳。邯郸淳固然大才，400余言碑文“操笔而成，无所点定”。魏朗心里自叹不如，暗中将写好的书稿毁掉。二是报仇复礼。魏朗有个哥哥，不知何故为乡人所杀。古时民间杀兄与杀父一样严重，而且，人们将家中子弟追杀凶手视为孝行，谓之“杀父之仇弗与共戴天”。魏朗“白日操刃”将凶手杀死。三是维护礼法。魏朗在彭城令任上，有权贵仗势作威，“多行非法”。魏朗多次上书，不但没有效果，反而遭“幸臣忿疾”，被暗中套路设计陷害。时逢九真（今越南中部）贼起，幸臣推荐魏朗出任九真都尉，领兵镇压。名为重用，实则借刀杀人。所幸魏朗武功高强，“讨破群贼”，得胜回朝。四是独善守礼。魏朗受党锢之祸牵连，被免职回家。他严谨治家，自己则“闭门整法度，家人不见惰容”，读书著作，撰《魏子》三卷。《后汉书》有传。

孟子说：“穷则独善其身，达则兼济天下。”礼者，理也。魏朗忠孝为本，穷达两善，进退据礼，不失为传统社会典型的士子。

四、知人见智陈文理

陈业，字文理，生活于东汉末年。记载陈业的史料不多，但从两件事上，可以看出他的过人才智。一是“滴血认亲”。一般认为，滴血认亲法始于三国，但从谢承《会稽先贤传》记载看，陈业在汉末已经懂得此法。他的兄长渡海身亡，一同溺死的有56人之众。待陈业见到兄长时，众尸体已“骨肉消烂而不可辨别”。这时，他抬手割臂，将血滴沥在众尸骨上，见到哪具尸骸滴血凝附，便认定为兄长的遗骸。用今天眼光看，滴血认亲没有科学道理。但陈业自有理论。在他看来“血亲必有异焉”。兄弟、父子血气相通，必有感应，滴血凝附便是验证之法。二是清行明志。东汉末年，身居会稽太守的陈业预感到汉室衰微，天下将乱，已难以伸张正义，断然委官弃禄，远遁黟、歙隐居，修身养性终其余生。

《老子》说：“知人者智，自知者明；胜人者有力，自胜者强。”陈业就是这样一位知人、知世的智者。

五、千里证信卓公行

卓恕，字公行。生卒年不详。大体建安五年（200）前后在世。其人以践诺守信闻名。《太平御览·人事部·卷五十》引《会稽典录》讲了卓恕千里赴期的一个故事：

> 卓恕，字公行，上虞人也。与人期约，虽遭暴风疾雨，无不至者。尝从建邺辞太傅诸葛恪，恪问："何当复来？"恕答曰："某日当复亲牿拢。"至是日，恪停食候恕。至时，宾客会者皆以为会稽、建邺相去千余里，道隔江湖，岂得如期。须臾恕至，一座尽惊。

文中的"建邺"是孙吴都城，即今南京市。大意是卓恕要回会稽老家，向诸葛恪辞行。诸太傅问他何时能回到京师，卓恕说了一个临近日子。到卓恕约定的返京日，诸葛恪摆下酒席，说等卓恕到了开宴。众陪宴同僚皆说：建邺与会稽相距千余里之遥，何况道阻江湖，风波难期。孰料话音方落，卓恕就到达了现场，在座的人惊愕不已。

《中庸》说："唯天下至诚，为能尽其性；能尽其性，则能尽人之性；能尽人之性，则能尽物之性；能尽物之性，则可以赞天地之化育；可以赞天地之化育，则可以与天地参矣。"卓恕一诺千金，诚信不输季布。

上述五贤，构一个仁、义、礼、智、信"五常"的英贤群像。但是实际上，还有一个人也非常出色，他便是朱儁（jùn）。

朱儁，字公伟。上虞驿亭镇人。累官至骠骑将军、太仆、太尉等职，今镇上老街东端尚存太尉庙。他不但在朝廷地位高、人望重，而且还兼具"五常"。

朱儁早在县衙当书佐时，曾变卖家产，将所得之钱百万，不打欠条周济同郡，此便是仁。黄巾军起，天下涂炭，朱儁为国千里驱驰，平乱止战，此便是义。董卓擅政，表迁朱儁任太仆以为己副，然他不附势投靠，坚辞不受，此便是礼。在储交趾刺史任上，南国数万军叛，朱儁恩威并施，分兵而入，智取敌营，以区区五千地方武装，敌叛军数万，平息乱情，此便是智。董卓被诛，军阀李傕挟天子自重，以朝廷名义诏征朱儁入朝，众文武无有不惮，纷纷劝其不要中计。而朱儁说：“以君召臣，义不俟驾，况天子诏乎！”他为家国之计决意前往，后来果然被扣为人质，但此行维护了天子权威，为最终打败李傕赢得了舆论和时间，此便是信。

东汉一朝，上虞士子“五常”俱全，侠肝义胆，为天下瞩目。

横空出世

——越窑创烧与瓷器起源

20世纪80年代，曹娥江畔陡然刮起一股旋风，上虞越窑横空出世，“瓷之源”桂冠落户上虞，风卷云涌般地扫荡着人们固有的认知，国内外学者争先恐后，一波一波来到上虞，他们要亲自验证东汉成熟瓷器到底是否如传闻所说。当那些金发碧眼、满脸疑惑的国外学者，在小仙坛遛弯出来，拧巴着眉头，脸色铁青，一贯矫健的步伐开始不稳，都说自己在上虞“有失重的感觉”。“瓷之源”魅力，由此可见一斑。

自然与心灵交融的青瓷世界在此开启，萦纡不绝的翠色梦幻由此放飞。

越窑以烧造青瓷著称，但“越窑”之名的含义前后有别。最早见于唐朝陆龟蒙《秘色越器》诗，曰：“九秋风露越窑开，夺得千峰翠色来。”由于慈溪上林湖窑址发现得比较早，因而那时的“越窑”，基本上是对上林湖唐五代窑址的称谓。20世纪50年代以来，全国各地陆续发现的三国西晋越窑青瓷器，有不少铭有“上虞”或者“始宁”（上虞南乡）字样。于是，上虞这座县城被文物考古界密切关注，在上虞寻找更早瓷器“故乡”的证据成为业内共识。20世纪70年代，上虞启动了针对寻找古代瓷窑遗址的文物普查，在梁湖龙松岭、光相山与皂李湖周边，上浦帐子山、大湖岙、小陆岙、龙池庙后山、四峰山等地，陆续发现了许多汉晋六朝窑址，尤其是东汉窑址的发现举世瞩目。小仙坛窑址采集的瓷片标本经中国科学院上海硅酸盐研究所测定，烧成温度为1310°C±20°C，平均吸水率为0.28%，最低的为0.16%，显气孔率为0.62%，透光性好，0.8毫米的薄片已可微透光，抗弯强度710kg/cm^2，超过同时测试的清康熙厚胎青花觚650kg/cm^{2}和康熙厚胎五彩花觚700kg/cm^{2}的抗弯强度。测试数据证明，小仙坛青瓷产品已达到或超过现代日用瓷器标准。上虞是成熟瓷的诞生地的消息不胫而走。1978年，中国硅酸盐学会在金华举办“中国古陶瓷和窑炉学术会议”，会议有两项重要成果：一是将瓷器出现的时间上限确定在东汉；二是以上虞小仙坛窑址为代表的曹娥江中下游是瓷器的发源地。与此同时，会议将东汉以前尚未成熟的类瓷产品通称为原始瓷。这两项成果均被编入《中国陶瓷史》与《中国科学技术史·陶瓷卷》，前者1982年由中国硅酸盐学会编，后者由卢嘉锡、李家治编。这就是人们盛传“东汉有瓷说”和“上虞瓷源说”的由来。学界为了方便宏观整体研究，将浙江宁、绍一带宋代以前的瓷窑统称为越窑，这一命题在时间上把陆龟蒙眼中的“越窑”至少提前600余年。

迄今为止，上虞已发现东汉越窑遗址不下61处。各窑场主要生产罍、瓿、壶、碗、钵、盘、钟、虎子、洗、菹罂等日常生活用具，同时生产少量质量粗糙的五管瓶、覆钵式堆塑罐等冥器。这说明人们对生活用具品位的追求，是刺激瓷器发明的一大原因。尤其要指出的是，上虞东汉窑址遗存数量之多，恐怕不在全国同时期瓷窑数量的总和之下，而且类型进化序列链条齐全，更是没有其他县市可以比肩。有以烧造陶器为主、原始瓷次之的馒头山类型，有以烧造原始瓷为主、成熟瓷次之的小陆岙类型，有以烧造高质量青瓷器的小仙坛类型，还有以青、黑瓷混烧的帐子山类型，以及以纯烧黑釉瓷器的乌贼山类型。小仙坛、龙池庙后山、大园坪、禁山等东汉窑址出土的瓷器，胎釉结合牢固，发色青翠，釉层肥厚滋润，光泽性强，感观与后世所谓的“秘色瓷”相差无几。特别令人惊喜的是，在大园坪窑址考古发掘时，一件残碗内底明明白白地盖着一枚“谢胜私印”篆体印章。这位“谢胜”给人们带来对上虞瓷器创烧的无限想象空间。

成熟瓷由原始瓷演化而来。原始瓷器现身于夏商，它的出现昭示着踽踽独行8000余年的陶器从此有了孪生兄弟，而成熟瓷器的诞生，则宣告奔波2000余年的原始瓷“生命”的终结。

虽说原始瓷器脱下重浊裙袍、披上青翠衣衫的过程在上虞完成，但放眼天下，陶演化到瓷的这条路走得并不轻松，可谓长路漫漫。当造化之神来到战国，原始瓷与成熟瓷之间的壁垒似乎只隔一层薄薄的桃花纸，只需轻轻一点，便可以“洞天石扉，訇然中开”。然而，问题是想要顶破这块看着真切的透明天花板绝非易事，它关系到天、地、人三者和合，缺一不可。

那么，上虞又是如何成功的呢？原因有四：

第一是制瓷原料丰富。境内有瓷石矿点800多个，主要分布在曹娥江畔23个乡村。上浦、梁湖、汤浦、章镇、驿亭、下管等乡镇街道的丘陵山脉几乎皆有瓷石（土）蕴藏，有许多还是杂质颇少的原生纯净瓷泥。这种泥被挖起后，经过一段时间的陈腐和踏练，便可直接上手拉坯，而别地基本不具备这样的天然条件。

第二是开采容易，瓷石（土）化学元素含量天然适合烧瓷。上虞瓷原料多为露头矿，容易开采，且具有高硅、低铁、低钛等特点。其中二氧化硅、三氧化二铁的含量天然比较适合烧瓷。尤其是叶蜡石类瓷石原料的三氧化二铝含量比别的地方偏高，这是瓷坯得以高温煅烧的关键。如果氧化铝含量偏低，在没有掌握原料多元配方技术之前，要想烧出成熟瓷器基本没有机会，这也是别地同样的东汉窑器“瓷化”普遍不及上虞的症结所在。

第三是原料处理工艺领先。处理工艺指对瓷石进行粉碎、筛选、淘洗、陈腐、踏练等诸环节的加工。如果原料不经处理或处理流程缺环，杂质残留过多，便烧不出“瓷化”理想的产品。而上虞在这方面做得很成熟。2005年，文物部门考古发掘大园坪东汉窑址出土一堆处理纯净细腻的瓷泥（现藏上虞博物馆），这说明上虞原料处理工艺在东汉已经成熟，甚至达到尽善尽美的程度。

第四是火候掌控独绝。战国龙窑已经成熟，烧出1200℃以上的高温不成问题。而瓷器釉层发色是否青翠碧绿，取决于烧成气氛的把控。这一步做不好，就会前功尽弃。上虞禁山Y1（东汉窑址），尾部横坎上设有6个出烟道，其中右首第3个孔道（面朝窑尾从右向左数）留下被泥土封堵后又挖开的迹象，这是窑工为调节空气进量而有意为之。封堵烟道是为了减少氧气进量，可为形成还原焰创造条件；打开烟道是为了增加氧气进量，这为氧化焰生成让路，这种情况在帐子山东汉龙窑亦有出现。这件事情看似简单，其实不然。出烟口开大、

禁山越窑遗址（李金海供）

堵小是一步到位，还是循序渐进，大有讲究，都需要“观风”“望气”，关系到当时的气压、风向、柴的干湿，以及窑内燃烧等诸多因素。烧瓷人有点像手执短棒的乐团指挥，随机应变，灵活把控。这是一门手艺，靠的是口授心领的“心法”秘传。不掌握此艺，或者掌握不全，都难烧出成熟青瓷。

总之，上虞能创烧出成熟瓷器，既有造物主的恩赐，又有上虞人的聪明智慧。

第三章

疾风劲草

三国两晋南朝

三国两晋南北朝，是继春秋战国以来，历史上又一次大动荡、大分裂的时期。此间，除了西晋有过短暂的统一以外，社会基本上处于狼烟四起、南北对立的状态当中。在这风云激荡的时代浪潮中，上虞如疾风劲草，似暴雨雄鹰，屹立不倒，高傲飞翔。人们心系家国天下，贡献聪明才智，演绎爱恨情仇，散发人性光芒，以自己独特的方式，创造传奇，书写历史。

独步天下

——曹娥江畔的瓷器王国

三国西晋时期，越窑迎来了生产史上的第一个高峰，同时也是中国瓷器生产史上的第一个高峰。东晋南朝时期，越窑渐次入谷。无论高峰还是低谷，全国中心窑场都在曹娥江中下游，上虞越窑一骑绝尘，独步天下，以瓷器王国之尊，播惠四面，气凌八方。

越窑首个高峰主要表现在产量激增、品种丰富、装饰创新三个方面。

调查表明，上虞有三国西晋窑址140余处，东晋南朝窑址18处。无论是窑址数总量，还是生产规模，绝对是国内窑业的龙头老大，毫不夸张地说，彼时但凡国内外出土、品相上乘的三国西晋青瓷器，多为上虞出土。

这一时期的产品主要有：碗、盘、觞、唾壶、虎子、槅、罂、鸟纽盂、罐、钵、槐、熏炉、祭祀盆、扁壶、砚、镂孔篮、樽、簋、洗、灯、鸡首壶、狮形器、兔（蛙）盂、羊首壶等。器具的用途已涉及炊餐、照明、盛储、卫生、文房、陈设等诸多领域。此外，此时期还生产专用于随葬的鬼灶、水碓、鸡舍、猪栏、狗圈、堆塑罐、胡人俑等。这些都说明，此前那些为木器、铜器、漆器盘踞多年的市场，已有相当一部分让位于瓷器。

上虞产品的一大特点是以造型取胜。从造型上看，工匠一改传统戏路，别出心裁，作器由东汉的循规蹈矩、质朴规正转向浪漫多姿、妙趣横生的风格。其中，犹以栩栩如生的仿生瓷器最夺人眼球。比如，将水盂做成兔形或者蛙形，有的背部开一圆口，有的背上置一短管，也有的蛙（兔）前肢还捧一小盏，作喝水状，憨态可掬，十分有趣。再比如，将酒樽做成一头外形像梨的蹲坐状神兽。神兽上肢屈伸前挺，掌面张开，下肢自然下垂；眼如铜铃，龇牙咧嘴，口含宝珠，颔下悬须，前胸鬃毛四散；头顶开盘口，用于注酒或者舀酒。那狰狞的样子，仿佛在与饮酒人说："酒性与我一样暴烈，可要留神哟！"还比如，将壶做成鸡的样子。壶上置盘口，圆鼓腹，肩腹部置高冠，且目光炯炯，以鸡头作流，对应处附贴鸡尾，盘口与肩腹处按把手，神气活现。这类产品丰富，类似的还有熊形灯、狮形器、羊形器、象形盂、鸟形槐、胡人俑等，此处不一一述说。从造型上说，上虞瓷器器型硕大，别的县邑几乎无法匹敌。像出土于凤凰山窑址的三足酒樽，器高18厘米，口径41厘米，可装米酒20斤左右。另有一件平底酒樽，出土于禁山窑址，高21厘米，口径51厘米，可容米酒30斤左右。与之相匹配的器盖，直径达54厘米。如果这样的大酒樽再多搁几件在一起，将会是何等壮观的宴会场景呢？事实上，它们的使命所归，确实也都指向了六朝故都建业（今江苏省南京市）京畿地区，特供皇族、诸侯、士大夫和豪右等贵人享用。迄今为止，人们尚未发现这一时期除了上虞越窑以外，还有其他瓷窑有资格为钟鸣鼎食之家量身定制如此具有"额鼻象五岳，扬波喷云雷。髻鬣蔽青天，何由睹蓬莱"神韵的瓷器。

器物造型的丰富，必然带动装饰手法、题材的创新。

就手法讲，同样是用竹签或者竹针划出的水波纹，东汉的与三国西晋的完全是两个逻辑。前者只是在器物颈肩部位划单线或者重线，状似锯齿的水波纹样，是衬托、点缀性的，线条生硬又机械；后者的水波纹往往占据整个块面，也就是说器物的一个面通常被水波占据，且纹样丰富，美感十足。如果说东汉“水波”，只是漫不经心的微风细浪，三国西晋的“水波”恰似惊世骇俗的狂涛巨澜。此外，手法上还出现了压印、戳印两种新法。压印的网格带纹，以瑰丽、严整、浩浩汤汤著称，朱雀、青龙纹以高贵、吉祥和神秘著称；戳印的联珠纹，以宝气、流动、绵绵不绝著称。这里特别需要一提的是，这一时期还开创了褐色点彩这一崭新的装饰方法，打破了越瓷一向以单色釉示人的惯常做法，使青瓷的釉面变得更加丰富和生动，为后世彩绘瓷的出现开了先河。

从题材看，动物、人物，甚至异域风情无不拿来为我所用。比如东汉的罐，除了用简单的水波纹、弦纹和在器耳面印杉叶纹以外，几乎再无别的纹样。而三国西晋仅是一种置流的罐，就有将流的外形做成牛、鹿、虎、马、鸡等多种动物头形。以水族动物作装饰也是此时的特色，除了鳝、蟹、蛤等以外，用鱼纹作装饰尤为世人喜爱。像上虞禁山窑址出土的双鱼纹洗，高11厘米，口径37厘米，内底划有一对齐头双鱼图案。洗是一种盥洗用具，常用来为出嫁女儿做嫁妆，寓有夫妻（阴阳）和合、年年有余、多子多孙之意，是今天所谓新娘陪嫁的“子孙桶”的渊源所在。用人物形象作装饰的，通常是深目高鼻的西域胡人，集中地出现于堆塑罐（旧称“谷仓”）上部。此类人物往往围绕身后豪华的楼阁建筑，面朝外作跪姿，两手合十，似乎在为主人祈祷着什么。彼时越窑还以莲瓣或佛像这样的佛教题材作装饰。莲瓣多刻划于碗、盘等餐具器皿上；佛像用范印制成，常贴饰于罐、钵、簋、樽等器皿上。佛教于汉朝传入中国，三国西晋时期上虞的窑工就已以佛教图案装饰器皿，眼界非常开阔。

总之，这一时期的装饰题材，用别开生面来形容恰如其分。

支撑越窑生产高峰的是一批艺高天下的大国工匠。见诸出土器物铭文者有：袁宜、范休可、蔡军和朱君。袁宜，三国吴人。1954年南京赵士冈吴墓出土的青瓷虎子上，刻“赤乌十四年会稽上虞师袁宜作”等字样。范休可，西晋时人，1970年江苏省金坛县白塔乡西晋墓出土的青瓷扁壶上，刻“紫（此）是会稽上虞范休可作坤者也”字样。至于蔡军、朱君，则见于窑具上的铭文。窑匠没有对自己作品的高度自信，断不敢在器物或者窑具上刻自己的名字。上虞这种名师集中出现的现象，为同时期别地窑口所罕见。

“闞得記”铭文窑具（马志坚供）

两晋之交“衣冠南渡”，北方世族流寓江南，他们占山涸泽，严重压缩了包括上虞在内的越地人们的生存空间。此间也许尚有像谢灵运那样的庄园经济，经营一定规模的窑业，存在“闞得記”一类的作坊商号。①但是，越窑发展总体走向低谷，已是无法挽回的事实。不过“东隅已逝，桑榆非晚”，越窑随着制瓷技术大规模、远距离的传播，长江、黄河两大流域瓷业普遍兴起，为唐朝窑业“南青北白”格局的形成打下了基础。

① 在上虞甲仗窑寺前自然村，寺山东晋南朝窑址出土一件齿口盂形窑具，上刻行书“闞得記”三字。

手挥五弦

——魏晋玄学与嵇康学说

曹魏景元三年（262）秋，风高叶黄，白日无光。洛阳东市刑场，三千名太学生围得密密麻麻，他们神情肃然，特地来为嵇康送别。嵇康从容站立，神色淡定，看了一下日影，然后接过兄长嵇喜递过来的瑶琴，坐定，双手一扬，《广陵散》清透的旋律从他飞舞的指间如清泉汩汩流泄，一时间，风停云住，万籁俱寂。突然间，琴声如裂帛，嵇康弦断魂散。

嵇康（223—262或224—263），字叔夜。祖籍上虞，其祖先本姓奚，避仇迁谯国铚县（今属安徽省），改姓为嵇。《晋书》载嵇康“早孤，有奇才，远迈不群。身长七尺八寸，美词气，有风仪……学不师受，博览无不该通”。与魏宗室婚，拜中散大夫，人称“嵇中散”。约于魏正始四年（243），嵇康举家迁居河内山阳（今属河南省焦作市），在此寓居20年，嵇康人生最精彩的时期便在此度过。

嵇康是“竹林七贤”之一，魏晋玄学领袖人物。所谓玄学的兴起，是对两汉经学的反动，在正始年间正式登上历史舞台，以老庄思想为主导，糅合儒、释经义而形成的一种哲学思潮，分正始、竹林、元康、东晋四期。正始派“贵无”，代表人物何晏、王弼；竹林派“法自然”，代表人物嵇康、阮籍；元康派“崇有”，代表人物裴頠、王衍；东晋派“随性”，代表人物谢安、许询。

嵇康的学术观点主要有三。

一、“元气”自然的宇宙观

道家语境里的“元气”，是道的另一种表述，相当于今人说的“能量”。所以，“元气”自然，与道法自然基本同义，这是老庄思想的全部立论基础。嵇康十分推崇这一思想，他认为这一思想分三个层面：一是阴阳生万物。气动而生阳，静而生阴，阴阳交感，万物滋生。对此，嵇康深以为是。其《太师箴》说：“浩浩太素，阳曜阴凝。二仪陶化，人伦肇兴。”此“太素”亦为“元气”。《明胆论》说：“夫元气陶铄，众生禀焉。”二是“自然”天之道。道家无不崇尚自然，嵇康亦深向往之。其《游仙诗》说：“飘飖戏玄圃，黄老路相逢。授我自然道，旷若发童蒙。”《述志诗》也说：“冲静得自然，荣华安足为。”《太师箴》又说：“宗长归仁，自然之情。故君道自然，必托贤明。”《赠兄秀才入军诗》还说：“至人远鉴，归之自然。万物为一，四海同宅。”此“同宅”即同居天地自然之宅的意思。三是“无为”之政臬。嵇康在他的《与山巨源绝交书》中朗声明言“老子、庄周，吾之师也”。其《声无哀乐论》说：“古之王者，承天理物，必崇简易之教，御无为之治。”近似老子《道德经》的风格。

二、尚仙养真的人生观

神仙思想在我国由来已久，但不同的人对“神仙”的理解和追求不尽相同，大体可分三类：一是长生不死，比如秦王汉武执着炼丹；二是舒展精神，比如庄子逍遥；三是身心旷达，比如陶渊明采菊东篱。嵇康三者涵泳。首先，嵇康相信神仙真实存在，只是人们无缘谋面。其《养生论》说：“夫神仙虽不目见，然记籍所载，前史所传，较而论之，其有必矣。”还说：“至于导养得理，以尽性命，上获千余岁，下可数百年，可有之耳。”另在《赠兄秀才入军诗》也说：“百年之期，孰云其寿。思欲登仙，以济不朽。”他坚信只要调养得当，长命百岁，以至于人生永年也是可能的。其次，追求精神超脱，也就是在精神上更靠近“神仙”。“目送归鸿，手挥五弦。俯仰自得，游心太玄。”“乘风高逝，远登灵丘。托好松乔，携手俱游。”“长寄灵岳，怡志养神。”这些全是他在《赠秀才入军》诗中说的。诗中的“松乔”，指仙人赤松子与王子乔。《琴赋》中的“琴歌”，说得亦很坦白：“凌扶摇兮憩瀛洲，要列子兮为好仇。餐沆瀣兮带朝霞，眇翩翩兮薄天游。齐万物兮超自得，委性命兮任去留。激清响以赴会，何弦歌之绸缪。”此外，在其《幽愤诗》中也有“托好老庄，贱物贵身。志在守朴，养素全真”的表述。最后，他主张节欲全性。嵇康认为嗜欲不是正道。《答向子期难养生论》说：“夫嗜欲虽出于人，而非道之正。”又说：“以顺欲为得生，虽有厚持之情，而不识生生之理，故动之死地也。”他推崇老子的“乐莫大于无忧，富莫大于知足”，做到他在《卜疑集》说的“内不愧心，外不负俗；交不为利，仕不谋禄，鉴乎古今，涤情荡欲”。

三、超越名教的价值观

稽康认为名教钳制思想，压制人性，主张返璞归真。《难自然好学论》说：“洪荒之世，大朴未亏。君无文于上，民无竞于下。物全理顺，莫不自得。”嵇康认为，人的自然之性才是真性，主张随性而为，少施“智用”，此为祸患之源。《答向子期难养生论》说：“夫不虑而欲，性之动也；识而后感，智之用也。性动者，遇物而当，足则无余。智之用者，从感而求，倦而不已。故世之所患，祸之所由，常在于智用，不在于性动。”嵇康还认为，名教礼法是大道陵迟的元凶。《难自然好学论》说：“及至人不存，大道陵迟，乃始作文墨以传其意；区别群物，使有类族；造立仁义，以婴其心；制为名分，以检其外；勤学讲文，以神其教。”并在《释弘论》中进一步提出越名教而任自然的主张。“矜尚不存乎心，故能越名教而任自然；情不系于所欲，故能审贵贱而通物情。”有道是“铿锵其鸣，声如钟磬”。

也许人们很难用一般的学术范式来框范嵇康思想。他学术观点鲜明，思辨睿智，论证严密，这一点在他的《声无哀乐论》《答释难宅无吉凶摄生论》等名篇中表现得尤其淋漓，其辞气之跌宕起伏、理势之晦明捭阖，无人可及，论辩过程所调动的思想资源也几乎是空前的。

然而，必须指出，嵇康虽然出入老庄，但绝非纯粹出世的道家，更没有真要“非汤武而薄周孔”的意思。相反，他一腔关怀天下的热血始终燃烧。这一点，在他的教子遗书《家诫》中暴露无遗。书中他给儿子开列的申胥（伍子胥）、夷齐（伯夷与叔齐）、柳下惠、苏武等学习榜样，无一不是孔孟和儒家盛赞的对象；嵇康《管蔡论》《明胆论》等文章，也无处不透露着儒家思想；其与昔时“竹友”山巨源的绝交书，更是在轰轰烈烈的言辞背后，裹挟了太多的儒家“私货”。对此，鲁迅先生看得透彻，他在《魏晋风度及文章与药及酒之关系》中说：“至于他们的本心，恐怕倒是相信礼教，（把礼教）当作宝贝，比曹操、司马懿们要迂执得多。”真是一针见血。

的确，嵇康恰似一朵清莲，水面上道家之花开得茂盛，水底下儒家之根扎得深入。他托身“竹林”，一任自然，但他不是长啸山林孙登那样的自了汉，也不是百炼钢化为绕指柔的阮籍，更不是“惟酒是务”“死便埋我”的刘伶。嵇康是心怀家国天下、刚肠嫉恶、轻肆直方的再世屈原！

堰限江河

——运河交通与南北两津

南宋状元王十朋《会稽三赋》，对运河与堰坝有一段酣畅淋漓的描绘。曰："堰限江河，津通漕输。航瓯舶闽，浮鄞达吴。浪桨风帆，千艘万舻。大武挽繂（lǜ），五丁噪呼；榜人奏功，千里须臾。"的确，在传统社会，运河是与外界沟通联系的主要手段，对地方经济、政治、文化等发挥重要作用，产生重大影响。上虞是浙东运河（亦称"杭甬运河"）的腹地，也是航线里程最长、航道最复杂、堰坝最多的县邑。

运河上虞段，分布于曹娥江两侧，平面呈"Y"形。其中，江以西称"萧绍运河"（下称西线），江以东（下称东线）称"四十里河"和"虞甬运河"。萧绍运河与四十里河开通于两晋之际，虞甬运河开通于唐宋之时。但其渊源可溯至东晋南朝。《水经注·渐江水》说："（会稽）太守孔灵符遏蜂山前湖以为埭，埭下开渎，直指南津。"蜂山是今驿亭白马湖一带的山名，"南津"就是后来的梁湖堰。

西线是萧绍运河的东段，从东关街道担山村入境，穿过东关、曹娥两个集镇街市，止于曹娥江，长约10.7千米，河均宽30米，可航行

500石舟。其中，东关练塘以西，至绍兴都泗堰一段，前身是越国“山阴故水道”。

东线分南、北两路。南路的前身是上虞江和余姚江。始于梁湖街道江坎头堰坝，东经皂李湖、蔡山头，由华渡桥附近入丰惠界，经通明村折北，过永和镇安家渡村流入余姚境，长约23千米。其中，丰惠通明堰以西至梁湖江坎头一段“横亘三十五里”，习称“四十里河”。正常情况可航行200石舟。北路“虞甬运河”的主体是马渚横河，起点是龙山北麓的百官堰，流北穿过百官老街（今解放路），至后郭东折经白马湖、穿越驿亭、五夫两集镇老街，并在五夫长坝入余姚境，长约12千米。需要说明的是，晚唐以后，江海水位渐降，每逢低潮汛枯水期，东线南路蔡山头、七里滩等浅涩河段需候潮方可行进；东线北路则主要表现为起始点位的不断北移。人坝头（今百官江东路建设局附近）、赵家堰、叶家埭等均先后作过北路入口。

此外，运河除了上述三条干线以外，还有几条长短不一的支线或改道线路。支线的开辟，主要是为减轻主航道运输压力。例如，为减轻四十里河与姚江的压力，宋代在其北侧开辟“十八里河”，“自新通明直抵江口坝”，专门营运官盐。运河改道情况有三种：一是随着运河过境集镇街区的繁荣，航道拥挤，船只通行受阻，需要另辟绕镇河道，让过境船只快速通过，这相当于今天的绕城高速公路。东关、丰惠和驿亭集镇附近，皆有这种绕街河道存在。二是堰坝禁船。比如，清同治九年（1870），驿亭堰官禁过船，舟船不得已绕道小越堰、河清堰，使得这条本来不属于运河的河道也具有了运河性质。三是航线改道。比如，2008年开始，浙东运河全线拓宽改造。其中，萧绍运河东段改道至老运河北侧，并在东关街道前村一带折向东北，至曹娥街道塘角船闸与曹娥江连通。塘角船闸位置与老运河曹娥老坝底的相较，垂直北移约7千米。东线南路入口由原来的江坎头村，南移约500米至大库村。

堰坝是河道的标配。堰、坝或埭都是为了河道蓄水保持水位从而利于灌溉的水利构筑物，分过船和不过船两类。堰和埭在挡水的同时还可用以过船，两者的区别是堰多以人力，埭多以畜力。坝只是用来挡水。不过，民间往往混称，概念没啥严格的分别。北宋蔡肇过浙东运河时说：“三江重复，百怪垂涎，七堰相望，万牛回首。”“七堰”是浙东运河上影响最大的牛埭。其中，上虞占三座，分别是曹娥堰、梁湖堰、通明堰。而曹娥堰与梁湖堰，历史上称运河“浦阳江”“南北两津”。

“津”是津要、津关的意思。在堰埭设津关，可见这两座堰坝不仅是通过舟船的民用交通节点，也是官府设关卡“司以稽察行旅”的卡点。曹娥堰与梁湖堰“南北两津”，是钱塘江以南运河最为重要的卡点，至晚于南朝宋大明四年（460），孔灵符任会稽太守前就已存在，至南齐永明六年（488），官府已开始在此征收牛埭税的动议。《南史·陆慧晓（顾宪之）传》载西陵戍主杜元懿给时任行会稽郡事顾宪之的一则启事，曰：“……西陵牛埭税，官格日三千五百，元懿如即所见日可一倍，盈缩相兼，略计年长百万。浦阳南北津及柳浦四埭，乞为官领摄，一年格外长四百许万。”杜元懿说的“浦阳南北津”，便是运河在上虞江南、北岸的两座堰埭。曹娥堰位置居江的北首，习称“北津”；梁湖堰位置处江的南首，习称“南津”。宋代以后，“上虞江”这一名称不再盛行，江道也有原先的接姚江、剡溪两道，只剩下剡溪下游一道，统称曹娥江。其时，虽然顾宪之没有当即同意杜的启事，但两堰在浙东运河上举足轻重的地位，由此可见一斑。

“北津”曹娥堰位于曹娥江西岸。由于历史上曹娥江面有一个由宽变窄的过程。所以，曹娥堰位置也有一个不断东移的轨迹。确切具体的东移轨迹已不可考。据当地老人记忆，结合历史地理条件推测，曹娥堰推进大体经历了白米堰东北侧—里睦桥—三角站—塔桥头—老坝底5个过程。根据史料记载，宋代曹娥堰位置已在塔桥头，也就是今杨家山东不远，大约在明代进一步东推至老坝底，该堰址于20世纪80年代改为40吨级电动升船机。

“南津”梁湖堰位于曹娥江东岸，历史上移置不常，据推考蔡山头（今梁湖街道皂李湖村曹家堡自然村）、洪山湖桥、太平桥点位等皆移置过堰埭，明代嘉靖年间（1522—1566）移至江坎头现址。但是，需要说明的是，虽然梁湖堰移置轨迹总体上朝西挺进，然而这并不代表它像曹娥堰一样总是步步趋前，而是“每遇风潮冲溃，移置不常”，有过来回拉锯状移址的状况。如嘉泰《会稽志》载，堰在“县西二十五里”，当时县治在今丰惠，西25里大约在太平桥位置。但据明代张得中（字大本）《南京水路歌》“蔡家庄下梁湖坝”，洪武、永乐年间堰坝似乎又回到了距县城只有10里左右的蔡山头。堰坝往来不定，说明处于江、河变革之中。南朝刘孝绰对这个情况感同身受。他曾任朝廷尚书水部郎中，因浙东运河上虞段艰难，调任上虞令。那一天，他站在上虞乡亭（旧址在今兰芎山麓）观涛赋诗，其《上虞乡亭观涛津渚学潘安仁河阳县诗》中的几句这样说：“孝碑黄绢语，神涛白鹭翔……漂沙黄沫聚，岧石素波扬。榜人不敢唱，舟子讵能航。”也许，此时的他，正在考量重建新坝应当选址何处。

然而，不管怎样，运河的开辟为东晋南朝立国提供了强有力的支撑。其时，舳舻相接，舟船辐辏，官运和民间商运日繁，人们在堰坝前候船过埭、补充给养，甚至进行仓储、转运，形成一种新的业态——坝头经济。“南北两津”便是上虞坝头经济的典型范例。

东山再起

——谢安潜跃与东山文化

东山，是一座居于曹娥江东岸的小山包，高不到200米，因陈郡谢氏在此安家，尤其是谢安长期隐居而得名。东晋升平三年（359），谢万北伐前燕惨遭失败，被废为庶人，未几亡故。在这个关键时刻，高卧东山的谢安放下矜持，毅然出山应命司马，这便是成语“东山再起”的来历。

谢安，字安石，祖籍陈郡阳夏（今河南省太康县）。其祖父谢衡，字德平，号衡再，历任国子博士、国子祭酒、太子少傅、散骑常侍等职。谢衡生三子。长子谢鲲（字幼舆），生子谢尚（仁祖）；次子谢裒（字幼儒），生六子，依次是谢奕、谢据、谢安、谢万、谢石、谢铁；三子谢广（字幼临），面目不清，可能早夭。

说到东山谢氏，一个绕不开的话题是，谢衡一家何时南渡过江。根据民国14年（1925）宝树堂《盖东谢氏宗谱》的说法，谢衡在国子祭酒任上寓居会稽始宁（今上虞东山）。不过也有异议。相较之下，谢鲲、谢裒兄弟在永嘉元年（307）过江可以肯定。这一年，琅琊王司马睿为避八王之乱移镇建康（今江苏省南京市），同在王府任职的谢鲲、谢裒一并过江。其时，谢鲲约27岁，谢裒约26岁。谢尚和谢奕兄弟都出生在江南。谢鲲过江不久就避地豫章（今江西省南昌市），谢裒则仍在王府中任职。谢安何时卜居东山，史料并无明载，我们只能推测。据史料记载，谢奕出任剡县令，谢安年已七至八岁，曾坐在长兄谢奕膝边听其审案。可知，谢奕做剡令约在咸和三年（328）前后。[①]陈郡谢氏在这一时期落脚东山（时称始宁县）完全可能。等到晋成帝驾崩这年（342），东山已文士雅聚，门庭若市。刘惔曾说："我入东，正当泊安石渚下耳，不敢复近思旷傍。"这便是显例。思旷，名阮裕，而刘惔便是后来谢安的舅哥。以此算来，谢安隐居东山不下20年。半个世纪后，谢灵运在东山谢安故居北侧肯堂肯构，营建山居，这也就是始宁墅的主体，功成之日，他兴高采烈地写下千古绝唱——《山居赋》。

谢安自幼"神识沈敏，风宇条畅"，深得王导器重。他喜爱东山，盘桓山水，与王羲之、许询、孙绰、支道林等名士谈玄悟理，"出则渔弋山水，入则言咏属文，无处世意"。谢安"公辅之望"名声在外，为此，朝廷多次征召其出仕，但谢安皆不以为然，以致有人发出这样的感叹："卿累违朝旨，高卧东山，诸人每相与言，安石不肯出，将如苍生何。"

让谢安放弃隐居常态的直接动因是弟弟谢万被废。恰在此时，征西大将军桓温请谢安出任他的司马，为家国计，谢安不再任性，应声出山。此后几年，谢安历官吴兴太守、侍中，吏部尚书、中护军，孝武帝时位至宰相。谢安完成"朝为田舍郎，暮登天子堂"的华丽转身，前后不过十余年时间。

东晋王朝面临内忧外患，始终不能消停，谢安主政宽和为本，着眼长远，以德服人。《晋书》本传载："安镇以和靖御以长算，德政既行，文武用命，不存小察，弘以大纲，威怀外着，人皆比之王导，谓文雅过之。"他小心翼翼地维护着东晋王朝的稳定。危急关头，谢安挽

① 谢安生于公元320年，谢奕任剡令时谢安已是七至八岁儿童，可知谢奕当在咸和三年（328）前后任剡县令。

狂澜于既倒，扶大厦之将倾，至少两次保住了晋祚。

咸安二年（372），简文帝崩，权臣桓温“入赴山陵，止新亭，大陈兵卫，将移晋室”。他呼谢安与王坦之到新亭去见，并在帐壁埋下刀斧手，“欲于坐害之”。王坦之“流汗沾衣”，慌乱到几近失态，就连手板（朝笏）倒执都茫然不知。而谢安神色不变，依旧是平日里那副从容淡定的样子，款款落座后便对桓温说：“安闻诸侯有道，守在四邻，明公何须壁后置人邪？”谢安突如其来的一句问话，反而让桓温乱了方寸。在你来我往、有理有节的言辞博弈中，桓温感觉到了谢安的浩浩正气和磅礴力量，只得暂时收起篡晋野心，司马氏政权因此度过危机。

太元八年（383），前秦寇边，苻坚号以百万之众开赴淮淝。东晋“京师震恐”，朝廷加谢安为征讨大都督。谢安从容应对，指挥若定。他内举不避亲，举荐侄子谢玄和弟弟谢石为前锋都督，叔侄俩率八万“北府兵”抗衡前秦百万大军，决战淝水，一举扭转乾坤，创下军事史上以少胜多的著名战例，保住了东晋王朝最后的体面。

淝水大捷，使东晋获得生存的空间，也让东山谢氏走到辉煌顶峰，使这个家族拥有了长达200余年簪缨连朝、冠盖相望的赫赫声威，也因此形成了独特的文化现象，人们称这种现象为“东山文化”。

谢安墓（马志坚供）

东山谢氏尊谢衡为一世祖，以二世谢裒一支为主脉。

所谓东山文化，是在东晋南朝形成，以谢安为引领，以东山谢氏为核心，以寓居会稽南渡名士为呼应的人文现象。其学术旨趣有三个特点：一是缵绪魏晋玄学，也就是承袭曹魏正始以来士子喜好老庄的学术风气；二是融通道释，尤其对释家般若思想有一定吸收，因而对形而上的问题有更加深入探究，为佛教中国化开辟道路；三是汲取“浙学”精华，悟理不忘事功，自觉纠正以前玄学一味“虚无”的泛滥倾向。

谢氏是东山文化的核心，有三个特点：

第一是重教养。尤其是谢安，苦心孤诣教育子侄，培养后辈的远大志向。这事在《晋书》和刘义庆的《世说新语》中皆有记载。

第二是重事功。且不说谢安出山主政展开的一系列事功，与谢玄操练“北府兵”备战事，单就谢灵运义熙十三年（417）赶赴彭城，代朝廷劳慰刘裕北伐大军时写的《撰征赋》就能体现这一点。其中，“造步丘而长想，钦太傅之遗武；思嘉遁之余风，绍素履之落绪”“匪条侯之忠毅，将七国之陵正；褒汉藩之治民，并访贤以招明”“弘九流以摞四维，复先陵而清旧宇”等句，无不表现出作者意欲追赶谢安遗范，为朝廷建功立业，以及强烈的中华大一统思想。

第三是重孝道。谢氏尚孝悌并德。史载其“幼有至性。七岁丧兄，哀恸过礼，亲戚异之”，“十余岁遭父忧”，“号咷极哀”，有“小颜回”之誉。谢安仁心慈怀，年仅七八岁的他不忍大哥对老翁的责辱，以一句“阿兄，老翁可念，何可作此”救了老人。时人称谢玄作“谢孝”。谢灵运《述祖德》诗，本身就是一种孝行。此外，谢密（字弘微）、谢几卿、谢贞等人的孝行也皆为史料所载，非常感人。

总之，谢氏的家教门风，一言蔽之，谓东山之志。

情深义重

——梁祝传说在上虞

深秋的一天，披红挂彩的婚嫁船靠岸停泊，猛然间舱中冲出一个女子，疯一般地奔上岸去，在一座墓前撕心裂肺地大声痛哭。不一会，坟墓裂开一道口子，那女子纵身一跃跳了进去，墓口合拢，然后从墓中飘出一对蝴蝶，在蓝天白云下翩跹飞舞，这便是“梁祝传说”祝英台殉情“化蝶”的一幕。

祝英台情深义重，以自己的青春生命，实现了她“生不成双死不分”的爱情诺言。

“梁祝传说”是中国四大民间传说之一。故事情节生动，凄美感人，长期以来在中国许多地区，多个民族中间广泛流播，甚至被传出国境，在朝鲜、越南、缅甸、日本、新加坡、印度尼西亚等亚洲地区也可耳闻。其故事被改编为小说、曲艺、戏剧、绘画、电影、电视、音乐、动漫等多种文学艺术形式不断演绎，规模和影响居四大民间传说之首。

一、传说源流

“梁祝传说”线索最早见于南北朝时期。明代徐树丕《识小录》载：“按，梁祝事异矣！《金楼子》及《会稽异闻》皆载之。”《会稽异闻》已不可考；现存《永乐大典》辑录的《金楼子》无梁祝事载，但相信徐氏没有理由作无根据的凭空捏造。至唐朝梁载言《十道四蕃志》有“‘义妇祝英台与梁山伯同冢。’即其事也”的简短提及，并且具备了“义妇”“同冢”两个关键词。基本具备“梁祝传说”故事情节的是晚唐张读的《宣室志》：

> 英台，上虞祝氏女，伪为男游学，与会稽梁山伯者同肄业。山伯，字处仁。祝先归。二年，山伯访友，方知其女子，怅然如有所失。告其父母求聘，而祝已字马氏子矣。山伯后为鄞令，病死，葬鄮城西。祝适马氏，舟过墓所，风涛不能进，问知山伯墓，祝登号恸，地忽逢裂陷，祝氏遂并葬焉。晋丞相谢安奏表其墓曰：义妇冢。

《宣室志》这则记录意义重大。它上承《金楼子》《十道四蕃志》，并为后世“梁祝传说”演绎传播提供了“酵母”。此后，故事演绎逐渐丰富，北宋李茂诚《义忠王庙记》一文中，梁山伯有了“神母梦日贯怀，孕十二月，时东晋，穆帝永和壬子三月一日，分瑞而生”，死后变神助刘裕讨伐孙恩；祝英台有了“名贞，字信斋”，和跳墓之时“从者惊引其裙，风烈若云飞，至董溪西屿而坠之。马氏言官开椁，巨蛇护冢，不果”等更加丰满的情节。南宋薛季宣诗又增饰了化蝶的事，其《游祝陵善权洞》前几句这样写：“万古英台面，云泉响佩环。练衣归洞府，香雨落人间。蝶舞凝山魄，花开想玉颜……”善权洞，今称善卷洞。可见，至晚在南宋，梁祝故事已越出会稽（越州）地区，传至江苏宜兴一带，同时有了“化蝶”一说。愈到后来，传说情节愈加生动丰满，不但有明确的读书地、书童，而且还有了“十八相送”“楼台会”等花样百出的桥段。

业内有人统计，中国有梁祝读书地6处，分别在浙江杭州、江苏宜兴、四川合川、河南汝南，以及山东曲阜和邹县。坟墓10处，分别位于浙江宁波、江苏宜兴和江都、安徽舒城、河北河间、山东嘉祥和微山、河南汝南、甘肃清水、四川合川。梁山伯庙1处，位于浙江宁波海曙区。

从现有资料看，影响较大的文艺载体中，就小说而言，是张恨水、赵清阁的《梁山伯与祝英台》；就戏剧而言，是20世纪50年代袁雪芬、范瑞娟主演的越剧《梁山伯与祝英台》，该剧拍成彩色电影后影响更大；就曲艺而言，是流行于苏州钱雁秋的弹词《梁山伯与祝英台》、流行于浙江陈细宝的莲花落《英台山伯》、流行于山东邹环竺、韩凤兰的《山东琴书》；就故事而言，是流行于浙江宁波毛觉人整理的《金童玉女风月记》；就歌谣而言，是路工、白岩根据清代上海荫火房刻本，同时参照《梁祝故事说唱集》校勘的《梁山伯与祝英台全史》；就音乐而言，是陈钢、何占豪的小提琴协奏曲《梁祝》。

二、“梁祝传说”在上虞

上虞明清两代县志“轶事”栏皆收载“梁祝传说”，内容与明嘉靖《宁波府志》基本吻合。下面引录明万历《新修上虞县志》卷二十记载：

> 梁山伯，字处仁。家会稽。少游学，逢祝氏子同往。肄业三年。祝先返，后山伯归。访之上虞，始知祝女子，名曰英台。山伯怅然归。告父母求姻，时祝已许鄮城马氏，山伯后为鄞令，婴疾弗起，遗命葬鄮城西清道原。明年，祝适马氏，舟经墓所，风涛不能前。英台闻有山伯墓，临冢哀恸，地裂而埋壁焉。闻于朝，丞相谢安奏封“义妇冢”。

20世纪80年代后期，上虞为了编撰民间文学集成，搜集了七则《祝英台传说》，分别是陈秋强的“指花立誓”“水杯分界”“先生立规”“敕封义妇冢”，楼桂芳的“自许终身”，钱关富的“三世不团圆”和俞彩兴的“一句话毁姻缘”。不难看出，上虞的《祝英台传说》自有特点。像“指花立誓”有“阿嫂”这个妒妇形象；在“三世不团圆”中，不仅多出一个“玉皇大帝”，还把孟姜女、白娘子的故事也拉了进来。并说孟姜女与范杞良夫妻不团圆是第一世，白娘子与许仙夫妻不团圆是第二世，梁山伯与祝英台夫妻不团圆是第三世。另在“一句话毁姻缘”中，多了一则让人忍俊不禁的笑话情节：英台回家后，祝父问女儿有没有在外交男朋友，英台回说“交了个梁山伯”，祝父误听作女儿交了二三百个男朋友，气不打一处来，怕日后多事，便将英台许配了人家。这也体现了上虞方言的优势，换作别地方言，这个妙手偶得的幽默很难生成。

三、上虞传承“梁祝”文化

凡传说中的主人公，都有其籍贯依附地。无论是《宣室志》等早期史料，还是后世民间传说，祝英台是上虞人一说可以坐实。比如，民国作家张恨水认为，“其间（讨论祝英台籍贯时）提到会稽上虞的要占80％”；当代作家、《梁祝文化大观》副主编莫高的调查更进一步，“流传全国的梁祝传说，几乎90％都说祝英台是上虞人”。

1952年，华东军政委员会宣传部部长夏衍组织文艺界专家，到上虞考察祝英台故址，尤其对丰惠镇西南首玉水河边的祝家庄村进行了重点考查。据该村的祝氏祖堂碑（现存祝家庄祖堂）漫漶的碑文辨认，上虞祝氏原籍山西太原，汉代南迁至此定居，先祖以教授为业，生三子，移居上虞各地。此为次子贵宗公一支。时有建筑遗留基址面积约500平方米，地上尚有石础、石花窗和雕花木构件散落；另有一块面积约700平方米的花园遗址，当地称“花地”或“花田”。旧有假山、池塘、石榴、云柏等景观，还有两棵两人合抱粗细的金桂、银桂。此外，还有建于乾隆四十四年（1779）的祝氏祠堂、建于道光六年（1826）的祝氏祖堂各一座，专家认定丰惠祝家庄为祝英台故址。于是，“上虞县，祝家庄，玉水河边，有一个祝英台，才貌双全”等优美的唱词写进由桑弧导演的中国首部越剧彩色电影《梁山伯与祝英台》开场剧情，成为一代人抹不去的记忆。

1996年，作为祝英台故乡的上虞市小百花越剧团，在《梁山伯与祝英台》老戏排新上获得成功，先后两度到上海逸夫舞台演出，受到袁雪芬等老一辈艺术家和观众的好评。同时，上虞市小百花越剧团应文化部邀请晋京演出，受到尉健行等中央领导的亲切接见，首都的专家和观众也给予很好评价。1997年，越剧《梁祝》参加文化部、浙江省文化厅组织的浙江越剧小百花全国万里行展演，先后在浙、赣、闽、粤4省11个城市巡演，盛况空前。1998年上虞小百花越剧团受文化部委派，携越剧《梁祝》走出国门，前往芬兰参加第二届赫尔辛基亚洲艺术节。2003年《民间传说——梁山伯与祝英台》特种邮票一套5枚，在浙江、河南、江苏、山东4省，上虞、宁波、杭州、驻马店、宜兴、济宁6地同时首发。2006年“梁祝传说”被列入第一批国家级非物质文化遗产名录。同年，上虞被中国民间文艺家协会命名为“中国英台之乡”。2011年，占地面积17700平方米，建筑面积3000多平方米的祝家庄景区祝府建成开园。

喋血北乡

——崧城保卫战

本文所说的“北乡”指上虞目前杭甬铁路以北地区。东晋隆安间，以崧城（今崧厦街道）为中心，官民在此展开抗击孙恩保卫战。

淝水之战后，皇族与门阀士族之间的矛盾白热化。孝武帝死后，这种矛盾明着摆上了桌面。把持朝政的司马道子、司马元显父子推行“免奴”，并将那些免奴之人，移置京师充实皇家兵役，号为“乐属”，等于是将原先门阀士族掌控的壮丁人口，剥夺且转移至皇族手中。

此令一出，门阀士族炸锅，浙东诸郡群情激愤，王恭、桓玄等诸侯率先讨伐，矛头直指司马元显父子。一时间，神州板荡，战火四起。

孙泰、孙恩叔侄早有异心，借多年在会稽行五斗米道积蓄的人脉，蠢蠢欲动，伺机响应。两人行迹被人告发，司马道子设计诱杀孙泰及其儿子。孙恩侥幸得脱，聚众海上，磨刀霍霍。

孙恩带兵于隆安三年（399）、四年（400）、五年（401）三次攻入上虞，且延及会稽郡城及周边地区。他们杀县令、诛太守、害民众，顺之得活，逆之则死。《晋书》载：“（孙恩）宣语令诛杀异己，有不同者戮及婴孩，由是死者十七八……诸贼皆烧仓廪，焚邑屋，刊木堙井，虏掠财货，相率聚于会稽。其妇女有婴累不能去者，囊簏盛婴儿投于水，而告之曰：‘贺汝先登仙堂，我寻后就汝。’”孙恩暴戾恣睢，血流漂杵，给包括上虞在内的吴会人民带来严重灾难。

为抗击孙恩暴行，朝廷命谢琰为会稽内史，都督五郡军事；命镇北将军刘牢之屯兵上虞，分军戍诸县；命吴国内史袁崧（一作袁山松）为左将军，俱讨孙恩。与此同时，上虞人民与官兵一同奋力抵抗，他们在这里筑嵩城、修军港、开洞渎，与孙恩开展殊死较量。

“嵩城”，为袁崧沪渎垒军事体系之一的城池，旧址在今崧厦镇中心区域。嘉泰《会稽志》卷第一载：嵩城“在上虞县西北六十里（以宋代县治在今丰惠镇为坐标）。其城断绝，横亘数里，乃古垒也。晋史载，安帝隆安间，孙恩自海攻上虞，朝廷遣刘牢之、袁崧筑沪渎垒，沿海备恩。嵩城之名，当始于此”。可见，当时的嵩城，是刘牢之坐镇的军事指挥所，也是其与左将军袁崧联络商议军事的大本营。今“崧厦”地名来源于此，说明“嵩城”在虞民心中记忆之深，影响之大。至晚在明代初期，这座嵩城尚存。

军港，位于今崧厦镇北首前庄村，时称“五龙港”[①]。《松夏志》卷一载：“晋袁将军筑沪渎垒，往来嵩城、上海，尝取道于此。”打仗用兵最看重信息，袁崧缘海筑垒，诸垒的信息情报传递至关重要。“五龙港”是袁崧等往来于吴郡与上虞之间的依凭，同时也是海战补给的前沿港口。

洞渎，指的是孙家洞，袁崧海防军事通道之一，位于崧厦镇西南孙家渡侧，与“五龙港”呈北、南分布。孙家洞在南，出口便是曹娥江；“五龙港”在北，出口是杭州湾。集散地均在“嵩城”。之所以称作“洞”，而不作港、码头等称谓，想必是一处相对隐秘的出入口。

隆安三年（399），孙恩从海路入上虞，杀了县令和在家养病的中书郎谢冲。谢冲之子谢方明，从吴兴伯父谢邈处侥幸逃回上虞，带着

---

① 袁崧往来嵩城与上海之间，尝取道于此。位于今崧厦街道前庄村。

九死一生的老母和妹妹出逃东阳。事后孙恩因袭会稽，谋害太守王凝之。

隆安四年（400），孙恩复入余姚，破上虞。谢琰遣参军刘宣之抵拒。几日后孙恩复寇邢浦，谢琰及其二子战死。

隆安五年（401），孙恩寇沪渎，袁崧等八将战死。前面说过，沪渎垒是袁崧所依凭的海防军事体系，并非只有上海或者上虞一处。袁崧转战诸垒，与孙恩开展的是水陆运动战，而非防御战。按照上虞志史传载，这一年，袁崧及其部将李祥等均死于乱将桥（旧名“乱箭桥”，位于崧厦东首丁家埠）一带。此间，小越戴大郎兄弟，率乡民与入侵者拼搏，死于敌手。

对于在这场战斗中牺牲的英雄，老百姓以立祠纪念的形式令其长存人世。《松夏志》载，该镇祭祀袁崧的祠庙有两处：一是镇上的崧城庙。该庙旧在六都宁远乡，系依古垒而祀，南宋嘉定七年（1214）移建今处。二是位于九都陆家的内史祠。祭祀李祥的桂林庙在蔡林村，祭祀戴大郎的庙原在小越福祈山。崧城庙和戴大郎庙皆有碑记存史。其中《崧城庙碑记》由明朝倪元璐撰写，清光绪《上虞县志校续》载：

> 虞城七十余里，有古庙嵩城，盖为晋吴国内史左将军袁公建。嵩城者何？因公讳也；讳崧而曷云嵩城也？居民不敢斥言，避之也。夷考其先公，世居陈郡阳夏，魏郎中令袁涣曾孙，曰袁瑰为丹阳令，历治书御史，平苏峻之难，封长合乡侯，徒大司农，除国子祭酒，上书崇儒，载兴礼乐，国学之隆，自瑰始也。一传而乔，拜著作郎，迁建武将军、江夏相，与桓温破蜀，进号龙骧将军，封湘西伯。公之先，允文允武，倘所谓晋世臣者，非耶。公幼有才名，博学善文，著《后汉书》百篇，好音乐，作《行路难曲》，每因酣醉歌之，闻者莫不流涕。而《答桓南君啸歌之辨》，更自脍炙人口也。历位吴郡内史。安帝隆安三年(399)，海贼孙恩叛，攻陷会稽，敕公与刘牢之御之，时牢之东

屯上虞，公则为左将军，筑沪渎垒，缘海备恩。明年，复入浃口，转沪渎，城破，公与义将八人奋臂长驱，飚飞电击，卒身死难，盖虽骨碎于千刃枪丛中，而公且曰：尔是人间海贼臭，我为天上列星香也。呜呼！斯真赫赫哉。迄于今，不知果死于何地，葬于何处，八将属何名矣？苏志曰：海盐李祥突白刃，收骨归葬。又有侍史孙复、主簿陈遗，佥云皆八将中人。或曰：上海县新江乡公之墓志在焉，因名里曰崧泽里。又曰墓在长人乡沙冈，有筑耶城遗址，又有筑耶庙，盖即沪渎之旧欤？又曰：墓在横泖上之山。所传闻异词。总之孙恩之乱，三吴八郡，仓皇流离，公御之不一其地，城之不一其乡，崇报之民崇祀者遍江淮，此嵩城其一耳。且夫嵩城虽毁，其迹固岿然尚存，考之邑志，即沪渎垒也。祠北曰嵩厦市，东南有乱将桥，西南有孙家洞，居民之说是也。独思国家多难，即刘牢之诸人皆事列朝册，而我公主将授首之事，史不备哉，何欤？幸各志记之颇详，千载而下，犹堪凭吊，虽然如公者，生多捍卫，死有令名，文章节义，敻（xiòng）绝今古，既已存亡生死矣。而骏奔在庙，青磷碧血，凛若霜晨，神明之烈何以加兹。惜乎世远人遥，传习多误。史云公本讳崧，而别传并分为山崧矣，流讹散失，一至于此，并载之碑，俟后君子参览云。

倪元璐记说袁崧死年为隆安四年（400）。而《晋书·孙恩传》说其死于隆安五年（401）；《松夏志·袁崧传》亦说其死于（隆安）“五年夏”。石碑现存嵩城庙，但文字漫漶，很难辨认。

《戴大郎庙记》由清代小越人陈应霖撰写，清光绪《上虞县志校续》载：

神之所自古老传闻，咸云：东晋中衰，孙恩造乱，陷我会稽，毒流属邑。庞侯抗节于郡治，袁公振义于嵩城，所在豪俊奋臂而起，各卫其乡。神年仅终军，而勇迈钱镠，遂率其昆季暨其乡人，殚力捍御，寇不敢犯，一境安宁。乡人谋尸而祝之，建祠于嘉福寺之侧，历晋、唐、宋、元、明、清之镜影如新。第其址邻山麓，不无平陂燥湿之虞，每遇春秋，艰于罗拜，陈良梓、陈正法等夙有修治之愿，乃汇众醵金，鸠工砌石，不数旬而厥功告成。是用勒石贞珉，以垂永久。

抗击孙恩，是上虞历史上有明确记载的第一次战事，在唐代时县治迁居丰惠，是这场战事的直接后果之一。可见，战事对上虞的负面影响之深远。

鹤鸣九皋

——谢灵运山居唱游与诗歌艺术成就

中国诗歌发展到东晋南朝，出现了两颗划时代的新星：一颗是陶渊明，田园诗体的引领者；一颗是谢灵运，山水诗风的开创者。《诗经》："鹤鸣于九皋，声闻于天。"谢灵运就似这一羽引吭九皋、声震天外的仙鹤。

一、谢灵运身世与东山祖基

谢灵运名公义，字灵运，小名客儿。以字行于世。东山谢氏之后。曾祖父谢奕，祖父谢玄，父亲谢瑍。谢灵运太元十年（385）生于会稽上虞（时属始宁县），不久便被送到钱塘杜明师（杜子恭）家寄养，18岁到京都袭受祖父谢玄"康乐公"封爵。对此，刘敬叔《异苑》卷七说得很清楚："临川太守谢灵运，初钱塘杜明师夜梦东南有人来，入其馆，是夕即灵运生于会稽，旬日而谢玄亡，其家以子孙难得，送灵运于杜治养之，十五方还都，故名客儿。"刘敬叔生卒年不详，但从其追随刘毅、刘裕共同举事推断，约比谢灵运年长一二十岁，同时代人的记录应当可信。故谢灵运出生于会稽上虞大体不差。

钟嵘《诗品·宋临川太守谢灵运诗》亦引用《异苑》此文，说明钟氏认可这个说法。

上虞东山是谢灵运祖基和谢氏宗族墓地。谢玄晚年因疾上书朝廷请求退养，朝廷恩准是在太元十一年（386）或太元十二年（387）。对此，谢灵运《述祖德·序》说得明确："太元中，王父龛定淮南……拂衣蕃岳，考卜东山，事同乐生之时，志期范蠡之举。"太元是孝武帝第二个年号，共用21年，太元中应当是公元386年或387年。"王父"指祖父谢玄。可知，谢玄是在转任会稽内史时，在东山创立的家业。太元十三年（388）谢玄卒于任上，归葬东山，实现了其亡叔谢安的心愿。《宋书·谢灵运传》："灵运父祖并葬始宁县，并有故宅及墅。"这也证明了这一点。考古调查结合老地名遗留线索表明，谢灵运祖基中心位置在谢安故居北侧今上浦镇东山村，谢氏宗族墓区位置在今国庆寺周围。早年这里曾出土"后土之神"石碑刻。碑通高130厘米，宽54厘米，厚9厘米。①"后土"是道教"土地神"。在葬区立此碑，意在希望"土地神"眷顾先人。可见，此为谢氏族墓，谢灵运父亲谢瑍、祖父谢玄与伯祖谢靖等皆葬在此地。②

二、谢灵运的东山"山居"

"山居"又称"始宁墅"，是由谢灵运在东山祖基旁开创的别业。永初三年（422）谢灵运出守永嘉郡。不久又移籍会稽，在紧挨祖基之侧肯堂肯构修营"山居"。《宋书》本传："（谢灵运）遂移籍会稽，修营别业，傍山带江，尽幽居之美。"嘉泰《会稽志》卷第十三："宋谢灵运宅在始宁山中，与太傅宅当不甚远。"康乐公对自己的"山居"杰作相当得意，写下千古名篇《山居赋》。此赋不但是作者对自己的心情和对居中花园树木、稼穑作坊、环境风物等业态的描写，同时也是对

① 马志坚：《上虞文化古迹》，西泠印社出版社2011年版，第219页。

② 徐景荣主编：明谢敏行《东山志》清抄本，中国文史出版社2015年版，第36—37页。

自己拥有这份不动产规模的“房地产”的确认书。因为这个缘故，谢灵运《山居赋》对“山居”的环境和方位写得尤其分明。诸如：“左湖右江，往渚还汀。面山背阜，东阻西倾。抱含吸吐，款跨纡萦。绵联邪亘，侧直齐平”，以及“近东”“近南”“远东”“远南”等，包括指石地标等都写得一清二楚。总之，《宋书》《南史》《嘉泰会稽志》和《东山志》、谢灵运《山居赋》《述祖德》等史料，以及遗留在东山的“和南坪”“甲仗”“花浦”“上埠头”“下埠头”等遗留的老地名，已形成一条完整的证据链，足可以确定谢灵运“山居”在上虞东山这个事实。谢灵运之所以自称“别业”，那是因为有谢玄祖基在侧，与之相比只能如此自称，这蕴含了孝道，也有“山居”又称“始宁墅”的内在逻辑。

三、谢灵运的故乡心曲

谢灵运自20岁在京城履职，至48岁客死异乡，不太长的仕途生涯中两次回乡隐居。第一次是景平元年（423）秋，至元嘉三年（426）春。前面说过，此间谢灵运在家乡主要做了营建“山居”与创作《山居赋》两件事。第二次是元嘉五年至八年（428—431），此间主要和一班志同道合的朋友往来酬唱。其中有王弘之、孔淳之，以及从弟谢惠连和何长瑜、荀雍、羊璿之“四友”。其时，谢灵运的诗往往一甫成，传到京城便被争相传抄，引起热捧，犹如当年左思洛阳纸贵。对此，史书有明确记载。《宋书·谢灵运传》：“（谢灵运）与隐士王弘之、孔淳之等纵放为娱，有终焉之志。每有一诗至都邑，贵贱莫不竞写，宿昔之间，士庶皆遍，远近钦慕，名动京师。”又：“元嘉五年（428），灵运既东还，与族弟惠连、东海何长瑜、颍川荀雍、泰山羊璿之，以文章赏会，共为山泽之游，时人谓之四友。”兹录三首谢灵运第二次回乡“山居”时的唱酬诗作。

其一为《入东道路》：

整驾辞金门，命旅惟诘朝。怀居顾归云，指途溯行飙。属值清明节，荣华感和韶。陵隰繁绿杞，墟囿粲红桃。鹭鹭翚方雊，纤纤麦垂苗。隐轸邑里密，缅邈江海辽。满目皆古事，心赏贵所高。鲁连谢千金，延州权去朝。行路既经见，愿言寄吟谣。

这是元嘉五年（428）的清明时节，谢灵运东返会稽路上所作，诗中说的“怀居顾归云，指途溯行飙”，道出作者想念东山老家，急迫回到“山居”的心情。

其二为《登临海峤初发强中作与从弟惠连见羊何共和之》：

杪秋寻远山，山远行不近。与子别山阿，含酸赴修轸。中流袂就判，欲去情不忍。顾望脰未悁，汀曲舟已隐。

隐汀绝望舟，骛棹逐惊流。欲抑一生欢，并奔千里游。日落当栖薄，系缆临江楼。岂惟夕情敛，忆尔共淹留。

淹留昔时欢，复增今日叹。兹情已分虑，况乃协悲端。秋泉鸣北涧，哀猿响南峦。戚戚新别心，凄凄久念攒。

攒念攻别心，旦发清溪阴。暝投剡中宿，明登天姥岑。高高入云霓，还期那可寻。傥遇浮丘公，长绝子徽音。

这是元嘉六年（429）秋作者前往临海，途经嵊州强中（今称强口），在此舍舟换作车行，与谢惠连等告别时所作，依依不舍的心情溢于言表。诗题中的羊、何，即羊璿之与何长瑜。

其三为《酬从弟惠连》五章：

寝瘵谢人徒，灭迹入云峰。岩壑寓耳目，欢爱隔音容。永绝赏心望，长怀莫与同。末路值令弟，开颜披心胸。

心胸既云披，意得咸在斯。凌涧寻我室，散帙问所知。夕虑晓月流，朝忌曛日驰。悟对无厌歇，聚散成分离。

分离别西川，回景归东山。别时悲已甚，别后情更延。倾想迟嘉音，果枉济江篇。辛勤风波事，款曲洲渚言。

洲渚既淹时，风波子行迟。务协华京想，讵存空谷期。犹复惠来章，只足搅余思。傥若果归言，共陶暮春时。

暮春虽未交，仲春善游遨。山桃发红萼，野蕨渐紫苞。鸣嘤已悦豫，幽居犹郁陶。梦寐伫归舟，释我吝与劳。

元嘉七年（430）春，谢惠连离乡赴京，在钱塘江西陵渡口候船时，写下《西陵遇风献康乐》诗寄给谢灵运。《酬从弟惠连》为谢灵运用于酬答之作。可以看出，在作者身心俱不太佳的这一时期，谢惠连的离开更使他感到清冷孤单，诗句诉说了他盼望谢惠连早日回乡，与他“共陶暮春时”“释我吝与劳”的心情。

此外，他还与学者雷次宗等人有唱和。居乡其间，康乐公与诗友唱酬的趣事还有不少，此处不一一述说。

四、主要成就

谢灵运山水诗艺术成就主要有三点：一是发凡起例，开创山水诗一代新风。谢灵运对大自然审美价值的发现，使得山川绚丽的自然风光为人们所瞩目，开始成为独立的审美对象，从而开启南朝新的诗歌风貌，谢灵运也因此成为诗坛标新立异的人物。二是情景交融，声色并美，清新自然，境界开阔。如，《石壁精舍还湖中作》：“清晖能娱人，游子憺忘归。”融情入景，情景交融。《登池上楼》：“池塘生春草，园柳变鸣禽。”色声入境，柳暗花明。《山居赋》：“洪涛满则曾石没，清澜减则沉沙显。及风兴涛作，水势奔壮……汤汤惊波，滔滔骇浪。电击雷崩，飞流洒漾。凌绝壁而起岑，横中流而连薄。始迅转而腾天，终倒底而见壑。”清新自然，境界雄阔，豪气纵横。三是对唐诗的影响。王勃《滕王阁序》便是受谢灵运影响的一首赋，也是唐朝“从台阁移至江山与塞漠”的第一赋。宋之问《灵隐寺》的“鹫岭郁岧峣，龙宫锁寂寥。楼观沧海日，门对浙江潮”与谢灵运《过始宁墅》

的“白云抱幽石，绿筱媚清涟。葺宇临回江，筑观基曾巅”有异曲同工之妙。杜甫《壮游》的“七龄思即壮，开口咏凤凰”是不是也与《从斤竹涧越岭溪行》的“想见山阿人，薜萝若在眼”相似？至于李白《春夜宴从弟桃花园序》的“群季俊秀，皆为惠连；吾人咏歌，独惭康乐”等众多诗中，更是直截了当地说出对谢灵运的仰慕和追捧。此外，骆宾王、方干、王维、孟浩然、刘禹锡、陈子昂等亦同。

总之，无论在山水题材、写景模式上，还是在精工细琢的用词习惯、对偶骈俪的句子形式上等，谢灵运都对唐朝诗坛产生过重大而深刻的影响。正所谓“玄都观里桃千树，尽是刘郎去后栽”。关于这一点，第五章还会有所涉及。

逸士乐土

——学者名家的治学游栖

这一时期，会稽郡以独特的地理位置、深厚的文化底蕴和新兴经济体姿态迅速崛起。上虞作为郡城近邑和剡、台门户，吸引着诸多学者名家与高僧大德，他们或游历隐居，或传道授业，掀起一股波澜，成为王谢风流以外的另一抹风景线。其中，尤以葛洪、顾欢、杜京产、陶弘景为最。

一、葛洪

葛洪（约281—341），道教“灵宝派”代表人物，著名医药学家。字稚川，号抱朴子，丹阳郡句容（今江苏句容县）人。出身官宦世家。祖葛系，任东吴大鸿胪，父亲葛悌，晋代邵陵太守。早年从军，迁伏波将军，后以平贼功，赐爵关内侯。咸和二年（327），为交趾出丹砂故，求任勾漏县令（今属广西），途经广州时被刺史邓岳所留，遂扎罗浮山修道。

葛洪因拒征到会稽栖隐，上虞兰芎山是其重要一站，其叔祖葛玄曾经在此地隐修。兰芎山，别名兰穹山，旧名兰风山。最早记述葛洪在此隐修的是孔灵符《会稽记》:“上虞县有龙头山，上有兰峰，峰顶盘石广丈余，葛洪学仙坐其上。”“兰峰”即兰峰山;“龙头山”亦称龙山，系兰芎山主峰向北伸展的一条支脉，旧有“十里龙山”之称。孔灵符是南朝宋山阴（今绍兴）人，曾任会稽太守，在兰芎山北麓白马湖浚渎修治过水利，与葛洪时代相去不远。所以，他的记述可信。除此以外，记载葛洪兰芎山道事的文献还有不少。顾野王《舆地志》说:“上虞县兰芎山，葛稚川所栖隐也。今会稽有仙公遗迹至多，稚川盖亦尝至焉。”顾野王不仅说出兰芎山是葛洪修道地，同时还指出是葛玄仙踪停留处。可见，葛洪择地兰芎山并不盲目，而是由其叔祖开山在先，他追随而来。对于葛玄修道兰芎山一事，陶弘景《吴太极左仙公葛公之碑》也有记载，说:“天台、兰风是焉游憩。”另外，《道教义枢》引《八威召龙神经》中有“徐来勒等三真……于会稽上虞山传仙公葛玄”等字样。此“上虞山”当是兰芎山的代称。郦道元的《水经注·渐江水》亦说:“丹阳葛洪遁世居之，基井存焉。”嘉泰《会稽志》卷九载:“兰芎山在县西北二十五里，一保兰风山。”《旧经》云:“葛洪尝栖隐于此，有石井、丹灶。”现兰芎山上（今福仙寺侧）当年基井尚存，泉水清澈，山间芝、兰等多种草药丛生，旧有神仙倒翻百药篮的传说流行。这些都说明兰芎山与葛玄、葛洪大小仙公的渊源颇深。

此外，陈溪太平山也有葛洪炼丹遗迹。嘉泰《会稽志》、明万历《新修上虞县志》等方志均有记载，此不赘述。

二、顾欢与杜京产

顾欢与杜京产俱为吴郡人，又是志同道合的道友，他俩结伴同时游栖上虞，传道授业，得到虞民爱戴，上虞旧时十二都有“顾墅滩”、十一都有“杜浦”地名，说的就是他俩在上虞教书居住留下的痕迹。

顾欢，字景怡，吴郡盐官（今属浙江省嘉兴市）人，生卒年不详。据萧道成13岁入雷次宗门下受学、顾欢20余岁师从雷次宗事推测，两人年龄约差七八岁。萧生于元嘉四年（427），可知顾欢约生于永初元年（420）前后，享年63岁。

顾欢天资聪慧，生性厚诚。自幼酷爱学习，常用松树枝照明读书，六七岁会干支计时日。一次，父亲让他去庄稼地赶麻雀，他不但没有驱赶，反而任麻雀吃食，并且写了一篇《黄雀赋》回家向父亲交代。元嘉十七年（440），雷次宗在京师招隐馆讲学，顾欢继续从其学。其人甚孝，母亡后，每次读到《诗经·小雅·蓼莪》“哀哀父母”时，都会大哭不止，老师没法继续讲课，对他只好跳过不讲。

顾欢志幽深，无与荣势，自足云霞，朝廷屡次征辟，皆推辞不就。他于国事又耿耿在心，曾上书表劝朝廷：“不以刍荛弃言，不以人微废道。”针对当时佛教泛滥之风，他特著《夷夏论》，分辨释教与孔、老之学的关系，指出佛家外来，与华夏如鱼鸟异渊，舟车别路。“舍华效夷，义将安取？”这是佛教东渐，国人对东西（西域）文化孰主孰次的首次问难。顾欢临终前题诗曰：“五涂无恒宅，三清有常舍。精气因天行，游魂随物化……”

杜京产（438—499），字景齐，吴郡钱塘（今浙江省杭州市）人。出身世奉五斗米道家庭，系杜子恭玄孙。祖杜运任刘毅卫军参军，父杜道鞠任州从事。杜京产淡泊恬静，闭意荣宦，郡国与朝廷征辟，皆称疾不就，专意传道授学。

顾欢与杜京产大约于永光元年（465）前后，在上虞开舍授学。虽然他俩在上虞的行迹不甚分明，但有一点可以肯定，那就是他在上虞讲学的时间一定比较长久，且深得爱戴。不然，上虞百姓不会以“顾墅滩”“杜浦”称名其居。嘉泰《会稽志》卷十：“顾墅滩在县西南四十里。杜京产与同郡顾欢同契，在东山开舍授学，世传顾欢家墅于此。”又说：“杜浦在县西南四十里，梁杜京产之居也……自浦至东山一里许，其山舍下临此浦也。”考顾墅滩、杜浦在今梁湖街道前旺塘村，此地东依丘陵，西滨曹娥江，南去谢安故居东山不远。由此可知，他俩主要在这一带讲学。不同的是，顾欢在上虞讲学数年后入剡隐居，并卒于剡山。而杜京产却从此定居上虞，约于南朝齐建元年间（479—482）入县南60里日门山（亦称太平山，在今陈溪乡境内）筑馆以居，号曰门馆“聚徒教授”。学者刘瓛至会稽，京产邀其至馆授课，且“倾资供侍”。永明十年（492），孔稚珪、沈约等众人联名表举，力荐杜京产出仕。然杜氏在说完一句“庄生持钓，岂为白璧所回”后一病不起，卒于永元元年（499）。杜京产儿子杜栖（字孟山）是个孝子，其孝行被收于《南齐书·孝义传》。京产晚岁体弱多病，身体肥胖，行动不便，杜栖辞掉官职，回到陈溪陪伴父侧，日夜照料，“旬日间便皮骨自支”。他在父亡后悲恸过度，卒年36岁。

三、陶弘景

陶弘景（456—536），道教“上清派”重要承传人，著名医药学家，有“玄中之董狐，道家之尼父”之誉。字通明，丹阳秣陵（今江苏省南京市）人。祖陶隆，王府参军，父陶贞，任孝昌县令；师从孙游岳。陶弘景年20岁即为诸王侍读，除奉朝请。永明十年（492），他辞官到句曲山（又名茅山，在今江苏省句容市）立馆，自号“华阳隐居”；南朝梁天监四年（505）诣鄮县阿育王塔自誓，受五大戒；南朝梁大同二年（536）卒，时年80岁，谥贞白先生。

陶弘景学问渊深，梁武帝萧衍屡以手敕招之，皆不出，朝廷若问以国事，则倾诚以告，时人谓之“山中宰相”。性好著述，于阴阳五行、风角星算、山川地理、方图产物、医术本草等无所不通。著有《真灵位业图》《真诰》等道教经籍，与《本草经集注》《肘后百一方》《帝代年历》等书。晚年主张儒、释、道三教合流。

陶弘景遍历名山，于永明八年（490）东行浙越，不久便到上虞，谒居士杜京产、法师钟义山。据陶弘景从子陶翊《华阳隐居先生本起录》载：“至庚午年（490），又启假东行浙越，处处寻求灵异。至会稽大洪山，谒居士娄慧明，到余姚太平山（今属上虞区）谒居士杜京产，又到始宁岯山（今章镇镇境内）谒法师钟义山……”其《太平山日门馆碑》曰：

> 日门馆者，东霞启晖，开岩引烛，以为名也。先是吴郡杜征君，声高两代，德贯四区，教义宣流，播乎数郡，拓宇太平之东，结架菁山之北，爰以此处幽奇，别就基构，栖集有道，多历世年。

此“杜征君”即杜京产，文章流露出作者对这位德高望重的前辈的由衷赞美。而“宼山”旧属东山谢氏产业，山间有寺，《梁高僧传》作“徐山寺”，唐代称凉泉院。该寺先有昙隆、释僧镜在此弘法，钟义山法师应是后继者。陶弘景这次的游历时间很久，“二百余日乃还”，并搜得“真人遗迹十余卷”，可谓收获满满。

陶弘景大约在上虞待过一段时间，并且在陈溪川流之上乘槎垂纶，悠然自得。他钓鱼的水域，后人称之为“钓川”。明万历《新修上虞县志》卷二《山川》说：“又有川，曰钓川，陶隐君尝垂钓其上。”此之谓也。

事实上，上虞除了上述诸家游历栖隐以外，还有不少名家徜徉于此。比如，于吉（一作干吉），曾在伞山演《太平经》。此后，伞山又有了太平山的称谓，在《江表传》《仙苑编珠卷中》可查。再如，著名文学家江淹（字文通），于永明十一年（493）游历上虞，上东山凭吊东山谢氏。又如，与谢灵运并称的诗人颜延之（字延年），与谢灵运、王弘之等都有交集，多次到过上虞东山。有的还留下诗篇，像孙绰《太平山铭》、孔稚珪《游太平山》等。此外，尚有白道猷，以及前文说到过的昙隆、释僧镜等大德高僧在此弘法。尤其是西域僧人白道猷（慧皎《高僧传》作“竺昙猷”），盘桓上虞多年，留下“白道猷岭”“白道猷溪”“白道猷龙潭”和“牛步”等地名，并在“宝泉寺”“太岳寺”等地开山传法。

上虞逸士乐土，名不虚传。

中国绝手

——“刚朴”冶炼法创始人谢平

古人试兵器锋刃利钝有个绝活，那就是以斫芒数量多少为“试金石”，斫芒越多说明锋刃越利，反之则钝。大体的方法是取中形芒数枚急束紧扎，以一发悬其抄，系于杖头，令人执之，乃以刃一斫，芒断而发犹连者为上。之前，刀或剑斫芒最高纪录是13芒。但是，随着一个人的出现，兵器斫芒数一度增至15芒，他就是上虞谢平，时人谓之“中国绝手”。

谢平，生卒年不详，活动于齐、梁年间（479—557），与陶弘景同时，其首创“刚朴”炼钢法名闻遐迩。《太平御览》卷665《道部七》载：“而近造神剑，斫十五芒，观其铁色青激，光彩有异，盖薛烛所谓涣如冰之将释者矣。顷来有作者十余人，皆不及此。作刚朴是上虞谢平，凿镂装治是石尚方师黄文庆，并是中国绝手。以齐建武元年甲戌岁（494）八月十九日辛酉建于茅山造，至梁天监四年乙酉岁（505），敕令造刀剑形供御用。穷极精功，奇丽绝世。”这则史料记载了谢平的“刚朴”刀剑的神奇。何为“刚朴”？范文澜的解释是，一种像树皮包裹树干的冶炼方法。他说：“按朴原意为树皮，刚朴可能是指生铁熔液包裹熟铁（像树皮包裹树干）而同成钢铁。如果是这样，那末，谢平就是杂炼生鍒法的发明人了。”[①]《重修政和证类本草·玉石部·铁精》引陶弘景语：“钢铁是杂炼生鍒作刀镰者。”这说明当时此法盛行，范文澜认为是谢平首创。

“杂炼生鍒”是灌钢工艺的一种。在这里“生”是指生铁，“鍒”是指熟铁。“杂炼生鍒作刀镰者”意思是，将生铁、熟铁放在一起冶炼，经反复锻打，达到相互渗碳的目的，以取得理想钢铁，这样制作出来的兵器和农具锋利且坚固。

“杂炼生鍒”也称作团钢。沈括《梦溪笔谈》卷三记载：“世间锻铁所谓钢铁者，用柔铁屈盘之，乃以生铁陷其间，泥封炼之。锻令相入，谓之团钢，亦谓之灌钢。”宋应星《天工开物》也有类似记载，不过略有不同。如果细致推敲，“刚朴”与“杂炼生鍒”的灌钢技术还是有所区别的。

“杂炼生鍒”在汉代已有。东汉王粲《刀铭》：“相时阴阳，制兹利兵，和诸色剂，考诸浊清；灌襞已数，质象已呈。附反载颖，舒中错形……”其中，“相时阴阳”中的阴、阳，指生铁、熟铁两种不含碳量的材料；“灌襞已数”的“灌”指熔铸灌炼，“襞”原指衣服上的褶裥，此指钢铁材料的多层积叠、反复折叠，“已数”指多次锻打。晚些时候西晋张协（字景阳）骈体文《七命》，描写“乃炼乃铄，万辟千灌”说的也是这个情况。这种方法因其“万辟千灌”，时人呼作“百炼钢”。从出土的西汉环首刀等资料看，一般是30炼、50炼。当然，确实也有多达100炼的。这种刀剑性能极好，可以“一汉敌五胡”，当年汉武帝横扫漠北、所向披靡，靠的就是这种武器。

如果单就大的方面看，谢平“刚朴”没有什么领先工艺。然而，问题的要害是，彼时因为刀剑表里一致，内外无别，故锻造一口钢刀费时费力，成本极高，据载一口环首刀当时的标价为1500钱（5铢

① 范文澜：《中国通史》第二册，人民出版社1949年版，第502页。

钱），可抵7个人2年9个月的口粮。更有甚者，建平二年（331），石勒打造的一口钢刀，长三尺六寸，“用五百金，工用万人”。由石勒“建平刀”用材特殊、工价夸张可见，铸造兵器成本之高是可以确定的。而谢平“刚朴”恰到好处地解决了这个问题。

“刚朴”优点有四：一是工艺更加先进。灌钢工艺分生铁陷入法、生铁覆盖法和生铁浇淋法三种。沈括说的“用柔铁屈盘之，乃以生铁陷其间”属于第一种方法。宋应星《天工开物》说的“凡炉中炽铁用炭，煤炭居十七，木炭居十三……凡铁性逐节粘合，涂上黄泥于接口之上，入火挥槌，泥滓成枵而去，取其神气为媒合”，属于第二种技术。而谢平“刚朴”属于第三法，即“生铁浇淋法”。按照明代唐顺之《武编前集》卷五《铁》载：“以生铁与熟铁并铸，待其极熟，生铁欲流，则以生铁于熟铁上擦而入之。”“生铁浇淋法”后世认为由江苏工匠首创，故又称其为“苏钢”。其实，从范文澜的解析考量，谢平用“生铁熔液包裹熟铁”工艺，已属第三种“生铁浇淋法”工艺。二是节省时间。谢平之前铸造刀剑，需要千锤百炼，相当费时，如果没有大规模的匠人投入，根本无法应对战争。谢平之法，将兵器内芯与外裹一并铸就，这就为精准锻打创造了条件，可大幅度减少锻打次数，为备战赢得时间，对于处在南北对峙中的朝廷至关重要。三是节约材料。原先刀剑钢铁用材内外一律不分功能。谢平将含碳低、韧性好的钢铁，用于刀剑骨骼部位，将含碳高、易开刃的钢铁用于器具尖唇部位，所谓“好钢只用刀刃上”，既经济而又实惠。四是延伸刀剑长度。以前用料并无分别，刀刃与刀身矛盾无法调和，若非钢表铁里，要么容易折断，要么锋刃不利，无法做到手起刀落，于百万军中取上将首级。而谢平“刚朴”恰到好处地解决了这个难题，而且还因为刀身用了含碳低的钢铁，韧性十足，将刀剑长度拉伸至5尺也不会折断，“一寸长，一寸强”。这对于冷兵器时代的军人来说性命交关。

其实，谢平的创造发明不单在军事方面，于农业、手工业，乃至家庭日用方面都意义非凡，这是谢平“中国绝手”的全部价值所在。

释界史裁

——慧皎及其《高僧传》

名与实向来是一道拷问人性的沉重话题。有的人重名轻实，有的人重实轻名。即便是四大皆空的释界，亦不能置身事外。在这道考题面前，有人坚定地选择了“实”，为之著书立说，将这种价值观巩固、推广开来。他就是慧皎，一位南朝上虞的高僧大德。

慧皎，未详氏族。南朝梁代高僧，著名佛教史学家。《高僧传》外，尚有《涅槃义疏》《梵网经疏》等著作行世。唐代道宣《续高僧传》卷六本传记作“释慧皎”。另因慧、惠谐音，故有的史料亦作“惠皎”。挂单会稽嘉祥寺，春夏弘法，秋冬著述。承圣二年（553）避侯景之乱至湓城（今江西省九江市），次年卒葬庐山禅阁寺墓。

慧皎《高僧传》共14卷。其中，前13卷收录译经、义解、神异、习禅、明律、遗身、诵经、兴福、经师、唱导十科传主，各科之末还有或《论》或《赞》，或《论》《赞》并备。末卷附录，分四部分：一为本著序录。二为本著目录。三是一个自称“弟子曼颖”者写给作者的信，大概是慧皎《高僧传》文稿曾交由这位“弟子”润色。四是一位叫“僧果”的僧人的补注。其中有“承圣二年（553）避难湓城”

“甲戌年（554）二月舍化，时年五十有八”等重要信息。当然，对于慧皎生卒年，学界尚有争议，此不为论。

《高僧传》历史跨度很长，资料来源甚广，所收传主宏富，慧皎自言始于汉永平十年（67），终至南朝梁天监十八年（519），凡452载，257人，又傍出附见者200余人。

《高僧传》对后世影响深远，具有以下几个特点：

第一是轻虚名，崇实德。根据《高僧传》，他曾说：“自前代所撰多曰名僧。然名者本实之宾也，若实行潜光则高而不名；寡德适时，则名而不高。名而不高本非所纪。高而不名则备今录。故省名音代以高字。”

第二是开明序列，导引价值。慧皎之前，释界著书不少，皆不分立科门。《高僧传》首开十个科门，既便于读者按需查找阅读，又体现作者的价值取向。即以佛教传播的艰辛、难易为准则列科排序。比如，他认为“法流东土，盖由传译之勋，或踰越沙险，或泛漾洪波，皆忘形殉道，委命弘法，震旦开明一焉是赖”，便将译经列为首科，后续数科皆依次类推列序。

第三是儒道并包，融通三家。一是将儒家推崇的“孝”“慈”“仁”“德”思想融贯其中。比如，《高僧传》卷一载有康僧会与吴皇孙皓的对话。康僧会说：“夫明主以孝慈训世，则赤乌翔而老人见；仁德育物，则醴泉涌而嘉苗出，善既有瑞，恶亦如之。故为恶于隐，鬼得而诛之，为恶于显，人得而诛之。《易》称积善余庆，《诗》咏求福不回，虽儒典之格言，即佛教之明训。”此康僧会同样将孔孟之道视为佛教明训。另外，慧皎对尧舜和所收传主中的孝子大加褒扬。二是引道入释。比如，他在《高僧传》卷十《神异下·论曰》提道：“神道之为化也。盖以抑夸强摧侮慢，挫凶锐，解尘纷。”其中，“挫凶锐，解尘纷”是《老子》“挫锐解纷，和光同尘”的化用。又如，《高僧传》卷八《义解五·释昙斐传》：“其方等深，经旨所综达老、庄、儒、墨颇亦披览。”说明慧皎赞赏高僧借先秦哲学提高修养，助释佛义的做法。

第四是明心见性，见解深刻。《高僧传》卷八《义解·论曰》："是以圣人资灵妙以应物，体冥寂以通神，借微言以津道，论形传真。故曰：兵者不祥之器，不获已而用之；言者不真之物，不获已而陈之。"这是在教导世人，学佛不可以"执"，读经悟道以后应当舍弃经文及时"破执"。所谓"将令乘蹄以得兔，藉指以知月。知月则废指，得兔则忘蹄"。

当然，《高僧传》并非完美无缺，有的地方宣扬僧人神异之术颇有迷信成分。卷十开"神异"一科，所收传主有的逢凶化吉、遇难呈祥，其中确有明招，但也有迷信。如《安慧则传》为救疫病"祈诚感天"，然后天降"神水"，"病者饮服，莫不皆愈"。另有释昙霍者，有未卜先知之能，"言人死生贵贱毫釐无爽"，"人或藏其锡杖，霍闭目少时立知其处"。事实上，即便高僧们确有特异功能，本质上也与佛教没有关系。

如果说司马迁《史记》创中国纪传体通史而名垂千秋，那么，慧皎《高僧传》创类传体人物志书同样传范式于后世。唐代道宣《续高僧传》、宋代释赞宁《宋高僧传》皆法是传，成为中国佛教史上的壮观景象。

上海大学教授、博士生导师朱恒夫，总结《高僧传》三大历史功绩："第一，在书写模式上，《高僧传》多用市民喜闻乐见的小故事，推动了佛学的传播；第二，制定了评判高僧的标准；第三开启了后世寺院著书的风气，为佛教研究提供了许多宝贵资料。"①

此处附上道宣《续高僧传》卷六《释慧皎》全文：

释慧皎，未详氏族，会稽上虞人。学通内外博训经律，住嘉祥寺，春夏弘法，秋冬著述。撰《涅槃义疏》十卷，及《梵网经疏》行世，又以唱公所撰，名僧颇多浮沉，因遂开例成广，着

① 陈秋强：《慧皎〈高僧传〉是我国佛教史学史上的里程碑著作》，《绍兴文理学院学报》第10期，2014年5月25日第8版。

（著）高僧传一十四卷。其《序》略云：前之作者，或嫌以繁广，删减其事，而抗迹之奇多所遗削，谓出家之士处国宾王，不应励然自远，高蹈独绝，寻辞荣弃爱，本以异俗为贤，若此而不论，竟何所纪。又云：自前代所撰，多曰名僧。然名者本实之宾也。若实行潜光，则高而不名；若寡德适时，则名而不高，名而不高，本非所纪；高而不名，则备今录。故省名音，代以高字。传成通国传之，实为龟镜。文义明约，即世崇重，后不知所终。江表多有裴子野《高僧传》一帙十卷，文极省约，未极通鉴，故其差少。

第四章

舜水飞歌

隋唐五代十国时期

这是一个充满浪漫与豪情的时代。无论是小江口岸的相见时难别亦难、文人骚客的诗路踏歌、释家号佛的慈悲情怀，还是挖湖筑塘的深谋远虑、越窑孜孜以求的“千峰翠色”，都将上虞引向了诗和远方。上虞舜水飞歌，欣欣向荣。

离人情愁

——“三界”冲要小江口

东山月，小江柳，游子漂泊在外头。驿前路，渡口潮，离人心事总缭绕。旧时游子出门在外，往往会在驿铺、渡船码头勾起深深的乡愁。小江口，便是这样一个“不雨也飕飕”的存在。

小江，又称东小江，宋代以后习称小舜江。它是曹娥江西侧的最大支流。源于嵊州，经会稽王坛（今绍兴市柯桥区），入上虞区汤浦镇一路流来，至上浦镇四峰山前与曹娥江汇合，两江合流之处俗呼小江口，前面有一个随潮水起落沉浮的洲渚叫琵琶洲，是小江口最具地标性的自然符号。

由于地处连接绍兴、嵊州、上虞“三界”冲要，又是交通水陆转换的节点，旧时小江口槿篱、竹坞、炊烟、驿铺、桥渡俱全，行旅往来络绎。不过，1964年前的小江口不在今处，而是在其东南1900米处，今天的小江口是裁弯取直改道后的产物。

对于小江口“三界”冲要，要在1954年绍兴、上虞两县行政区划调整后的前提下进行介绍。如果将时间推至唐贞元元年（785）之前，那么，不仅这里的许多乡村皆属会稽县，就连整个上虞县级建置亦不存在，同归于会稽县内[1]，不消说“三界”，就连“两界”也与上虞没有太多关联。

小江口地理位置独特，它是会稽山腹地东北走向江原的重要口岸。陆路在龙池岭西折北，经长塘会胡、广陵通越州城。其中，北出会胡一路，至长安村可转水路到州府。水路出小江口入曹娥江，对岸是东山谢安故里，溯曹娥江南面不远便是嵊州，北向顺流而下，东盘梁湖堰通达宁波，西跨曹娥坝子进入萧绍运河。如果一流北下至杭州湾，可“直挂云帆济沧海”。

作为水陆冲要，这里很早就有渡埠、驿铺等相应设施。

于越之民披发文身，“陆事寡而水事众”。因而小江口设渡不会晚于春秋战国。嘉泰《会稽志》卷十一《津渡》：“（会稽县）东小江渡在县东南九十里。”此“东小江”即小江或小舜江。渡指小江口的渡船码头，这个码头有两个方向：一是东西渡曹娥江，往来于东山至本渡口；二是往来于小江南北。清康熙《会稽县志》卷首《四境图》标示“东小江”即小舜江。另外，该志卷四《山川》也说：“小舜江，在县（以会稽县治为坐标）东南九十里，俗名东小江。”补引《郡志》说：“源出浦阳东北，流经汤浦以入于江。”康熙《会稽县志》卷一《津梁》亦载：“小江渡在县东南一百里。”渡口有茶亭，守渡船。至于在里程上嘉泰、康熙两志表述上为何相差10里？那是因为两个朝代计算里程的起止点不尽相同，再则“一里”的长度也不尽一致。直至20世纪40年代初期，小江渡才告隐退。

驿与铺总的来说都是古代官府为传递信息、护送官员的机构称谓。如果细分，大体车送称为“传”，步递谓之“邮”，马递称为“驿”，驿传中间停驻之站称为“置”，步递停留之处称为“亭”。而水路则多谓之“铺”。当然，铺这一称呼出现大体要到宋元之后。

小江口设驿始于何时不得而知。从理论上说，县级治所设置驿最

---

① 隋开皇九年（589）废上虞县，并入会稽县，唐贞元元年（785）复立，长庆元年（821）又将上虞县并入余姚县，次年复置，此后上虞县级政府建置稳定。

早，然后逐步推开。比如，宋代上虞的金罍驿，距县衙不过200步，而池湖驿则在县西南50里，远在今天章镇镇境内。小江口及其西北区域，秦汉时属山阴县，地处县邑东南边缘，是否与山阴县治同步设驿尚难定论。东汉永建四年（129），小江口属始宁县，最早的县治就安在附近，这在谢灵运《山居赋》中有所谈到。作为县治标配，此时小江口应有驿（铺）存在。从前小江口前琵琶洲金鸡畈，有棵树龄1650年的古樟，2003年政府为其挂编号为062200006的一级古树名木保护牌。不幸的是此樟在2013年枯死。这棵古樟的兆示意义不一般。旧时樟树多种在公共群体建筑附近，村民房前屋后不栽樟树。所以，但凡有年头的古樟，一般都种在寺庙、书院、渡口、村庄水口，或者官府机构之侧。小江口这棵古樟，从旁佐证此处当年也曾枝繁叶茂。真不知道历史上有多少操着南腔北调的人们，在这棵樟树下躲雨、乘凉、歇脚谈天。

可以确证的是，小江驿在唐代已设立。中唐诗人陈羽在这里送别朋友，写下《小江驿送陆侍御归湖上山》诗篇。此后或驿或铺一直不废。明万历《会稽县志》卷十六："东关铺、曹娥铺、白米堰铺、小江铺……"康熙《会稽县志》卷十一《田赋志下·杂支》："冲要一十一铺……陶家堰铺、瓜山铺、黄家堰铺、东关铺、小江铺……"小江铺是会稽县11个冲要重铺之一。

小江口水陆交综，交通四达，人文荟萃。至晚从东晋南朝起，就有不少文人士大夫在此触景生情，留下感怀友情、慨叹人生，或雄浑壮阔，或凄清缠绵的诗作，装点一方天地。

最早对小江口及其附近景致进行描绘的是谢灵运，他在《山居赋》中这样说："近南则会以双流，萦以三洲。表里回游，离合山川。嵽崩飞于东峭，盘傍薄于西阡。拂青林而激波，挥白沙而生涟。"此"双流"指曹娥江、小江在山居前合流；"三洲"指小江口的琵琶洲，随潮水涨落，表里分割回游，形成时而一分为三、时而合三为一的洲渚变化之状；"嵽崩飞于东峭"指东山崖岩凌空西射而出的指石；"盘傍薄于西阡”指始宁旧治沿江铺叠护岸的石块。最后两句形容激扬的水势。

唐代陈羽《小江驿送陆侍御归湖上山》:“鹤唳天边秋水空，荻花芦叶起西风。今夜渡江何处宿，会稽山在月明中。”陈羽（字不详），江东人，贞元八年（792）进士。从姚合《送陆畅侍御归扬州》诗推断，陈羽送的“陆侍御”亦当是陆畅（字达夫），吴郡（今江苏省苏州市）人，大抵陆侍御在越州游历，身为同乡的陈羽在小江驿送别友人，并写下此诗。

皇甫冉在小江口也有故事。他与云门寺僧人灵一互有诗文唱酬。早春一天近暮时分，皇甫冉走到这里，想到很快就要与朋友见面，怀念之情尤切，遂写《小江怀灵一上人》:“江上年年春早，津头日日人行。借问山阴远近，犹闻薄暮钟声。”小江口去云门寺已然不远，作者仿佛看到灵一在清亮悠远的晚钟声中打坐参禅的样子。

“茶圣”陆羽也是往来驻足小江口的常客。他的到来给小江口平添一层凄艳的颜色。《唐才子传》卷二《李季兰》载，李季兰（名冶，女道士）长年旅居乌程（今属浙江省湖州市），与在苕溪事茶的陆羽、皎然早已相识相知。后李冶移居嵊州，陆羽经常入剡探望。这样一来，小江口便是你来我往的必经之地。后来李季兰因朱泚案牵连，被唐德宗乱棒扑杀，这对陆羽打击很大，陆羽怕触景伤情，不敢轻易再入剡溪。一天，陆羽阴差阳错地又要入剡。当他来到小江口时，多年的思潮再也无法抑止，心绪一动，诗意便从心底流淌。《会稽东小山》:“月色寒潮入剡溪，青猿叫断绿林西。昔人已逐东流去，空见年年江草齐。”“东小山”是相对于东小江（小舜江）而言的称名;“昔人”无他，就是指陆羽的红颜知己李季兰。陆羽心情沮丧，诗意沉重，他感慨小江口的水草能够枯荣相继，年年可齐，而“昔人”却一去不返，再也不能相聚。陆羽虽有写诗才情，但终其一生难得写诗，这首诗也算是“茶圣”留给小江的绝唱。

此外，朱放与李季兰也有一段浪漫情缘，其《剡溪行却寄新别者》诗，也流露出对故友的怀念之情。“潺湲寒溪上，自此成离别。回首望归人，移舟逢暮雪。频行识草树，渐老伤年发。唯有白云心，为向东山月。”诗名中的“新别者”和诗中的“归人”皆指李冶。李季兰于不久前香消玉殒，作者伤感不已。其中，末二句诗一语双关，既点明地点，又寄托相思，相当重要。“白云”“明月”是谢安居东山的两座轩廊，站在小江口或舟行此地的人抬头便可望见，此处暗示地点。写“白云心”“东山月”，是作者在向亡故的李季兰表明心迹，意同“一片冰心在玉壶”“月亮代表我的心”，他们的友情至死不变。

宋代以后，小江口更趋热闹。黄土白杨，青衫红袖。人们或愁或喜，或忧或乐，以各自的方式，在小江口留下美好的痕迹，更以前所未有的辐射力，影响着一方天地。

诗路踏歌

——唐朝诗人的游赏与赋唱

“浙东唐诗之路”（以下称“诗路”），是唐代诗人游历放歌浙东的赋唱之路，以《全唐诗》为逻辑起点，最早由已故新昌学者竺岳兵先生于1990年提出。水路由钱塘江南岸西兴入口，沿萧绍运河经山阴、会稽，至上虞分为东、南两路。东路盘梁湖堰经姚江、甬江出海；南路溯曹娥江而行，经嵊州、新昌，抵达天台山。无论是东路，还是南路，上虞都是诗路上的重要节点和中枢，从这个意义上说上虞是“浙东唐诗之路”发祥地，不算为过。

按照竺先生的观点，“诗路”是“实”“虚”两种形式：“实”指实游线路，即诗人亲身游历浙东；“虚”指神游线路，即诗人不曾亲历浙东，但有其写浙东风物的诗作。据竺先生考证，有451位唐代诗人，留下1500多首浙东诗篇，占《全唐诗》收载的2200余名诗人的五分之一左右。以诗人的籍贯看，这些诗篇大抵可分作三类：一是外籍诗人对浙东的赋唱，二是外籍诗人寓居或居官此地留下的诗作，三是浙东本籍人士。这三类人共同掀起了浙东诗路发展的狂潮。

上虞是“诗路”的中枢和发祥地。对浙东运河诗路带而言，上虞是中枢；对曹娥江诗路带而言，上虞是发祥地。上虞已故学者丁加达先生考计，曾有278位诗人游经曹娥江①，其中许多人在此留下作品，大体可分三类：一是状景的，二是写人的，三是咏越窑青瓷的。

一、写景物的诗

唐人对上虞景物的描写主要是称心寺、曹娥庙、东山三个点。

称心寺，又名称心资德寺，始建于梁大同三年（537），位于曹娥江以西道墟街道称山（一名称心山）。唐代称山以南已经形成陆地，称山北面是浩荡的江流。山上树木森然，云气蒸腾，一派飘渺壮阔的景象。宋之问、孙逖、方干等都曾登临此地留下诗作。

宋之问留下《登称心寺》诗有二首。他一度在越州做长史，是称心寺的常客，大约居官越州期间为称心寺做过好事。所以，明代寺中供奉着宋之问、郭传、章敞三尊人物像。兹录《登称心寺》诗其一：

步陟招提宫，北极山海观。千岩递萦绕，万壑殊悠漫。乔木转夕阳，文轩划清涣。泄云多表里，惊潮每昏旦。问予金门客，何事沧洲畔。谬以三署资，来刺百城半。人隐尚未弭，岁华岂兼玩。东山桂枝芳，明发坐盈叹。

此外，孙逖《和崔司马登称心寺》、方干《称心寺中岛》也是写称心寺的，在此不多作介绍。

曹娥庙，唐时也叫曹娥宅。常见完整的诗有四首：一是章孝标的《曹娥庙》，二是赵嘏的《题曹娥庙》，三是周昙的《后汉门·曹娥》，四是释贯休的《曹娥碑》。兹选录前两首。

章孝标《曹娥庙》："孝女魂兮何所之？故园遗庙两堪悲。岭头霞散漫涂脸，江口月沉难画眉。恨迹未消云黯黯，愁痕长在浪漪漪。人

① 丁加达：《从国庆寺说开去》，徐景荣主编：《东山文化丛书·东山文选》，中国文史出版社2015年版，第218页。

间荣谢不回首，千载波涛丧色丝。”

赵嘏《题曹娥庙》：“青娥埋没此江滨，江树飕溜惨暮云。文字在碑碑已堕，波涛辜负色丝文。”

由此可见，诗人已把曹娥元素融入作品中。像李白《送王屋山人魏万还王屋》，其中一节这样写：“人游月边去，舟在空中行。此中久延伫，入剡寻王许。笑读曹娥碑，沉吟黄绢语。”刘长卿《无锡东郭送友人游越》中有“碑缺曹娥宅，林荒逸少居”之句。权德舆《送上虞丞》有“因寻黄绢字，为我吊曹盱”的说法。

东山，位于上浦镇曹娥江东岸，东晋谢安、谢灵运的隐居之地，有调马路、蔷薇洞、洗屐池、谢安墓等遗迹尚存。写东山诗最起劲的人是李白。兹录李白《忆东山二首》中的一首：“不向东山久，蔷薇几度花。白云还自散，明月落谁家。”

“白云”与“明月”是谢安在东山的两座建筑，他与友人常于此谈玄悟理。大抵唐代这两座建筑已经不存在，故诗人以一语双关的口气说：“白云还自散，明月落谁家。”

二、咏人物的诗

唐人称咏的上虞人物主要有：虞舜、嵇康、东山谢氏等。以下选录几首。

胡曾《咏史诗·苍梧》：“有虞龙驾不西还，空委箫韶洞壑间。无计得知陵寝处，愁云长满九疑山。”从内容看，作者写的是舜南巡身死的事。此外，朱庆馀《舜井》写的也是虞舜。

邓陟《珠还合浦》：“至宝含冲粹，清虚映浦湾。素辉明荡漾，圆彩色玢璘。昔逐诸侯去，今随太守还。影摇波里月，光动水中山。鱼目徒相比，骊龙乍可攀。愿将车饰用，长得耀君颜。”珠还合浦，亦即合浦还珠，这是一句成语，说的是孟尝在合浦郡守任上的德政。此外，令狐楚、尹枢、林藻、陆复礼等诗人，还分别写过赋唱孟尝的诗作。

皮日休《奉和添酒中六咏·酒杯》是咏嵇康的：“昔有嵇氏子，龙章而凤姿。手挥五弦罢，聊复一樽持。但取性淡泊，不知味醇醨，兹器不复见，家家唯玉卮。”

温庭筠《题裴晋公林亭》诗，初看似咏唐相裴度，实则是在歌咏谢安，曰：“谢傅林亭暑气微，山丘零落閟音徽。东山终为苍生起，南浦虚言白首归。池凤已传春水浴，渚禽犹带夕阳飞。悠然到此忘情处，一日何妨有万几。”

胡曾《咏史诗·八公山》写的是谢安、谢玄等东山谢氏，在淝水之战中的功绩，所谓“八公山上，草木皆兵”。诗中无一字提及谢氏，但又无处不在言说谢氏。其诗曰：“苻坚举国出西秦，东晋危如累卵晨。谁料此山诸草木，尽能排难化为人。”

李白是谢安、谢灵运和谢朓的“铁粉”，诗中屡屡提及谢氏。此录《登金陵冶城西北谢安墩》诗：

> 晋室昔横溃，永嘉遂南奔。沙尘何茫茫，龙虎斗朝昏。胡马风汉草，天骄蹙中原。哲匠感颓运，云鹏忽飞翻。组练照楚国，旌旗连海门。西秦百万众，戈甲如云屯。投鞭可填江，一扫不足论。皇运有返正，丑虏无遗魂。谈笑遏横流，苍生望斯存。至今冶城隅，犹有谢安墩。凭览周地险，高标绝人喧。想像东山姿，缅怀右军言。梧桐识嘉树，蕙草留芳根。白鹭映春洲，青龙见朝暾。地古云物在，台倾禾黍繁。我来酌清波，于此树名园。功成拂衣去，长啸武陵源。

李白《春夜宴从弟桃花园序》写到了谢惠连与谢灵运，且将对康乐公的称赞推到了极致。其中几句说：“群季俊秀，皆为惠连；吾人咏歌，独惭康乐……”

李白称谢朓为“小谢”，其《宣州谢朓楼饯别校书叔云》有“蓬莱文章建安骨，中间小谢又清发”之句。此录李白《姑孰十咏·谢公宅》：“青山日将暝，寂寞谢公宅。竹里无人声，池中虚月白。荒庭衰草遍，废井苍苔积。惟有清风闲，时时起泉石。”另有《秋登宣城谢朓北楼》也是写谢朓的。据不完全统计，李白诗中提到谢安、谢灵运、谢惠连等东山谢氏不下56次。

周昙有一首写谢举的诗《六朝门·谢举》。谢举，字言扬，是东山谢氏谢万之后谢密的曾孙，梁武帝时任尚书令，以反对招纳叛将侯景闻名。这首诗写的就是这件事，“叛奴逃数岂堪留，忠节曾无肯到头。朱异早能同远见，青衫宁假帝登楼”。

三、叙越窑青瓷的诗

陆龟蒙《秘色越器》：“九秋风露越窑开，夺得千峰翠色来。好向中宵盛沆瀣，共嵇中散斗遗杯。”

皮日休《茶中杂咏·茶瓯》：“邢客与越人，皆能造兹器。圆似月魂堕，轻如云魄起。枣花势旋眼，蘋沫香沾齿。松下时一看，支公亦如此。”

施肩吾《蜀茗新词》：“越碗初盛蜀茗新，薄烟轻处搅来匀。山僧问我将何比，欲道琼浆却畏嗔。”

徐夤《贡余秘色茶盏》：“捩翠融青瑞色新，陶成先得贡吾君。巧剜明月染春水，轻旋薄冰盛绿云。古镜破苔当席上，嫩荷涵露别江渍。中山竹叶醅初发，多病那堪中十分。”

此外，散见的亦有不少。如，元稹《送王协律游杭越十韵》“纸乱红蓝压，瓯凝碧玉泥”，孟郊《凭周况先辈于朝贤乞茶》诗有“蒙茗玉花尽，越瓯荷叶空”，韩偓《横塘》“蜀纸麝煤沾笔兴，越瓯犀液发茶香”；郑谷《送吏部曹郎中免官南归》，“箧重藏吴画，茶新换越瓯”，顾况《茶赋》“舒铁如金之鼎，越泥似玉之瓯”，等等。

附：李白诗中的东山谢氏元素列表

序号	诗名	句例	提点	备注
1	《忆东山二首》	不向东山久， 蔷薇几度花。	东山	上虞东山

续表

序号	诗名	句例	提点	备注
2	《东山吟》	携妓东土山， 怅然悲谢安。	谢安	南京东土山
3	《永王东巡歌十一首》	但用东山谢安石， 为君谈笑静胡沙。	东山 谢安石	谢安，字安石
4	《书情题蔡舍人雄》	尝高谢太傅， 携妓东山门。	谢太傅 东山	谢安获赠太傅
5	《赠常侍御》	安石在东山， 无心济天下。	安石 东山	谢安，字安石
6	《赠友人三首》	蜀主思孔明， 晋家望安石。	安石	同上
7	《送任良携二妓赴会稽戏有此赠》	携妓东山去， 春光半道催。	东山	上虞东山， 隐喻谢安
8	《送裴十八图南归嵩山二首》	谢公终一起， 相与济苍生。	谢公	谢安获赠庐陵郡公
9	《送岑征君归鸣皋山》	岑公相门子， 雅望归安石。	安石	谢安，字安石
10	《宣城送刘副使入秦》	君携东山妓， 我咏北门诗。	东山	谢安曾在上虞东山蓄妓
11	《送梁四归东平》	莫学东山卧， 参差老谢安。	东山 谢安	指上虞东山
12	《携妓登梁王栖霞山孟氏桃园中》	谢公自有东山妓， 金屏笑坐如花人。	谢公 东山	指谢安
13	《登金陵冶城西北谢安墩》	冶城访古迹， 犹有谢安墩。	谢安	全诗咏谢安功绩
14	《登梅冈望金陵赠族侄高座寺僧中孚》	吴风谢安屐， 白足傲履袜。	谢安	
15	《秋夜独坐怀故山》	小隐慕安石， 远游学屈平。	安石	谢安，字安石
16	《送韩侍御之广德》	暂就东山赊月色， 酣歌一夜送泉明。	东山	隐喻谢安
17	《出妓金陵子呈卢六》	安石东山三十春， 傲然携妓出风尘。	安石 东山	谢安，字安石，早年隐居上虞东山

续表

序号	诗名	句例	提点	备注
18	《春滞沅湘有怀山中》	所愿归东山， 寸心于此足。	东山	隐喻谢安
19	《江夏送倩公归汉东序》	昔谢安四十， 卧白云于东山……	谢安 上虞东山	五绝诗的序言
20	《留别西河刘少府》	东山春酒绿， 归隐谢浮名。	东山	指上虞东山，隐喻谢安或谢灵运
21	《与南陵常赞府游五松山》	安石泛溟渤， 独啸长风还。	安石	谢安，字安石
22	《赠韦秘书子春》	谢公不徒然， 起来为苍生。	谢公	指谢安
23	《送友人寻越中山水》	闻道稽山去， 偏宜谢客才。	谢客	谢灵运小名客儿，习称谢客
24	《酬殷明佐见赠五云裘歌》	顿惊谢康乐， 诗兴生我衣。	谢康乐	谢灵运袭封康乐公
25	《赠从弟南平太守之遥二首》	梦得池塘生春草， 使我长价登楼诗。	池塘春草 登楼作诗	隐喻谢灵运，句出谢灵运《登池上楼》“池塘生春草，园柳变鸣禽”
26	《庐山谣寄卢侍御虚舟》	闲窥石镜清我心， 谢公行处苍苔没。	谢公	指谢灵运，其曾上庐山谒慧远
27	《书情寄从弟邠州长史昭》	昨梦见惠连， 朝吟谢公诗。	惠连 谢公	谢公喻谢灵运
28	《感时留别从兄徐王延年、从弟延陵》	梦得春草句， 将非惠连谁。	惠连	惠连即谢惠连，谢灵运从弟
29	《梦游天姥吟留别》	脚著谢公屐， 身登青云梯…… 谢公宿处今尚在。	谢公屐 谢公	两度谢公皆喻谢灵运
30	《留别金陵诸公》	地扇邹鲁学， 诗腾颜谢名。	颜谢	指诗人颜延之与谢灵运
31	《送王屋山人魏万还王屋》	路创李北海， 岩开谢康乐。	谢康乐	谢灵运

续表

序号	诗名	句例	提点	备注
32	《寻阳送弟昌峒鄱阳司马作》	尔则吾惠连，吾非尔康乐。	惠连 康乐	指谢惠连与谢灵运
33	《同友人舟行游台越作》	楚臣伤江枫，谢客拾海月。	谢客	指谢灵运
34	《同族侄评事黯游昌禅师山池二首》	远公爱康乐，为我开禅关。	康乐	指谢灵运
35	《与谢良辅游泾川陵岩寺》	且从康乐寻山水，何必东游入会稽。	康乐	指谢灵运
36	《入彭蠡经松门观石镜缅怀谢康乐题诗书游览之志》	谢公之彭蠡，因此游松门。	谢公 康乐	指谢灵运
37	《翰林读书言怀呈集贤诸学士》	严光桐庐溪，谢客临海峤。	谢客	指谢灵运
38	《春夜宴桃李园序》	吾人咏歌，独惭康乐。	康乐	指谢灵运
39	《送舍弟》	他日相思一梦君，应得池塘生春草。	池塘生春草	用谢灵运与谢惠连之间的典故，隐喻此二人
40	《题东谿公幽居》	宅近青山同谢朓，门垂碧柳似陶潜。	谢朓	
41	《姑孰十咏·谢公宅》	青山日将暝，寂寞谢公宅。	谢公	指谢朓，其宅在姑孰，今安徽当涂
42	《谢公亭（盖谢朓、范云之所游）》	谢公离别处，风景每生愁。	谢公	指谢朓
43	《秋夜板桥浦泛月独酌怀谢朓》	玄晖难再得，洒酒气填膺。	谢朓	谢朓，字玄晖
44	《秋登宣城谢朓北楼》	谁念北楼上，临风怀谢公。	谢公	谢朓官宣城守，称“谢宣城”，城中有其楼阁，称“高斋”
45	《答杜秀才五松见赠（五松山在南陵铜坑西五六里）》	闻道金陵龙虎盘，还同谢朓望长安。	谢朓	

续表

序号	诗名	句例	提点	备注
46	《送储邕之武昌》	诺为楚人重， 诗传谢朓清。	谢朓	
47	《宣州谢朓楼饯别校书叔云(一作倍侍御叔华登楼歌)》	蓬莱文章建安骨， 中间小谢又清发。	小谢	“小谢”指谢朓； “大谢”指谢灵运
48	《游敬亭寄崔侍御(一本作〈登古城望府中寄崔侍御〉)》	我家敬亭下， 辄继谢公作。	谢公	敬亭即敬亭山，位于宣城北郊。谢朓有《游敬亭山》诗
49	《寄崔侍御》	高人屡解陈蕃榻， 过客难登谢朓楼。	谢朓	
50	《新林浦阻风寄友人》	明发新林浦， 空吟谢朓诗。	谢朓	
51	《赠宣城宇文太守兼呈崔侍御》	曾标横浮云， 下抚谢朓肩。	谢朓	
52	《酬殷明佐见赠五云裘歌》	我吟谢朓诗上语， 朔风飒飒吹飞雨。 谢朓已没青山空， 后来继之有殷公。	谢朓	两度提到谢朓
53	《对雪醉后赠王历阳》	谢尚自能鸲鹆舞， 相如免脱鹔鹴裘	谢尚	谢安从兄
54	《夜泊牛渚怀古(此地即谢尚闻袁宠咏史处)》	登舟望秋月， 空忆谢将军。	谢将军	谢尚，镇西将军， 获赠卫将军
55	《梁园吟》	东山高卧时起来， 欲济苍生未应晚。	东山	上虞东山
56	《独坐敬亭山》	相看两不厌， 只有敬亭山。	敬亭山	隐喻谢朓； 敬亭山在宣城北郊， 谢朓官宣城太守， 有《游敬亭山》诗

筑湖以防

——皂李湖与夏盖湖的开掘与效用

皂李湖与夏盖湖是唐代上虞最大的两个人工湖，因为有了这两个湖，上虞的河湖布局结构基本协调，灌溉体系基本完整，不但可以满足本县农业生产，而且能对与之相邻的余姚、会稽两县产生利益影响。

一、皂李湖

皂李湖，也称皂湖，位于兰芎山东南，是上虞在唐代贞观初年所挖的第一个人工大湖，一般认为由当地曹、黎两姓大户率部分乡民割田建成。湖三面由马郎湾、施家岭、姜婆岙、鲍家岙、澜岭等山脉丘陵环绕，受众山之流。湖周15里，水域面积1500亩，平面呈头向西南、尾垂东北的“冰棍”状，澜岭口以上为“冰棒”，以下为“冰块”。湖中有姜家独山、曹家独山、杜家墩、大小牛栏墩等数座孤丘。

开挖皂李湖意义重大。唐朝以前，老县城丰惠以东的四十里河沿线，除了一个西溪湖以外，再也没有像样的湖泊可资灌溉，而西溪湖位于下方，地势偏低，湖水再怎么丰富也管不到上游田地。虽说当时可以通过运河，引用曹娥江水灌溉，但多数时候江水味咸，并不适合农业灌溉，往往越是农田需水的季节，江水越不给力。所以，在四十里河上段，开挖一个人工大湖，与西溪湖上、下配合，形成灌溉体系，显得十分必要，皂李湖就是在这样的情况下被开挖出来。湖在地势最低的西南开口，设东、西两个斗门，置有闸钥，随时启闭，斗门外各开两条输水渠道：一出蒋家堡，一出大板桥，灌溉娥眉、上管、始宁3乡18堡民田，计11000余亩。水流所到，岁无荒忧，民感曹黎之德，以《皂李湖歌》谣之：

太平治化贞观初，民风熙皞为何如？良农务本勤稼穑，荒田尽辟多膏腴。雨旸时若谷有余，倘逢旱岁奚防虞？里中幸有曹黎氏，割田纠众开成湖。东作兴时水可储，西成仓廪无空虚。愿天福佑曹黎后，子孙世世同耕锄。

顺带点一下，今皂李湖面积、容积均比旧时有所扩大。1996年《上虞水利志》记载，湖面积已达117万平方米，约合1754亩，平均水深1.8米，最深处约至6米，蓄水量206万立方米。

二、夏盖湖

夏盖湖是唐代继皂李湖后，在虞北地区开挖的又一个人工大湖，其规模在整个宁绍地区仅次于鉴湖。从现有史料看，最早记述夏盖湖的是嘉泰《会稽志》，其卷十《湖》说：“夏盖湖在县西南（北）四十里，湖内三十六沟，其岸北二斗门，依山有神祠。湖东北则夏盖山也。”不过，这条记载对于湖的基本面貌不甚明了，方位距离也都不明确。相比之下，元代陈恬《上虞县五乡水利本末》要周详许多，曰：“上虞夏盖湖在县西北四十里，唐长庆二年（822），永丰、上虞、宁远、新兴、孝义五乡之民愿己田为湖。周围一百五。”

如果说皂李湖开挖，是为了满足西溪湖以东四十里河沿线田亩灌溉的话，那么，夏盖湖开挖主要是为了防止咸潮内浸。众所周知，虞北前江后海，人们保障生活的第一要务是筑塘捍海，然后才可以谋望耕稼。而筑塘需要大量泥土，于是就选择地势低洼、易成内涝的地块挖泥取土，挖取的泥土既可以用来加固、完善江塘海防，也可以筑起来围成湖堤。塘成之时，即湖成之日。因此，夏盖湖与别的湖泊不同，它的形状相对比较规正，特点是湖塘共生。

时至今日，湖四岸边界已不可确考。不过，根据元代陈恬《上虞县五乡水利本末》冠夏盖湖源委图，结合民间调查访问，可以对其范围作个大体的追踪：东到横山、柯山、福祈山、牛头山一线，南与上妃湖、白马湖、破冈湖相接，西到崧厦金冯刘、下湖头、上湖头、丁家埠、华泽口沿河埭一线，北到夏盖山，以及山东西两侧的浙东海塘。

夏盖湖的挖掘，完全改变虞北民生和农业生产格局，表现为这几点：一是湖四围之堤既有湖塘，又有海塘江塘，湖东缘外侧还有百沥海塘阻挡潮水，夏盖湖塘可作为二道防线，如果前线溃堤，后方还可以阻止潮水东行，在大灾之年民生基本可以有底可托。二是可以充分蓄积南部上妃湖、白马湖、破冈湖富余水资源，达到旱涝保收。三是湖床前身都是低洼地区，一旦咸潮进入，三年不得种植水稻，即便勉强为之，也不会有理想的收成。改造成湖后，能够使宜耕良田充分发挥地力，保障好的收成。四是利用湖水养鱼养虾，种植菱、芡、莲藕、茭叶等水生作物，多业态经营。五是稳定马渚横河的航运。唐代时这条水道虽还不是运河性质，但已属航运要道，一部分由余姚入上虞境的舟船从五夫、驿亭溯流而上，借夏盖湖西出叶家埭进入外江，带动了船只盘坝业的兴起。此外，余水还能对会稽延德乡、余姚兰风乡输送灌溉。因为有了这些好处，虞北约三分之一（约14万亩，当时全县共33万亩）的良田，承担起超过全县二分之一（时虞北缴纳粮食税1万斛，而全县缴纳粮食税1.8万斛）的粮食税。俚语“能积三湖之水，可防两年之旱”表述的大体就是这个情况。

显然，夏盖湖的效用十分明显，百姓深得其利，以《兴湖歌》表达心声，曰：

虞邑西乡，咸土如霜。雨泽愆期，禾稼致伤。古人忧远，筑湖以防。谢陂渔浦，源深流长。夏盖在后，开于李唐。民割己田，包输其粮。启闭周密，积水汪洋。灌我田亩，定限立疆。维兹有秋，禾黍登场。含饴鼓腹，咸乐年康。愿言此歌，彻彼上苍。

大约从宋朝熙宁五年（1072）前后，夏盖湖趋向萎缩，南宋以后趋势加剧。据绍兴知府俞卿《筑塘记》，至清代康熙朝晚期，湖周只剩60余里，所蓄湖水仅能溉田40余万亩。光绪二十五年（1899）前后，夏盖湖从地图上消失。昔日虞北巨浸，从此只留下几片零散的碎湖与几条沟渠一般的河道。

慈悲为怀

——佛教的传入与流布

隋唐五代是佛教完成中国化的时期，也是佛教在上虞传播的第二个高峰。在叙述隋唐五代上虞的佛教前，有必要对之前的情况作一简要的回顾与梳理。

从现有资料看，佛教最早进入上虞是在三国孙吴时代，彼时已出现僧人、传教场所和偶像崇拜。据史料记载，孙权赤乌年间（238—251），有一个名叫纯一的僧人，化李姓所居为伽蓝，号福祈院，乡人尊称纯一为法华开山祖。与此同时，三国上虞越窑烧造的瓷器上，大量贴印佛像用以装饰。这些都说明，佛教当时已在上虞民间扎根。

入晋以后佛教扩散迅速，高僧大德不断出现，寺院茅庵并时而起。为人熟知的僧人就有支道林、帛道猷、昙济、昙隆、释僧镜、慧皎等。支道林主要穿行于谢安、王羲之、许询等名士间传法。帛道猷走乡入山一路弘法，所到之处构茅舍、立寺院，宝泉寺、太岳寺等的开山都与他有关联，虞南不少地名古迹也皆与帛道猷有关。昙济在章镇张溪一带有产业，也是谢灵运设在东山始宁墅招提、僧房的常客。昙隆在章镇徐山寺弘法，释僧镜曾应谢灵运之请，带僧众百余人东适上虞徐山交流传法。慧皎是著名佛教史学家，家乡在上虞，但常住在会稽嘉祥寺。这一时期，上虞有名的寺院还有等慈寺、称心寺、大善寺、国庆寺，以及谢灵运设在东山山居庄园中的僧人场所等。这是隋代以前佛教在上虞的大致情况。

隋唐五代时期，上虞佛教鼎盛，流布广泛，已呈现世俗化倾向。规模较大的瑞象寺、福仙寺、兴教寺、旌教寺、明因寺、智果寺、戒德寺、净众寺等，皆在这一时期兴起。据不完全统计，这一时期上虞有寺院（不含庵堂）53座，其中，光绪《上虞县志校续》收录50座，康熙《会稽县志》收录3座。而这之中，始建于隋唐五代的有32座之多。就创建方式而言，主要有三种形式：一是善男信女舍宅为寺。如：位于崧厦寺前村的戒德教寺，据明代徐一夔《上虞县戒德寺记》说："上虞县西北六十里，而近有寺曰戒德。唐大中中（光绪志作大中丙子年），居人周氏伯仲有曰元度、元庆者捐宅所建，而延有行僧弘泰为开山祖。"对于这个寺院的初创，还有一段传说：周氏兄弟在此建屋开基之时，于土中掘到了像"赤炼蛇"一样的东西，不小心将其断为两截，拾取细看是一根金条。兄弟俩以为神物，取之不义，变卖后用所得之钱造屋为寺，故寺初名"义让"。无论何说为真，都不出为他人捐舍的范畴。另外，位于纂风（今属沥海街道）的福圣寺，系后周广顺元年（951）蒋钦等人，以严可瑛舍宅地创建，时称"延寿寺"。二是邑人出资请僧人操作创建。位于"县东南十余里"的云汉院（万历志作云溪院），后晋天福五年（940）由邑人戴葳（万历志作邵藏）、王瑫等出资，请僧人义谦创建；章镇的凉泉院，在唐会昌年间被毁后，于后唐清泰年间（934—936），由里人蔡珂资请延欣禅师重建；位于"县西北二十里"的仙寿院（又名明教教寺），后唐清泰元年（934）由熊敬安创建。三是僧人筹资自创。位于驿亭五夫凤凰山南大云岙的长庆教寺，此处旧有永寿院，废于会昌法难，咸通二年（861）由僧人雅师移建；位于"县西北八十里塘湾村"（今属崧厦街道）的普净教寺，最早由后梁开平四年（910），僧人志化建立草庵；兰芎山福仙寺，起初在唐咸通八年（867）由操禅和尚辟庵为寺。

不仅如此，有些寺院还带有官方背景。比如，上浦大善寺（也称上乘教寺），唐代宗时，朝廷准嘉猷禅师之请赐名“休光”，越州观察使李郢为之书额；宝盖禅寺，唐广明年间（880—881）僧人乾峰创建，传时有紫云覆如宝盖，事闻于朝，赐名“宝盖”。在五代吴越时期，这种现象更为多见。如，百官旌教寺，朝廷赐名“机证禅院”，吴越钱氏小朝廷又赐名“重明”；丰惠瑞象寺旧名古源院，开运三年（946）给额“瑞象院”，明因教寺曾由吴越王给额“福泉院”；梁湖接待寺为吴越王所创；上浦保安寺（广教寺）则由时领华州节钺的钱惟治创建为寺。

这一时期上虞佛教的鼎盛，还表现在对外交流上。最明显的例子就是丰山道场，因为日本僧人最澄在此求法，这里成为日本国密宗祖庭。根据何思源先生1995年查证，贞元二十年（804），最澄随遣唐使入唐（中国）求法，在完成了天台宗教义传习之后，于翌年（805）与其弟子义真，至越州龙兴寺，师从顺晓法师学习密宗，并到丰山道场接受顺晓灌顶仪式。最澄回国后被天皇封为“传教大师”。现山上还遗存石刻残佛胸像一尊。佛像面朝东，螺发高肉髻，摩尼珠顶严，长耳齐腮，穿圆领通肩袈裟，通高3.4米，头围6.28米，肩宽3.45米，丰颐体腴，法相庄严。此事得到日方宗教界认可，20世纪90年代，日本宗教界组僧团前来丰山朝拜，以实际行动确定了丰山道场为日本密教祖庭。

民生保障

——三大江海堤防的修筑

上虞襟江濒海，向水而生。时至今日，但凡年纪稍大一点的上虞人，开口招呼的第一句问话是“你住啥埭坞”“你住啥坞塘”，或者是“你住啥圩（上虞方言读xū）块?”上虞方言语境中，塘、埭、圩都是堤塘或者堤坝的意思，翻译成现代汉语，就是“你家住在哪条堤塘边”，足见堤塘在上虞居民生活中的地位。事实也的确如此。据1997年《上虞市水利志》的统计，上虞有江堤海塘总长367千米，保护62万居民，占当时全市人口的83%；保护农田48万亩，占当时全市农田面积的80%。如果说长城是华夏民族抵御外族入侵的屏障，堤防就是上虞人安居乐业的长城。其中，又以萧绍海塘、百沥海塘、浙东海塘分属时代最早、地位最要、使命最重。

一、萧绍海塘

萧绍海塘是曹娥江西岸萧山到绍兴的一支江海堤防，萧绍海塘是宋代以后的名称，唐代旧称为“防海塘”。其北起杭州市萧山区临浦麻溪山，经由绍兴市柯桥区、越城区，到上虞区蒿坝镇清水闸至蒿壁山止。关于萧绍海塘的记载最早可见于《新唐书·地理志》："会稽东北四十里有防海塘，自上虞江抵山阴百余里，以蓄水灌田。开元十年会稽令李俊之增修。"开元十年是公元722年，说明这条堤防主体早在此前已经存在，作为县令，李俊之不过是对境内部分作了增高、加固的整修而已。此后的大历十年（775）、大和六年（832）又两次增修。

萧绍海塘上虞境内分为两段：一段自蒿坝清水闸至蒿壁山之间，长0.6千米；另一段起自凤凰山，经曹娥庙前北伸至老坝底折西蜿蜒，经三角站旱闸折北，在塘角又转向西北，经杜浦、称山，从沽渚起经车家浦，向西至万圣庵后进入绍兴，长20千米（不含蒿壁山、称山等山体抵挡部分），堤高3.5至5米，面宽4米，堤顶高程9至10米，护围农田7.65万亩。当然，除了长度以外，隋唐五代塘的高、宽等数据不得而知，这里用的是1997年《上虞水利志》数据，仅为读者提供一个概念性的参考。此外，护围的农田数，也是20世纪90年代上虞水利局提供的数字，考虑到唐五代后鉴湖有泥土淤涨成陆的现象，故唐朝以前实有农田数比今天要少。但无论如何，要说萧绍海塘为虞西保障民生，其当之无愧。

古越人们山居水处，筑塘历史很早。近几年的考古资料表明，良渚古城已筑的水利工程令人叹为观止，专家测算，其城址与水坝工程的总土石方量达到1005万立方米，几乎是埃及胡夫金字塔的两倍，这说明"良渚人"修筑塘坝的运作管理能力相当之强。山阴、会稽也有很早的筑塘历史，春秋时期，越王勾践在杭坞山筑石塘，在若耶溪与富盛江之间修起富中大塘，在曹娥江东关段西岸筑练塘，此三塘皆是萧绍海塘的前身。入宋以后，海塘历代皆有修整加固，配套性水利设施亦随之完善。比如，为配合运河东出曹娥江，至晚在宋代，曹娥堰闸已移至今老坝底、顶坝底一带位置；明代为配合三江闸建设和维护，在萧绍海塘顶端（蒿坝）建清水闸。同时，为排除内涝，萧绍海塘上虞段中部开姚家埠、宜桥、楝树下三处泄水设施，后又建西湖闸和闸庙三间。庙祀木龙，相传其人在汤绍恩创建三江闸时献身，民间视作水神，故而祀之。光绪二十二年（1896），木龙庙北山墙嵌有一块高1.75米、宽0.7米，额作篆书、会稽乡绅徐树兰作记的石碑，碑文记录明嘉靖十五年（1536）以来，该地区淫潦交至、宣泄不灵等困境以及造闸经过（碑文附录于文末）。

二、百沥海塘

百沥海塘，清代《上虞县志》称江塘，位于曹娥江东岸，是百官至沥海的一道捍防线。这条塘南起百官龙山上堰头，朝北经赵家、中利、前江、施家堰、西华、吕家埠、赵村、黄家堰、贺家埠、谭村、塘湾、花宫，在沥海后倪村转向东，经邵家、沥海所、纂风、何家、雀嘴、金冯刘、盖山至夏盖山西麓止。百沥海塘大体由前江统塘（百官龙山头至张家埠）、会稽县后海塘（张家埠至蒋邵村东）和上虞后海塘（蒋邵村东至夏盖山）三段组成，清光绪《上虞县志校续》载，全长15600丈（约合今43.3千米），1997年《上虞市水利志》载全长39.73千米，保护上虞中、北部26.7万人口，15.9万亩农田。同时，百沥海塘也是余姚、慈溪部分乡镇的重要屏障。

从袁崧抗孙恩，于孙家洞（今称孙家渡）辟建舟船进出港口一事看，两晋时期百沥海塘已经存在。与别的堤塘有所不同的是，该塘局部堤段为柴塘。所谓柴塘，是以树枝、荆条等捆成“埽牛”铺底，然后一层土、一层柴相间夯实的一种土、柴结构混筑塘。塘身之中间以柴木，恰似今天水泥当中架布钢筋。柴塘身每长宽一丈，钉底桩两根、腰桩两根、面桩两根。潮流顶冲之处打木桩，用篾缆连接，塘背广培厚土。塘底以“埽牛”处理地基，提高了基础的抗冲刷能力。塘身用木桩加固，增强了柴塘的整体性。与竹笼和木柜石塘相比，柴塘具有重量轻、工程造价低廉等优点。柴塘也有不足的地方，那就是抵御潮水功能较好，但防风能力较弱，尤其经不住台风吹袭，遇到这种情况，往往会被层层掀去，片甲不留，需要平地重筑才能复原。

堤塘阻断了曹娥江与内河的沟通，影响交通。所以，必须在合适处开口，设置堰埭以通内外。至晚在唐朝，这条塘的南端已建有百官堰，俗称“上堰头”。堰后隔街河即大舜庙。因为“上堰头”舟船进出繁忙，“落河”（货物担运的行话）、“短肩”（负载承送的行话）、“岸渡”（舟楫接济的行话）等民工生意兴旺，使得大舜庙春秋灯祭、祀报等庙资充盈，香火鼎盛。此外，一路向北还有大坝、赵家堰、施家堰、叶家埭等水利交通设施。

三、浙东海塘

浙东海塘，清代上虞县志称海塘，缘杭州湾而筑。以夏盖山为坐标，东抵余姚兰风乡（今属余姚市黄家埠镇），终点指向温州苍南；西经崧夏前庄、达浦，至会稽延德乡（今绍兴市越城区沥海街道）与百沥海塘相接，上虞境内长4.5千米，1997年《上虞水利志》载堤身高3.5米，堤顶高程7.2—8.1米（1990版《上虞县志》作长4.56千米，塘身高作2.1—4.2米，塘顶高程9.12米），与百沥海塘共同担负着守护虞北平原、姚北平原人民生命财产安全的责任。

光绪《上虞县志》载：“上虞负海为邑，其北为潮汐上下之地，旧垒土为堤以障之。”从袁崧在前庄、五龙庙一带建军港，以通舟船一事看，这条塘的原崧厦镇四埠公社段，始建不晚于东晋。其余修于唐代，与夏盖湖共生。

浙东海塘起先是土筑，元至正七年（1347）府史王永始议筑石塘。方法是1丈见方的堤塘，用直径1尺、长8尺左右的松木32根，分四行参差钉入土中，然后以长5尺、宽居半的石块平置在松木之上，其上再纵横错置填石五皮，甚为牢固。时人有谣：“王外郎，筑海塘，不要钞，呷粥汤。”清康熙五十九年（1720）又改修内外侧双面石塘1700余丈。民国15年（1926）塘外加筑土堤，即今解放塘的前身，1974年海涂七四丘围成，浙东海塘成为一支记录沧海桑田变迁的历史界桩。

如今，随着曹娥江上游水库扩容、新建，以及下游口门大闸的建成投用，单就防潮而言，不消说浙东海塘成为“界桩”，就连萧绍、百沥两条堤防也成了鲜有用武之地的“英雄”。上虞人民积极与自然灾害抗争，千百年来凝结其上、渗透其中的坚忍顽强的斗志，不屈不挠的气概，众志成城的品质，爱乡爱家的情怀，与时俱进，永不消退。正所谓“琵琶起舞换新声，总是关山旧别情。撩乱边愁听不尽，高高秋月照长城”。江堤海塘就是上虞人心中的“长城”。

千峰翠色

——秘色瓷器创烧与上虞越窑全盛

“秘色瓷”是越窑青瓷烧制技艺最高峰。她以呈色青翠、釉面滋润、光泽深邃含蓄著称于世，成为“陶成先得贡吾君”的时代宠儿，并由此造就了越窑发展全盛、登峰造极的时代。

“秘色瓷”最早是民间称谓，始见于唐代陆龟蒙《秘色越器》诗。此“越器”指越窑瓷器，“秘色越器”也就是秘色瓷器的意思。不过，若不是1987年陕西扶风唐代法门寺地宫的13件与“衣物帐碑”记录“瓷秘色”对上号的碗、盘等青瓷器的出土，世人恐怕至今都“不识庐山真面目”。从此以后，人们才知道所谓“秘色瓷”，实质上是用特别创新的工艺烧出，是越窑青瓷器中的顶级精品，以至于被皇家垄断专宠。北宋赵令畤《侯鲭录》说：“今之秘色瓷器，世言钱氏有国，越州烧进，为供奉之物，臣庶不得用之。故云秘色。”此句除了秘色瓷出现时间表述有争议外，大致体现了秘色瓷“臣庶不得用之”的珍贵。

唐五代“秘色瓷”烧造主要产地是慈溪上林湖窑场和上虞甲仗窑寺前一带。其中，史载官府在上虞设有官窑和办事机构。嘉泰《会稽志》卷八上虞县“广教院”条载：“开宝四年，有僧筑庵山下，镇国军节度使□□治因建为寺，易名保安。治平三年赐今额。国初尝置官窑三十六所于此，有官院故址尚存。”开宝四年是公元971年，吴越国王钱俶在位。“广教院”即广教寺，位于今上浦镇东山村窑寺前自然村，其早年寺井尚存。明万历《新修上虞县志》卷二十《寺》“广教寺”条亦载：“昔置官窑三十六所，有官院故址。宋开宝四年，有僧筑庵山下，为陶人所祷。华州节度使钱惟治创建为寺，名保安。至治平三年（1066）改今额，俗仍呼窑寺。”“官窑三十六所”不是确指，而是泛指数量多的意思。

据20世纪80年代县文物部门古窑址调查统计，上虞有唐五代（北宋）越窑遗址160余处，主要集中在上浦、章镇两地。分布在上浦的窑址主要有：狼夹岙、风吹山头、仙脚掌人、窑山（另在原联江乡片也有一处名叫窑山的窑址）、凤翼梢山、帐子山、虎皮山、蒋家山、西汪塘、盘窝湾、黄蛇山、石井窑山、窑寺前、立柱山、道山、龙脐山、庄山头、后山、华岗、深爿山、鲶鱼口、驱猪岭、象里山湾、章湾里、大棱山、傅家岭等。史志说的“官窑三十六所”都在上浦。分布在章镇的窑址主要有：魏村、大鱼山、青山、红叶少山、前进、仙人山、湾头、叶家山等。此外，汤浦蒋村霸山，梁湖皂李湖的澜岭口，丰惠夹塘义葬山、田螺山和何岙村贝公岙等地也有唐宋窑址遗存。

许多窑址瓷片、窑具堆积丰富。像章镇风吹山头窑址，文化层堆积厚1.8米，分布在南北长80米，东西宽30米范围内；凤翼梢山窑址，核心处堆积层厚达2米，范围东西长40米，南北宽20米。上浦黄蛇山窑址堆积面积约5000平方米，碎片厚度在1米以上；石井窑山窑址核心处碎片堆积厚达四五米，文化层从670米长的山坡，一直延向水库水底下远处。

唐代流行斗茶，故陆羽以为越瓷茶具最佳。《茶经》说：“碗，越州上……或者以邢州处越州上，殊为不然。若邢瓷类银，越瓷类玉，邢不如越一也；若邢瓷类雪，则越瓷类冰，邢不如越二也；邢瓷白而茶色丹，越瓷青而茶色绿，邢不如越三也。”还说：“瓯，越州也，瓯越上。”其实，这一时期越窑产品相当丰富，上虞窑址地表就能见到的有：碗、瓯、盘、碟、罂、多角瓶、钵、罐、注子、灯盏、粉盒、油盒、枕、盅、杯、执壶、多管壶、盏托、砚滴、熏炉、水盂等。此外，还有筒瓦、板瓦、瓷砖等建筑类产品。需要指出的是，一个种类的产品往往具有几种形式。比如，碗有折腹、花口和浅腹、深腹等多种形式；罂有蟠龙罂、瓜楞罂、高鋬罂等多种形式，其中所蟠之龙又有刻划与堆塑等多种形式；盏托有茶托、酒盏；熏炉以装饰分有镂空式、蟠龙式，以空间用度分有台式、落地式和持行式等；粉盒有单体、双体、三联体等；枕头有虎形枕、狮形枕等。所有产品基本上都有这个特点。装饰手法在唐代前中期以前以素面为主，堆塑次之；唐代晚期以后多见细线刻划和浮雕。常见图案细线划出的主要是蝴蝶纹、鹦鹉纹、团龙纹、缠枝纹、花蕾纹、荷叶纹等；剔刻浮雕的有莲瓣纹。此外，尚有压印、范印。需要特别点明的是，早年绍兴市文物管理委员会收集的一件北宋越窑粮罂瓶，腹壁铭刻“上虞窑匠人项霸造粮罂瓶一个献上新化亡灵王七郎咸平元年（998）七月廿日记”31字。另外，“秘色瓷”以釉取胜。所以，划、刻等装饰不是其主要目的，五代官窑流行细线划图，也是以不破坏釉面美感为前提，在素面的碗或盘口沿处甚至不惜用金、银扣边。

蟠龙罂（陈肖平供）

中唐以后，越窑瓷器以对外贸易的形式走出国门，远销亚洲、非洲等地的20多个国家和地区。航行线路主要有两条，学术界称之为“陶瓷之路”，或者“海上丝绸之路”。一条从明州（今浙江省宁波市）或从江苏扬州，经朝鲜半岛再到日本，或者直达日本，称东亚线或东海线。另一条从广州到东南亚各国，或出马六甲海峡进入印度洋，经斯里兰卡、印度、巴基斯坦，到波斯湾，有些船只继续沿阿拉伯半岛西航到达非洲，称南海线。

1998年，印度尼西亚苏门答腊岛和婆罗洲之间的勿里洞岛海域，出水一艘名为“黑石号”的晚唐沉船。其中有越窑青瓷器约250件，虽然数量不是很多，但造型十分丰富。包括海棠式杯、莲花式碗、花口碗、深腹碗、玉璧底碗、香熏、大型唾盂、刻花盘、刻花方盘、执壶、盒子等。“黑石号”船中的越窑产品，虽不能保证一定有上虞瓷器，但有与上虞窑址中类似的产品。国外越瓷碎片出土资料也显示出这一点。日本平安时代（794—1192）仅宰府鸿胪馆一处遗址，就出土越瓷碎片2500多块。开罗附近的福斯塔特遗址，出土中国瓷器碎片12000多块，其中相当部分是9至11世纪的越窑青瓷。可以想见，彼时汹涌澎湃的“海上丝绸之路”上，无数来来往往的商船中，不知道有多少上虞“智造”的越窑青瓷穿梭其中，被源源不断地运往海外……英文China也由最早的中文译名“瓷器”，慢慢地演变成“中国”。

“九秋风露越窑开，夺得千峰翠色来。”越窑青瓷——翠色中国！

第五章

风起云涌

两宋时期

浙江文史记忆·上虞卷

有宋一朝，家国天下风起云涌。在这样的大背景下，上虞人上至皇后、宰辅，下至村姑、湖民，士庶贵贱，他们或贤居中宫，或挺为节义，或孝著史册，或学显修养，或耕以奋田，都表现出与时代精神相呼应的不凡气质，血脉偾张，烈烈扬扬。

先后同揆

——朱娥的孝德与影响

朱娥，北宋上虞孝女。上虞孝德源远流长。仅女子而言，她之前就有曹娥、孟淑、包娥、谢道韫等孝女彪炳史册。朱娥孝道发乎明德，千载一辙，先后同揆。《宋史·列传》卷219列女本传：

> 朱娥者，越州上虞朱回女也。母早亡，养于祖媪。娥十岁，里中朱颜与媪竞，持刀欲杀媪，一家惊溃，独娥号呼突前，拥蔽其媪，手挽颜衣，以身下坠颜刀，曰："宁杀我，毋杀媪也。"媪以娥故得脱。娥连被数十刀，犹手挽颜衣不释，颜忿恚，断其喉以死。事闻，赐其家粟帛。其后，会稽令董皆为娥立像于曹娥庙，岁时配享焉。

这则记载透露两点信息：一是朱娥死年10岁，二是当时未单独建立祠庙，而是治平二年（1065，万历志作治平三年），由会稽令董皆（一作楷、阶）将其像并祀于曹娥庙。后邑人在朱娥家乡董家岙（今属丰惠镇）再单独为朱娥建立祠祀。对此，嘉泰《会稽志》、万历《新修上虞县志》、光绪《上虞县志》等皆有记载。

朱娥祠（庙），俗呼救婆庙，位于距丰惠镇南不远的董家岙（今属丰南村），现存为清代建筑。坐西朝东，由前后二进五开间和两侧游廊组成。通面宽13.2米，通进深17.4米，占地面积230平方米。其中，前进山门因前几年村路拓宽修整被劈去部分。后进大殿用卷棚，金柱上镌抱对一副："天若有情应识四方思孝女，人谁不死独将千古让孝女。"后槽明间置朱娥塑像。宋以后历代均有修建，其中，政和三年（1113）增修，县丞江公亮为之记。兹录全文如下：

娥田庐一稚女尔，尔非有气节，凛若悍夫武士，平昔所自任也。非有孝义积习之训，若孝子顺孙，朝夕所讲闻也。一旦视死若生，赴义如归，身悼祖母，卒济其难。非孝义笃于大性，勇烈发于真诚，畴克是耶？从事虞公适其事，乃疏其本末，著之石刻，故仆得考其详，而知岁月之攸始，实治平三年二月甲子也。距今四十九年矣。祠宇颓落，香火不属，往来咨嗟。政和三年冬，主簿孙广伯衍，尉向道原泳相与谋曰：朱娥之节，近古未闻，今祠颓圮，非所以墩教化，且称天子修崇之意。乃即故居经营相视，出帑金鸠工市材，曾未淹时，一新遗构。工告成，邑令席相伸彦稷率僚吏，具酒脯，安奉神像示邑人，祀事无穷。不可无述，以垂厥后，乃以文见嘱。余闻曹娥以孝烈著于前，今朱娥以节义维于后，英姿淑节，邈千载一辙，岂山川形胜之美所产耶？抑风声气习其犹传耶？噫！彼君子有勇而不要于义，士见危而不能致命，闻其风，可以不愧也。

朱娥祠（庙）单建后，影响进一步扩大，元明许多文人士大夫为之缅怀歌咏。元代刘履诗曰：

山有石，何硁硁。朱家娥，方十龄。仇颜凶，迫大母，仓皇谁为凭？娥能冒白刃，奋身以迎。手挽其袂，呼母疾去。勿当其掠，贼怒不得逞。刺娥之臂，斫娥颈。娥知不复生，犹恐母脱未远，十指勿懈目愈瞠。嗟哉朱娥，谁教尔能，安知当此可用杀其身？孝诚感动天地，孰能为尔昧此至情。里祠菲荐，何以昭德馨。跻诸曹庙配厥灵。亦有良史直笔，俾尔不朽，永世垂名。

谢肃是东山谢氏之后，学问渊博，少与唐肃齐名，时称“会稽二肃”。他的诗这样说：

稚松生涧底，已抱凌寒姿。春鸟同巢去，反哺还高枝。何况十岁女，所禀真英奇。至孝自天启，利害焉足移。仇家迫大母，白刃正差差。奋身当刃刺，挥手挽仇衣。被血死瞠目，尚恐追杀之。母难一以脱，遂达朝廷知。诏书恤其家，乡里建其祠。亦复祔曹娥，降集清江湄。丹青着往事，宋史不吾欺。至今颓寝在，四壁苔藓滋。苹蘩既莫荐，庶士徒嗟咨。高山何漠漠，溪流亦涟漪。魂归夜月皎，树声凄以悲。畴能复庙祠，万世锋一时。

朱娥庙（马志坚供）

明初的夏时是个盲人，走路不甚方便，因号“守黑子”，但他还是摸索着来到朱娥祠（庙），缅怀朱娥。诗曰：

百楼山前溪路纡，我尝策杖经崎岖。悲风出壑飘衣裾，远闻松籁鸣笙竽。山回水转林木舒，岿然古柏当荒途。有娟者娥身姓朱，髫年独与大母居。两身一气相呴濡，不虞寇来入室庐。大母受迫号而呼，娥身惊惶剧切肤。愤然独往当凶渠，杀身成名在斯须。邑人称羡惊乡闾，岁时庙食争来趋。碑文残缺半在趺，使我三读增长吁。慈孙孝子何代无，吾邦迥与他邦殊。前有曹娥哀父盱，投江抱尸出万鱼。娥之相去千余载，人生异代心同符。往年氛祲连荆吴，生民尽虑兵革驱。一闻惊柝鸣阛阓，男奔女窜填郭郛。后阙父母遗舅姑，颠危不解相扶持。请观即是究是图，不愧尔内真狂愚。

明朝的葛焜，上虞著名孝子，年未30岁，妻陈氏卒。一心事老母潘宜人，终身无续娶，克尽孝养。官岳州通判。其诗曰：

孝女祠堂溪边水，萧萧古树近笼烟。遗碑剔藓临风读，不待中郎事亦传。

天下关怀

——参知政事李光的起落与飘荡

天下关怀，就是以天下为己任，是士子的一种忧国忧民的情怀和担当。范仲淹《岳阳楼记》“不以物喜，不以己悲；居庙堂之高则忧其民，处江湖之远则忧其君”，便是士子天下关怀的最好注脚，而李光就是这样一个以天下为己任的人。

一、五夫李氏与李光家世

五夫李氏，是北宋末南宋初越州最有影响的望族之一。据芳庆堂《山阴天乐李氏家乘》卷十载，李光先世李庶（字乐天），生二子，长兴宗，次继宗。兴宗曾任金华令；兴宗次子彦招，在吴越王钱镠军中任上军同散将，后梁贞明四年（918）由山阴大坞，徙居上虞五夫，尊李兴宗为上虞派李氏始迁祖，至李光历九世。

谱载李光曾祖李晏如，字齐卿。以儒自奋，能文，对家乡祠祀周鹏举的遗德庙，写过一篇《遗德庙记》。赠太子少保。祖李彻，字复古。平居寡默，赠太子少傅。父亲李高，字伯镇，才思敏捷，著述尤多；生五子，李光居四。赠太子少保。李光，字泰发，生五子，依次名为孟博、孟坚、孟醇、孟珍、孟传，“皆知名士”。

二、学业与主要履历

李光幼承家学，父亲李高“诲时辈以忠孝”“老不废学，诸子皆躬自训导”。李光少年老成，志高心远。李高曾颇为自得地说：“吾儿云间鹤，其兴吾门乎！”

绍圣五年（1098），李光办完父亲丧事，服除，游太学，不到30岁即进士及第，然后投到理学大师刘安世门下，成为司马光高足刘安世的得意弟子。

取得功名后的李光仕途坎坷，60岁后更是残酷。先后任岳阳县尉、开化县令、知常熟县，不久因得罪权贵遭贬。宣和二年（1120）任太常博士，转司封员外郎。钦宗即位，擢左司谏，又迁侍御史；宣和六年（1124）因上疏《乞开言路札子》，开罪权臣王黼，黜知桂州阳朔县（今广西壮族自治区桂林市）；建炎元年（1127）任秘书少监，三年（1129），知宣州（今属安徽省），绍兴元年（1131）知婺州（今浙江省金华市）。未几，擢吏部侍郎；绍兴二年（1132），除拜吏部尚书，受淮西招抚史、江东安抚大史、知建康府兼寿春府，历知湖州、玉江府、台州、温州。绍兴八年（1138）任参知政事。不久，因与金兵和议事忤秦桧，辞参知政事，出知绍兴府，改提举洞霄宫，三年后遭贬，开始他长达18年的岭南流亡生涯。秦桧死后，朝廷对李光的管束有所松动，绍兴二十八年（1158）获郊恩，“复左朝奉大夫，任便居住”。绍兴二十九年，行至江州（今江西省九江市）卒，享年82岁。孝宗即位，复资政殿学士，赐谥庄简。

三、仕途沉浮，节操坚挺

李光崖岸清峻，刚正不阿，气节操守不辱师门，对贪官污吏和仗势欺民、弄权误国的恶霸、奸臣更是痛恨。

宣和元年（1119），李光在知常熟县任上，权臣朱勔的父亲朱冲放纵家童横暴乡里，李光与其恶行进行坚决斗争，将朱家家童仆囚绑治罪。此事触怒权贵，朝廷将李光贬为他职。然而李光不畏强权，依旧我行我素。宣和七年（1125），李光在知阳朔县任上奏疏朝廷，提出改革财政体制方面的弊政，将矛头直指朱勔、李彦、蔡京、王黼等“大老虎”。他说：“东南财用，尽于朱勔；西北财用，困于李彦，天下根本之财，竭于蔡京、王黼。名为应奉，实入私室，公家无半岁之储，百姓无旬日之积。乞依旧制，三省、枢密院通知兵民财计，与户部量一岁之出入，以制国用，选吏考核，使利源归一。”这四头“大老虎”皆是北宋“六贼”成员，权势熏天，即便是皇帝也要看他们的几分脸色。而李光以区区一个外贬知县身份犯颜直谏，充分体现出他位卑未敢忘忧国的情怀。显然，在他心中只有家国天下，不计个人得失。绍兴八年（1138），秦桧在高宗授意下，开始与金国和议。秦桧顾忌李光在朝的威信，百般拉拢其一同参与和议之事。李光起初不知秦桧底牌，认为和议能为宋朝争取发展时间，不是坏事，也乐于参加，他提出的《论守御大计状》，终极目标指向非常明确，那就是“复祖宗之故疆，还二圣于沙漠”。后来当他发现秦桧要的是“议彻淮南守备，夺诸将兵权”时，李光觉得不对劲，感觉到这不是和而是降。于是，他一反常态，在朝堂之上“极言戎狄狼子野心，和不可恃，备不可彻”。他表示强烈反对，并且一针见血对高宗赵构说：“观桧之意，是欲壅蔽陛下耳目，盗弄国权，怀奸误国，不可不察。”赵构表面上敷衍，实际上反感之极。不过，李光亦心知肚明，第二天就上书辞参知政事一职。高宗虽在场面上假意挽留，心中对李光已是不满。就这样，李光被黜知绍兴府。

李光以为退出“狼窝”人生可稍事安定，就任绍兴府时顺带回了一次家乡五夫，并作《归五松有作呈陈志尹诸兄》诗，曰：“几年辛苦厌兵间，多谢君恩肯放还。故里萧骚松竹在，流年荏苒鬓毛斑。愁多不分青春过，睡足聊欣白昼闲。况有弟兄同保社，年年携酒共浇山。”不过后来，他也感觉事情没完，已做好了应对更大打击的思想准备，这从李光几次到好友陆宰家中与之长谈可以看出。当时，陆宰的儿子陆游，对这位长辈印象很深，其《跋李庄简公家书》作了这样的记述："李丈参政罢政归里时，某年二十矣。时时来访先君，剧谈终日，每言秦氏必曰咸阳，愤切慨慷形于色辞。一日平旦来，共饭。谓先君曰：'闻赵相过岭，悲忧出涕。仆不然，谪命下，青鞋布袜行矣，岂能作儿女态耶！'方言此时，目如炬，声如钟，其英伟刚毅之气，使人兴起。后四十年，偶读公家书。虽徙海表，气不少衰，丁宁训戒之语，皆尽足垂范世，犹想见其青鞋布袜时也。"陆游时年20岁，所以称李光为"李丈"。没多久李光改提举临安府洞霄宫。从此，李光政治生涯不断遭到迫害，一步一步地走向命运的深渊。

绍兴十一年（1141）冬，年已64岁的李光被贬藤州（今广西壮族自治区藤县东北），四年后再被贬至琼州（今海南省海口市），一待八年。那时的海南为瘴疠之乡，人烟稀少，贬谪于此的人不死也得脱层皮。而面对生死，李光安之若素。奸臣害人之心不死，不仅诬告李光讥讪朝政，还诬其儿子李孟坚"私撰国史"，不但又一次导致李光移贬昌化军（今海南省儋州市），而且祸及李光全家，弟弟李宽与三子李孟醇、四子李孟珍皆受株连，田园居第悉遭籍没。

在大祸临头时，李光毫不挂怀，反而愈挫愈奋，"论文考史，怡然自适"，始终表现出对人生信念的道德坚守与憧憬。绍兴二十五年（1155）秦桧死，南宋举国称庆，李光在海南得到消息已是第二年正月，自然也为国家除奸感到高兴，提笔写下《丙子正月二十三日纪事》诗："风卷阴霾日月明，鲸鲵已戮海波平。奸憸藉手捐奇货，交友通书免诡名。旧俗衣冠嗟化劫，新疆兵革偃长城。圣君若用当时将，一洗烟尘宇宙清。"《全宋诗》录李光诗529首（《庄简集》收425首），《全宋词》收14首（《庄简集》收13首）。其中，相当数量的诗作写于南流时光。《四库全书总目》说，李光"其诗乃志谐音雅，婉丽多姿，大抵多托兴深长"。可见，李光心地光明，没存一点患得患失的顾虑。

李光在岭南时间比较充裕，不过他没有虚耗，而是投入到开导同僚、教育子孙和研究、讲解《周易》上。

根据清光绪《上虞县志校续》，李光曾有一信写给昔日同僚吴师直，信上说："作吏能尽公、廉、勤三字，通知财、谷、兵、刑之要，盖实才也……"表面上看，这是在夸赞吴师直的才能，但实际上在说为官之道本该如此。李光尝语其子说："居家尽一孝字，居官尽一廉字，立朝事君尽一忠字，一生受用不尽。"又说："凡后生所至处，且须从贤士大夫游。"光绪《上虞县志校续》载《李庄简家训碑》。内容残缺不全，考其断续文字，当为《庄简集》所收的一篇《示孙文》，曰："少年欲励志操，见世间膏粱子弟，当以俭素胜之，不起羡慕之心；见人之居处华洁过度，凉榭温室，洞房窈窕，则思颜氏陋巷之安；见人之盛馔，甘脆肥浓，则思仲尼饭蔬饮水之乐；见人之佩服、车舆、犀象、珠玉之珍，则思子路衣敝缊袍之温。若能置吾言于座右，常作是观，庶免鄙夫陋人之称。见贤思齐，见不善惕然自省，则可入圣贤之域。古人不难到，顾力行何如耳。"与此同时，李光精研《周易》，为当地士庶日讲一卦，因号"读易老人""转物居士"，著有《读易详说》《春秋左氏说》等书。其中，他对《周易》体悟尤其精深。例如，他在读到坤卦六四爻，"括囊，无咎无誉"时，说："大臣以道事君，苟君有失德而不能谏，朝有阙政而不能言，则是冒宠窃位，岂圣人垂训之义哉！故'括囊'为贤人隐之时，而大臣不可引此以自解。"坤卦六四爻有俗话说见好就收的意思。当时许多朝臣迫于情势，往往以此为托词，对朝政缺失要么三缄其口，装聋作哑；要么避重就轻，顾左右而言他。李光认为那是对圣人之言的曲解，作为朝廷大臣断不应如此，他认为此卦对贤人隐居可用，对大臣则不行，一个大臣如果对君皇失德而不能谏，对朝阙政而不能言，便是冒宠窃位。又如，在读到否卦初六爻，"拔茅茹，以其汇。贞吉，亨"时，他说："小人当退黜之时，往往疾视其上。君子则穷通皆乐，未尝一日忘其君。"否卦是《易经》六十四卦中的第十二卦，阐释由安泰到混乱、由通畅到闭塞、小人势长、君子势消的黑暗时期。否卦所说与李光所处的时代十分相似。众所周知，在实际生活中小人与君子通常难以分辨，而李光独具慧眼，一两句话就点出小人与君子的分水岭。李光正是因为有这样透彻读史悟理的独到见解，心中有仁之常体，所以才在贬谪飘荡之中，始终显示出和范仲淹相似的进退观和忧乐观。

抗金名将岳飞，在李光南贬后第二年被害，他的孙子岳珂每每读到李光的文字，总是不胜感慨，将李、岳两家先人的忠义气节，比作战国义士鲁仲连。兹录岳珂《李庄简三字帖赞》作为本节结尾：

> 秦祸滔天，鲸汹九渊。沦胥以颠，而我谓不然。如公之贤，泰山岿然。奔流百川，何伤乎一卷。野史所编，人心之传。匪石则迁，谁为之燎原。两家之先，义比仲连。览此卷焉，不知其涕涟。

秀外慧中

——宁宗皇后杨桂枝的传奇人生

秀外慧中是中国传统社会对女性审美的最高标准。上虞女子杨桂枝就是这样一个人。

杨桂枝是宋宁宗赵扩的第二任皇后，其身世颇具传奇色彩。据叶绍翁《四朝闻见录·丙集》（下称《闻见录》）载：

> 慈明太后，越人也。善通经史，能小王书。母张夫人以乐部被宪圣幸，后以病，归李氏，死葬西湖小麦岭下，地名放马场。常因乐部不协，顾左右曰："我记得张家，今安在？"左右对曰："已死矣。有女颇聪慧。"宪圣念张氏，故召后入，时年十一二。尝置宪圣侧，宫中谓之"则剧孩儿"。及既长，宁皇侍宴长乐，目后有异，而重于自请。宪圣知其意，遂宴宁皇而赐之，曰："做好看待，他日有福。"

《闻见录》中的"慈明太后"指杨桂枝。因其居慈明殿，故而有"慈明"之称。"宪圣"指宋高宗的皇后吴氏，因其谥"宪圣慈烈皇后”，后人以“宪圣”指称。《闻见录》清楚地记录了杨桂枝的身世。

杨桂枝姿容娇艳，才艺俱绝，为人又十分贤惠，深得帝心，入皇帝宫后，一路升迁，庆元元年（1195）封平乐郡夫人，三年（1197）进封婕妤，五年（1199）进婉仪，六年（1200）进封贵妃。嘉泰二年（1202）恭淑皇后韩氏崩，时贵妃杨桂枝与曹美人俱得宁宗宠，皆是立后人选，权臣韩侂胄劝宁宗帝立曹美人。宁宗自有主张，杨桂枝“颇涉书史，知古今，性复机警，帝竟立之”。宁宗生性比较木讷，特不善言语，但心如明镜，立杨桂枝为后，正好补其性格上的欠缺。

杨皇后是今上虞区丰惠镇人。根据清光绪《上虞县志校续》，曾祖杨全，“以材武奋，靖康末，捍京城死事”；祖父杨渐，以遗泽补官。家于老县城东门外运河之侧，后来的明德观便是其故居。杨桂枝自幼漂泊在外，只知道自己老家在会稽，但忘却了姓氏。一次她遇到在宫中任职的同乡杨次山，聊起乡事，原来杨次山竟是自己失散多年的兄长，他“后自谓其兄也，遂姓杨氏”。今丰惠“花园畈”地名即宋代杨次山家的私家花园。当然，杨皇后与杨次山年龄相差23岁，是亲兄妹的可能性不大，疑为族兄妹。杨氏后裔以为，“圣后诞育之所，不敢有其居”，遂舍宅为观，号明德观。观中旧有杨皇后绘画像悬藏。根据明万历《新修上虞县志》，明万历三十四年（1606），县令朱维藩修观，曾为之记：“上虞县东郭外，有明德观。相传为杨冀王故宅，后即地为香火院。杨冀王者，名次山，宋宁宗后兄也……”

杨皇后聪慧灵秀，书、画、诗才艺皆绝。

叶绍翁《闻见录》说杨后“能小王书”。此“小王”即“书圣”王羲之第七子王献之，亦称“小圣”。历史上父子并称“二王”，书法冠绝古今。可见，杨后书艺之精超出一般人的想象，有女性特有的娟秀之美。明末清初人姜绍书《韵石斋笔谈》说她的书法：“波撇秀颖，妍媚之态，映带漂湘。”同时，史传杨后模仿宁宗笔迹颇神，有一事足可证明此言不虚。当时，宋廷多主修养生息，而权臣韩侂胄议用兵中原，就是史称的“开禧北伐”，结果因准备不足而败北。有些人臣本来就对韩侂胄奉行独裁和飞扬跋扈不满，此时朝议更加汹汹，史弥远等便拉拢杨后，谋诛韩氏。《闻见录》说"开禧间，慈明阴赞宁皇诛韩侂胄，出御批三"，一以授钱象祖、卫泾、史弥远；二以授张□（《闻见录》缺字）；三以授李孝纯。上面说过，"慈明"即杨后。她出御批，等于是仿冒宁宗笔迹，下达诛杀韩氏的密诏，以致交付实际执行诛杀的殿宿卫侍夏震，见到"圣旨"深信不疑，说："君命也，震当效死……"不过，若是没有宁宗私底下默许，以杨后之贤，她断不会擅作犯上主张，替天行道。

杨后传世的画作不少，北京故宫博物院、台北故宫博物院与美国纽约大都会博物馆，皆收藏有她署名"杨妹子"的和用"坤宁宫翰墨""坤卦""坤宁殿"诸印的作品。其绘画风格循南宋画院体。设色妍丽，画法简练，景物用马远法，花卉取马麟画技。且有高超的书画鉴赏能力，曾专门代宁宗为宫中藏画题诗题款，所书小楷诗题，书法严谨娟秀，妩媚多姿。因其画册题诗不著真实姓名或者职务，故而元明以来出现一些争议。有人认为，"杨妹子"是杨后之妹，其实不然，"杨妹子"与杨后实为一人。元人吴师道《吴礼部集》卷四，题《仙坛秋月图》诗注："宫扇，马远画，宋宁宗后杨氏题诗，自称杨妹子。"明人王世贞说："凡远画进御，乃颁赐贵戚，皆命杨娃题署。"当代书坛泰斗启功《启功丛稿》中《谈南宋画上题字的"杨妹子"》，认为"杨娃"即"杨姓"之误，杨姓即杨后；以鉴定书画见长的故宫博物院研究员"徐半尺"（徐邦达）同样认为，将杨后和杨妹子视作二人是讹误，现存的杨氏书画题字，字体一致，只有早期、晚期的有些许变化，并无出自两个不同的人之手的迹象，况且"坤宁宫翰墨""坤卦""坤宁殿"诸印，除皇后可以使用以外，非其他人可以擅用，可谓切中要害，一语中的。另外，20世纪60年代，台湾著名的书画家、书画史家和鉴定家江兆申先生发表《杨妹子》，文中确定杨皇后与杨妹子实际上同为一人。[1]是故，“杨妹子”“杨娃”即杨后的说法成立，观点已为人们所接受。

杨皇后传世诗比较多见的是两类：一类是题书在画件或者物件上的诗，另一类是宫廷诗。前者内容多囿于对象，后者多是对宫中生活或景物的描写记录，借景抒情或托物言表。兹录题画（物）诗与宫诗若干，以为窥斑见豹。题画（物）诗摘有以下三首。

其一，题书在团扇上面的诗作：“薄薄残妆淡淡香，眼前犹得玩春光。公言一岁轻荣悴，肯厌繁华惜醉乡。”

其二，题书在马远《华灯侍宴图》的诗作：“朝回中使传宣命，父子同班侍宴荣。酒捧倪觞祈景福，乐闻汉殿动韺声。宝瓶梅蕊千枝绽，玉栅华灯万盏明。人道催诗须待雨，片云阁雨果诗成。”

其三，题书在马麟《层叠冰绡图》的诗作：“浑如冷蝶宿花房，拥抱檀心忆旧房。开到寒梢独可爱，此般必是汉宫妆。”

她的诗风格含蓄婉转，清丽飘逸，总体意境又与依附的对象相贴切。

杨桂枝的后宫诗数量较多。其中，万历《新修上虞县志》收11首，此录志书中的3首分享。

角黍冰盘饾饤装，酒阑昌歜泛瑶觞。近臣夸赐金书扇，御侍争传佩带香。

元宵时雨赏宫梅，恭请光尧寿圣来。醉里君王扶上辇，銮舆半仗点灯回。

柳枝挟雨握新绿，桃蕊含风破小红。天上春光偏得早，嵯峨宫殿五云中。

① 江兆申：《杨妹子》，见《双溪读画随笔》，台北故宫博物院1977年10月。

草上行风

——程朱理学在上虞的传习与影响

“草上行风”语出《论语·颜渊篇》：“子曰：‘君子之德风，小人之德草，草上之风必偃。’”说的是君子的道德品质像风，百姓的道德品质好比草，风往哪里吹，草就往哪里倒。言下之意是君子的言行是正能量，具有价值引领与影响社会风气的作用，相当于今人说的上行下效。所以，又有“君子如草上行风”这一说法。

理学以孔孟为代表的儒家学说为基础，吸收融合道、释思想精华，具有一套修己安人、内圣外王，对后世影响至巨的哲学体系，由北宋“五子”（周敦颐、邵雍、张载、程颢、程颐）承相开创，南宋朱熹集其大成。

理学按其所修的功夫不同，又分为程朱理学（以两宋程颢、程颐和朱熹命名）和陆王心学（以南宋陆九渊和明代王阳明命名）。前者也被称为“性理之学”，后者也被称为“心性之学”。当然，这只是一种模糊的区分，实际两派思想内涵你中有我，我中有你，功夫略显不同，目标完全一致。所以，凡理学之士，多是立德垂范、显为功业、抒为文章、挺为节义的仁人君子。

从现有资料看，最早将理学思想传送到上虞的人是朱熹。淳熙八年（1181），朱熹提举两浙东路常平茶盐公事，负责浙东地区赈灾事宜。因公务所需，朱熹须经常穿梭往来于浙东，而上虞又是浙东诸县的交通枢纽，所以他驻足或歇脚于上虞为势之必然。而恰逢其时，潘畤（时任潭州知州）在五夫清风峡的月林堂（也称月林书院）刚巧建成，其静止斋收有《孝经》《论语》《孟子》《大学》等丰富的藏书，便热情地邀请朱熹作客五夫。朱熹“馆于月林书院”，大抵做了三件事：一是到叠锦溪边李光故宅（潘畤是李光的女婿），缅怀凭吊这位先贤，且赋诗曰：“叠锦溪边马融宅，坐看春雨落斜斜。石渠流出桃花片，知是当年宰辅家。”李光饱学，是“道学六先生”之一司马光的再传弟子。故诗中朱熹将李光比作东汉经学家马融。李光曾官参知政事，位在宰辅之列，故朱熹称李光故宅为“宰辅家”。此举表现出朱熹对李光人品学养的深深敬意。二是在此作短暂讲学，并注“四书”。明代潘府《月林书院兴废始末记》戴正心《跋》记录此事：“余意朱子最后为浙东提举，往来斯地，四方学者辏集，遂为讲道之所。宋理宗手敕‘朱熹所注四书原本在卿家’信不诬也……”三是收潘畤小儿子潘友恭为入室弟子。潘畤长子潘友端，之前已师从“东南三贤”之一的张栻，此番朱熹到来，友端又向朱子虚心讨教，与朱熹成了亦师亦友的关系。此后，无论是朱熹，还是张栻，皆与潘氏兄弟有书信往来等学术互动。

朱熹在与五夫潘氏交往的同时，应孙邦仁、孙应时叔侄之请，至西溪湖富春亭游憩。对此，清光绪《上虞县志校续》这样说：“邦仁与侄应时……俱留心理学。尝构亭于左右山巅，曰富春亭。淳熙中，朱子游始宁，过访，相与契合。”孙氏叔侄皆是朝廷命官。叔叔孙邦仁，字伯育，官观文殿学士；侄子孙应时，字季和，官宣教郎，南宋的另一位心学大师陆九渊为其太学老师。孙应时虽然从陆九渊心学入门，但博采众长、兼收并蓄，对程朱的学问同样心仪。他出生时，程颐、吕祖谦、张栻皆已过世多年，但他仍然仰慕不已，写下《伊川先生祠》《哭东莱吕先生》《闻南轩张先生下世感忱有作》等多首挽诗。这次朱熹来到西溪湖，不啻遇到“及时雨”，叔侄俩极其兴奋，礼敬有加，（朱熹）“遂寓其家，注书考证，讲学亭上”。《上虞县志》说，孙邦仁对朱子所注《大学章句》《中庸章句》《四书或问》有参订之功焉。评价略有夸张，但不是没有根据。元至正间，儒学副提举杨彝《泳泽书院碑记》亦认为，虞中士子私淑朱熹者甚众。“……邑人得私淑渊源有自来矣。先生公德彰彰，在人耳目……”同时作为理学同好，西溪湖孙氏与五夫潘氏也有学术互动。

朱熹毕竟公务繁忙，每次途经上虞只是稍事歇脚，不可能作过多停留，他还是深受士庶欢迎，影响至巨，甚至在淳熙以后的上虞掀起了一股不小的理学传习之风。比如，孝子钱兴祖，“从三山陈九达探理学”；左司谏兼侍讲刘汉弼，“学明义利之辨”；宗室赵必蒸（一作烝）师从刘汉弼，“淹贯百家，尤加意《春秋》一经”；中大夫刘汉传，“沉潜伊洛之旨”。此“伊洛”指伊水和洛水，泛指“二程”洛学。墓志载其“刻意于格物致知之学，穷幽测深，晚益超诣”；庆元进士赵汝洙，与朱熹亦有交往问学，清钱玫《历朝上虞诗集》卷三，收录一首赵汝洙的《与新安朱元晦谈易有感》：“南窗数度断韦编，茅塞余心未豁然。洞极潜虚浑是梦，观梅卜瓦总非仙。先天妙处无多画，太古真时只一圈。今日从知斯不谬，庖义更出亦何言。”诗中记录了他向朱子讨教《周易》开悟的心得。尤其值得一提的是，李光幼子李孟传，虽不直接师从朱熹等理学大师，但对朱熹传道授业之功相当敬佩，因而对“庆元党禁”逆行十分不满，在韩侂胄贬逐迫害留正、赵汝愚等支持理学的高官，祸患将要波及朱熹时，李孟传愤然对同僚说：“如此则士大夫争之，鼎镬且不避。”言下之意是说：如果韩侂胄等要加害朱熹，我们当挺身而出，虽下鼎镬也不躲避。

“大学之道，在明明德，在亲民，在止于至善。”理学亲民，不但满腹经纶的士子争相传习，而且寻常百姓也乐于接受，并自觉将其作为习俗。比如，旧时农村的宗祠，一般都建在村子的东首，这种约定俗成的遵循便来自朱子《家礼》。甚至于祠堂内神主的排列、祭器摆放、祭服颜色、样式等，亦有一并规制。事实上，今天民间还在有意无意遵守的成人礼、婚丧嫁娶礼仪等民俗，其源头皆可追溯至朱熹的《家礼》。时至今日，上虞不少民间俗语，仍然浸透着理学元素。比如，“读书明理”“天理良心”“人在做，天在看”“师傅领进门，修行靠个人”“父母天地心”“头顶三尺有神明”“天无绝人之路”“宁可站着死，不可跪着生”“天道酬勤”“不做亏心事，不怕鬼敲门”“咬气过日子”“不蒸馒头争口气”“但行好事，莫问前程”“生不带来，死不带去”“只有挑日子讨媳妇，不能拣日子嫁囡”“命里有时终须有，命里无时莫强求”等，不一而足，源远流长。大道至简，身在民俗之中，即便目不识丁，也时时受到理学的熏陶，理学润物无声，潜移默化地影响着一代又一代的人们。

因为程朱理学在上虞的传习与影响，所以，万历《新修上虞县志·人物》专辟“理学”一节，说：“自紫阳先生弭节讲学于斯，动以年岁，一时师友渐磨，而渊源其绪者，殆不乏人，可无标举以存铎响乎?”朱熹，世人尊称紫阳先生。的确，上虞理学传习与扩散，不得不归功于朱熹的开山之功。

悬式郡国

——山水间遗落的刘氏义门

“义门”之谓，是一种荣誉，指累世同居，且被朝廷认可表彰奉为社会楷模的宗族。这一模范形式最早见于《后汉书》。大体历代义门见诸国史孝义、孝友传者（有的也杂见于本纪、列传）:《南史》13户，《北史》12户，《唐书》38户，《五代史》2户，《宋史》50户（未包括上虞刘氏义门)，《元史》5户，《明史》26户。家族一旦旌为义门，即郡国范式、天下楷模。

刘氏义门故址在今丰惠镇陈夏谢村山前自然村，俗呼“碑牌头”。此地处于丰惠盆地东段，旧名峨眉乡朱里村。西北枕十八里河，东面不远是姚江（浙东运河)，两河间平坦的田野中，隆起两个断续相连、东北—西南走向的丘阜，山前自然村就坐落在西南小山包下，村前有埭河（乡民称沟通运河水流的河称为“埭河”）擦西而过。这里旧有双阙台、绰楔门、务本堂、聚衣堂、演马塘、雪荫花圃、傅粉井、淘米池等建筑，号“孝义刘家”。现存一口淘米池，像个小小的游泳池，从中可看出当年刘家的规模与气派。这是上虞史上唯一被朝廷褒奖的平民家族，可谓名噪一方、风光之极。

嘉泰《会稽志》卷十三《义门》记载："熙宁十年（1077），赵清献公为守，得上虞县刘承诏，唐襄公德威之裔。德威五世孙愉，避黄巢乱，自河南徙上虞。至承诏，十世聚族，四百余口，内外无闲言。畜犬化之，一犬不至，群犬皆不食。号孝义刘家。清献公叹异，以其事闻于朝，有诏旌表门闾，免其徭役。清献公为之记。又，故尚书胡公沂赋诗赠之，皆藏其家。"明朝朱国祯撰《涌幢小品》亦载："周（刘）德威五世孙徙居上虞，至宋有自承诏者，已十世同居，赵汴帅越，闻于朝。"此记除了将义门主人公刘德威错记成了"周德威"以外，其他内容大体如实。此外，清光绪《上虞县志校续·刘承诏传》卷七《列传三》与嘉泰志有类似记载。白纸黑字，言之凿凿。

上虞刘氏义门源远流长，门风积淀深厚。新旧唐书本传皆载：刘德威，徐州彭城（今江苏省徐州市）人，姿貌魁伟，颇以干略见称，授左武候将军，封藤县公，出为绵州刺史，以廉平著称，百姓为之立碑。贞观十一年（637），唐太宗问时任大理卿的刘德威："近来刑网稍密，其过安在?"德威奏答："诚在主上，不由臣下……"又说："德威于闺门友睦，为人宽平，生平所得俸禄，以分宗亲，无留藏。"刘德威死后赠礼部尚书，谥襄。刘德威的儿子刘审礼亦有父风。其幼年丧母，由祖母抚养，极其孝顺，为避隋末兵乱，年纪尚少的他"自乡里负祖母度（渡）江，转侧避地"，将父亲的官爵让给其弟。"再从皆同居，合二百口，内外无间言。"上虞刘氏宗族至刺史者20余人，刘德威父、子、孙数代为国史所载，当时就有"孝义刘家"的称号。上虞刘氏义门自唐末刘愉迁上虞，家风传承一如往昔，至北宋熙宁十年（1077）刘承诏主族时已上下十世、400余人和睦相处，南宋户部侍郎刘汉弼、明初征士刘履皆出自该族。

北宋越州受到朝廷旌表的义门只有会稽裘氏与上虞刘氏两家。上虞刘氏旌表时间在熙宁十年（1077），比会稽裘氏晚66年。对于这份荣耀，刘承诏自然十分看重。元丰三年（1080），刘承诏持敕赶往衢州，央求已致仕在家的原知州赵抃为其书写一篇记文，以备刻石存世，光宗耀祖。赵抃欣然应命，片刻记成。根据清光绪《上虞县志校续》，兹录《刘氏义门记》全文如下：

熙宁十年（1077），余为越州，闻上虞娥眉乡刘承诏同居者四百余人。同籍者十世，具以上闻。乞不以常制旌表，俾厚风俗。诏许可，命有司于其所居建绰楔门，门外左右以土筑台，高下广狭至于赤白之饰，皆如敕之格。而常赋之外悉免徭役，与仕者等。呜呼！观朝廷所以奖善褒义之意，何其至哉。孟子称："君子之泽五世而斩。"谓其流竭而服尽，则尊亲替矣。若刘氏同居既以十世，不下三百余年。萃籍已四百指，亦不常有于世者矣。夫三百年之间，岁有丰凶，情有戚疏，设为之长者，不有恩谊礼让，固结于一家，则不待数世以降，分裂殆尽。今代远丁紧，志壹气聚，而不忍别居者，亦以当时之人，能整肃慈顺以诏后人，而后人复能继其先志，故旷日持久不为时之所迁。吁！洵盛事也。元丰三年，为余谢政之再岁，承诏持其敕，自越来衢，乞余记刻诸石。余以为世不常有与事之甚盛者，固宜暴诸当时，以垂后世。想过其门，望其台，观其敕，语则敦睦者，孰不勉分异者，孰不愧所施至约，所劝至博。尤望后嗣子孙绳乃祖武，永世勿替，以仰称朝廷褒旌之至意，则斯刘氏子也。非特为闾里荣行，将为郡县式，王国光矣。余故乐得而为之记。

赵抃此记《全宋文》有收。另据光绪二十年（1894）怀贤堂《上虞刘氏宗谱》卷十四记载，陆游也写过一篇《刘氏义门碑记》。刘承诏拿到记文，回家刻石立碑。据载该碑砻石材质，通高八尺三寸，广四尺一寸，碑额篆书"敕赐旌表门闾并记"八字。此碑在清光绪时尚存故址，后不知去向，至为可惜。更为遗憾的是《宋史》收载义门50家，独上虞刘氏义门漏载。幸有赵抃记文和多种史料存史证实，否则，这份荣誉怕真会石沉大海。

劲竹苦节

——西溪湖赵氏的忠贞与悲壮

“文杏堂开华渡西，九天雨露正来肥。漫夸奕叶光先宅，却羡新栽出故知。千载暖回唐苑树，一时春足谢家枝。欲将俚语依金玉，把盏共论觉醉迟。”这是赵必蒸快意于宗祠文杏堂时写下的《答贺文杏韵》诗作。

西溪湖赵氏，因傍华渡西首的西溪湖而名（今丰惠镇西湖村一带）。此处南宋淳熙五年（1178）至咸淳元年（1265）87年间，井喷式地涌现出一大批功名显赫的进士，天下侧目，宋廷诏建文杏坊，宗族因以名堂，故又称文杏堂赵氏。

根据相关宗谱记载，西溪湖赵氏，属宋太宗赵光义长子赵元佐一支，始迁祖赵不抑，系元佐九世孙，最早栖居等慈寺（今丰惠老街九狮桥侧），后迁居县城西南不远的西溪湖畔。这支赵氏有宋一代在上虞的影响，仅次于五夫李氏，与宋太祖次子赵德芳、魏王赵廷美之后，共同构成上虞赵氏的“三驾马车”。

西溪湖赵氏以苦节劲竹、忠贞悲情著称，具体可以概括为忠孝、忠义、忠烈、忠节四个方面。

一、忠孝

故事的主人公是赵不抑、赵善傅父子。父亲赵不抑是赵元佐五世孙。建炎初，赵构在应天府（今河南省商丘市）登基，作为宗室，赵不抑被安排到池阳任职。时值乱世，兵匪遍地，盗贼横行，就连皇帝赵构都自顾不暇，赵不抑不去赴任也没有人怪罪。但他觉得皇命在身，越是在动乱年代越需要为国效命。父亲执意要走，年仅16岁的儿子赵善傅不放心，就陪侍父亲同赴池阳，途中碰到了强盗。

强盗拦住去路，横刀向赵不抑索要钱财，扬言不拿出钱财即身首异处。赵不抑被这突如其来的遭遇吓懵，一时语塞。这时赵善傅上前，他一面以身蔽父，一面对劫贼说："钱没有，要杀就杀我，不要害我父亲。"有个强盗将刀挥向赵善傅，上下挥舞，一连数刀，极其利索，但没想到只划破了赵善傅的衣服，未伤到肉体。没等父子俩缓过神来，贼首领良心发现，说："这是个孝子，放过他们。"从此以后，他们避居上虞，因一时无处落脚，便在等慈寺暂且安身。

赵家初来乍到，家徒四壁，生计十分艰难，而赵善傅的父母经颠沛流离身体又不好。为了照顾父母，同时也可行善坊间，赵善傅自学医方，照料双亲。后来朝廷稍事安定，赵善傅被荐至明州、婺州任刺史。在任期间，他与父亲一样，忠于职守，尽力平复着靖康之难给百姓造成的创伤。赵善傅后卒于家，谥贞孝。他的弟弟赵善信"清苦自立，亦以孝称"。

二、忠义

故事的主人公叫赵必蒸，赵元佐九世孙，字进伯，号宗谕。师从刘汉弼，系李光幼子李孟传再传弟子。其"沉静好学……淹贯百家，尤加意《春秋》一经"。咸淳元年（1265）与子良坡、孙友直同登进士。出守嘉禾（今浙江省嘉兴市）。因出仕前总在居家的南山之谷读书，别号"南谷老人"。他为人刚毅正直，忠义主要表现在为监察御史刘汉弼鸣冤叫屈上。

刘汉弼，字正甫。嘉定十年（1217）进士（本传作九年，此从《宋史·度宗本纪》），历官吉州教授、校书郎、考功员外郎、监察御史等职。以“立圣心、正君道、谨事机、伸士气、收人才”五事疏论深得理宗圣心。其在御史任上大胆革除弊政，弹劾奸佞之徒与不作为、善逢迎的庸官。因此触及权相史嵩之为代表的集团的利益，遭到报复，遂以户部侍郎致仕。

淳祐五年（1245）正月，刘汉弼偶染末疾而暴毙。此后不到5个月，与他一同受理宗信任重用的丞相杜范、起居舍人徐元杰也相继暴亡，一时间朝野惊愕，太学生蔡德润等173人伏阙上书，舆论汹汹，朝野多认为这是一起排除异己，有预谋、有步骤的连环政治谋杀案，锋芒直指幕后主使史嵩之。

其时还在家乡南谷读书的赵必蒸闻听消息，亦认为刘汉弼死得蹊跷，他怒气难平，以一个布衣身份奔走呼号，欲为老师讨回公道，赵必蒸知道自己位卑言轻，就跑到京师，向在朝为官的同宗赵与懽倾诉：“上言杜范、徐元杰皆暴死，人皆疑史嵩之致毒，请恤其家。”他请求赵与懽出面向皇帝进言。

然而，对付史嵩之并不容易。明州史氏三世为相，深耕朝廷数十年，党羽遍布内外，盘根错节，就连皇帝也忌惮他们三分。所以，赵必蒸为刘汉弼呼喊风险极大，弄不好事情没有办成，反而把自己的身家性命也搭进去。可是，他明知山有虎偏向虎山行。赵必蒸心里也明白，事已至此，要想朝廷惩处幕后主使并不可能，唯一能够争取的就是“请恤其家”。终于，在他和许多正直朝臣的努力下，目标得以实现。朝廷给刘汉弼“赠中大夫，谥曰忠。敕绍兴府给事丧，赐官田五百亩，缗钱五千，赡其家，表所居曰忠谏坊，崇祀乡贤。子怡，荫为婺州太守”。这个结果其实超出了赵必蒸的预期。朝廷虽然没敢彻查凶手，但也在现实官场生态条件下给出了最大让步，在一定程度上伸张了正义，事后赵必蒸写下《忆业师刘大了》诗：“严风砭肌骨，怵然起遐思。哲人已久萎，谁可作圣仪。吾虞刘夫子，日维百世师。秉直疾邪佞，是非无所私。依归良有在，出处各以时。遭时复不偶，竟尔相睽违。四雇寂似阒，中心重凄其。”诗中流露出对恩师的高度赞扬和深切怀念。

三、忠烈

这回故事的主人公转移到了赵必蒸的三个儿子赵良坡、赵良坦、赵良埈上。由于兄弟三人取得功名有早有晚，所以，故事不按长幼次序，而依出仕先后顺序展开。

赵良坦，字平甫，号平心，宝祐元年（1253）进士，官知永嘉、瑞安和福清（今属福建省福州市）三县，以廉介名。蒙元军队南指，“吉、广二王走闽中，以良坦军器监簿赞军事”。于是，他募兵守御，奋力抵抗，终因寡不敌众，为元军所擒。赵良坦被囚禁于元军大牢两年，不降不屈，唯愿以身殉国。他给家里人写信说：“试令三载，无愧于心，守节二年，不屈于敌。只因忠义二字，累及老稚一门。”铁骨柔情溢于言表。面对元军的威逼利诱，赵良坦愤然说：“生为宋臣，死为宋鬼。速求一死。”说完毅然就戮，实现了他“死为宋鬼”的夙愿。

赵良埈，字祥甫，宝祐四年（1256）进士。授儒林郎，后任瑞州（今江西省高安市）军事判官。贾似道专权，对外谄媚乞降，对内瞒上欺下，赵良埈不忍大宋江山被误，多次疏劾，但均石沉大海。德祐元年（1275），宋军被迫与元决战，惨遭败北，次年临安城破，南宋只剩气息奄奄的游丝。

心痛难忍的赵良埈，回到上虞筑“自责第”。所谓筑“自责第”就是建一间房子，把自己圈禁起来，痛责自己无能，有“罪己”的意思。他想到上虞不久也将落入元军之手，更是万念俱灰。他知道摆在眼前的路只有两条：一是抵抗到底，以身殉国；二是接受利诱，叛国求荣。而这两条路他都不愿走。前者作无谓的牺牲，没有必要；后者须卖身投靠，绝不可能。这让他陷入无限的忧思之中。一日，百无聊赖的他，来到离家不远的陶朱庙，看着庙中面带微笑、端坐其上的陶朱公，赵良埈心中顿时想起历史上管仲、范蠡的故事。管仲上阵打仗，但为高堂老母三次脱逃战场；范蠡助越称霸，但为避险保身隐遁江湖。所幸的是，他俩后来又都东山再起。这似乎提示着赵良埈，人生还有隐遁这第三条路可走。于是，他打定主意，捉笔在庙壁题书“三北谁人知管仲，五湖何处觅陶朱”，然后转身便消失在茫茫的人海之中。

赵良坡，字深甫。他虽为家中长子，却在咸淳元年（1265）才取得功名，比二弟赵良坦迟12年，比三弟赵良埈晚9年。出仕后知广州府。因拒元被俘，但元军敬佩他的忠勇不屈，同时也想放长线钓大鱼，将之放回上虞老家。自此，赵良坡归隐西溪湖侧一个叫“雪水”的山谷，人称“雪水先生”。在这里，他幽栖赏景，读书写字，作《隐居》诗明志：“习静深山里，幽栖趣逼真。青楼何足契，白雪故相亲。守道无妨困，藏书不尽贫。昔人嘉遁汉，我亦爱逃秦。”诗里没有怨天尤人，没有牢骚，只是安贫乐道的样子。

上虞驻地的元军首领，考虑到赵良坡的贤能和社会地位，有意推荐他到元廷为官，但赵良坡不以为意，且怒目詈骂，元将气急败坏，急“令左右刃之”。赵良坡大义凛然，视死如归，刑前大呼：“我死得其所矣！”说毕遂从容“伸颈受死”。

四、忠节

赵友沂，字咏道，是赵良坦的儿子，非常孝顺。赵良坦被囚时他才12岁，小小年纪前往元狱探望父亲，“出入白刃间无所怖”。父亲死后，他扶着父亲的棺木从福清走海路回上虞，道遇飓风，几乎颠覆舟船，他呼天大恸：“我父以忠义死，将不得归葬乎？”也许是他的哭诉感动了上苍，话音刚落，顿时风平浪静。赵良坦灵柩在南穴玉雾山下葬那天，“白衣冠而会者千余人”。也就是说有千余民众自发为他戴孝送行。后人感动于他们父子的忠节，将县城习古坊改称节孝坊。后因赵友沂不愿居在城内仰达鲁花赤鼻息，遂迁居皂李湖。

无独有偶，同样忠节的还有赵良坡的儿子赵友直。赵友直，字益之，与祖、父同登进士第，授桐川簿，迁知县事。祥兴元年（1278）赵良坡死节，赵友直冒着刀刃剑光，护送父亲归葬西溪湖牛眠山，并在父亲坟旁手植3棵樟树，庐墓终隐，自号“牛山子”，他告诫子孙勿仕元朝。赵友直两个儿子季忠、季恕，也有乃父之风，曾经有好事者，欲举荐赵良坡入乡贤祠，兄弟俩断然拒绝：“吾祖生既耻食元粟，殁岂享元祀？”

元至治年间（1321—1323），华渡西园南建有一座“三忠祠”，祀良坡、良坦、良埈赵氏三兄弟，县尹张屋作记，根据清光绪《上虞县志校续》，其中几句这样说：

> ……余考三公筮仕时，襄樊已失，湖北、江南次第沦陷，大势将倾，有非一城一邑所可支者。而三公以宗室曾任专城之责，死不顾也。厥后或授命于燕市，或殉节于闽中，或抗志逊荒而殒于草莽，皆若素所期待，甘心而无怨。噫！三公之遇诚穷矣。而吾谓其节苦而节有甚奇者，江左百余年，外死封疆，内死社稷，捐躯报国者，于胜为多，而三公被逮幽囚，流离困顿，悉从容就义而不辞，此苦节之贞有几人耶……余记其人，幸虞邑山川尚留正气也；记其祠，幸虞邑人心能崇节义也。

忠孝、忠义、忠烈、忠节，文杏堂赵氏一应俱全。

性命交关

——夏盖湖的废复争斗

水利是农业的命脉。夏盖湖是绍兴府内规模仅次于鉴湖的第二大人工淡水湖，由于其特殊的地理位置，它的废复牵一发而动全身，可谓与人们性命交关。

自唐代长庆二年（822）开挖夏盖湖以来，虞北五乡及余姚兰风、会稽延德等乡，数十万亩民田旱涝无虞，受益甚沃，“俗称日产黄金方寸”。然而北宋熙宁至南宋末的200余年间，夏盖湖废复不止，其中规模较大的有3次，牵涉面之广，上达层次之高，前所未有。

第一次废复时间是熙宁六年至元祐四年（1073—1089）。宋熙宁六年（1073），县尉孙渐（一作张渐）废湖为田，豪右阴取厚利，损公肥私，造成民间争讼不绝，吏部郎中章楶认为废湖得不偿失，奏请复湖，朝廷下旨让转运司派人到上虞实地调查勘核，情况属实。根据清光绪《上虞县志校续》，转运司的勘测报告说道：“上虞县夏盖湖，因熙宁六年朝旨召人请湖为田，旱则资水之田无以灌溉，涝则湖势窄狭不足以贮水，堤防决溢，并湖之田悉遭冲注，为害尤甚……乞复为湖，蓄水灌溉民田，委得经久允当。”朝廷接到有司报告，同意章楶奏请，元祐四年（1089）八月朝廷下旨复湖。次年十二月知县余彦明、主簿何琢、县尉游充、邑民汤机等，将复湖圣旨立石存照。

第二次废复时间是政和五年至绍兴二年（1115—1132）。政和五年（1115）王仲嶷（嘉泰《会稽志》作嶷）知越州，在上虞、余姚两地废湖为田，以鉴湖淤淀成田妨碍水利建设为由，在本州推广做法。“虽尽得湖田租课，十不补其二四。”以靖康元年（1126）、建炎元年（1127）两年为例，时湖田租课（除检放外）两年纳5400余石，而民田缘失陂湖之利无处不旱，两年计，检放秋米22500余石。两相比照，实差17100石米粮。建炎二年（1128）春，百姓仍然以湖田之害，上诉朝廷下派的抚喻使者，使者不置可否，将责任“踢”给州府，知州翟汝文说要等朝廷旨意，这样一来，所有压力全集中在了县衙。俗话说：人误地一时，地误人一年。知县陈休锡断然决定复湖，却遭到了翟汝文的掣肘。陈知县全然不顾，继续推行复湖事宜，很快得到惠报。清光绪《上虞县志校续》载：“是岁越境大旱，如诸暨、新昌、嵊县，赤地数百里，农夫无事于铚艾，独上虞大熟，余姚次之。”这年冬天，新昌、嵊县百姓纷纷跑到上虞籴米度荒，往来人流“属路不绝”。陈休锡复湖，毕竟未得诏旨许可，没多时变湖为田现象随即回潮。绍兴二年（1132），时任上虞知县的赵不摇再次将复湖之事上言于朝，此事得到吏部侍郎李光的支持。李光是上虞人，心中十分清楚夏盖湖的事。在李光的推动下，朝廷终于下旨，让知府张守查核。张守查核后说，绍兴府地缘大海，田带咸卤，稍无雨水，则苗稼便伤。但只要有湖水灌溉，庄稼就能频年丰熟。“今相度到上虞夏盖湖等一十三处，见今改为田计一百三十一顷二十四亩；余姚汝仇等湖一十三处，见今改为田计八十一顷四十九亩。”接着张知府算了建炎四年（1130）与绍兴元年（1131）两笔账，说这两年风调雨顺，即便如此，增损相抵还是暗亏米粮4236石，若逢灾年后果不可计量。最后张知府向朝廷给出意见：“观此则变湖为田诚为极弊。如将上虞、余姚湖田仍复为湖，委是便利。”绍兴二年（1132）五月皇帝下诏：“废绍兴府余姚、上虞县湖田为湖，溉民田。”圣旨一出，虞民欢腾，时有民谣：“坏我陂，王仲嶷。夺我食，使我饥。天高高，无所知。复陂谁？南渡时。”为此，左朝请郎方元若特撰《罢湖田记》，当时这块碑就立在府治西壁。

第三次废复时间是嘉熙元年（1237）。与前两次相比，这一次湖的废复更像是民间行为，双方都请托上层，暗中较劲，好在有惊无险，没有造成恶果。主张废湖为田的一方代表人物叫徐文才，他知道自己理不硬，便请托王府，欲以此达到目的，这个情况被士子张康等人获悉，他们也走上层路线，且择吉日斋戒沐浴，赶赴武康军，向节度使陈诉不能废湖的理由。因双方都动用了皇族上层关系，且废湖欲念尚未付诸实践，所以上层给出的文书语气委婉，曲意保全了双方面子，只是不主张废湖的意思甚明。为此，儒林郎陈谦写了一则记文，乡民立石于夏盖湖东长庆教寺。

夏盖湖三次废复争斗，第一次历时16年，第二次历时17年，第三次当年解决。由于绍兴二年（1132）由皇帝下的圣旨在，复湖工程相当彻底，此举制止了地方官为图眼前利益擅自废湖为田的行为，民间豪右也不敢为所欲为。所以，直至祥兴二年（1279），整个南宋基本保持了唐代夏盖湖周105里的“红线”。

民以食为天，食以耕为本，耕以水为命。夏盖湖就是这样一个与人们性命交关的存在。上虞湖之废复，并非只有夏盖一湖，只不过它的过程表现得更为剧烈罢了。虽然今天人们已不能再以一湖一泊的得失定义水利，但是，水的品质和水利的重要性，比历史上任何时候都更加突出。

第六章

剑气啸风

元明时期

浙江文史记忆·上虞卷

元代和明代，是中华民族情感经历重大转折的两个时代。对于前者，上虞士子宁愿放任草野，潜光隐处，也不乐于与异族政权合作；对于后者，上虞士子久违的心门重新开启，纷纷通过科考走进朝堂。无论在朝在野，上虞人都以气节立身，正气啸风，将才华或播芳于野，或呈现在朝。

草泽闲人

——刘履及其《风雅翼》

“草泽闲人”是刘履的号，其意义取自陈抟（tuán）《辞上归进诗》：“草泽吾皇诏，图南抟姓陈。三峰千载客，四海一闲人……”四句诗中的首、尾各两个字，谢肃《草泽先生行状》和《四库全书》作“草泽闲民”。古代文人起号并非附庸风雅，而是明其志向。刘履以此为号，说明他感慕先辈陈抟，志在岩穴，行道济时。

刘履（1317—1379），字坦之。南宋户部侍郎刘汉弼四世孙。清光绪《上虞县志校续》载：“幼聪明，操履端重。长读忠公遗书，即苦学，讲解诸经，尤邃于《诗》《书》。”及长，以教授为业。至正初年编《忠公奏议》凡若干卷，后又编成《忠公年谱》一卷。元末避乱，隐居陈溪太平山，“草泽闲人”便在此时叫开。

刘履在太平山上自辟一室，作诗注文，孜孜以求，著《草泽闲吟》诗集与《风雅翼》。洪武十二年（1379）冬，官府征天下博学老成之士入朝为官，征他到京师见明帝朱元璋于奉天殿，将授官，刘履以年老体弱相辞。朝廷见其意志坚决也就没有勉强，给资放还归乡，没料想刘履还未动身就疾病发作，自知大限将至的他，索笔手书四言诗一首："受中以生，性命惟始。曷以保终，动静斯理。再更仕途，若涉渊水。跬步弗循，百行愆已。孰尼予行，孰使予止。邈哉圣贤，道则在迩。命既衰矣，没吾宁矣。启体全归，无愧素履。"书毕掷笔于馆，遂卒，归葬上浦镇象田山，墓现为文物保护单位。

《风雅翼》是刘履对《文选》诗作删补训释的一部学术著作，由《补注诗选》八卷、《选诗补遗》二卷、《选诗续编》四卷，共十四卷组成。其中《选诗补遗》与《选诗续编》六卷本也称《补遗续编》，通号《风雅翼》。

《文选》是南朝萧统以"事出于沉思，义归乎翰藻"标准编选的中国最早的一部诗文总集，因萧统谥"昭明"，故后世亦称《昭明文选》。这部书选材严谨，注重辞藻，所选诗文多为典雅之作，是旧时士子必读的一部文学教科书，千余年来盛传不衰。如，隋唐有曹宪、李善师徒著的《文选音义》等书，唐代有《五臣注文选》(吕延济、刘良、张铣、吕向、李周翰五人合注本)，加上李善著述又称《六臣注文选》。

宋代伊始，学者将《文选》中的诗歌部分单独列出加以学习和研究，产生了"选诗"的概念，并且把学《诗》而不知有"选诗"比作"大车无輗，小车无軏"。由于"选诗"在宋代诗学体系建构中的巨大作用，出现不少编选等研究"选诗"的著作，像高似孙的《选诗句图》、曾原一的《选诗演义》、真德秀的《文章正宗》等。特别是朱熹，他感于孔子删《诗》以来，后学徒抱焚余残脱之经，许多原先淳朴的诗教思想支离破碎，而五言诗录于《文选》，虽说风雅逊于《诗经》，但去古未远。为供后人学习方便，朱熹专门采辑一编，以《朱子诗集传》附于《诗经》《楚辞》之后，一洗旧失而新之。虽说，刘履的《风雅翼》问世较晚，但他上承两宋余绪，尤其是朱子大旨，应当说也是那个时代背景下的成果。

《风雅翼》在思想上继承中国诗教传统，与朱熹、真德秀等先贤在思想、行为和著述方面保持理念上和方法上的一致性，以呼应儒家思想所强调的《诗经》《楚辞》及五言诗的诗教目的。刘履在《选诗补注》凡例第二条定的“选诗”标准这样说：“其体制古雅，意趣悠远而所言本于性情、关于世教，足为后学准式者取之。”[①]自觉将“世教”责任扛在肩上，这是一个正统学者的良知与风范。对此，《四库全书总目·风雅翼》说：“是编首为《选诗补注》八卷，取《文选》各诗删补训释，大抵本之五臣旧注、曾原（一）《演义》，而各断以己意。次为《选诗补遗》二卷，取古歌谣词散见于传记、诸子，及乐府诗集者，选录四十二首，以补《文选》之阙。次为《选诗续编》四卷，取唐、宋以来诸家诗词之近古者一百五十九首，以为《文选》嗣音。其去取大旨，本于真德秀文章正宗，其诠释体例，则悉以《朱子诗集传》为准。”

宋元以来，朱熹学说被官方奉为主流意识形态，科举考试须以朱子《四书章句集注》为标准答案。《风雅翼》步朱熹、真德秀学统，大旨甚明。根据清光绪《上虞县志校续》，元末明初会稽人夏时在为《选诗补注》作序时也说：“今刘先生坦之之为《补注》也，既便为之删定，又仿《诗传》而说之，一取于朱了，亦岂无所为而为之耶？先生资禀粹而才识明，自幼力学，即以行道济时为志，一遭天下之多故，遂落落无所偶，悲伤怨慕形诸咏歌，宛然有汉魏以来作者风致。况其力心行已往往自谓无歉于诸人，而身处乎穷约，世更乎衰乱，又或与之有近似者，此所以注意于选诗而必为之发其旨趣，申其情志，使不昧于千载之下也。大抵学士大夫所著述，不问其为经术、为词章，惟言发乎伦理，事关乎世教，君子必有取焉。”

与夏时同时期的征士，金华戴良说得更加透彻，且认为《选诗补注》是士子学习朱熹有关书籍的必备辅助读本，可与朱子的书籍并传。根据清光绪《上虞县志校续》，他说：“……世之学者诚能从事于斯，探之《补注》，以浚其源；廓之《补遗》，以博其趣；参之《续

① 刘履：《选诗补注·凡例》，刘履《风雅翼》刻本，何景春，明正统三年（1438）。

编》，以尽其变，而又养之以性情之、正体之，以言行之和，将见温柔敦厚之教，得诸优游淫泆之表，则所谓羽翼风雅于斯世者，盖亦庶乎其有征矣。然则先生是书，虽与文公诸书并传可也。”

诚然，《风雅翼》学术价值并非完美无缺，人人说好，《四库全书》馆臣对之有所微词。就细节局部看，馆臣的观点也无大错。不过，当代学者的研究，反而比清代馆臣站位更高，看得更全面。像孙振玉教授认为，馆臣只抓住细枝末节加以批评，总评也没有切中要害，流于泛泛空言，证明四库馆臣并未将朱熹、曾原一、真德秀几位宋元理学大师的著述，与《风雅翼》联系起来研究，更未洞悉刘履本人用“以赋比兴”的传统方法研究汉魏以降诗文的良苦用心，孙振玉推断馆臣没看到过戴良、谢肃、夏时为《风雅翼》撰的序言，或因没能以“辨章学术，考镜源流”的校雠学思想，去进一步追寻掩荫在《风雅翼》周边的理学大师们强势阵容的文献学意义。[①]斯言不谬，所见甚是。此外，山西大学文学院硕士王文、山西大学文学院副教授张建伟对《风雅翼》“以史证诗”方面的成就也多有肯定。[②]

① 孙振玉：《山东大学馆藏图书〈风雅翼〉叙录》，《古籍整理研究学刊》2011年11月第6期。

② 王文、张建伟：《刘履〈选诗补注〉陶诗注评议》，《绍兴文理学院学报》2015年9月第35卷第5期。

长者山麓

——县城南迁与方氏筑城

长者山是丰惠镇街河南不远的一座山包，因北宋周元吉长者在此望烟济困而得名。唐贞元元年（785）上虞县治由百官南迁于此。从此，长者山麓开启了长达1169年（止于1954年）的县治所在地历史。

县治地点的选择，看似一个简单的问题，其实并不由人的好恶而定，背后都有重大战略利益的考量。百官襟江背海，潮汐汹涌，并不是县治地点的理想之地。但是，秦始皇立国偏将上虞县的治所选定在风卷浪涌的百官。其实，当时的目的主要是走完秦君临天下的最后一公里，只是这一“走”，断断续续几近千年。

秦兵南攻百越，兵分五路，其中一路“使尉屠睢将楼船之士攻越”。“楼船之士”就是舟师、水军，用今天的话说叫海军。百官地理位置优势，恰恰在于水路收发十分便捷。平时楼船在此停靠待命，维修、补给、训练，功能相当于一个军港，一旦军令南征，便可扬帆启航，从南北两路火速出击。南路走上虞江，从百官县治以南的龙山、兰芎山下江道一路东进，并在罗岩山麓转入姚江，顺水直抵甬江。这条水路也就是今天的浙东运河线，它的特点是军队可以水陆并进。北路东出杭州湾便可到宁波及东海舟山群岛，再缘大陆架南下能很快到达琼州海峡，与另外几支陆路军形成抄底夹击之势。这便是当时县治设在百官的全部理由。当年，秦立会稽郡，将郡治设在吴县，把尉治设在山阴（今绍兴市越城区）也是出于这样的考量。

汉晋中国南疆安定，百官军港战略地位消失；两晋浙东运河开通，隋唐时又与京杭大运河连成一线，丰惠盆地崛起迅速，上虞经济重心南移。此外，晋末孙恩之乱，县城百官直接面对海贼锋芒，既无纵深迂回之利，又乏凭借守御之险，孙恩乱军说来就来、说走就走，进出上虞县城就像逛大街一样方便。这种情况下，县治迁移已无悬念，只待一个合适的契机动手，隋开皇九年（589）朝廷以裁撤上虞县的方式，实现了“县治”的“迁移”；唐贞元元年（785）上虞恢复县级建制，此时县治就毫不犹豫地设在了今丰惠。[①]

县治南迁长者山麓至少有三大好处：一是可避潮汐汹涌，比较安全。二是但凡经济发展的地方，民、刑诸事增多，县治南迁易于理政。三是丰惠交通便捷，无论是往来会稽，还是出入庆元（今宁波市），水路通行十分便利，而百官则无此条件，像庆元府来的货物，如欲送达百官，水路要盘出梁湖堰，由曹娥江顺流而下，至百官堰或赵家堰再盘坝进入，颇费周折；陆路则无此门径，兰芎山盘山小路曲折难行，十里龙山一段要借助栈道，行人徒手尚且危险难行，车辆载行则更免谈。而丰惠水陆均可，客货两便，能降低不少成本。

---

① 上虞县治南迁时间，主要有“贞元”“长庆”两说。“贞元说”所据为唐《元和郡县图志》，该志卷第二十六《江南道二》“上虞江”条：“上虞江在今县西二十八里。”这个方位和里程说明此前县治已在丰惠。“长庆说”所据：一是《太平寰宇记》：“长庆初，（上虞县）废入余姚，后复置，移于此地。”二是《弘治府志》：“谓旧治（上虞县）在百官市，长庆中移治今所。”三是万历《新修上虞县志》：“旧治在百官，唐长庆二年（822）徙置今所。”本书采用“贞元说”基于以下考虑：一是元和志成书于唐元和八年（813），为现存最早史志，《四库全书总目提要》对其价值评价甚高。二是上虞分置在贞元年间，元和八年（813）距贞元末年时间只差8年，距贞元元年相差28年，时间甚近，可信度较高。三是宋以后的多数史志，及1990年《上虞县志》皆从“长庆说”。此据“贞元说”有利于多方呈现县城移治历史，拓宽视野。

县治迁移今丰惠后，一直未建城墙，官府衙署只靠简单的衙城围护，说是“城墙”，其实只不过比一般大户人家的建得稍微高大厚实一点罢了。所以，百官也好，丰惠也罢，到元至正二十四年（1364）以前长达1586年间，上虞县治一直是“素面朝天”的状态。

一座县城是否设立城防，关乎主政者的意志。而主政者意志又分国家意志、地方意志两种。所谓国家意志，就是朝廷敕令建设城墙，动用的是国家财政，目的是抵御敌人入侵，保护治所士庶、绅商安全；所谓地方意志，就是地方政权自行其是建设城墙，动用的是地方自筹资金，目的是加强地方武装。当然，也有一种朝廷默许、地方筹资建城的情况。

“普天之下莫非王土，率土之滨莫非王臣。”正常情况下，国家政权一旦建立稳定，朝廷极不情愿地方建设城池（纯粹的军事设施例外），即便之前已有的也会被理所当然地拆除。比如宋元鼎革，元政府下诏尽毁天下城墙，庆元府城、南宋之都临安（今杭州）等地城墙皆在此时被毁。全国情况基本若此。上虞城墙建得晚，但命运也一样，明朝建立后，城防被信国公汤和以建设临山卫的借口拆毁，这个道理与秦始皇收天下兵器铸造“金人”故事如出一辙。只有在非常情况下，城墙可以保留，甚至还会重建。比如，台州城墙因兼具挡洪功能，在元朝统一拆城的政令下得以保留。同样道理，上虞因为方国珍割据浙东，为了加强防御，从来不设城防的上虞，反而破天荒地建起一座城墙。另外，明代为防御倭寇袭扰，早先被汤和拆除的上虞县治城墙，也于嘉靖间被重新建起、增修。

首事上虞县治筑城的人是方国珍。方国珍，台州黄岩人，出身盐贩。至正八年（1348）他与兄弟几个一同集结盐民首义反元，没几年工夫就攻下台州、温州、庆元（今宁波市）三州。方氏在元至正十八年（1358）进入上虞。对于方氏割据政权，元朝的主要方略是招安，所以，他的军队进入上虞，朝廷是半推半就的，并未发生大的流血冲突。至正十九年（1359），朝廷招方国珍为江浙行省平章政事。从此，他以元朝官员的合法身份，占据浙东广大地区。方国珍仿效吴越国钱氏，采取保境安民的策略。为此，他又在元朝和朱元璋、张士诚等军事集团之间多头讨好、左右逢源，以求势力平衡。以至于元明鼎革，特别是至正二十七年（1367）朱元璋部汤和、吴祯舟师进入曹娥江时，上虞也没有发生流血事件，民生安定，方国珍晚年也得以善终。

至正二十四年（1364），方国珍以元朝太尉、江浙行省左丞相的名义建筑上虞城防，以清光绪《上虞县志校续》记载为证："至正二十四年，太尉方公与宾佐僚属议曰：上虞东连句章，西阻娥江，南逾剡川，北枕巨海。边圉未宁，实为要害之地。城池不设，何以奠民居而固士志？即与弟知行枢密院事国珉，率宾僚等来咨，故实相地，宜以令役于近地之州县余姚、奉、国、鄞、慈溪、象山、定海，并上虞为八邑。其役之赢缩，视田赋所入为差。惟上虞当六之一。凡为城十二里，其址厚二丈有五尺五分，其厚之四以为城身高，十分其高之九为城面之广。其是每二十步架楼橹，以宿巡警之卒，其下则于四隅别列营房，以屯驻扎之士。累甓为陴，树木为栅，堑以深濠，悬以飞梁。守御之具无一不备。为旱门者五，为水门者三。门皆环石为洞，下辟重扉，上屹层阁，固以金铁，绚以丹雘，严严翼翼，既固既饬。而山川形胜为之一新矣。经始于时年之十月，逾年而告成。"可见，上虞这道城墙无论是在周长，还是宽、高等体量方面，均要比周边慈溪、余姚等同为方氏所建城墙略高出一筹。

元代上虞城墙被汤和拆毁后，又于明嘉靖十八年（1539）由县令郑芸重建。不过此时复城的目的，不是为了割据，而是为了防范倭寇。重建后的城墙，高度、厚度皆如元制，但周长稍有增加。仍通五门，分别为东启文，西来庆，南百云，北丛桂，西南通泽；三水门如旧。另外，南城增设便水门两个，以通百云门东、西之水入城。城下留出一条六尺宽的马路。嘉靖三十四年（1555）倭患寇虞，于是，城墙被加固增修。高度增至二丈一尺（约合6.65米）。

方国珍据上虞兴书院、筑堤塘，做过不少好事，建筑城池只是其中一项大事。的确，城池是一座城市阳刚气质的标志，给人以雄伟壮观、安定强盛的暗示。它所捍卫的只是城内极小部分人的生命财产，但无不给城里城外的居民以极大的信心和希望，这就是时至今日，丰惠古城还为人念念不忘、津津乐道的原因。

民国以后，公路铁路兴起，水路遭到冷落，此时百官的交通优势和战略地位又节节攀升，靠运河而兴的丰惠明显后劲不继，在这种情况下，县治于1954年重新回归百官。至此，奔波了1169年的丰惠老县城，作为历史定格在了长者山麓。

盖湖敦交

——上虞第三次名士大聚会

一地之兴，莫过于人文之盛。上虞历史上有四次名人大聚会，前两次是“舜会百官”“东山雅聚”，第三次是本节要讲的“盖湖敦交”，第四次是“春晖集贤”。“盖湖敦交”发生在元末明初，核心人物是魏仲远，地点是夏盖湖畔福缘精舍，前后持续时间长达20年，来此唱酬的文人雅士至少35名。他们才华横溢，锦心绣口，一本《敦交集》像一颗闪耀的星星点亮浙东，镶嵌于历史天空，引来无数后人深情遥望。

福缘精舍，是元明时期上虞处士魏文炳父子建于福祈山之阳的一座园林式宅院，主体由尚古亭、筠深轩、寄傲轩、见山楼、寿乐堂等建筑组成。翠竹青青，居园相兼，分合统一，是那个时期上虞规模最大的园林建筑群，俗呼“魏家花园”。

魏文炳，字明叔，唐郑公魏征23世孙。簪缨大族，书香门第。其祖籍河北，一迁会稽山阴，二迁余姚兰风，三迁至上虞。魏文炳祖父魏亨子，于南宋迁居上虞龙山之麓。魏文炳生仲仁、仲远、仲刚三子。长子字仲仁，名不详。次子字仲远，名延寿，号“竹深”，人称“竹深隐君”。季子字仲刚，名弜（弜音qiáng，又读“jiàng”，一作弼）。魏文炳家境殷实，中年以后在夏盖湖滨福祈山购得一方墓地，以备百年之后，同时又在山的南面置地，建福缘精舍以为别业。孝友家声，其乐融融。

福缘精舍建成后，曾在元大德七年（1303）任过上虞教谕的奉化籍学者任士林撰《魏氏福缘精舍》，以嘉其志，兹节录如下：

> 夏盖湖捍海为堤，袤百里，中涵丘陵，林薮之胜。余泛舟其下，云飞鸟泊，昂纡回振之地，水竹萦秀，知必有处士之庐也……于丘壑之间筑屋数十楹，宅湖山之胜……故其趣幽幽可以处休，其地窅窅可以观妙，旷然悠然而神以全，渊然隆然而智以传……

后来，魏仲远的心仪之作见山楼落成，邀“浙东四先生”之一的宋濂撰《见山楼记》。兹节录如下：

> 见山楼者，上虞魏君仲远之所建也。仲远居县西四十里所。龙山委蛇走其南，将升而复翔其旁支，斜迤而西则为福祈诸峰，若车，若旌，若奔马，若渴鹿饮泉，不一而足；势之下降为阴阜，为连坡，为平林，一奋一止，复襟带乎后先。东则遥岑隐见，青云之端，宛类娥眉，向群山相妩媚为妍，其下有巨湖，广袤百里，汪肆浩渺，环浸乎三方，晦明吐吞，朝夕万变，方屏插起湖滨曰夏盖山，去天若尺，五岩峙谷张，尤可玩爱，诚越中胜绝之境也……及至神酣意适，褰帘而望远近之山，争献奇秀，晴容含青，雨色拥翠，不俟指呼，俨若次第排闼而入，使人涵茹太清，空澄中素，直欲骖鸾、翳凤，招偓佺、韩终，翩然被发而下大荒，其视起灭埃氛，弗能自拔者，为何如也……

宋濂此记大气磅礴、神采飞扬，把夏盖湖的浩渺，龙山、福祈山、夏盖山的姿态等见山楼周边的环境描摹得出神入化、惟妙惟肖。

魏文炳过世后，家事由次子魏仲远主持。魏仲远及其兄弟为人热诚好客，学识渊博，尤工诗文，各地贤大夫过虞者必造所居，有时福缘精舍门庭若市，十分热闹。兴来之时，魏仲远既备鼎俎，淆核维旅，主宾乘一叶扁舟，泛游盖湖上，壶觞更酬，吟篇叠咏，佳作连连。据初步考证，从至正六年至至正二十五年（1346—1365）19年间，至少35位名士到过福缘精舍，且在《敦交集》中留下作品。其中，浙江籍士子27人，外籍士子7人，另有1人乡籍无考。比较熟悉的士子有：温州（乐清）李孝光、温州（瑞安）高明，诸暨王冕，山阴唐肃、赵俶，嵊县王璛，台州（临海）释宗泐、台州（天台）朱右，余姚郑彝、张克问，金华（浦江）宋濂、戴良，江西（泰和）陈谟，安徽（庐江）潘纯，湖南（一作北平东安）李延兴，山西（晋宁）张翥等，上虞本地士子是徐士原、严贞、俞恒、徐以文、徐则文等。另有一个叫于德文的人乡籍无考。虽说，士子们多是陆续造访，但福缘精舍也举办过几次人数较多的诗会，上虞学者陈绵武先生认为，至正十六年（1356）、二十四年（1364）和二十五年（1365），是福缘精舍来客人数较多的3次雅集。

魏仲远辑的《敦交集》后来散失，现在见到的是由清代秀水（今属浙江省嘉兴市）藏书家朱彝尊从坊间购得的紫桃轩旧藏本。朱彝尊见到的这本集子，诗作内容已有不少缺失，他从相关书籍中搜集到一部分作了补充。不过，从诗人数量和作品看，朱彝尊显然没有搜索齐全。今人张建伟、毛均统计为81首[①]，但也难说完全穷尽。兹录《敦交集》诗作数首，供读者欣赏：

元至正间举人、仁和凌彦翀《福源精舍魏仲远赋》：

福源精舍年何有，学士亲书湖上坟。卜地依稀封马鬣，种松次第变龙纹。魏公笏在多遗泽，忧盖山高尽白云。前代名人留制

① 张建伟、毛均：《元末魏仲远交游考论》，《广播电视大学学报（哲学社会科学版）》2016第2期。

作，子孙从此蔼清芬。

安徽庐陵人张昱《筠深轩》：

幽居只在平湖上，万竹冥冥不可寻。龙化每因风雨过，凤巢都在碧云深。人皆到此失炎暑，风忽过之如瑟琴。能有此君相晤对，故家何必积黄金。

著名戏曲家瑞安人高明《丁酉二月二日访仲仁仲远仲刚贤昆季别后赋诗以谢》：

隐君家在越江边，烟雨江村绕舜田。玉树郎君宜采服，紫荆兄弟正青年。山云晓暗读书屋，湖水春明载酒船。何日重来伏龙下，《参同契》里问神仙。

著名书画家诸暨王冕《题魏仲远竹深轩》：

君家住处多幽趣，绕屋琅玕净无数。萧萧清韵动天风，冉冉晴阴生绿雾。湖山远映苍翠稠，五月六月凉如秋。且开三径待佳客，抵用千亩论封侯。况尔此君高节古，纵有雪霜那可侮。平生正直少人知，野草闲花徒媚妩。知君古意同古贤，脱略傲笑情翩翩。我生爱竹比君癖，栉风集雨三十年。报老归来旧溪曲，竹色荒凉芳草绿。岁寒无以慰孤怀，只有梅花在空谷。闻君有竹心遑遑，便欲径造君子堂。安能为我罗酒浆，月明吹箫呼凤凰。

上虞之前的“舜会百官”“东山雅聚”两次名人聚会妇孺皆知，名闻遐迩。而“盖湖敦交”更是风骨凛然，诗情澎湃，余音绕梁，在浙江文学史乃至于中国文学史上，都有不可或缺的重要地位。

道通天地

——王阳明与上虞的交往

王阳明是中国哲学继程朱以后的又一座思想高峰。其心即理也、知行合一和致良知学说，被国人奉为内圣外王的法宝。他酷爱山水，四处游历悟道，而与上虞的交集，是王阳明思想发展成熟的重要环节。

王阳明，名守仁，字伯安，其号阳明，绍兴府余姚人，弘治十二年（1499）进士，历官刑部主事、贵州龙场驿丞、庐陵知县、两广总督、南京兵部尚书，封新建伯，谥号“文成”。其学术主张在明代后期相当流行，并在晚明越出国境，成为后来日本明治维新的有力思想武器。

王阳明根在上虞。其先祖由余杭仙宅界迁上虞达溪，始迁祖为王补之、王辅之兄弟两个。据道光二十九年（1849）《达溪虹桥王氏宗谱》记载：“（王道，字彦洪）建炎中扈驾南渡，家余杭仙宅界。生四子：资之、补之、辅之、翊之。补之、辅之同居上虞达溪之虹桥。”对于王补之兄弟迁达溪一事，乾隆三十九年（1774）余姚王谋文撰《上虞达溪王长山碑文》（现藏杭州市萧山区吴越历史文书博物馆）也有类似记载，其中一节这样说：“上虞达溪王长山，予祖安抚公暨迪功公之墓在焉。初，安抚公仕宋，随父朝议公，扈跸临安，卜居余杭之仙泽界。既而偕其弟总幹公，来迁达溪。安抚公孙迪功公，迪功公生徵士公，又徙余姚之秘图山，惟总幹公后世居之……”据查，王谋文字达溪，王阳明七世孙，官山西介休县令，碑文是乾隆三十九年（1774）三月其来达溪祭祖时所写，同时题书的还有刻于达溪河床岩石上的“虹桥”两字与“达溪山人”落款。碑全文489个字。其中的“王长山”，当地也作“篁嶂山”或“王章山”；“朝议公”指王补之兄弟之父王道，谱载其官拜朝议大夫；“仙泽界”家谱记作“仙宅界”。此外，民国23年（1934）王钦安主修《余姚上塘王氏宗谱》相关记载亦可印证。王补之曾孙王季，由上虞达溪迁居余姚秘图山，历九世至王阳明。王补之的另一支后裔和王辅之一支则仍居上虞祖基，与迁余姚秘图山的王氏同时开枝散叶，发展壮大，最后形成“达溪十里王”，或者“生畈十里王”格局。

王阳明对上虞的交往可分两个层面：一是寻根访祖，二是砺学互动。

王阳明上虞访祖，是他与弟子游学雪窦山的组成部分。据束景南《王阳明年谱长编》和王阳明弟子徐爱《游雪窦因得龙溪诸山记》等史料记载，正德八年（1513）夏，王阳明与王世瑞、许半圭、蔡希颜、朱守中等弟子前往雪窦山游学。大体线路是：余姚永乐寺→通明堰→上虞县城（丰惠）→黄竹→白水冲→妲溪（今多书作“达溪”）→阴地龙潭、杖锡寺→雪窦山、千丈岩→回余姚家中，全程历时半月有余。其中，他们有三天两夜在上虞度过。此间，他二访祖地虹桥，留下一段佳话。

王阳明一众人最初进入上虞是在夜间，于次日进到县城（今丰惠镇）。对此，徐爱这样说：“月夜，乘潮上通明。明日，达上虞……”清早，他们进入上虞县城，拉开了王阳明等第一天在虞活动的序幕。之后，他们向路人问道羊额岭路径，遂“夜踰金沙、黄竹，晓入四明山”。于梁弄访问汪叔宪（名克章），并邀其一同参游。行进途中，他们到了妲溪，这是王阳明第二天在上虞的活动。王阳明知道已经到了自己的祖居地，便说："吾远族居也，往焉。"于是从大岭，经下管抵达陈溪口，王阳明看到通泽庙、佛塔和石笋山十分来劲，写下《钓台石笋》，诗云："云根奇怪起双峰，惯历风霜几万冬。春去已无斑箨落，雨余惟见碧苔封。不随众卉生枝节，却笑繁花惹蝶蜂。借使放梢成翠竹，等闲应得化虬龙。"中午光景，他们来到王阳明祖居地。王氏族人闻讯纷纷集来相见，并热情招待，安排午餐。对此，徐爱的游记这样说："午餔于族之新居，宗人咸来会。晚循溪上，止于祖居……""泉石冲激，溪山环折，如凤翔龙盘，势睽而情丽。祖居前两溪流汇，折东北出湘渭。"大体在这个时候，王阳明为祖居题匾"龙山旧家"[①]，然后"登石屋，望峡外峰芒亦浮动，询乃二龙潭，为溪西源……"此"三龙潭"指虹桥南面黑龙潭三窟，亦称黑龙三潭，是妲溪的源头，宋元以来，一直为虞人祈雨之地。大概是故地重游，王阳明兴致甚高，在与弟子讨论"妲溪"之名其义不雅时，提出更名"龙溪"的意见，这便是后来妲溪别名龙溪的由来。接着他们寻访到了龙溪之源黑龙潭，尽情欣赏三潭"飞瀑泻下，石空应响"的景致。次晨，王阳明等沿溪返回祖居，再次与族人见面，并相中了一个叫作"面溪"的地块"定卜栖计"，产生了隐退栖居祖地的念头。之后，他们又渡溪登岭，游览了太平山、仙姑洞诸迹，直至第二天走出上虞，继续他们的雪窦之行。这是王阳明等第三天在上虞的活动。

王阳明在上虞三天两晚，过堰坝、走县城、赋石笋、会宗亲、探祖居、题匾额、卜宅地、论龙溪，表现得特别兴奋。相对于王阳明访祖时间上的集中固定来说，他与上虞士子的交往互动则松散和随机，但对王阳明人格造就、学说形成发展和功勋建立等意义甚大。

最早对王阳明产生重大影响的人是许璋，生卒年不详，居地有今

① 事见王谋文《上虞达溪王长山碑文》。碑藏吴越历史文书博物馆，地址：杭州市萧山区北干街道山南路650号。另，王立军：《王阳明曾为先祖地虹桥题匾"龙山旧家"》，《绍兴学刊》2021年第1期也有记述。

丰惠、管溪两说。他是王阳明一生的师友。光绪《上虞县志校续》卷八载：许璋，字半圭，“潜性命之学，不求仕进，凡天文、地理及孙吴韬略、奇门九遁，靡不精晓”。此对王阳明的军事指挥艺术启发良多。许璋是王阳明的塾师。张岱《有明于越三不朽图赞》说：“（许璋）尝为王文成塾师，教以奇遁诸书及武侯陈（阵）法。”《古虞许氏家谱》之《王阳明塾师许璋》一篇也载，王阳明14岁前在许璋处启蒙、读经。弘治十五年（1502），王阳明在会稽山阳明洞养病，许璋常伴左右，与之谈论学问与天下大势。黄宗羲《明儒学案·姚江学案·许半圭先生璋》载：“阳明养病洞中，惟先生与司舆数人，相对危坐，忘言冥契。”王阳明任南赣巡抚期间，许璋按照《周易》乾卦的卦象，对王阳明说：“帝星今在楚矣。”说明其已看出朱宸濠的反意。许璋生怕王阳明在朱宸濠眼皮底下遭遇不测，特地派儿子随带枣、李、豇豆、西瓜四物赶赴江西，暗示王阳明“早离江西”。“文成惊悟，出查乱兵，遂不及难。”这使王阳明及时避免了一场劫难。王阳明从江右回越后，师生两人更是粗茶淡饭，抵足而眠，交往甚密。黄宗羲说：“阳明自江右归越，每访先生，菜羹麦饭，合宿不厌。”许璋过世，王阳明为其题“处士许璋之墓”碑文。

此外，对王阳明学术产生影响的还有潘府和张文渊。潘府（1453—1525），字孔修，号南山，今上虞区驿亭镇人。学宗濂洛，私淑朱熹。成化二十三年（1487）会试第三名。历官长乐县令（今属福建省福州市）、南京兵部主事、广东提学副使、太常等职。致仕后在家乡五夫辟南山书院，聚徒讲学，影响不小。著有《五经四书传注》《周程四子集》和《素言》。尤其是《素言》说的“人得天地正气以生，直养之曰正学，顺行之曰正道。养之弗直，行之弗顺者，邪也”“居官之本有三：薄奉，养廉之本也；远声色，勤之本也；去谗私，明之本也”和“《五经》皆史也。《易》之史奥，《书》之史实，《诗》之史婉，《礼》之史详，《春秋》之史严，其义则一而已”，思想见解甚深。潘府的讲学主旨与王阳明略有异同。但这不仅没有妨碍他们交往，反而让王阳明对潘府人品学问敬仰有加，曾写《寄潘南山》诗，曰：“秋风吹散锦溪云，一笑南山雨后新。《诗》妙尽从言外得，《易》微谁见画前真？登山脚健何妨老，留客情深不计贫。朱吕月林传故事，他年还许上西邻。”“锦溪”即叠锦溪，流绕宋参知政事李光故宅与其婿潘畤月林书院而过。南宋朱熹到书院讲学时曾在此题诗。“南山”一语双关，既指潘府书院所在的南山，又借指潘府。不难看出，王阳明这头两句诗，对应的是早些时候，谢迁《和潘南山山居秋怀》中的颔联“云连白石南山灿，雨急寒潮西涧深”。由此可知，王阳明此诗写于潘府致仕在乡讲学的时候。“朱吕月林传故事，他年还许上西邻。”前一句“朱吕”指朱熹、吕祖谦两位理学泰斗，“月林”指早先潘畤在此地建的月林书院，朱、吕曾在此讲学，留下故事。这是在说潘府学问的渊源深厚。后一句“西邻”指潘府居处。上虞五夫位于余姚西首，东距王阳明老家不远。这一句的意思是说过几年还要到五夫来向潘先生讨教学问。潘府过世后，王阳明十分悲痛，写下《挽潘南山》。诗曰：“圣学宫墙亦久荒，如公精力可升堂。若为千古经纶手，只作终年著述忙。末俗浇漓风益下，平生辛苦意难忘。西风一夜山阳笛，吹尽南冈落木霜。”“山阳笛”是一个典故，说的是西晋向秀经山阳旧居，听到邻人吹笛，不禁追念亡友嵇康和吕安，遂作《思旧赋》。诗中王阳明借“山阳笛”故事表达对潘府的深情怀念。

张文渊，字公本。弘治五年（1492）举人，弘治十二年（1499）进士，历官工部都水司主事、兵部武选司、南京礼部郎中等职。学宗朱熹。著有《卫道录》《诸图便览》《八音百咏》《东泉百咏》。从光绪《上虞县志校续·张文渊传》“主于翼朱，与王文成《传习录》多所参驳”的点滴记载看，其与王阳明心学分歧不小。不过，这也不影响他们的交往，张文渊过世，“姚江孙忠烈、王阳明皆哀挽之”。孙燧，字德成，号一川，谥号“忠烈”，官江西巡抚，正德十四年（1519），为宁王朱宸濠所害，时年59岁。张文渊死，孙燧、王阳明皆有哀挽，说明友谊不浅。

最后，朱衮对王阳明平定宁王之乱功不可没。朱衮，字朝章，号三峰，今上虞区永和镇朱巷村人。弱冠中弘治十一年（1498）举人，弘治十五年（1502）登进士第，历官工部水司主事、刑部员外郎、河南道御史等职。汤绍恩辟玉冈书院，推朱衮主讲。他主张士子应举业、德业并重，居敬豫养持身。著有《拂剑录》《水衡余兴》《大小学范》《三峰文集》等书。他与王阳明的互动，主要体现在忤刘瑾谪贬江西期间，与王阳明合力围剿华林寨、庐陵山贼，以及助擒朱宸濠的战事当中。光绪《上虞县志校续》卷九载："（朱衮）谪江西县丞，灭华林寨贼朱雪一等……转吉安同知，值庐陵贼曾国祥等猖獗，衮练兵以计召贼，所信者往谕之，贼诣郡请降籍为兵。后王阳明擒宸濠，实吉安兵力为多。"由此可知，王阳明在江右建不世之功业，至少有许璋、朱衮两个上虞人的助力。

圣贤有言："太上有立德，其次有立功，其次有立言，虽久不废，此之谓不朽。"王阳明在明代建立的"三不朽"伟业，与上虞这片土地因缘甚密。

盖山文胆

——谢说及其诗文成就

夏盖山是一座孤峰独耸的山丘，位于虞北海陆交接处，相传大禹曾在此登山治水，故亦名大禹峰。唐代以前山南是陆，山北是海，夏盖山就像造物主有意立在虞北分隔山海的一道界碑。茫苍苍俯仰海陆，雄赳赳气宇轩昂。500多年前，夏盖山脚下走出一位不世奇才，吟吟诵诵，游游唱唱，在上虞文学史上留下浓墨重彩的一笔，他就是谢说。

谢说，字献忠（康熙志作“献中”），自号“盖山子”。生活在明正德、嘉靖时期。东山谢氏盖东支之后。谢说家学受余姚大儒冯雪湖（名兰，字佩之）影响甚大。其才华俊逸，器度坦夷。嘉靖二十三年（1544）进士，曾任泰兴县（今属江苏省）令。但由于泰兴地处险要，官员到此任职多难善终。所以，谢说在任期未满时就辞职回乡，在夏盖湖荷叶山筑白鸥庄园幽居。卒于隆庆三年（1569）[①]，葬谢塘九曲河

---

① 马志坚：《上虞五千年》，中国文史出版社2018年版，第310页，配谢说墓志碑图注文：“明故泰兴县令海门谢先生墓志铭，大明隆庆五年岁次己巳季春吉旦立。”其中，“隆庆五年”为“隆庆三年”之误。

附近。

荷叶山是夏盖湖水中十二山之一，位于南半湖，与湖北岸的夏盖山处在同一中轴线上，状似莲叶出水，其北有石竹山，南有洋山，东为犁山、马家山，西为梁家山、柴家山等，众山就像大小翠珠撒落在浩湖如镜的冰盘之上。谢说的白鸥庄园（亦称“休园”）就建在荷叶山上。烟波迷茫，邻山遥揖，若隐若现，犹如人间仙境，至臻至美。

谢说性好山水，居乡“惟著述吟咏为事，闲为乐府”，于湖山之间呼朋唤友，读书游唱，乐此不疲，“不入城市者二十余年”。有《海门集》《草言》等著作存世。他的文学成就，主要表现在诗赋、散文和剧作方面。见诸明清上虞县志的诗文有：《题白鸥庄园诗》《夏盖山赋》《夏盖湖赋》《宾湖赋》，与《夏盖山亭记》《游三湖记》《龙王堂碑记》《赠赵渔江序》，以及《云南道监察御史狷斋行状》《三峰先生行状》《上虞县城墙增修记》等。另有《四喜记》杂剧脚本一部。此介绍谢说诗赋与《四喜记》脚本。

谢说诗赋题材主要范围在虞北湖山。他的山水诗清新自然，明丽雅致。兹录他题白鸥庄园诗3首。

草长不分堠径，鸥飞多向烟涛。牧子斜阳短笛，渔人浅水轻舠。

拳石浮晴渚，幽居依碧霞。檐头罗没磴，竹外水穿沙。藓径双吟屐，鸥天一钓槎。渔朗忽来到，应是失桃花。

山小少奇景，登临意自长。松竹如骨肉，云水即文章。病酒乐中苦，寻诗闲里忙。尘根今已断，不是学仙方。

此外，谢说为夏盖山麓涂山夫人庙写的“迎神词”“降神词”和“送神词”三章，声情并茂，精妙绝伦，此恕不引录。

谢说的赋共3篇。其中《夏盖山赋》《夏盖湖赋》道尽虞北山水人文，恍若双璧耀世。

《夏盖山赋》1000余言，写得跌宕起伏，大气雄健，一开头就摄人心魄。兹节选部分以飨读者：“夏盖山何山也？尧天南服，虞邦北陬。自坤静之奠轴，已艮止之凝休。灿婺女之曜宇，炜斗牛之光留。平颠若砥，孤横若舟，霁睐若展。绣幄旷睎，若覆苍瓯，干霄出云，凌辰迎旭……”然后讲山的渊源，叙大禹功绩。“……昔夏后氏夙宵铲墾，胼胝决排，取晏流于淢溯，拯元元之鼃蛙，永赖奏勋，重华悦禅，为万国缀旒……”接下去写春夏秋冬山的四景。“……时春而山艳也，弱蓤踏燕，攒蕌哢莺，游骢骈骮，骚人绎登。时夏而山郁也，奏隔叶之清蝉，泻过雨之长涧，锁白云于石扉，牵芰裳于壁蔓。时秋而山肃也，森柯脱，暮猿啸，明月洞箫，悲增陡峭。时冬而山冽也，梅来暗馥，六花扰空，愕琼台至之煲耸，乱豹迹于樵踪……”文末是一首仿楚辞体的辞诗：“……歌曰：睹河洛兮禹功，禹有盖兮山已空。卿云烂兮帝宫，文命敷兮明夏同。衡门陋兮日融，聊击坏兮歌时雍。”

《夏盖湖赋》约1700言，大体分三块来写：一写湖的功用，二叙湖的气势与景色，三说湖周围的人文，最后表示夏盖湖远媲江苏太湖，近胜绍兴鉴湖、余姚汝仇湖。《夏盖湖赋》表现出的视野更加壮阔，爱乡之情溢于言表，曰：“夏盖之山，名肇禹代，湖从山名，亦称夏盖。”这是在说湖名来历。“长庆以前，实惟菑畬，时暵时潦，靡泄靡潴。众思既集，群议用孚，宁失利以为利，遂割田而成湖。环回百有五里，延旋乎五乡六都。包十千余石之赋税，灌十三万亩之膏腴。”这是在说湖的功用。“上虞之巨浸也！尔其良昼，则纤云不翳，八风不翔。一碧万顷，吞昊浴阳，群嘌倒醮，鸟若渊藏；潜鳞爆采，繁藻生光。良夜则白露暖空，微波不涌，纤阿御天，玉壶清莹，列宿珠沉，长河接炯；昼之变则飞廉鼓怒，阳侯簸威，霾噎霾霏，漂濎淘⿱冯⿰冯冯，漕舻虞覆，估楫惧摧……乃若景煦物艳，绵蛮远闻，文鹢竞泛，绮罗缤纷，扫播鬒泪，拾翠欢钓。”这是在说湖的气势与景色。“其东则九峰蜿蟺若龙，小穴小于禹穴，福祈岐耸，牛头屹啮，伏龙岨嶙，驿亭峣嶭……其南则兰阜崒嵂，萝岩峗嵔，玉几爽峊，龙松诡奇……谢陂娱康乐，铁舟溺鹏举，重华遗踪于百官，曹娥著名于千古。又南则有兰芎与金罍，元圣之所窟宅，灵仙之所游栖，丹灶遗而绛室，玉检閟而琳文垂……是皆发湖之精，增湖之胜者也。”这是在说湖周围的人文。

这篇赋的总体构思与陈述递进，体例基本仿谢灵运《山居赋》。

谢说文学上的另一成就，是他的戏曲杂剧《四喜记》。该剧情节由《宋史·宋庠传》演化而成，写的是北宋士子宋郊（又名庠）、宋祁兄弟得中进士第一、第二名。宋郊率兵平妖寇，得遇故交慧云和尚，雍丘令率百姓祈雨得到成功，以及宋祁与宫女郑琼英、妓女董青霞成婚配事，剧名取意“久旱逢甘雨，他乡遇故知，洞房花烛夜，金榜挂名时”四喜诗，以此寓天人和谐之喜、知音重遇之喜、家庭幸福之喜和事业成功之喜。全剧共设计《家门始终》《大宋毕姻》《诗礼趋庭》等42出。采用单线结构，分别叙述不同喜事下不同人生的精彩画面，流露出作者对一个人在事业有成的前提下，应当尽情享受自由、欢快生活的主张，其终极用意是想通过调和儒、释、道三家关系，创造一个三教合一、天人和合、社会和谐、环境和美的人间乐园。内容贴近生活，情节生动，不乏轻松、诙谐、欢快的气氛，颇有现代轻喜剧效果。同时，剧中采用不少于180个南、北兼具的词曲牌名，由此构成唱词、腔调的基本架构，辞意畅达，清丽婉转，朗朗上口，展示出作者全面、扎实的文学功底和戏曲词牌知识学养。

曲牌有器乐曲牌与文词曲牌之分。前者按宫调系统、律吕分类，体现各地各流派的音乐风格；后者则按句式、平仄、韵位所作的曲文唱词。虽说，中国戏曲词牌名目多达1500多个，但具体的平仄、韵位、句式多已失传，现戏曲剧本只用五言、七言排句，偶尔采用部分长短句，也不按曲牌格律谱写。由此可见，谢说《四喜记》的价值在戏曲格律方面也有体现。

此外，作品还有比较高的思想性。一是反对命相迷信。比如，第三出《诗礼趋庭》最后以“相法从来不可信，重瞳项羽重瞳舜。书生若要掇高科，只消功夫窗下尽”一诗点题，道出人生不由命相的宗旨。二是劝人行善。比如，第九出《竹桥渡蚁》最后四句这样说："活蚁功虽细，真能种福田。世间阴骘事，救命最为先。"这与今天提倡"生命之上"的人道主义相吻合。三是反对僵化了的"存天理，灭人欲"和"饿死事小，失节事大"等理学教条。总之，这是一部初步觉醒了的晚明读书人所能意识到的全面实现人生价值的理想之歌，王阳明心学在谢谠心中激起波澜，谢谠以文学形式发出同气相应的友声，其传递出的价值观，至今仍然具有一定的现实意义。

作为传统文人，谢谠的作品不可能没有局限，但瑕不掩瑜。总览上虞明代以前的历程，能创作出如此思想性与艺术性均比较高的戏剧脚本，是十分罕见的。

同仇敌忾

——上虞抗倭战事

日本古称倭奴国，倭寇是明代中国对日本海盗的称谓。明朝立国，为了打击日本落魄失意的武士、浪人等倭寇和与之勾结的元末沿海残余势力（包括以海为生、亦商亦匪的武装集团），实行海禁。“市通则寇转而为商，市禁则商转而为寇”，由此引发连年倭患，愈演愈烈，给沿海人们带来无尽苦难，上虞的沥海所城，就是在这种背景下被建立起来，时称卫所制度。

上虞倭患渊源要从正德四年（1509）说起。其时，鄞县人宋素卿（原名朱缟，其父经商失信将其卖给日本人而更名）充当日方贡使，在与中方贸易中，因有贿赂市舶司镇守太监赖恩的行为，引起另一支日本贡使团的不满，积怨甚深。嘉靖二年（1523），这两支日本使团又先后至甬，验货交易时，赖恩手下的人给后到的宋素卿团先行检发，再次引起另一方日团的强烈不满，双方争吵并发生火拼，结果宋素卿团败逃，占上风的一方从宁波市舶司一路追杀，经余姚、上虞，直至绍兴城下，最后虽然宋氏得脱，但追杀一方的武士在返回途中，为泄愤“所过焚掠，县境为之震动”。明朝追击他们的都指挥刘锦、千户张镗等官兵战死。史称“争贡之役”。由是朝廷罢宁波等市舶司。这样一来倭患烽烟不断迭代升级，后来战火烧到了上虞等浙东地区。嘉靖三十年（1551）起，连续6年倭寇对上虞进行了不少于10次的烧杀劫掠，成为虞民至今抹不去的记忆。

嘉靖三十年（1551），倭寇从乌盆（今谢塘镇）入侵上虞，战况如何史志无载。次年（1552），倭寇攻陷设在余姚的临山卫，上虞吃紧。众所周知，明朝军队实行卫所制度，沥海所属于临山卫统属，临山卫一破，上虞唇亡齿寒，很难抵挡倭寇。为了及时掌握寇情，绍兴府通判雷鸣阳在夏盖上建亭以为瞭望之用，亭成之日，谢谠作文记事。

嘉靖三十二年（1553）岁次癸丑，先是海盗汪直勾结诸倭入侵上虞。“连舰数百，蔽海而至，滨海数千里同时告警。”虞北民众拖家带口逃出避难。同年十二月，海盗林碧川突然率众寇至，他们一路打到沥海所城，高高兴兴准备过年的百姓顿时乱作一团，所城守将率兵出城迎敌，战斗打得十分激烈。对此，谢谠以《癸丑岁纪事》诗记录其事，“沥城虽小亦自固，蛏江两舰惊杀人。黄草沥前风浪急，始知灭寇是灵神”。虽然沥海所城保住了，但战斗中千户张应奎，百户王守正、张永具，及许多士兵战死，城外百姓涂炭，损失惨重。

嘉靖三十三年（1554）倭寇（海盗）两度侵入上虞。第一次是正月，福建海盗萧显自松江进入浙江，至海盐，被参将卢镗率兵迎击，遂由钱塘江北海宁赭山向南逃遁，一路经过沥海、曹娥、余姚，沿途烧杀抢掠。倭寇一来，上虞百姓新年的欢乐顿时被血泪替代，化为乌有。第二次是九月，林碧川、沈南山等率众自杨哥（日本港口）入掠浙东及沥海、上虞。当时江苏的归有光，目睹自己家乡的惨况，写下《甲寅十月纪事》：“经过兵燹后，焦土遍江村。满道豺狼迹，谁家鸡犬存？寒风吹白日，鬼火乱黄昏。何自征科吏，犹然复到门。”虽然上虞史志未载受害情况，但覆巢之下无完卵，想必归有光诗作所述与上虞遭遇倭患（海盗）的惨况相差无几。

嘉靖三十四年（1555），这一年上虞遭受倭患最烈，其中三次尤其惨烈。第一次是四月，倭寇从宁海至上虞县城东门外（今丰惠镇），他们入城不得，遂焚烧居民房屋，然后疯狂杀向百官，一番糟蹋后，渡江经白米堰往西而去。第二次是十月，倭寇从乐清登岸，流劫奉化、余姚、上虞，直至嵊县才被歼灭。其实，这次倭寇人数不足200，但亡命之徒凶残成性，官兵竟一时不能截杀，倭寇所过杀人无算。第三次是十一月，倭寇再次由温州登海，历奉化、余姚，进入四明山。由于山地险峻，官兵围剿不得，后来卢镗领军到场，与倭寇战于斤岭、梁弄，自感不敌的倭寇遂退败至县城丰惠西首的龚家畈，孰料盗寇又以回马枪杀至县城东门外。刚好在这时，同知屈某率河南“毛胡芦兵”驻上虞，于是迎战于花园畈。本来“毛胡芦兵”在军中堪称精锐，朝廷专门用来对付农民起义和倭寇，但这支部队不敌倭寇，一战败北，“横尸遍野，残酷不可言”。倭寇趁机绕至北门外，渡曹娥江而去。其他月份亦有此类情况，只是时间稍短。对此，谢说《乙卯岁纪事》这样说：“三吴正月苦多寇，六月那知寇更多。白米堰头烟接汉，百官江上血增波。蛏江渡头潮未生，御史魂飞月下枪。捍主可怜三义仆，丹心应与日光争。”战斗使曹娥江上血流增波，明朝御史和他的三个近身卫士，也一同丧命敌手。

嘉靖三十五年（1556）七月，江浙副总兵卢镗，配合俞大猷在洋山、马迹一带设伏，切断倭寇退路。八月，倭寇散为四股入海遁逃。其中一股流窜至县城东，烧杀一番后转窜夏盖山、三江口，最终被卢镗军追击溃败，“俘斩甚众”。不过官兵、民众死伤代价亦大。谢说《丙辰岁纪事》诗说：“上虞城东天夜红，海南穷寇来如风。官兵好勇不好智，一战残阳虎帐空。”此后，上虞倭患基本消除。尽管如此，由于多年受害，上虞百姓害怕至极，谈倭色变，光绪《上虞县志校续·兵事》，有一段记述很说明问题。

倭寇虞始壬子，迨甲寅，乙卯以来，扰害尤烈，民遭蹂躏，井里萧条。中间三薄城，赖前令郑芸修葺完固，不能破，乡村则无有能抵御者。自卢镗夏盖一击，贼锋挫折，始鲜倭患。然人情汹汹，虽数十年后，犹危惧不自释。《万历志》云：十六年夏六月，东乡伪传倭寇至，男女弃家号奔者如蚁竞，至曹娥争不得渡，堕水死者累累。时虞城方圮坏，居民益惶急。县令蔡淑逵促令修筑，仓皇莫办，聊以木栅御之，尽驱士民持戈握火，登陴为守，历三昼夜乃罢。二十六年，复伪传倭寇自临山而来，乡民逃窜。县令胡思伸夜出关王庙，急召乡大夫士民议备御之计。上下皇皇。登陴一昼夜而罢。观此，则倭之寇虞亦惨矣。

据悉，上虞"大旗会""春社""花迎"等民俗活动，皆源于民间抗倭一事。旧志载："相传明时倭奴入犯，各村团练乡勇演习队伍，保障一方，有警则交相接应。后太平无事，遂易戈矛为旗帜，假神道以驱疫，亦保甲遗意也。"可见，倭患为害在上虞民间记忆中的烙印之深。

渔渡书香

——功名坊下走出来的董氏翘楚

明代渔家渡村南道路，一前一后，赫然威严地耸立着两座功名牌坊。坊之下，董氏一族读书修为的故事广为流传；坊之上，凝聚着500余年来过往行人的敬慕目光。

渔家渡旧名张家埭，位于小舜江东岸，与永元秀塔隔江相望，1954年由绍兴县划入上虞县。此处东、南两面环山，西滨小舜江，最早应是由江滩淤成陆地，这才慢慢形成村落。明代早期居于上浦四峰山麓的石浦董氏一支徙居于此，没有几年工夫便开枝散叶，人丁兴旺，终成一方科第、簪缨相继、驰骋仕林百余载的名门望族。其中，董氏翘楚的功名成就凝于两坊，扬于朝野。兹选录数例介绍。

董敬，字允恭，号居易，生卒年不详。谱载诰封文林郎，官贵州道监察御史、通议大夫、詹事府詹事兼翰林院学士。除了家谱对董敬有所介绍，其余史料欠缺。不过，从他的名号可知，至少父、祖两代已饱读“四书”“五经”。其名出于《论语·子路》“居处恭，执事敬”句，《周易·文言》亦有“敬以直内，义以方外”之说。而号居易，一是直言相告自己以《周易》见长，二是取意《礼记·中庸》“君子居易

渔家渡牌坊（马志坚供）

以俟命，小人行险以儌幸”，表明自己愿意成为一个道德高尚的君子。显然，没有深厚的儒家经典涵养，断然起不出这般名字和自号。

董豫，字德和，号剡溪。董敬第四子，董复之兄，成化十四年（1478）戊戌科三甲第147名进士。居官刑部主事期间，因得罪权要，贬谪寿州同知。他仍不因遭贬消磨斗志，迁知茶陵州，“益廉劲铮铮，无所阿避”。他在任上治嚚讼，厘弊政，改创学宫，政绩甚著。同时，董豫十分关心下属子弟的读书教育问题。当时州府胥吏有个叫张治年的儿子，年出20岁还不曾读书问仕。董豫见其人很聪明，是个可造之才，不读书很是可惜，便请来师傅让其在衙署中学习，并且对张治年的父亲说：“他日不在吾侄玘之下。”此“玘”便是董玘，时已进士及第，官居翰林。董豫眼光果然很准，日后这个胥吏的儿子高中功名，走上仕途，官至从一品少保。董豫后来授奉政大夫，除福建提刑按察使司佥事。康熙《会稽志》有传。

董复，字德初，号颐庵。董敬第五子。成化十一年（1475）乙未科三甲第48名进士。“知黟县，为民宽徭赋，捍水患，恤孤乏，抑兼并奏最。”征拜御史。孝宗登极，“首疏斥贵倖数十人，直声大震”。因此，董复得罪利益集团，被逐出京师，贬为云南知府。他在云南清廉勤政之风不改，依然像以前治理黟县时尽心尽职，深得百姓爱戴。史书评价他“性坦直，无他肠，居官务尽职，无顾避，是以所至辄奋”。当地百姓纷言：自明代开国初以来，守郡有实惠者莫及董复。不过，就是这样一位循吏，还是遭人中伤，致仕回乡的时候，他“衣无纨绮，屋数楹，仅蔽风雨”。他居家孝友家声，足迹“罕入城市，日惟课诸子读书，故其子玘能振其业”。朝廷进加诰封特恩存问，赠翰林院学士，赐祭葬。因董复早于其兄董豫入仕，故绍兴府为了彰显董氏兄弟功名，弘治十七年（1504），知府佟珍特立石书刻“兄弟进士”。[①]康熙《会稽志》有传。

董玘（1483—1546），字文玉，号中峰。董复第三子。“玘生而颖绝，以神童称。”弘治十四年（1501）不到20岁乡试第二，十八年（1505）会试第一（会元），廷对第二（榜眼）。授翰林院编修，因为与权臣刘瑾不和，出为成安县令。刘瑾遭诛后还旧职。后历官吏部考功司主事、翰林春坊、吏部左侍郎兼翰林院学士等职。董玘还是发现徐阶的伯乐。嘉靖元年（1522），时任左春坊左谕德兼翰林院侍读的董玘，被任命为应天乡试主考，年仅20岁的徐阶前来应试，孰料徐阶科考试卷被同考官黜落。董玘偶然看到他的卷子，不禁叫好，遂积极推举录取徐阶。对此，后来徐阶在为董玘撰写的墓志铭中这样说：“嘉靖壬午主考南畿，阶时以诸生试，为同考所黜落，公阅而改品题焉，且将以为第一，属有沮者，仍以为第七。凡阶所以有今日，皆公赐也。”徐阶后为嘉靖、隆庆两朝内阁首辅，若非董师当年慧眼，徐阶前途如何还要另说。董玘慧眼识才的能力确实在其他考官之上。另外，自正德朝始，董玘被召为《孝宗实录》纂修官；嘉靖三年（1524）又

① 孙伟良：《明清绍兴科举佳话》，《绍兴文理学院学报》2019年第5期。

被任命为《武宗实录》副总裁，对修编孝宗、武宗、睿宗三部实录贡献至巨。对于董玘的学问，清代俞长城《董中峰传稿》卷首题识说得很中肯："成、弘二朝，会元皆能名世，文之富者，为守溪（王鏊）、鹤滩（钱福）、中峰三家……至于游行理窟，自成大家，莫如中峰。中峰融会传注，钻研或问，理足则达，愈朴愈淡，而愈不可及；芒鞋破衲，中有仙骨，非识者不辨。故王、钱之文易读，中峰之文难知。王、钱体正大，中峰格孤高。王、钱之后，衍于荆川，终明之世，号曰元灯，中峰以后，其传遂绝。三百年来，未尝有问津者。"

所惜官场倾轧，董玘在嘉靖十六年（1537）回乡赋闲。他转而选择在上虞东山两眺之间建中峰书院，开馆授学。其为文庄雅，于"四书""五经"俱有注疏。董玘性情端肃，居乡严重寡交，即使大吏造庐也难得见其一面。卒赠礼部尚书，谥文简。有唐顺之辑《中峰文集》存世。康熙《会稽志》有传。

由于董玘科第显赫，正德二年（1507），村南立起"会元""榜眼"两座石构牌坊。两坊前后相距40米，东"会元"，西"榜眼"。造型与体量基本相同，均为两层单间。高约6米，跨度约4米。上部楼阁式，下部以石质斗拱承托，上嵌"恩荣"石匾，枋梁之上雕有麒麟、龙凤、仙鹤、祥云等图案，镂刻精细，构造精巧。同时，董氏其他有功名的人物也一一列刻坊枋。

董思近，号约山，系董玘独子。补宗人府经历，后出知云南寻甸府，一生为严嵩所压制，病卒于任中。

董祖庆，字余徽，号久所，董思近子，董玘孙。其虽不见有举人、进士等功名记载，但学问甚深，为当时郡学三顶儒巾之一。

董懋史，字周噩。董祖庆长子，董玘曾孙。万历二十八年（1600）举于乡，授鄞县教谕，迁国学博士，福建监运使运同。

董懋策，字揆仲，董祖庆次子，董玘曾孙。得家学真传，精于易理，但其不走举业，毕生以教书为事，人称"日铸先生"。其在府城蕺山之东设馆授徒讲业，"四方从游者，岁逾数百人，学舍不足皆僦屋而居。”时人比之为“白鹿书院”。万历四十一年（1613）正月卒。张岱的祖父、提学副使张汝霖（号雨若）为之作疏，言其“劲姿外卓，慧心内朗，生劭阅而弥恭，历困场而能泰，千秋经术，一代人师”。为表其遗行，宣其隐贞，私谥“靖介”。按谥法：宽和令终曰靖，执一不迁曰介。置祠于蕺山之巅。可见，董懋策在当时绍兴府教育界影响甚大。康熙《会稽志》有传。

董懋中，字建叔，号黄庭，董祖庆季子，董玘曾孙。万历十九年（1591）捷乡榜，万历四十一年（1613）登进士第，任直隶常州府武进县知县，刑部广东清吏司主事转员外郎，宁国府知府，福建建宁府推官。

董念陛，字木庵，董玘五世大宗孙。幼丧母，事父至孝。配太史陶望龄孙女。博极经史，私淑阳明心学。然不屑于应制，以讲学为事。其岳父陶履平对这个女婿的才识多有赞赏，曾对人说：“吾馆生为顾问之臣，必能为朝廷断大事，决大疑也。”他被刘孔昭推荐任兵部赞画。但董念陛坚辞不赴，隐居自乐。家有兄弟八人，终身无间言。尤其难能可贵的是庶弟生病，他每次给其喂药，必亲以口哺之。晚年董念陛病重，他的孙子董濬刲股以进。他却拒绝了，说：“视死如归，圣人也。我儒者也，岂久恋于世哉？拱手而逝。”康熙《会稽志》有传。

此外，渔家渡董氏尚有董焕、董启祥、董应祥等功名人物。

有明一代，像渔家渡董氏这样科第接踵、传承五代以上的望族还有古城葛氏、管溪徐氏和横山倪氏等。另，伧塘罗万化是隆庆二年（1568）科举状元。

大义凛然

——前仆后继的“上虞四谏”

义，是中国传统社会的重要纲常，是士大夫立身处事的最高准则，是中华民族珍贵的价值取向。《孟子》说：“生，亦我所欲也；义，亦我所欲也。二者不可得兼，舍生而取义者也。”明代上虞将“义”进行到底的是叶经、谢瑜、陈绍、徐学诗四个谏士，他们勇斗权奸严嵩的事迹可圈可点，是百姓眼中的“大丈夫”。

叶经，字叔明，生卒年不详，嘉靖十一年（1532）进士，授常州推官擢御史。嘉靖十七年（1538）秦藩永寿王朱秉欓薨，永寿王庶子朱惟熄与嫡孙朱怀墡皆欲谋袭郡王爵位，朝廷好几年久拖不决，两人为了达到目的，都暗中贿赂时任礼部尚书的严嵩。叶经得讯，抗疏弹劾。皇帝包庇，只是将诸王袭爵之事交付廷议，并未对严嵩受贿一事有所动作。叶经见状又列出严嵩的十条恶行上疏皇帝，嘉靖帝依旧装聋作哑，严嵩对叶经却痛恨得咬牙切齿，伺机报复。不久，叶经出按山海关；嘉靖二十二年（1543）“癸卯年再按山东”。这里的“按”，是巡按御史的省称，也就是御史履行惯例到地方巡察。叶经在山东发出以“北虏内侵，御应失当，封爵冗滥，征求四出，财竭民困”为题的策问。这是叶经在体制内进行一次考察、问政于地方官的正常做法，然因收上来的言录有“继体之君，德非至圣，作聪明以乱旧章，好自用而不能任人”几句牢骚话，被严嵩揪住不放，这明明与叶经无关，也硬要把一部分账算到叶经头上，以“大讥谤，无忠敬心”问罪，诏午门外杖击八十，并贬斥为民。杖毕后的叶经因伤势过重很快死去，时年39岁。

谢瑜，字如卿，系永乐刑部主事谢泽之后，今丰惠后山人，生卒年不详。谢泽也是著名清官，其与新昌甄完、会稽胡智并称“越中三良”。谢瑜是嘉靖十一年（1532）进士，任莆城县令，召拜南京御史，后转为北京御史，十九年（1540）正月，谢瑜弹劾兵部尚书张瓒、副都御史党以平。同时，疏论礼部尚书严嵩、大学士翟銮和刑部尚书周期雍等人奸佞且不作为。虽然其中有人因此遭到罢职，但首恶严嵩不仅没有罢职，反而在两年后得以入阁拜相，谢瑜只好请辞求出。谢瑜在面对嘉靖帝假惺惺挽留之际，继续揭发严嵩的奸佞行为，说：“嵩矫饰浮词，欺罔君上，箝制言官。且援明堂大礼、南巡盛事为解，而谓诸臣中无为陛下任事者，欲以激圣怒。奸状显然。”未几，谢瑜又上疏嘉靖帝。这次他把矛头直接指向了皇帝，将张瓒、郭勋、严嵩、胡守中比作当朝“四凶”，并且要嘉靖帝除掉还未惩处的另外两凶。他说：“武庙盘游佚乐，边防宜坏而未甚坏。今圣明在上，边防宜固而反大坏者，大臣谋国不忠，而陛下任用失也。自张瓒为中枢，掌兵而天下无兵，择将而天下无将。说者谓瓒形貌魁梧，足称福将。夫诚边尘不耸，海宇晏然，谓之福可也。今瓒无功而恩荫屡加，有罪而褫夺不及，此其福乃一身之福，非军国之福也。昔舜诛四凶，万世称圣。今瓒与郭勋、严嵩、胡守中，圣世之四凶。陛下旬月间已诛其二，天下翕然称圣，何不并此二凶，放之流之，以全帝舜之功也。”然而，此疏如石沉大海。不得已，谢瑜只得以老母有病乞归，但未被允许。过了一些时日，谢瑜反而被严嵩等人以京察不合格为由除黜。回归上虞后，谢瑜在章镇姜山筑室，匾其居曰“狷斋”，自号姜山老樵，意为正直孤傲、洁身自好。其奉母养志，子孙数代皆以孝友称。

陈绍，字用光，今丰惠镇人，生卒年不详。幼颖异，弱冠举于乡，登嘉靖十四年（1535）进士。任庐州推官，以明允称。征拜南台御史，号有风裁。嘉靖二十一年（1542）初严嵩入阁为相。当时北方游牧民族寇边，而陈绍认为这是严嵩庸劣素鄙、品行不端造成的恶果之一，这样的人不能入阁为群臣之师表，遂提出抗疏，指责严嵩外为谨饬、中存巧诈，要求嘉靖帝收回成命。当时的嘉靖对朝事还算亲力亲为，严嵩虽对陈绍怀恨，但一时之间也无从下手迫害。未几，边境军情又急，陈绍再次上章刺严嵩，这一回严嵩出手了，陈绍被出知韶州（今广东省韶关市）。陈绍在地方勤政恤民，减赋轻徭，劝淳息讼，政声甚好，“合郡称神明”。一年夏季，陈绍因为雩祷求雨，中暑身亡，他死时其妻只有26岁。

徐学诗，字以言，今上虞区下管镇人。嘉靖二十三年（1544）进士。授刑部主事，历郎中。嘉靖二十九年（1550）蒙古俺答率军一路打到京师，明朝边塞和沿线军队竟形同虚设，一击溃散，几乎没有像样的抵抗，朝野震惊。待俺答退兵后，皇帝诏廷臣陈制敌之策。其时，京城盛传民谣：“俺答到门前，阁老还要钱。”参与廷议的诸臣内心都知道问题症结在严嵩，但谁都不愿意出头得罪权要，只有徐学诗愤然言道：“大奸柄国，乱之本也。乱本不除，能攘外患哉?”徐学诗随即上疏，一一列出严嵩、严世蕃父子蒙蔽圣听、胡作非为、贪财枉法的具体例证，要求罢斥奸贪辅臣严嵩。嘉靖看到此疏，起初亦感震惊，但经不住早被严嵩买通的方士陶仲文的挑拨离间，反而突然转念将徐学诗革职，打入牢笼。徐学诗早就料到会有这一天，提前为自己买好了棺材，解决好父母赡养问题，准备一死。一天，锦衣卫审问他背后主使是谁，徐学诗说：“人臣盟日夜沥肝胆，不惮诛夷，为朝廷发大奸慝，虽父母妻子不与知，谁为主使?”主审狱吏见其不招供，便给徐学诗用上了浸有毒液的刑具，且施以猛力，把他往死里整，徐学诗几度昏厥倒地，好在锦衣卫中也有正直人士，有人说：“徐郎中言事为国耳，械浸渍百毒即血濡及之，不三年渍腐死，岂不伤哉?”徐学诗这才得以活着出牢，回到管溪家乡。事实上，前不久，徐家就已为此献出一条生命，此人便是徐学诗的族兄徐应丰，严嵩因怀疑徐学诗的疏文是徐应丰所为，就让手下人将其生生杖毙。

“正邪自古同冰炭，毁誉于今判伪真。”正与邪、善与恶、忠与奸，自古泾渭分明，势不两立。《明史》将叶经、谢瑜、陈绍、徐学诗载为“上虞四谏”。将严嵩列为六大奸臣之一，这是历史的审判。

孟子说:“居天下之广居，立天下之正位，行天下之大道。得志，与民由之；不得志，独行其道。富贵不能淫，贫贱不能移，威武不能屈，此之谓大丈夫。”对此，“上虞四谏”当之无愧!

铁血丹心

——倪元璐的仕宦生涯与书画艺术

崇祯十七年（1644）春，明王朝首都北京城被闯王李自成攻破，崇祯帝在煤山自缢身亡。这时一名男子衣冠拜阙，随即从容自缢，以身殉节，此人便是倪元璐。

倪元璐先世居青州，南宋初倪侅（字文载）南渡至越中贺溪（今余姚梁弄镇西），是为贺溪倪氏始迁祖。谱载，倪侅生忠、愈二子。愈居原地；倪忠迁横山，即今之小越镇横山倪梁村，是为横山派倪氏始迁祖。数传至倪铠，家族渐兴，书香继踵，至倪元璐到达顶点。大体脉络为倪铠→倪应蕲→倪涷→倪元璐→倪会鼎。

倪元璐（1593—1644），字玉汝，号鸿宝。性奇敏，五六岁作《牡丹赋》，万历三十七年（1609）乡荐，天启二年（1622）进士，改庶吉士，授编修；天启七年（1627）出典江西乡试，因试题讥切魏忠贤，险遭迫害，所幸未几朱由检即位，魏忠贤盛势不再，不久伏诛，有惊无险。崇祯四年（1631），进右谕德，充日讲官，进右庶子。崇祯十五年（1642），诏起兵部右侍郎兼侍读学士，次年（1643）拜户部尚书兼翰林院学士，明代祖制浙江人不得官户部。所以，倪元璐是明史第一个突破明代祖制、受任户部尚书的浙江人。

实际上，倪元璐的仕途生涯并不太长，如果从崇祯元年（1628）充日讲官、行右庶子起至十七年（1644）身死，倪元璐在朝拥有话语权的年头满打满算不过16年，倘若再减去九年（1636）后6年的赋闲生涯，真正在朝的时间前后不过10年。然而，正是在这短短的10年中，倪元璐的生命能量激发得淋漓尽致，大体可从三个方面来看。

第一是明辨是非，拨乱反正。主要表现在为东林党正名这一点上。崇祯登位不久，倪元璐即上疏，向崇祯提出魏忠贤集团为邪党，同时说东林党是天下才薮，虽有时存在好高骛远、言之过甚的现象，但总体出于公心，可择善而行，建议皇帝化异为同，天下为公。崇祯看了此疏，心中的是非顿时清晰起来，内心开始酝酿扳倒魏忠贤的计划。史载“自元璐疏出，清议渐明，而善类亦稍登进矣”。对魏忠贤集团构陷东林党的《三朝要典》之类的一些历史遗留问题，倪元璐主张有弃有取，分别对待，“其议可兼行，其书必当速毁”。

第二是勇于担当，临危受命。崇祯四年（1631），倪元璐向朝廷提出实、虚两个“八策”。前者分别是“间插部，缮京邑，优守兵，靖降人，益寇饷，储边才，奠辇毂，严教育”实八策；后者是“端政本，伸公议，宣义问，一条教，虑久远，昭激劝，励名节，假体貌”虚八策，从软、硬两个方面加强政权建设，深得圣心。崇祯十五年（1642），明朝内外战事吃紧，而朝廷财政左支右绌，陷入困境，在国家存亡的危急关头，倪元璐跪在老母面前，求母亲允准其毁家纾难，倪母也是深明大义之人，虽心有不舍，但终当家国一体，支持儿子义举，倪元璐遂变卖在京家产，所得经费招募兵勇，号召义旅，得“将三百骑，冲险出济北”。虽说杯水车薪，于事无补，但他一片忠心天日可鉴。就在这个要钱没钱、要粮没粮，财政严重不足的当口，崇祯却要他担任户部尚书，倪元璐明知理财不是自己的强项，但眼看朝廷中那些平时“聪明”“有才”的官员此时个个作壁上观，倪元璐在推辞不成后毅然担当，上任后他将“三饷”（边饷、新饷、练饷）合成一饷，弥补因款目杂多、黠吏易为奸的制度漏洞；再是采纳漕粮海运的行家建议，降低运输成本，缩短漕运周期。无奈明朝已病入膏肓，任凭倪元璐如何殚精竭虑，以一当十，也无济于事，毕竟巧妇难为无米之炊。但他这种明知不可为而为之的担当精神，是难能可贵的。

第三是铁血丹心，为国殉节。崇祯十七年（1644）三月，李自成攻陷京师，倪元璐整衣冠拜阙，在案几上奋笔写下“南都尚可为。死，吾分也，勿以衣衾敛。暴我尸，聊志吾痛”，遂取帛自缢而死。李自成的军队进京，面对倪元璐的遗体非常敬重，皆“相戒勿犯，罗拜而去”。对倪元璐的殉节，南明朝廷诏褒忠烈第一，赠少保、吏部尚书，谥文正；清王朝追谥文贞。

倪元璐立朝忠贞，在书画艺术上也独具一格，为世推崇，与黄道周、王铎并称“明末书坛三株树”，又与王铎、傅山、黄道周、张瑞图并称“晚明五大家”。

倪元璐书法早期师法“二王”，中年学颜真卿、黄庭坚、苏东坡。他的书法个性强烈，以雄健奇崛、姿态苍拙的品格，出现在“台阁体”书风日盛的书坛，成为晚明书坛一面光彩夺目的旗帜。其书法大体有这样几个特点：一是行草兼具。一般来说，书家要么擅行书，要么擅草书，而倪元璐的书法是行中有草，草中寓行，很难决然分开。二是构字偏长狭瘦，与他所法的苏轼扁平体截然不同。另外，结字往往抬高右角，通篇呈现出一种倾斜交错、危绝救应之势，书风奇伟，后人对他有笔奇、字奇、格奇“三奇”和势足、意足、韵足“三足”的称誉。三是笔法擅用“屋漏痕”和“颤笔”。他的行草书线条中的“屋漏痕”笔意，是追慕颜体书法的结果，而“颤笔”则得益于黄庭坚的抖擞笔法，当然也受到徐渭用笔的影响。所不同的是，倪元璐能将篆籀笔意加入其中，使得书法的线条更加厚重凝练，增添朴拙之趣。此外，倪元璐对摩擦力很强的“涩笔”运用也很有个性，经常用在夸张的斜线上，使线条充满张力，整体形成排山倒海的气势。明代书法家黄道周《书秦华玉镌诸楷法后》评价倪元璐的书法说：“同年中倪鸿宝笔法探古，遂能兼撮子瞻、逸少之长，如剑客龙天，时成花女，要非时妆所貌，过数十年亦与王、苏并宝当世，但恐鄙屑不为之耳。”康有为《广艺舟双楫》评价倪元璐说：“明人无不能行书者，倪鸿宝新理异态尤多。”业内认为，在古代书法评品中，只有宋代苏东坡称赞唐代张旭的草书时用了“异态”二字。

倪元璐绘画精于竹石云山，喜用水墨生晕之法，苍润古雅，饶有风致。以山水松竹和文石见长，构图师法宋元，而其皴法往往有书法笔意，风格苍润古雅，同时又略显朦胧苍茫之意。比如，他的《秋江放棹》水墨山水图，枝干挺拔，多干笔皴擦，画面逸气纵溢，简约疏淡，颇有元末倪瓒遗风。又如，他在《书画合璧卷》中画的文石，先用轻松的笔调画出轮廓，再通过浓淡不一的墨色染出阴阳向背，最后以浓墨点出苔斑，使整石仿佛有了灵性，顿显精神。其整个画面起伏有致，动静相参，轻重相别，淡雅灵秀，折射出作者清峻磊落、刚健骨鲠的精神风貌。清代会稽人陶元藻《越画见闻》这样评价倪元璐与徐渭的画风：“倪以雄深高浑见魄力，徐渭以萧疏古淡见风神。廊庙山林，原不容并列，况倪有忠义之气，流露毫端，去人自远。”

倪元璐虽然喜爱创作书画，但并未沉迷其中，作书绘画不过是从政之余的精神调适行为。因其家国情怀、节义操守等方面的杰出表现，人们对他的书画作品越发珍爱，清代上虞缙绅王望霖集刻《天香楼藏帖》，其中序列匏三、匏四碑为倪元璐墨宝。

第七章

人间烟火

由于运河经济的带动、五口通商和自由贸易，以及洋务运动的展开，清代上虞经济、文化有了新的发展，呈现出一股浓浓的人间烟火味。

似兰斯馨

——王望霖和他的《天香楼藏帖》

上虞博物馆展览大厅，陈列着王望霖原收藏于天香楼的明、清两代书法名家碑刻。过往参观的游客，无不对如此这般似兰斯馨的精美书法艺术啧啧称赞。

天香楼碑主人王望霖，字济苍，号石友。今梁湖街道华山村“老王家”人。“老王家”是清代梁湖望族，浙东运河是其后（北）埠头。宅院建筑规模甚大，天香楼不过是“老王家”大宅院中的一处藏书楼而已。“老王家”早年遭受火灾，现仅存“天香别墅”“似兰斯馨”等雕刻尚好的一两个台门斗，以及少数几间老旧建筑。

王望霖生卒年不详，大体生活在清乾隆、嘉庆、道光时期。史载其少端慧，常博涉群籍，尤好吟咏，“工书法，画兰竹岩石有奇趣”。在天香楼“藏书数万卷”，而碑刻只是其中的一部分。

天香楼藏帖碑刻（下称碑刻）分《天香楼藏帖》《天香楼续刻》《诒晋斋法书》《刘梁合璧》四部分，按金、石、丝、竹、匏、土、革、木八音序列镌刻，有的在碑帖末尾署镌碑年月。比如，“嘉庆元年秋九月”“嘉庆九年冬十月”“嘉庆十四年秋九月”等，个别碑上还能见到刻碑匠人的名字，像一块嘉庆九年冬十月的镌王文治书法的左下角碑末，清楚地竖刻着“仁和范聖傳镌”六字。当然，这种镌署匠师名字的现象极为个别，是嘉庆九年王氏雇请的匠师，抑或是天香楼所有碑刻皆由这位匠师一手落，尚不得而知。工程前后历时九载完成。对此，王望霖《天香楼藏帖》自跋：“余幼耽书法，每见名人墨迹辄沉玩不置，可购者谨贮之。其或什袭于友人，非我所得晨夕欣赏者，则借以双钩。第僻处乡隅，不能远搜博览，耽慕虽奢，珍储未富。自有明至国朝仅得数十家。既乃欲其历久常新，兼可公诸同好也。勒之贞珉，于嘉庆丙辰（1796）经始，至甲子（1804）告竣，颜曰《天香楼藏帖》。”可见，那个时候，天香楼可谓“雨过琴书润，风来翰墨香”，旧有拓本十二卷行世。

现陈列在博物馆的120方碑刻，是20世纪80年代，文物工作者从民间房前屋后、草丛柴棚，一块一块搜寻所得。虽说有的断裂碎开，但劫后余生，大体面貌得保，实属不易。2005年拓本被上虞文化部门重新出版，中国美术学院教授王伯敏作序，中国书法家协会主席启功题写“天香楼藏帖”书名。

碑为浅灰色沉积岩。规格统一，均长76厘米，高35厘米，厚9厘米。书法多刻在碑的两面，少量刻于单面。其上至少承载78位明清书家的书法作品。内含明代59位，影响大者有宋濂、沈周、祝允明、唐寅、文征明、王守仁、董其昌等；清代19位，影响大者有梁同书、刘统勋、翁方纲、刘墉、王文治、成亲王永瑆等。另有徐应丰、倪元璐和赵金简3位是上虞人。大抵始自明洪武

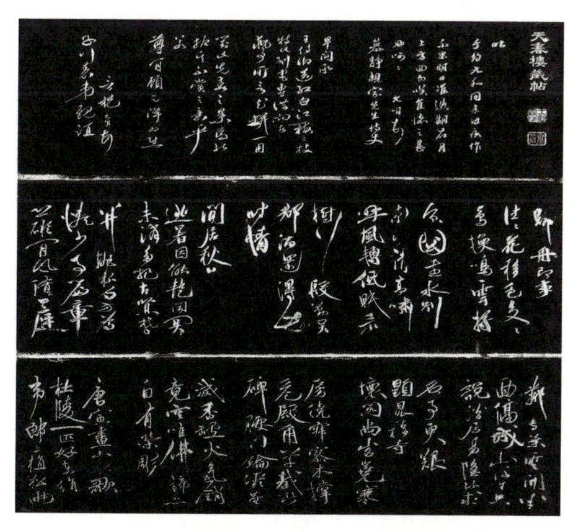

天香楼藏帖碑刻（刘育平供）

朝，止于清道光朝，前后时间跨度近500年。此外，王望霖在部分作品后书刻题跋。这样，他的书法也成了《天香楼藏帖》的组成部分。

作品内容分三类：一是书信便笺，二是范文书录，三是诗赋小记。书信便笺如宋璲《敬复帖》（碑名为笔者所加，原碑并无名称，下同）、吴宽《致膚庵先生札》等；范文书录如文征明的前、后《出师表》、徐应丰的《千字文》等；诗赋小记如王宠的《七律诗一首》、刘统勋的《欧阳公晚喜陈知默诗》、汪士鋐的《为天山兄鉴湖垂钓题识》和刘墉的《为梧岡大廷尉书画禅室随笔》等。

作品形式分真、行、草三式，且以行书、真书居多。另外，《天香楼藏帖》碑头统一用隶书写成，部分闲章用篆体。书法烂漫多姿，各具千秋。

比如，同为真书：王璲的《东郭草堂记》，书于明洪武二十九年（1396），笔法天然古淡，意态萧散平和而又不失雄秀。文征明的小楷精绝俊雅，灿若晨星。其《出师表》书于嘉靖三十年（1551），时年82岁。可谓人书俱老。徐应丰起收笔多具隶意，整体华贵典雅，俊秀婉丽，动静相宜。碑刻《千字文》书于嘉靖三十七年（1558），徐应丰时任奉政大夫，礼部清吏主客司郎中。他书法作品存世不多，因此难得珍贵。刘墉貌丰骨劲，气韵高古、凝练厚重。碑刻《游鲦亭记》是他于嘉庆二年（1797）书录欧阳修景祐五年（1038）的一篇散文。因其喜用浓墨书写，人称“浓墨宰相”。成亲王永瑆《为古香詹事临赵子固诗帖》用笔俊逸，结体疏朗，风格典雅。

再如行书：唐寅的《雨花台感昔》行中见楷，点画温润妍雅，结字微带欹侧之势，字里行间洋溢着一种超逸的书卷之气，犹如高士信步于阆苑林木之间，耐人寻味。董其昌行书疏朗匀称，飘逸空灵，风华自足；笔画圆劲秀逸，平淡古朴。王宠笔画常带波磔，含有章草笔意；字形挺秀，字字不相连属，寓巧于拙，自成一体，具有高旷超逸的神韵。清代梁同书与梁诗正是父子关系，又与刘墉、翁方纲、王文治并称清“四大家”。梁同书的书风有三个特点：一是笔力劲健，墨气饱满，无造作之态；二是笔势内敛，结构严谨，其字越大结构越严，无一丝松懈之感；三是忽浓忽淡，忽重忽轻，忽疾忽徐，姿态多变，节奏感强。梁同书终年92岁，这块碑刻书于他86岁那年，相当难得。王文治《奉题方川五哥诗》是行楷体，书于乾隆四十四年（1779）。用笔既规矩又洒脱，结构紧密而内敛，俊爽豪逸，风神萧散，墨色以淡为主，其因科考以进士第三名入仕，故人称“淡墨探花”。其书法作品在琉球、朝鲜影响很大，常有人不惜重金购买。此为晚年作品。

又如草书：祝允明的《唐寅画山水歌》，作品书于明正德二年（1507），其书情浓势足，激越奔放，有点靠近狂草，但狂而不乱。徐渭《煎茶七类》草书用笔狂放，淋漓宕逸，不拘形似而神采殊胜，充满着豪迈之气。祁豸佳用笔摁压很重，线条的流畅之中又带生拙，下笔肯定，锋的使转有清晰的游丝缠绕与提按，按到三分笔肚的抽毫更加老辣，气势开张、阔大雄浑的章法，充分体现了作者的气度与胸襟，碑刻《为寒奇祠兄书诗一首》，应是其代表作品。

中国书法艺术的发展，与碑石摹刻关联甚大，但凡今人所见的汉晋书法，有相当一部分靠碑石传载。如果说宋代淳化阁帖、清代《三希堂法帖》是官刻的代表，那么，《天香楼藏帖》无疑就是民间刻本的代表，从这个意义上来说，王望霖对中国书法艺术传承、弘扬的贡献至大。

方志之父

——章学诚的史学成就

章学诚《方志立三书议》《州县请立志科议》和《修志十议》三议，构成一部自洽完整的方志学基础理论，梁启超称之为“清代唯一之史学大师”。因其在史学方面的突出成就，后人誉之为“方志学之父”。

章学诚（1738—1801），原名文酕、文镳，字实斋，号少岩。祖籍道墟称山。清代著名史学家，代表性史学著作有《校雠通义》和《文史通义》。

章学诚的学术成就主要表现在道不离器、六经皆史、经世致用、首创史德等四个方面。

一、道不离器

章学诚道不离器观可分三层含义：一是道不形见，也不独立。他认为道不能自己显身形见，凡可形可名者，皆有道存其中的缘故。他在《文史通义》中说：“天地生人，斯有道矣，而未形也。”“是天著于人，而理附于气，故可形其形，而名其名者，皆道之故，而非道也。

道者，万事万物之所以然，而非万事万物之当然也。”二是道法自然，不以人的意志为转移。章学诚认为道不是出于人们的选择，而是自然而然地展露，人们按照自然的需要从道而行。他说：“道无所为而自然，圣人有所见而不得不然也。众人无所见，则不知其然而然。”他打比喻说，有的人做君主，有的人当老师，乃至分州画野，都是必有所需而后从而给之，有所郁而后从而宣之，有所弊而后从而救之。三是道器不离，见道必器。他说：“夫道因器而显，不因人而名也。”“后人不见先王，当据可守之器，而思不可见之道。”还说：“盖官师治教合，而天下聪明范于一。故即器存道，而人心无越思。”可见，章学诚道不离器的主张，来源于王阳明“知行合一”的观点。

二、六经皆史

与道不离器观点互为表里的是章学诚六经皆史的思想。“六经”是指《诗》《书》《礼》《易》《春秋》《乐》先秦六部经典。有些学者认为，经是游离于事外、单纯的言道说理之书。而章学诚认为“六经皆史”：一是经存乎史。他认为古人未尝离事而言理，也无私门之著述，六经皆先王之政典。“六经”是《周官》旧典。他在《校雠通义》中说“《易》掌太卜，《书》藏外史，《礼》在宗伯，《乐》隶司乐，《诗》颂于太师，《春秋》存乎国史。”他在《文史通义》中说：“事有实据，而理无定形。故夫子之述六经，皆取先王典章，未尝离事而著理。”二是文无定体，经史不分。他在《文史通义》中说：“古人文无定体，经史亦无分科。”他还说：“学者崇奉‘六经’，以谓圣人立言以垂教，不知三代盛时，各守专官之掌故，而非圣人有意作为文章也。”三是经史名异实同。他认为“六经”之史与后世之史，形式体裁有所不同，实质相同，不能“以上古神圣之制作，而责于晚近之史官”。“不知经不可学而能，意固可师而仿也。”综合章学诚六经皆史论述，逻辑上可以推导出这样的三段论程式：经即事→事即史→经即史，最后归结为“以盈天地之间，凡涉著作之林，皆是史学”的观点。章学诚“六经皆史”的主张具有革命性，它可以防止经学教条化，为实践出真知张目。

三、经世致用

章学诚认为学问要经世致用，反对学者脱离实际的空谈。他说先儒多推崇“六经”中的《春秋》，正是因为它切合当时人事，能够服务时代、服务社会。而“后之言著述者，舍今而求古，舍人事而言性天，则吾不得而知之矣。学者不知斯义，不足言史学也”。他讥讽那些专务考据的文人，“但知聚铜，不解铸釜”，将之比作是光知吃桑叶，却不会吐丝的蚕。他特别强调，学者的社会责任是能持世救偏、矫正风气。他在《上钱辛楣宫詹书》中这样说：“载笔之士不思救挽，无为贵著述矣。苟欲有所救挽，则必逆于时趋。”至于如何救偏，章学诚认为应扶持世教，匡正人心。“学诚读书著文，耻为无实空言，所述《通义》，虽以文史标题，而于世教民彝，人心风俗，未尝不三致意。”[①]所谓文以载道，这就是今人提倡的担当精神。

四、首创史德

章学诚重史义（意），更重史德。他说：“郑樵有史识而未有史学，曾巩具史学而不具史法，刘知幾得史法而不得史意，此余《文史通义》所为作也。”[②]

然而，章学诚更看重的是史家的史德。在《文史通义》专设《史德》一章，首次提出“史德”要求。他说的“史德”就是史家的心术，也就是说心术要正，要有“君子之心”。他说：“能具史识者，必知史德。德者何？谓著书者之心术也。”在他看来，心术不正，修史屈服于权贵，似公而实呈于私。他认为，史家最忌曲笔阿世、任意褒贬的无良行为，这样会造成秽史泛滥，为害无穷。他列举历史上魏收、沈约两个心术不正的史家，说：“魏收之矫诬，沈约之阴恶。读其书

---

①《章学诚遗书》，文物出版社1985年版，第330页。

②《章氏遗书·和州志·志隅·自序》，文物出版社1985年版，第552页。

者，先不信其人，其患未至于甚也。”因为人品不好，所以也没人相信他们的著作。“而文史之儒，竞言才、学、识，而不知辨心术以议史德，乌乎可哉?”显然，章学诚的“史德论”，由王阳明的“致良知”思想而来。

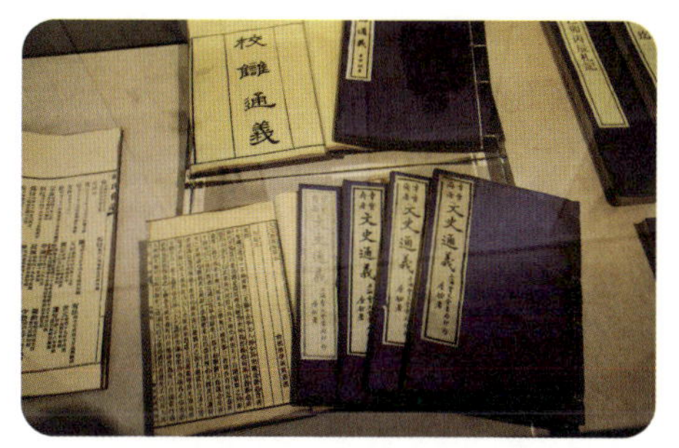

《文史通义》（李金海供）

此外，章学诚在总结前人修志经验的基础上，提出“志属信史”“三书”“四体”“方志辨体”等重要观点，建立了方志理论体系，创立了方志学，从而奠定了其在清代史学上的重要地位。

实际上，章学诚的学术成就不仅单纯表现在史学上，而是文、史、哲融会一气。梁启超说：实斋以清代唯一之史学大师；方志学之成立，实自实斋始也；《文史通义》其价值可比刘知幾《史通》。鉴于章学诚突出的史学成就，后世将其《文史通义》与刘知幾的《史通》珠联并称。

乡里担当

——连仲愚及其子嗣的捍海事业

水患是上虞人们心头永远的痛。康熙年间绍兴府守俞卿，问虞北士子李苏虞民最大的苦难是什么。李苏答道："海塘屡溃，岁不登。"看似平静的对话，包含多少辛酸与苦楚。上虞的地理位置和地貌构成，决定这是一个与水患为伴的县邑。每当洪潮来临，溃堤决岸，浮尸横江，饿殍遍野。因而抗潮捍海历来是上虞人性命交关的头等大事，而其中又以连仲愚及其子嗣们的事迹最为杰出。

连仲愚（1805—1874），字乐川，上虞崧厦上湖头村人。出身官宦之家，其为道光朝秀才，候选训导。不过，他的一生不以仕宦为著，而以公益闻名，尤其为保卫海塘江堤耗尽心血，是历史上第一个以乡绅身份董理塘事的民间人士。据约略统计，从清道光三十年（1850）至宣统三年（1911）61年间，连仲愚与连茹、连芳、连蘅3个儿子，共修筑加固浙东海塘、百沥江塘等江海堤塘（含戗塘、钉坦桩）20636.2丈，约合今71.2千米（按清代量地尺每尺0.345米换算）；捐银至少900两，捐田300亩。其中，不包括光绪二十一年（1895）对30里灶地沙墙高、广各增筑一倍的工程量和救济灾民的粮食、银钱在内。

这是一场没有硝烟的战争。连仲愚及其子嗣们的生命赞歌，就在这半个多世纪的潮起潮落中奏响。

清道光三十年（1850），浙东海塘溃堤，县令张致高将渣浦东边连字至金冯刘楹字一段塘交付连仲愚经修。虽然，此次连氏经修的具体长度在史料中没有记录，但连氏捐钱900缗一事《松夏志》有载。钱900缗，即900两银子。古代一般以1000钱为一贯，也称一吊、一缗，清代晚期虽然也有不足千钱称一吊、一缗的现象，但那只是行市小额贸易，人们为携带方便，三五百个钱串在一起号称一吊，并非法定称谓，连仲愚既然捐钱修塘，自然是足额足数，不可能虚致邀誉。这次工程前后做了一年多才告完成。这一年同时溃堤的还有百沥海塘。其溃堤17处，总长度11300丈，约合今3898.5米。这次修堤动用库银3000两。事实上，连仲愚出面担当是不得已的事情，县里是在多方求贤无果的情况下，才有连氏捍海的事情。对此，清光绪《上虞县志校续》中说得很清楚："……即延请绅耆商办捐修，无有应者，一以正被灾荒无力筹资，一以本属官工不乐承手，深闭固拒，莫肯听从……不佞复邀绅耆议分修之举，湖乡之士悉闭门而不纳。连乐川先生，家居松夏，名著胶庠，读书养亲，有以自乐，家产不逾中人，非有肩钜任重之资者也，乃亲睹百姓之流离如彼，有司之诚求如此，义形于色，起而任之，满志踌躇，择要修堵，或当砌石者增石脚，或当冲要者作盘头，寻访良友，分事各任，而自董其役，遇有险工，无论风雨深夜悉露河干，指麾夫役，皆得以危为安，不日而承办工完，其巩固数倍于昔日之官工……此后塘有坍陷，先生独肩之，岁有工费，先生独任之，惨淡经营……"连仲愚经修的这段塘，30年不闻有坍废之事，余姚、上虞二县之田庐皆相安无事。

清咸丰三年（1853），海潮直逼崧厦寺前村一带堤塘，虽然史志没有记录具体长度，但从官府事后追拨5000缗库银资费情况看，毁塘程度超过道光三十年（1850）。这次抢修前后花了两年时间才告修完。同年六月，百沥江塘"连日狂雨，上游出蛟，江水冲啮塘址，又决大口三”。上虞署县令林钧这样对连仲愚说：官府财政不济，而塘事不能拖延，林钧个人愿意出200缗垫资，言下之意是要连仲愚带资任事先行动工。连仲愚毫不犹豫，奋起担当。此后咸丰四年、五年、七年，连仲愚带领民众对浙东海塘皆有不同程度的修筑。对于连仲愚的任事作风和居功不傲的品质，林钧深以为感，根据清光绪《上虞县志校续》，他说：“乐川一力任其事，简役庀材，悉以坚实，为历届所未逮……阅两寒暑而工成，由是虞邑十余年来无水患，乐川之力也。乐川之从事，有为人所不可及者，遇潮汛水涨，亲率邻里，自挟资具，巡塘而守之，必俟波静澜安而后返，虽烈风猛雨，连宵达旦无倦容，公费不足，出己资以补之，岁视为常，退然无矜色，司牧者屡欲以其绩上闻，皆力辞。故历时久，而旌功之典不与焉……”

清咸丰七年（1857），连仲愚支持创修后郭至吕家埠一带临江大沙墙3600丈，以保护灶地盐民人身与生产安全。道光三十年至咸丰十年（1850—1860），还新建石塘192丈9尺。同治元年（1862），钉立孙家渡坦水桩90余丈。同治四年（1865）防堵吕家埠、贺家埠险塘36丈。同治五年，修整老塘500余丈。同时，设立塘管会（众擎会）捐田200余亩作永远岁修资费。同治九年（1870），建捍海楼于孙家渡。此后，连仲愚英雄年事见高，他的捍海事业由其子连茹、连芳、连蘅继承。

光绪七年（1881）秋，连茹在后郭筑柴塘石坦206丈、土塘65丈6尺。光绪九年（1883）连芳、连蘅任捐修纂风学字号至汤家沥真字号海塘1700丈，用钱3900余缗，抚院颁“惠周桑梓”匾。光绪十年（1884），百沥江塘后郭韩、烦、起三号塘坍，连芳、连蘅捐筑柴塘34丈8尺，添钉坦水排桩及修整各处险工用钱760余缗。同时，承父志续捐岁修田100亩，合计前助300亩。光绪十五年（1889）修复浙东海塘前庄段一带石塘193丈。同年修筑百沥柴土江塘889丈。光绪十八年（1892），在孙家渡改建石塘18丈，添钉坦水排桩。光绪二十一年（1895），兄弟俩重建花弓渊、澄字号柴塘30丈、贺家埠非字号柴塘25

丈。同时，咸丰七年创筑的30余里临江沙墙敝败，此时增高一倍、增广两倍。也是这一年，修筑水毁花弓塘71丈1尺。另，加筑塘台34丈，修整堤损29丈。又在贺家埠庆、尺字号建柴塘22丈，新建赵家坝约、法字号柴塘21丈5尺。加修何、遵字号后戗20丈。光绪二十二年（1896），建筑西花弓息、渊、澄、取、映五号柴塘53丈3尺；又墩头难字号建柴塘10丈6尺；王家堰克字号建柴塘8丈6尺；筑孙家渡堂字号柴塘9丈、习字号19丈1尺；贺家埠因字号柴塘10丈5尺、庆尺字号17丈2尺；后郭韩、烦字号建柴塘20丈；在花弓息、渊字号等处，添做坦水112丈，培筑老塘后戗151丈。没料想，第二年（1897）春汛汹涌，昼夜乘虚撼激，导致失修缓冲堤工节节坍挫。兄弟俩慨然竭蹶从公，逐段修整。其中，王家堰柴塘20丈3尺，又墩头17丈4尺，赵村15丈1尺，花弓18丈6尺，赵家坝25丈1尺。同时在王家堰钉坦桩22丈5尺，双墩头加钉坦桩5丈1尺，花弓钉坦桩17丈。光绪二十七年（1901）添筑护塘坦水960丈。以上工程有的延至宣统三年（1911）方才告竣。

萧绍海塘、百沥海塘两塘，上虞境内段合计长约62千米，而连氏父子61年间为上虞修筑的堤塘里程总量达71.2千米，相当于给上虞新筑了萧绍、百沥两条堤塘还要多。此外，其所做的捐钱、捐物等慈善，也不在晚于其的陈春澜之下。所以，咸丰年间上虞署县令林钧说："夫士君子无尺寸之柄，而能以一乡之饥溺为己任，不矜劳善，不邀名誉，斯亦当世所不数觏者欤?"同治十三年（1874），鸿儒俞樾在为连仲愚撰墓志铭时，听到当地父老这样说："乐川连君从事于江海两塘十余年，吾侪至今安全者，连君之功也。"俞樾一生只为两个大善人写过墓志铭，除连仲愚以外只有无锡人余治。晚清鸿儒李慈铭说："事非知之难，行之难。士大夫平居议论，视天下事无不可为，及当之，鲜有不挠者。"至情至理，所言不虚。

如果说长城是中华民族不屈的脊梁，那么，堤塘就是上虞人们不屈的脊梁，而连氏是在一个时代里扛起这道脊梁的英雄。

金罍野逸

——徐三庚的艺术人生

2016年12月13日，西泠印社与浙江省博物馆，在省城杭州联合举办“金罍野逸——徐三庚书法篆刻展”。展览由西泠印社副社长、国家一级美术师童衍方先生亲自策划，展出徐氏书法作品36件，印章223方，铭刻2件。同时展出钤拓印面、边款等。在武林馆区书画厅开展的那些天，人头攒动，观者如织，人们以这种特有的方式，与这位190年前的艺术家交流对话，并报以由衷的敬意。

徐三庚书法工篆隶，尤精模刻金石文字。字袖海，一字辛榖，号西庄山民、金罍、井罍、井罍山民、金罍道士、金罍野逸等，另有诜郭、似鱼、蔫嘫、蔫嘫散人、大横、余粮生、荈花仙史等别署。斋名有似鱼室、沤寄室等，与赵之谦、吴昌硕齐名，为晚清海派篆刻代表人物。

道光六年（1826），徐三庚出生在章家埠（今章镇镇）象山之麓。有一种说法，他是明代“上虞四谏”之一的徐学诗之后。因家境贫困，他稍大即外出谋生，在杭州一道观打杂为事，观中有个道士擅长书法篆刻，他得其传授，遂入此门，始以鬻书治印为生。他33岁到上海，结交不少有名收藏玩家，尤其是大收藏家岑镕宏富的藏品和集古印谱让他开了眼界，艺术道路从此精进，为日后成一代大师奠定了基础。此后，他以上海为根据地，一面以鬻书治印为生，一面寻机辗转游历香港、广州、天津、北京、武昌、安徽等地，与业内各式名师交流艺术。60岁后徐三庚再未出沪，直至离世。

徐三庚书、印造诣兼得浙、皖两派精髓，且将两派发扬光大。其书法具有雄强、秀美两路特点。雄强一路来自《天发神谶碑》与《王象碑》。《天发神谶碑》又名《天玺纪功碑》，为三国（吴）孙皓时期的一方篆书碑刻。其书起笔方重，有隶书笔意，转折处则外方内圆，下垂处呈悬针状，森森然如武库戈戟，凌然不可侵犯。《王象碑》额首篆书，正文隶书，法度严慎。所以徐氏联书、条屏，无论隶体、篆体皆可见这两碑的影子。秀美一路受皖派开山邓石如、吴让之影响颇大。徐三庚曾节临邓石如篆书《张子西铭》，落款自记说："邓完白（邓石如号完白山人）书张子西詺（铭），笔法遒劲，直超汉人，余见而爱之，适蓉亭仁兄属书是册，偶临一过，愧未似其一二，丙寅秋杪上虞弟徐三庚记于吴趋之吟莲仙馆。"邓氏该书秀美灿然。丙寅是同治五年，即公元1866年，时年徐三庚41岁。可见，至晚于是年，徐三庚已将书风移向邓石如秀美一路。

徐三庚印艺由浙派入手，力追秦汉，参学完白山人意趣，早年所作浑朴古厚，中年后流转妍美，线条疏密感极强，笔势飞动，时人誉为"吴带当风，姗姗尽致"。印款多隶楷，刀法猛利，有生辣遒劲之致。对此他自有一套技艺。初到上海那年，徐三庚刻有一方"字光甫行九"篆印，边款镌："意在钝丁、小松之间。"钝丁是丁敬的号，系清代浙派篆刻艺术开山祖；小松是黄易的号，他传丁敬法脉，并与丁敬同为西泠八家中的前四家成员。中年以后，篆刻始由浙入皖。其"治安"一印边款中说："癸亥春五月二十日，观完白山人印册，适治安仕兄来访，属为检此，率尔应命。"癸亥为同治二年，即公元1863年，是年徐氏39岁。无独有偶，1868年，他为朋友刻的"成达章印"

与“若泉”印边款也作如是说：“戊辰长至，坐雨青爱庐，仿完白山人两面印，为若泉弟。”这说明，徐氏“刚健婀娜”的印艺意趣颇得皖派精华。当然，刻印刀法仍为浙派本色。徐三庚终于广采博纳，自成一家，为时所尚。总之，以印入书，印从书出；“曹衣出水，吴带当风”，是徐三庚书印艺术的最大特色。

成名以后，徐三庚人脉愈广，与许多王公贵族、达官名流、文玩藏家都有往来。书画界有张熊、丁文蔚、任熊、任颐等；收藏界有张鸣珂、叶廷管、王韬、汪清冕、陆心源等；达官贵人有李鸿章、徐树铭、杨昌浚等。对于徐三庚的印艺，早年他的家乡上虞流传一则《烂钉头刻皇印》的传说。慈禧太后叫太监带了二方上等田黄石，要徐三庚刻一阴一阳两颗篆文印章，限七日内交印。他却并不把此事放在心上，七日到期，太监上门要货扑空，听说他在戏馆看戏，没工夫刻印，转而到戏馆找他理论。徐三庚见太监上门，知其来意，便不紧不慢地说：“我把这事忘了，现在你去我家把印石拿来，我就刻。”不一会，太监将石递到徐三庚手上，这时徐三庚才意识到，情急之中忘了让太监把刻刀一齐带来。太监满头大汗，一个劲儿地催着要印，徐三庚随手拔起一枚板凳上露出的烂钉头，然后在地上磨了几下，用钉头边看戏边拿起来刻印，三下五除二就完成了。慈禧太后拿到这两方印，细一端详，觉得果然高明，但嘴上不说，只在心中暗喜，赏给徐三庚不少银子。故事不一定真实，有可能是家乡人们借此说明徐三庚的骨气与印艺的炉火纯青，且引以为荣。

学术界对徐三庚书印造诣是公认的。同郡篆刻家吴隐，在《金罍山人印存》（又名《金罍道人印存》）中题识说：“吾浙以刻印名天下，然皆籍浙西，而浙东自董小池后寥寥无闻。咸同以后得二人专，一为赵撝叔，一为徐辛穀。辛穀名三庚，号袖海，又号金罍道人。工篆隶书，《王象碑》尤佳，其刻印综汇百家，上窥秦汉，旁通浙西诸前辈，而抚刻小篆能于撝叔以外别树一帜，近时学者尤多师之。今辛穀归道山久矣，余故为辑其印以问世。后学吴隐。”近代东北书法篆刻大家王光烈的《印学今义·别派》说："辛穀贯百家，上窥秦汉，能以《王象碑》作印，更旁通浙、皖。所作小篆，规橅邓石如，而笔致安插，疏密流动，颇能独树一帜。"当代书家沙孟海的《印学史》也说："他（徐三庚）的篆刻，白文刀法学浙派，结体学邓派，朱文则纯学邓派，朱文成就在白文之上。"

徐三庚不但在国内为人追捧，而且名声远播东瀛，圆山大迂、秋山碧城、桑名铁城、滨村藏六五世、河井荃庐等人，皆深受徐三庚影响。其中，直接来华拜徐三庚为师、受徐三庚耳提面命的，主要有圆山大迂、秋山碧城、北方心泉等人。如，圆山大迂1878年来中国，师从徐三庚学习篆刻，回国以后竟成日本一代印宗；秋山碧城从徐三庚处学成回国，带去其师不少作品，使徐三庚成为近代对东瀛印坛产生深刻影响的第一人。

徐三庚长年漂泊在外，对家乡思念之情甚切。这从他的部分名号上可以看出。比如，斋名似鱼，由"徐"姓相切而来，寓坐不改姓、行不更名之意；西庄山民的号，暗示其家在章家埠（今属章镇镇）西山村；金罍、井罍、井罍山民、金罍道士、金罍野逸等名号，也与上虞县城金罍山和仙道家魏伯阳有关，表达了他对家乡的礼敬与对早年曾经从道生涯的回望。至于"辛穀"一词含义，他自有解释。其47岁时所作"徐三庚长年"自用印，边款讲道："余曰金罍、井罍，一曰辛穀，取穀为赡养之本，农人辛苦终年，犹不得仰事俯育，余不耕而服食先畴，未尝一日忘农，因以为号焉。"足见其不忘来路、抱朴守真之心。光绪十六年（1890），徐三庚离世，享年65岁。其生前辑有《金罍山民印存》《似鱼室印谱》；卒后有《金罍山民手刻印存》《金櫑山人印存》《西泠印社藏徐三庚印集》行世。2013年袁慧敏编著《徐三庚印举》（袖珍印馆丛书），收印161方，精选各家之藏，益王秀仁集拓《袖海印存》。

清代上虞书画家辈出，徐三庚之前方志有传者，尚有赵金简、王望霖、许正绶、徐观海、谢翀、王诰等大家。其中，赵金简"尤工书法，精鉴赏”，上虞《天香楼藏帖》收有他的作品；王望霖“工书法，画兰竹岩石有奇趣”，集刻《天香楼藏帖》碑不下200方；许正绶“书法雄健，晚年用鸡毫书，得者宝之”。徐观海“工籀篆行楷，写生有逸趣，尤长兰、竹”。谢翀“善书法，人争购之”。王诘“不受禄仕，以画自给，笔资有余，兼周贫乏”。同时另有陈志学、王维屏、姚凤翥、陈廷楷、谢昺、朱勖等人，亦以工书工画并称。当然，清代书印并治者似乎只有徐三庚。后来的罗振玉也一般被归到民国。

横山义商

——陈春澜与他的慈善事业

小越西横山南有两幢大宅，一称“春记”，一呼“一记”，隔村河相望。前者居东，是陈春澜的故宅，可惜2006年前后被拆；后者居西，亦称“同兴里”，是陈春澜侄陈一斋兄弟的住处，是上虞今天遗留面积最大的清末民国建筑群，2009年修复后，辟为“陈春澜生平事迹陈列馆”。“一记里的屋，春记里的谷。”早先西横山这个地方被上虞人视为财富的象征。

陈春澜名渭，字文江，一字春澜，西横山陈氏第二十三世。祖、父业农。其父陈镁生五子，陈春澜居幼，其生而歧嶷，稍长见父亲耕作艰辛，便不忍以读书耗家。当时，陈春澜的叔父陈雍亭在湖北汉口一家钱庄帮办，陈春澜遂游奔汉口，由叔父帮其在钱庄谋得一份差事。一年后，因太平天国运动事起，陈春澜回到上虞，与他的兄长在章家埠做起了小本生意，大概买卖不太景气，没多久又只身前往上海，在外国人开的商场中做事。陈春澜生活节俭，头脑活络，腿脚勤快，对商场门道一经点拨便心领神会，得空又爱学习，掌握了简单的外语，深得老板赏识，几年内积攒了一笔钱。

这时，他便有了自己投资做老板的想法。他先在上海开了一家贸易货栈，没几年工夫生意做得风生水起，日益扩展业务，后来开起了钱庄，他把家乡的子侄、姻亲等都叫到上海一起打拼，生意越做越大。“凡所经营以上海为基础，而分支部于奉直、东鄂、吴越之巨镇，如是者二十年，而所赢或不赀，富甲一县矣。”举人朱鸿儒撰《陈公春澜生祠记》说：“累积数百万金，遂以富冠于邑。”

根据清宣统《西横山陈氏宗谱》光绪二十年（1894），57岁的陈春澜功成身退，他将上海等地的生意交由侄子打理，自己“脱身归横山，谋以建祠敦族及地方公益”。光绪二十四年（1898）到二十六年（1900），上虞开办算学堂和县学，陈春澜捐银2000元。不久，绍兴“府校谋新作，公又捐巨款以为倡”，“则益以五千金”。光绪二十五年（1899）夏，上虞县南山洪暴发，曹娥江堤塘溃决，西北乡几成泽国，陈春澜倡捐一万银圆，同时与沿堤士绅商谋，禀请官府将土塘改成石塘。为了跟进国家教育体制的转换，光绪三十四年（1908）出资五万银圆创办春晖小学堂，并在给官府的申批书上这样写：“……职幼年失学，壮岁经商，勤苦所得，薄有余资，兹念桑梓之乡，尚未建立校，心迄不安，爰自独捐己资五万元，在县北四十里横山之阳建造校舍一所，计上下楼房、平屋五十余间，用银一万三千元有奇，除置办图书器具外，约余银三万六千元，置产生息作为常年经费，定名曰春晖学堂。先办初等小学，以资递升，拟办至中学程度为止。将来逐渐推广。如经费不敷，再捐己资，以符素愿。职余年无几，以地方培养人才，亦国民应尽义务，不敢仰邀奖叙，叙惟教科，既遵定章，将来毕业，亦当与官立学堂一例办理……”

宣统三年（1911），陈春澜创办春泽垦牧股份有限公司，“浚港掘湖，整顿水利，开拓荒田，挽水旱于未雨”。

民国成立不久，浙江省教育会成立，经亨颐被选为会长，陈春澜慷慨捐一万银圆。1919年，年届82岁的陈春澜发宏愿，在三面环山的白马湖滨创办春晖中学。1922年7月30日《时报》第2版《春晖中学创立纪闻》："春晖中学为上虞富绅陈春澜捐资二十万元创立。试行新学制。定于今年秋季招生开学。先办初级中学，为续办高级中学之预备。"不幸的是，陈春澜在中学尚未建成之时便驾鹤西去。

事实上，陈春澜开展慈善事业已有年头，早在光绪十四年（1888）就与上虞小越在沪经商的另一乡贤袁天锡，联手筹银十余万两，赈济奉天水灾；光绪十六年（1890），上虞县创建积善堂，陈春澜亦多有捐输。此外，除陈春澜以外，陈氏其他成员也有善举。陈春澜从兄弟陈涯（陈雍亭之子）独资捐万金修建南湖计长10里的道路。

由于陈春澜等族人在慈善方面所作的诸多贡献，朝廷屡次传旨嘉奖。像光绪二十九年（1903），护理浙江巡抚翁曾桂，就因陈春澜出资倡修百沥江塘易石一事奏请朝廷嘉奖。他的奏折这样说："……此次上虞石塘工程邑绅二品封职花翎道衔陈渭捐洋一万元……陈渭捐输最巨，拟肯天恩，于建坊之外，传旨嘉奖……"1909年浙江巡抚增韫也有类似奏折。此外，陈涯因捐金修南湖大路，也被朝廷恩准建坊，授"乐善好施"坊名。在陈春澜的影响下，横山陈氏一族上至祖辈，横及兄弟，下及子侄，不少人都得到朝廷的封赠。其中，陈春澜被封通奉大夫、同知、观察使，他的两任妻子被封赠诰命夫人头衔；祖父、祖母，父亲、母亲皆受通奉大夫和诰命夫人的封赠。其他族人也有通议大夫、夫人或者恭人的封赠。

反身而诚

——洋务实业家经元善

诚，是儒家的重要价值取向。《大学》有“正心诚意”之教，《中庸》有“自诚明，谓之性；自明诚，谓之教”之说。“反身而诚”出于《孟子》，意思是以至诚立身行事。晚清洋务实业家经元善，就是这样一个“反身而诚”的人。

经元善（1840—1903），原名高泉，字莲珊（亦作莲山），号居易子、居易居士，晚年号剡溪聋叟，笔名沪滨呆子、汨罗江后学等。经氏先世居河北范阳，南宋从高宗南渡金陵（今江苏省南京市），继迁上虞，迄经元善已迁虞十八世。

经元善父亲经纬，字庆桂，号芳洲。因贫于1818年（时年15岁）贸迁上海，先从事小本经营，后涉足钱庄、茶栈、沙船行等行业。同时热心慈善，开办同仁辅堂、公济堂、养老堂、育婴堂、清节堂等，颇有影响，以“经善人”闻名沪上。经元善幼居乡里，稍长至沪到父亲身边。也许经纬忙于事务，一时顾不上孩子读书，使得经元善髫年失学。不久“小刀会”陷沪，13岁的经元善在亲友的帮助下逃出申城，流离转徙，到余姚外祖父家避乱。大概一路受惊吓，忍饥挨饿，经元善一到余姚便卧病经年，康复后乃起入塾，始读“四书”。1855年上海城复，经纬返上虞主持修建敬修堂家塾，命经元善为之监工，历三载告竣。经元善17岁时再次随父至沪，跟随父亲习计然之术。走上社会后，自知读书不多的经元善注重自身修养，发奋学习，曾读完熊襄愍、张杨园文集，终以王阳明知行合一、致良知心学践行一生。

同治四年（1865），经元善继承父业经营钱庄，并从事慈善事业。1877年、1878年“丁戊奇荒”，山西、直隶、陕西、河南、山东等地受灾严重，经元善挺身而出，发动救灾捐赈，活人无算，并随之声誉鹊起，结识不少商界名流、朝廷公卿。光绪六年（1880），受李鸿章委托，经元善入上海机器织布局任驻局专办商董会办，开始涉足洋务。此间，他采用资本公开招股的集资方法收到效果，却遭织布局官方代表的排挤，不得已退居家中。次年他被李鸿章委任为上海电报局会办，让其协助推进津、沪电报线建设和上海电报局的创建工作。光绪八年（1882），电报局改为官督商办，集股湘平银8万两，经元善本着振兴民族实业的意愿，再入股1万两，成为主要股东之一，由此接任上海电报局总办。此间，他重视人才，改进服务，节省开支，降低成本，不到一年就使上海电报局扭亏为盈，走上兴旺发展道路，至光绪二十六年（1900）“己亥建储”事发，他在总办任上苦心经营18年，为民族工业振兴创造出巨大成就。

事实上，经元善办洋务思想不限于织布局、电报局，他在铁路、煤矿、钢铁、船运、金融、税收等许多行业，都有宏观、微观上的独到见解。比如铁路，他主张轨距宽窄适中，且以引进欧洲新式高脚铁路为宜，认为这种铁路不占地面，且可随地势起伏，调节铁柱之短长，适合油、煤产区山地高架，十分灵便。再如造船，他不主张一味建造巨轮，而是主张建造底宽而平、重心常在水线之下、载重十吨至三十吨不等的轮船，他认为这类船只最适宜在中国运河航行。又如金融，他主张开钱庄，说开钱庄可以一当百。“是以钱庄有资本万金，即可出数万缗之银帖”[①]，还可根据市场需银淡旺，通过借贷“居奇获利”。

经元善虽然很早从商，但不是一般意义上的商人或者实业家，而是一个有品位、有情怀、有理想的圣者。

从修己立德上看，经元善私淑王阳明，修、齐、治、平悉本一诚。“丁戊奇荒”，经元善率经璞山、经耕阳两弟全心参与义赈活动，前后长达17年，募款数百万。其中，头二年就向灾区输银470763两。朝廷传旨嘉奖11次之多。难能可贵的是，当朝廷将要行旌表赈务功臣时，经氏兄弟表现出至诚至真的孝道品质，一概推拒自己的荣利，只将功劳归于老母。晚年经元善建“五誓斋”，一来为了自砺，二来为了示儿。其一誓曰不背儒宗非他教；二誓曰不徇世俗乖直道；三誓曰不掠众美邀虚誉；四誓曰不戴珊顶晋监司；五誓曰不遗儿孙金满籯。没有一定的修养和情怀，断说不出如此真言。

从立功事业上讲，他将自己完全捆绑在实业救国、教育救国事业之上。在中国首创以资本逻辑进入洋务企业；任上海电报局总办18年，把一个亏损洋务企业办成民族工业振兴的领头羊；他办学办报，开启民智，创办中国第一所经正女学堂，创办余（姚）上（虞）劝善看报会，将书报作6处分派，在上虞百官、崧厦、驿亭、小越等地落实专人负责。他提出正人心、明达道、徐缓进等合乎中国国情的政治主张，倡导国人公议参与国是，仿泰西立议院，使君民之气脉贯通。1900年1月26日（农历己亥年十二月二十六日），经元善领衔1231名社会名流签名，通电总署反对“己亥建储”，其规模和影响不亚于5年前康有为“公车上书”。

从立言上说，经元善身后留有《趋庭记述》《居易初集》，其著作被《中国近代思想家文库》收录。

儒释道三家都认为，道德高尚同时又能成就一番事业的人达到了

① 经元善：《上盛杏荪观察利国矿条陈》，虞和平编：《经元善集》，华中师范大学出版社2011年版，第87页。

成圣成贤，或者成佛的最高境界（果位）。在儒曰“修己安人”，立德、立功、立言“三不朽”；在释曰自觉，觉他，觉行圆满；在道曰“内圣外王”。不难看出，经元善慈善思想、经济观点、教育理念、政治主张等，无不散发出中国传统文化的智慧光芒。放眼天下，晚清有功名成就的商人、实业家不在少数，如胡雪岩、郑观应、乔致庸等比比皆是。然若论其一本至诚、知行合一，都不能与经元善相提并论。

为此，康有为《经元善画像赞》：“其暖暖珠珠为仁如春之明也，其鼎鼎宇宇为义如秋之清也，终身博施孜孜为善不近名而返刑也。呜呼天乎！抗淫后而救圣主以小吏撄而能宁也。虽蒙难于葡人马交炮垒弥皎皎坚白以忠贞也；余与君为患难交，惜市朝变而不能旌也。”王庆长说经元善：“机警比春秋弦高，旷达追战国少伯，清介绝俗胜唐之宋清，博参宗教，约守腔子，上窥造化，下验人情，比明之陈布衣。”蔡元培说：“君生平得力，尤在阳明氏知行合一之旨，故见义勇为，不受牵帅。”有清一朝，曾国藩而外，够得上立德、立功、立言“三不朽”者，唯经元善是举。

练达老成

——道墟台门与师爷神采

“维吾墟地，越东虞西。仰观天文，牛斗之阳。脉属会稽，春秋始扬。越王复国建斋台，炼戈称炭于称阳。墟土湖沙之积，河湖禹马疏畅。远山轩眉，近水襟肘。南风翼苗，翠浪林稠；村闾有楫，陆车水舟。鱼米满仓，景丽色秀。为越东之乐郊，实虞西之粮洲……”这是道墟当地学者对家乡悠久历史和饶裕环境的由衷赞美。不过，最能代表道墟的还是台门与师爷两张名片。

所谓台门，是对搭在高出地面台基之上、体量相对高大的住宅类建筑物的一种称呼，一个地方台门的多寡，表示了它的富裕程度。以前道墟因为外出做官、经商，或从事游幕的“师爷”多，所以台门也多，有人估算，称山脚下旧有各种台门100余座，这确实不是一个小数目。

道墟台门以功名称，有进士台门、大夫台门和御史台门；以姓氏称，有姚家台门、范家台门、全记台门；以主人雅好称，有“味根堂”台门、“行素堂”台门、“三桂堂”台门；以外表装饰称，有旗杆台门、擂鼓台门、行牌台门。如此等等，不一而足。

台门建筑都很讲究。一是用材上好，规整条石板铺地，石墩、木柱、梁枋等材料壮实，墙门高大厚重，开间少则三间、五间，多则七间、九间，进深最少的二进，有的三进或者五进，正所谓“庭院深深深几许”。

台门式建筑中轴线头两道门称大门、仪门。前者是主入口，后者相当于照壁。仪门之后便是厅堂，客人来访在进入仪门前，要理衣正冠，经过一番捯饬方可入内见主人。厅堂是主人会客的地方，小户人家则叫“坐起间”，一家的体面在于此。所以，堂上方往往会根据主人的喜好，悬挂一块堂匾，上书某某字样的堂号。这类堂名蕴含深厚的文化功底和学识修养，堪称主人治家门风价值取向的宣言书。像道墟侍郎府功名台门，堂名“三桂堂”，表示诗书相继，以礼治家；观察第台门悬匾“不易堂”，典出康熙时，台门主人章履成任职四川期间为民请命，抗拒上司多征军粮，当钢刀架在脖子上时，始终不易其数，门冠“不易堂”，表示崇尚做官为民、刚正不阿的气节；中书第台门的“行素堂”，典出《中庸》第十四章“君子素其位而行，不愿乎其外”，意思是君子安于现在所处的地位，去做应做的事，不生非分之想，表示以中庸之道安身立命。诚然，这些堂号斯文，多是读书人为之。如果换作商人，或富农、地主家，堂名含义多倾向于财富。比如，啸吟后街的阮氏“大有堂”台门，其堂名来自大有卦，该卦乾下离上，象征财富的大和多。当然，有些堂名也有不忘创业辛苦的意味，像章泉源“全记台门”正厅“味根堂”，典出宋代名儒汪革“人咬得菜根，则百事可做”的名言。在中国传统文化语境中，“味根”是安贫乐道、磨炼人志的一个词语。章泉源以此为堂名，表示他不忘本来的意思。

的确，道墟出师爷，历史上曾有“无绍不成衙”“绍兴师爷出道墟”之说。有人考查，清一代在州县、府台以上衙门当过师爷者达175位。

所谓“师爷”，是民间被官府长官聘请，助其出谋划策，或者帮助做学问的私人幕友。“师爷”这个称谓出现不会早于元代，见诸史料更晚，晚清徐珂的笔记《清稗类钞》："盖仆从之于官，称老爷；于幕友称师爷。"由此可见，"师爷"之称相对于"老爷"而来。这大概是民间对"师爷"称谓的最早记载。

据其职分，师爷可分为刑名师爷、钱谷师爷、折奏师爷、书启师爷、征比师爷和挂号师爷等。刑名师爷是佐理官司的；钱谷师爷是协理钱粮会计的；折奏师爷是专事草拟奏疏的；书启师爷是起草书函告示的；征比师爷是负责稽查与考证田赋的；挂号师爷是负责公文收发和登记管理的。林林总总，名目不少。至于协助主人做学问的读书人，其性质是"师爷"，但因其工作只对主人而不涉外务，所以与一般"师爷"又略有区别。

其实，时下语境中的道墟师爷已不纯粹，多半是对在外谋生读书人中佼佼者的泛称，真正像邬思道那样的师爷到底并不多。大体有三类情况：一是职分上是师爷，但后来有了功名或者官品身份，像章鹤汀之类。二是前期当师爷，后来有功名不从，甘愿在官家受聘做西席，或者从事学术研究，如章学诚。三是独立开馆授课的教书先生，如章南洲。这三类读书人被大家习称为"师爷"。

无论哪一种性质的师爷，工作都十分辛苦，也都比较能挣钱。他们发迹以后，便衣锦还乡，在家乡建造高大霸气的台门屋。道墟台门便是这三类"师爷"的产物。之所以称为"师爷台门"，而不称作"老爷台门"，或者"官爷台门"，那是因为在常人看来，师爷比"老爷"或"官爷"干练，声望在"老爷"或"官爷"之上，这才让外界误以为道墟只有"师爷台门"，而无"官爷台门"。

业内有人以道墟章姓为例，列出章秋白、章墨舫、章南洲、章鹤汀、章学诚、章敞、章慈、章靖、章敬、章佳、章槐、章文枢、章材、章卓、章檀、章尚和、章折心、章元宸、章守道、章乾、章元和、章元祖、章继省、章梦失、章土壤、章元礼、章格庵、章元恺、章斐、章显仁、章锡光、章治等一大串师爷名单。其实，道墟除了章姓以外，尚有陈、王、范、阮等诸个大姓，如果加上这些因素，道墟师爷的群体确实庞大。以下介绍了章氏师爷中几位名气大者：

章南洲，名章颖，字叔鲁，南洲其号，与族兄章礼、章焕号称章氏“三杰”。明代晚期人，理学大家刘宗周的外祖父。其生而英伟，长而攻苦，肆力于经术，为《易》学名家。清康熙《会稽县志》载：“越中以《易》制科者多出其门。”门下弟子千余，山（阴）会（稽）大名鼎鼎的学者周应中、陶望龄和刘宗周皆出其门。因其教育方法独特，位高权重者如首辅徐阶、申时行等皆欲争相聘请，以教课子弟。章颖性峻急，刚肠嫉恶，对族中游手冶歌之人动辄詈骂，使得那些小子不是远避便是前来负荆归悔，俗风为之一变。章南洲尝自言：“使予得志，杨忠愍事业不足多也。”杨忠愍即杨继盛，明代中期著名谏臣，死后被尊为“城隍”。

章鹤汀，名贻贤，号澹斋、潜庐，私谥端悫，章南洲八世孙。咸丰三年（1853）生人，卒于民国7年（1918）。生性敦厚实诚，恪守庭训。家贫，幼从父学，博学强记。为人甚孝，15岁割手臂肉进药为母疗病。他精通刑律，兼及旁科，于文书奏折、备荒、弭盗、水利、盐法、赋税等无不精通，游幕州府颇有声望，先后在湖北、湖南、浙江、四川、云南等地做师爷30余年。《称山章氏家谱》载：“参核其利弊，规划其变通。不以迎合时趋，又能不以故违部章，自异其为，世所称道。”他做了许多解主济困、利国利民的好事。光绪三十一年（1905）湖南发生水灾，时在湖南巡抚幕府的章鹤汀，力排众议，促成府主向朝廷请发救灾款十万两银子，全活无数百姓性命。

章锡光，初名观光，字吉臣，号劼丞。晚清道墟仲义房人，故居横街口进士台门，今属新民主村，与同为师爷的范之杰故居仅隔百米之遥，和“糯米阿九”的“全记台门”前后相对。章锡光出身师爷世家，他的父亲早年在福建做师爷，后来做了个未入流的小官。母亲双目失明，家境并不富裕，因过年时祠堂祭祖，他顺手拿了蜡烛回家，而被族人讥笑。他想改变清贫的生活，便发愤读书，光绪十二年（1886）补县学生员，十五年（1889）中举人，三十年（1904）成进士，成为一个政声不错的好官。

此外，章敞，字尚文，号暗然，明永乐二年（1404）进士，入庶常馆习事，累官至礼部侍郎。曾两次出使安南（今越南河内），不为声色所动，拒收安南王馈赠金珠等厚礼，当地筑“还金亭”以为纪念。章正宸，字羽侯，号格庵，晚号称东饿大。师从刘宗周。明崇祯四年（1631）赴考时堕马折臂，以左臂书法中进士。为人正直，嫉恶如仇，因弹劾温体仁奸党王应熊，被下狱拷讯，竟削籍归。后虽复起，但纠贪锋芒不折，再遭贬谪。至于章学诚，本章第二节已经介绍过，此处不赘述，他的父亲章镳，早年也是西席出身，后中进士，居官一方，为人称道。

台门、师爷是道墟两张光彩锃亮的历史名片，它们背后蕴藏一股厚积薄发、勇猛精进的奋斗精神。

往事千年

——县城丰惠的市井群像

丰惠作为唐代至1954年的上虞县治，一直是上虞经济、文化、政治中心。其市井群像特别丰富，可以说是上虞民俗的一个缩影。以下选取长者望烟、凤鸣求梦、东郊打春、桥市街铺四例，从民俗角度窥探往日县城市井生活的喜乐样貌与风土人情。

一、长者望烟

县城丰惠南首，有一座不太高的山包，宋代以后的百姓约定俗成地称之为“长者山”。“长者”是对德高望重的老人的敬称。而担当得起这一敬称的人叫周元吉，他是北宋初年丰惠县城里有名的慈善家。

据明清两朝《上虞县志》记载：周元吉，字元之，家居城南山包东面，是上虞比较富裕的乡绅。其人有一个习惯，就是每当近午时分，总要登上山顶俯视山下坊间密密麻麻、鳞次栉比的民居，发现哪家的烟囱不冒烟，便派家人送粮上门，以解燃眉之急，可谓雪中送炭，穷苦的人们很是感激。为了在雨雪天或者夏季高温季节也能上山望烟，周元吉还特地在山上构亭，曰“望烟亭”。长此以往，“周长者”的名号就这样得来了。

周元吉过世后被葬在山的南首。“乡人义之，因名长者山。”由于周元吉家风向善，他的子孙也发善心复修祖德，舍宅为寺，这座寺院便是后来的定善寺。今丰惠中学校舍有一部分就建在定善寺的基础之上。周家子孙自己则迁居东溪，由“城里人”变成“乡下人”。时至今日，当地人依然记得周元吉的恩德，“长者望烟”仍旧长存在丰惠人的记忆中。

二、凤鸣求梦

“凤鸣”既是山名，也是洞穴名、祠名，位于丰惠镇东南首，因“昔有仙女，跨鸾作凤鸣至山”而得名。凤鸣求梦，是旧时上虞远近闻名的重要民俗。

该民俗最早传于汉代。曹娥父母婚后多年无一男半女，遂双双至凤鸣祠向仙姑娘娘求梦。夜宿山祠时，仙姑在梦里答应曹盱送一个孝女给他。仙姑的承诺果然应验，夫妇俩生了一个女娃，这个女娃便是曹娥，这则故事绘于曹娥庙大殿前两侧廊壁，名曰“祥征入梦”。

明代以来，仙姑托梦灵验多见史志记载，上凤鸣山求梦的故事成为人们茶饭后的谈资。

明代孙如《游仙姑洞记》：“余万历乙亥，修业龙山，客有谈仙姑洞之胜，梦兆先征者……”孙如为何许人，面貌不清，但他在龙山修业，已有人与他谈及凤鸣仙姑梦兆一事。明正德丁丑科进士，上虞人车纯亦有凤鸣山祷梦经历。他写的关于凤鸣山的一首诗说：“卷天风雾暗危峤，仙女曾从此地超。洞口云生疑结幄，山头鹤过忆吹箫。飞泉挂峡银河落，高木悬藤羽盖飘。犹记乞灵如昨梦，坐依岩窦睇丹霄。”诗中提到的“乞灵”就是祷梦。清代黄百家《凤鸣纪游》也说，作者尚未出生时，祖母曾带其母到凤鸣山，向仙姑求梦祈子一事，曰：“古虞凤鸣洞，在邑城东南之百云山上。先王父忠端公有记，先遗献有诗，俗名仙姑洞，旁有仙姑祠。王父殉难后，王母姚太夫人偕先母叶淑人尝祷梦于此。王母梦仙姑示以只手，手后祥光烛天，成五色卿云；吾母晓日照林，亦有祥光瑞霭。时余尚未出生也已。吾母复如前梦而生余，因乳名竹（谐音“烛”），是兹洞于余家有夙契焉……”作者黄百家系余姚大儒黄宗羲第三子，纪游中提到的“忠端公”，是其祖父黄尊素的谥号。清代上虞驿亭人张文澜，家贫无子，也曾上山求子。光绪《上虞县志校续》本传载：“尝卜梦于凤鸣山，赐以鲤。”鲤寓鲤鱼跳龙门之兆，说明仙姑暗示他将得子，且将来大有出息。清代一个叫陈光林的陈溪人，儿时父死，母远走他乡，稍长便刻意寻母，但几次三番无果。后来热心人推介他到凤鸣山祷梦，求仙姑指点迷津。陈光林寻母心切，当即赶到凤鸣山，夜宿祠中。当晚仙姑在梦中对他说：“念汝孝，令汝母子重聚，勿过悲。”后来，陈光林果然遂心如愿，寻到娘亲。

三、东郊打春

打春，是上虞最为隆重的生产性民事活动，分别在立春前和立春当天进行，地点是县城东郊，即今丰惠东门外探春桥一带。“民以食为天”“一年之计在于春”，东郊打春是官府发出的农业生产的号角。

打春一般分为两个程序。立春一般是在每年公历2月3日至5日。如果立春在3日，那么活动要在2日开始，依此类推。据清光绪《上虞县志校续·民俗》记载，第一天大清早，县官等一干人“皆服青帻青旛”立在东郊迎春，与士绅百姓一同在东郊“设勾芒、土牛”。勾芒是木神，也即春神。《礼记·月令》：孟春之月“其帝大皞。其神勾芒”。不过，民间将此神设为牧童形象。“设勾芒、土牛”的意思是，用泥土堆塑一个“牧童”和一头土牛。“牧童”站的位置前后很有讲究，如“牧童”站在土牛的前面，表示立春早；站在牛中间表示立春不早不晚；站在牛后面，表示立春晚。这也就是人们常说的年里春与年外春之别。土牛塑完以后，要招募丐头装扮成“春官”，让他穿着上古衣冠，也就是树皮草冠之类的原始人装束，乘坐肩舆，然后吹吹打打，让“春官”游走一番。次日，由众人推举的一位年长且有德的种田能手，挥鞭将土牛打碎。这时围观的民众纷纷上前，争抢打破的土牛碎块，拿回自己家或者赠送乡邻作为丰收信物。清代上虞人范兰有诗曰：“探春桥上报春回，南北山头霁雪开。最是倾城观太岁，彭彭官鼓土牛来。”打春仪式结束，耕牛交易紧随其后。旧时探春桥一带设有牛市场，上虞与余姚、绍兴等邻县的牛贩子，都将耕牛运送到此地，让农户自行选购。“月明马识途，春暖青牛跃。”其实，这才是民俗“打春”真正的压轴戏。

四、桥市街铺

丰惠贸货街市分行、市两类。行，相当于今天说的街中商铺，日出开门，日落打烊，一年四季，基本上天天开门营业。市，指农人相对固定的自由摊贩集聚地，也泛指“草市”，或者“蓬头市”，期日鬻货，也就是说分单日或者双日拢市，有的定作逢三、六、九，有的定作逢二、四、六，拢市之日称为“市日”，别的日子则称为“闲日”。市日货物自产自销的农民或者小商贩，拂晓进城设摊，至上午八九点光景散场，所卖货物主要是瓜果蔬菜、家禽家畜、熟食、粮食饲料、薪炭、竹木器具等。当然，也有例外。比如，一些专事江湖珂鱼虾的渔翁，卖货讲究的是一个鲜活，每到午后三四点钟光景，便会划着小船，泊到街河埠头，点上一袋旱烟，泰然自若地等候居民前来看货品鲜，以大半天的劳动成果换取现钱，然后沽酒回家，日复一日。

宋代上虞县城附治地设十三坊，明代增至十四坊，作为行的商铺店家都开在坊间。也就是说每坊一般都有多寡不一的店铺。所售的货物往往都有规律，有的主打米粮，有的主打咸鱼鲜肉，有的以南北茶食、烟酒油盐、茶叶糖果为主，有的专卖绸缎布匹、鞋帽雨具、针头线脑，也有小吃、酒馆、药店等。总之，但凡城里人生产生活所需，店铺基本具备。同样，草市设摊也有讲究。比如，出售米粮的多在丰惠桥南北堍；杉木市在孟宅桥；竹木柴市在百云门及通泽门；炭市在南街；布帛丝线市在城隍庙；鸡鸭鹅市在新街口；羊市在杨桥巷口；猪市在九狮桥；牛市在探春桥一带，以三、六、九日为期，交易比较旺盛，有专门的牙人（居中讲价调停的专职市魁）用隐语传信息，如一两曰“汪僧”，一钱叫“拗子”，这是一种愚弄外地人的陋习。

铿锵劲爆

——欢天喜地的民乐吹打

吹打是中国传统器乐乐种之一。由吹、打两类乐器演奏的音乐，中国民间俗称锣鼓或鼓吹乐，分坐乐与行乐两类。前者呈坐姿，演奏于室内；后者呈步姿，演奏于室外，特别是道路行进过程中。多种乐器编组吹打，最早是应用于庙堂或者祭祀的一种演奏形式。

上虞吹打历史悠久，坐乐、行乐俱备。从境内出土的陶瓷埙、甬钟、句鑃、錞于等众多乐器看，至晚在春秋战国时期，吹打这一形式已经出现。汉晋越瓷堆塑罐上还能见到跽坐吹奏笙、箫或者排箫的乐俑，东汉《曹娥碑》载曹盱“能抚节安歌，婆娑乐神”。

在漫长的历史进程中，吹打不断得到丰富发展，至宋代已相当繁盛，明清两朝更甚。明万历《新修上虞县志·风俗》载：“元宵街市接竹爆棚悬灯，或于冲衢架鳌山，各社庙赛神，以鼓乐剧戏为供，陈设古器奇巧相角。”此“鼓乐剧戏”便是吹打，而“社庙赛神”则是一种行乐。清光绪《上虞县志校续·风俗》亦载：“元宵，街市悬灯，各乡村社庙赛神，以鼓乐剧戏为供，陈设古器奇巧相角。亦有于元宵先后为之者。”“春社前后，各乡村聚天齐社会，旗帜绣东岳帝像，以鼓乐导迎，斋戒必虔，所至以酒馔相款洽，谓之礼拜。其迎会之人称老佛，其鼓吹之人号十番。相传明时倭寇奴入犯，各村团练乡勇演习队伍，保障一方，有警则交相接应。后太平无事，遂易戈矛为旗帜，假神道以驱疫，亦保甲遗意也。乃踵事增华，日新月异，乾嘉以来，每礼拜毕，三月中，里人又聚各社各旗迎东岳帝于城中及东西两乡，谓之花迎。羽葆鼓吹、绣织锦伞、高跷文马、鱼龙百戏约排列三四里许。"宋代"春社"日子固定在立春之后的第五个戊日，大约在春分前后，之后时间慢慢前赶至夏历二月二"龙抬头"日，甚至于立春前后就开始的，故还有"花迎迎过年，可惜要种田"的说法。

民间吹打形式多样，风格粗犷，铿锵劲爆而为世人喜爱。其组织形式称为"十番班"，"十番"一名由来众说纷纭，其中一种说法是，这是乐师的十个手指头都要翻动的意思。参与"十番班"演奏的人数可多可少，少则六七人，多则十五六人。演奏以唢呐、招军和锣、鼓等打击乐为主，又分"清锣鼓"和"丝竹锣鼓"两式。只用打击乐器演奏的为"清锣鼓"；兼用丝竹乐器演奏的称"丝竹锣鼓"。演奏的曲牌称大敲，或十番锣鼓，俗称吹敲。其形式主要有龙船大敲棚、背敲棚（小敲棚）、细吹细敲，婚丧寿庆吹敲、锣鼓乐、道士吹敲等多种形式。大敲古朴雄壮，粗犷奔放，热烈浑厚，装束精美独特；细吹细敲古朴清新，细腻抒情，文静幽雅；婚丧寿庆吹敲短小活泼，精致清韵，喜乐稳重；锣鼓乐节奏丰富，音色浑厚，奔放激越；道士吹敲古朴清绮，宏厚凝重，纯净玄渊。

十番锣鼓多在迎神赛会、斋堂坐唱、婚丧寿庆等场合演奏，根据地域分布、演奏场合、演奏形式、乐队组合、装束道具等的不同，又分不同的内容、形式和表演手法。

除了县城丰惠的迎社庙赛神，曹娥的迎东岳赛神也有得一说。根据92岁高龄的老曹娥人苗根回忆，曹娥的东岳赛神从夏历三月二十六日至二十八日，前后共举行3天，每天分别各有程序和内容：第一天上午参与者到东岳殿抬神像（亦称菩萨像），村与村之间各有约定俗成的分工，上沙村小船埠头、王公茂埠头的人抬太子菩萨、符官老爷和岳帝菩萨，老坝底和弯头抬黑脸菩萨，下沙村小车班抬红脸菩萨和救命王菩萨；下午迎会开始，在曹娥街抬神绕游半天。第二天参与者一早走出曹娥街，行进路线是：先向西到里睦桥，再折南依次到方村、严村、东山下、蒿庄，最后返回曹娥街。第三天参与者从曹娥街沿运河往西到龙王堂、白米堰，折南过谢家桥、双板桥，再经后金、中墅、里睦桥等村，最后回到曹娥，把六尊菩萨送还东岳殿就位，结束迎会。迎会队伍中有六乘大敲，其中五乘为旱地龙船大敲，制作讲究，威武雄壮，甚是风光。旧传曹娥人有“三过年”，迎东岳神即“过年”之一。另二“过年”一指正月新年，二指孃孃庙会。因为曹娥的迎东岳赛神抢眼，故有“丰惠珠宝，曹娥花泡”之说。此“花泡”指形式热闹好看。

根据文化部门调查，上虞吹打主要代表曲目有：《花二场》《文武辕门》《噶嗒志》《大敲》《步步高》《搜轿吹》《马上吹》《拜笛》《花烛吹》《行路调》《太极祭祀》《扬州》《调龙》《三敲》《水底鱼》《干打》《五场》《春夏秋冬》等。其中24首优秀曲目被编入《中国民族民间器乐曲集成·浙江卷》。

中华人民共和国成立以后，上虞民间吹打不断发展，成为当地群众文化生活的重要组成部分。1998年上虞被命名为“浙江省民间艺术之乡（吹打乐）”，1999年被命名为“中国民间艺术之乡（吹打乐）”。新世纪初，“上虞民间吹打”被列入浙江省民间艺术保护工程；2007年，被列入第二批浙江省非物质文化遗产名录。

情在不言

——祈求平安的传统戏剧“哑目连”

“哑目连”也作“哑目莲”，是一种演员没有语言对白，全靠表情、动作表演剧情的民间艺术形式，又叫《太平会》《哑魁戏》《哑鬼戏》等。这种哑舞剧旧在上虞中北部的百官、上浦、南湖、崧厦、沥东、沥海一带相当流行。

“哑目连”分台上、台下两种。现在上虞非物质文化遗产保护项目传承的台上哑鬼戏，出演的角色有观音、韦陀、鬼王、无常、呵领、夜魃、阎王、五鬼卒、大小头鬼，家仙、阿招、柳翠、刘氏、孝子等40余个；节目有《韦驮请观音》《阎王发牌》《刘氏得病》《瞎子卜课》《夜魃过河》《送夜羹饭》《夜魃请无常》《前扚刘氏》《调男吊》《调女吊》《文武科场鬼》《挑镣枷》《谋亲夫起解》《饿鬼赌灾醉鬼》《大小头鬼》《大小头鬼戏柳翠》《阎王发五鬼》《后扚刘氏》《敲纸铜锣》《吊孝出丧》《鬼王扫台》等共20多个场次，全剧演出时间约3个小时。据说旧时有100多个节目，可一连演上3个整夜。台下哑鬼戏由台上哑鬼戏中的“无常捉刘氏”“无常抢夜羹饭”等剧情串联而成，以前多在东岳庙会赛神游行中表演。另外，台下哑鬼戏在流传中尚有

《五无常》《独脚无常》《大小头鬼》《高矮鬼》等鬼舞自成一折。《哑鬼戏》中最精彩的节目是《送夜羹饭》《夜魃渡河》《女吊》等。《哑鬼戏》除以舞蹈和哑剧手段表演外，还具有精彩的特技造型和托举技巧。如《男吊》，调吊者要在两环吊绳间做悬空转身、转圈、吊荡、仰躺等动作，计七七四十九吊，中间无任何防护措施，全靠一身硬功夫。

“哑目连”戏剧模型（马志坚供）

目连戏取材于东晋竺法护译的《佛说盂兰盆经》，是佛教中国化在艺术领域的重要表现形式。不久，农历七月十五就被民间约定俗成为“鬼节”。对此，南朝梁宗懔的《荆楚岁时记》已有载。由此可知目连戏的出现，且于农历七月十五前开演之俗不会晚于隋代。目连戏到北宋已相当盛行，孟元老《东京梦华录·中元节》说：“勾肆乐人，自过七夕，便般《目连救母》杂剧，直至十五日止，观者增倍。”这说明，七夕节至农历七月半期间，是目连戏的天下。那时的目连戏并不哑，而是能说能唱。目连戏不开口，光凭肢体语言表演，可能是南宋以后的事，至于变哑则是为了向更多的受众传播与普及。

《东京梦华录·驾登宝津楼诸军呈百戏》：“继有二三瘦瘠、以粉涂身，金睛白面，如髑髅状，系锦绣围肚看带，手执软仗，各作魁谐趋跄，举止若俳戏，谓之哑杂剧。”髑髅就是骷髅、鬼。很明显，这里说的“魁谐趋跄”、动作举止滑稽的哑杂剧就是鬼戏。至于是否可以确定是“哑目连”不好说。但有一点可以肯定，那就是这种哑杂剧为有声目连戏变身哑戏提供了可能。宋室南渡，包括演哑杂剧在内的许多艺人随之南下，促进了南北文化的交融。蒙元入主中华，以戏剧为代表的世俗文化空前繁荣，北来的哑杂剧、目连戏与当地的风俗民情相结合，“哑目连”在这种文化背景下诞生。

目连戏在明清两代相当受民众欢迎，根据张岱《陶庵梦忆》卷六《目连戏》记载，戏班中光能相扑跌打者就有三四十人之多，观众多达万余人。他说：“……戏子献技台上，如度索舞絙、翻桌翻梯、觔斗蜻蜓、蹬坛蹬臼、跳索跳圈、窜火窜剑之类，大非情理。凡天神地祇、牛头马面、鬼母丧门、夜叉罗刹、锯磨鼎镬、刀山寒冰、剑树森罗、铁城血澥，一似吴道子《地狱变相》，为之费纸札者万钱，人心惴惴，灯下面皆鬼色。戏中套数，如《招五方恶鬼》《刘氏逃棚》等剧，万余人齐声呐喊……”虽然，张岱没有说明其戏是“哑”的，但据“度索舞絙、翻桌翻梯、觔斗蜻蜓、蹬坛蹬臼、跳索跳圈，窜火窜剑之类”的描述推测，彼时上演的很可能就是“哑目连”，不然不会有那么多令人眼花缭乱的杂技表演。“哑目连”在上虞生根，大约也在张岱生活的时候。

民国以后“哑目连”盛况不再；“文化大革命”扫除旧思想、旧文化、旧风俗、旧习惯，“哑目连”被当作“四旧”扫除，销声匿迹，几近绝传。20世纪80年代，上虞文化部门进行了抢救性挖掘，使这门独绝的技艺起死回生；2007年，上虞“哑目连”被列入第二批浙江省非物质文化遗产名录。

绳其祖武

——世泽绵长的家族风教

风教即家教，是家庭门风传承的一种风俗教化。《三字经》说："苟不教，父之过。"家庭或者家族是社会的基本单位，也是民间自治的重要支点。家庭风教是传统社会教化子弟的基础手段。

上虞素重风教，且颇具成效，这从上虞孝子中相当一部分年纪比较小的现象中可以看出。东汉孝女曹娥14岁投江寻父；北宋朱娥护媪挡凶，年仅10岁，身死刀下；南宋赵善傅16岁以命换父，感动盗贼；元朝胡镁8岁跳井救母；清朝陈福德10余岁代父受死……虽说纯孝出于天真，但是近墨者黑，如果没有好的家族风教，再纯真天性的孩子也萌发不出如此经得住生死考验的孝行，这是上虞作为孝德之乡最为显著的辨识度所在。

家族风教主要体现在祖训族训或家训家规上，俗称"家法"。家训明确规定哪些事该做，哪些事不该做，以及违反家训后相应的处理办法。上虞但凡稍大一点的家族皆修订家谱，里面记载详细而又通俗易懂的家训。下面按东南西北中五方，各举一例谱载家训分享，以祈窥一斑而见全豹。

虞东：贻谷堂宣统三年《上虞罗氏谱》《宗规》，强调忠孝节义，并对济困、睦族、慎行、择业等皆有明载，尤其对读书人管束更严，曰："忠孝节义，人之大闲，吾罗氏迁虞以来，诗书启后，清白传家，为乡邦中推，如前明文仲公之孝，正仲公之义，王太儒人之节，慎庵公之忠，俱足流芳百世，垂范后昆……族中如有饥寒不能自存，及丧葬不举、婚嫁失时者，本房殷户，当默体祖宗之心，量力周给，以蒋伯之助……族中不得平空兴讼，或为祭祀起端，或为分主起衅，或为口舌起因……族中读书子弟，当以行宜为重，慎勿惟利是图，若其人一入黉门，不守卧碑，包揽词讼，贻害族党，不孝不慈，无礼无义，即为不贤子孙，勒令来祠罚跪，是堂听候宗长训斥……士农工商各择一业，彼此相通有无。"

虞南：光绪二十一年（1895）《管溪徐氏宗谱》载的《家训》很有特色，一方面，其内容相当有原则；另一方面，规定又显得细碎，几乎是面面俱到。比如，讲到族人须敬天、忠君、敬祖、孝亲、事后母、兄弟、教子、敬长、待妻妾、正闺门、驭仆役、睦乡里、正心术等，有的条目后又特地有所注明。像正闺门一项后注"十岁以后，男女坐不同席，行不逐队"；驭仆役一项后注"不蓄外来游手游食之人，只用家养义男之子，或本乡有父母兄弟者"；正心术后注"与亲戚但论亲疏，不论贫富"。此外，该《家训》尚有"十二戒""四要"："戒贪色、戒炼丹、戒赌博、戒宿娼、戒纵饮、戒暴怒、戒好讼、戒服毒自缢、戒溺女、戒做戏、戒躁进、戒夤缘"和"要安分、要知足、要自反、要朴实"。该《家训》特别崇尚耕读，曰："读书为士第一好事，但既服士子之服，便当修士子之德，攻士子之业，谨守卧碑，不宿娼饮酒，不出入官府，不好争喜讼，恬淡自守，勉力学问，居乡使乡人颂其德，为官使下民颂其政。凡人资质不可读书，便当习农，此是本分生理第一安稳，做官之家每不如富家之长久，谓其所得皆从辛苦中来，无欺心悖理者也。耕耘收获俱要及时，旱潦俱要效勤，不可怕寒，不可畏热。"

虞西：光绪二十一年（1895）世德堂《虞西板桥曹氏宗谱》订有比较详细的族规，其中《祖训》十条涉及礼、敬、孝等内容，最重的处置是“革祭”和逐出宗族。曰：“一、子孙有为非礼非义之事，或干名犯分伤风败俗，玷辱祖宗、贻羞族党者，宗长会同各房支长惩治家法外，革出祭祀，以戒不肖。二、子孙凡遇祖墓拜扫之时务须随分，尽礼以隆报本，毋弛孝心。三、子孙务宜孝悌为先、和睦为本，凡族内有患难疾苦，必须会议往视扶助，毋得袖手旁观。四、子孙须恭敬尽礼，出入有仪，见长者坐必起，行必随后，应对必称名，毋以尔我相称，女妇并同。五、子孙宜耕读为本，商贾为末，不许苟为卑贱之事，以污先人，违者革祭，戒之慎之。六、祖先皆敦礼安分守己，子孙毋得恃强吞弱，好讼于刑，违者革祭。七、子孙婚配，须择良家素娴姆训者聘娶，勿图美奁。凡养女出聘者，宜慎择婿，并毋得入赘在家致嫌逼处，如违公逐之。八、宗中或有乏嗣理应承继者，当照五服世系，先进同父周亲，次及大功缌麻，毋得越次争夺，且并不许继养外姓，以乱宗法。如违众共逐之。九、子孙务宜专心耕读，毋得游手好闲致入匪类，如有不务本业，干犯赌博者，立即禀明宗长，治法并革祭。十、嫡庶之分所以别贵贱、昭名分也。庶不入祠，旧规严矣，即有子贵堪荣，并贞节可旌，殷实者必须议捐腴田数亩，始准入祠从祀，以奖之贫窭者，公议量力，违者众斥。”

虞北：宋代定居虞北崧厦桂林（今名蔡林）者是英国公夏荣。这支家族庞大，后裔四散虞地，分支族大者有：夏氏崧厦支系、夏氏上浦夏家埠支系、夏氏大泽乡支系（今属陈溪乡）、夏氏一都湖山，谱又称虞东蒋山夏氏支系。兹从民国19年彝叙堂《大泽乡夏氏家谱》录英国公训子语：“居家尽孝，立朝尽忠。戴天履地，毋愧寸衷。若不树立，誉望难隆。损人利己，欲富反穷。游冶放浪，有玷家风。无恒作事，鲜克有终。奢俭中礼，交际通融。上和下睦，德同心同。疚难免矣，时省貌躬。谆谆训尔，毋佯耳聋。”

虞中：丰惠何家岙三高堂《何氏宗谱》以传家训、铭形式诫族，训诫男性以乾道为范，明礼义廉耻、孝亲择友等。兹录《男训》节选：“乾道成男，刚健为德。德本性生，无事粉饰……礼义廉耻，温恭正直。敏事慎言，小心谨饬。大伦有五，不容失一。父母劬劳，恩报罔极。养其心志，侍奉朝夕。汤药亲尝，几谏怡色。生事葬祭，无少差忒……交友之道，忠诚为质。善劝过规，毫无隐匿。忠告善道，辞无过激。患难死生，尤当勤力……忧人之忧，仁心隐恻。让人非弱，谦逊受益……圣狂两途，随人抉择。尧舜亦人，有为同绩。”《女训》节选：“女子之生，道本于坤。阴柔成性，贵顺与温。幽闲贞静，如玉如琨……子与人争，责其纵肆。祸患之少，妻贤所致。高堂有疾，朝夕奉侍。眉睫不交，亲尝药饵……人短不言，己长休恃。贫贱勿谄，富贵不侈……”同时，训中还列出曹娥、太姒、有莘等历史上公认的贤孝女性作为榜样。另有《孝铭》《友铭》《睦铭》《姻铭》。其中，《孝铭》：“百行之原，实惟曰孝。无忝所生，方全子道。一食一衣，人惠思报。生我劬劳，讵其罔觉。务深爱敬，勿事文貌。用劳用力，亦所报效。家庭遭变，虞舜当效。廪井维使，于田泣号。卒以顺亲，称为大孝。郑庄矢誓，后致悔悼。所以古人，永言为教。”《友铭》：“……凡今之人，莫如兄弟。虽有阋墙，外侮其御。伯仲叔季，连树并蒂……”《睦铭》：“……世系孔昭，源流洞烛。服分亲疏，情宜肫笃。庆吊殷勤，善过用勖。涂人犹周，矧兹比屋。毋忌有余，毋欺不足。毋矜势位，毋忽愚碌……”《姻铭》：“周旋戚属，是名为姻。帝王出治，不废懿亲……甥舅之谊，婚姻之伸……座有穷戚，古人所珍……胡今之世，贫贱生嗔。求我新特，不思旧姻。苟能反是，风俗斯淳。由此而推，六合同春。”

时至今日，传统家庭风教的内容虽然未必全合时宜，但其中的精华部分仍然属于中华民族优秀传统文化，应当根据社会主义核心价值观的要求返本开新，继承发扬。“昭兹来许，绳其祖武。”

日月递照

——岁时伴随的节令民俗

一方水土养一方人。在岁月的变迁轮转中，人们创造出节气时令名称，同时又因地域环境影响，形成观念习俗，并固化形成一种生存方式，上虞作为中华民族大家庭中的一员，其岁时伴随的节令民俗，既有共性，又有个性。

一、岁时习俗

(一) 清明

清明是立春后第四个节气，同时也是元宵后第一个重要节日。

作为节气的清明，对于农事的意义仅次于立春，核心内容是耕作，所谓“吃过清明饭，天晴落雨具要出畈”。其中一项重要内容是祭田公、田婆。田公、田婆又称“五谷神”。民间相信祭祀该神，能获得丰收保障。

祭祀通常分作三次，家祭、田祭均可。第一次在清明后下谷种前，择吉日举行。第二次在插秧前举行，也称“开秧门”，俗谓“未开秧门难叫稻，未开额角难叫嫂”，祈求保佑稻谷迅速生长。第三次在夏至日举行，以祷告风调雨顺、无病无灾。程式与福礼通常都是一只鸭子，另供以稻谷、麦、豆、玉米、粟五样供品，另有酒、茶、饭各两份，焚香点烛，礼拜，然后烧化元宝纸钱。如果是大户，以“三牲”“五牲”作为祭品的也有，仪式结束后要请雇工、放看娃等下人吃一顿，有“懒惰媳妇望过年，看牛牧童盼插秧”和“小孩望过年，大人望种田”之说。此风俗在虞北夏盖湖地区尤盛，旧历五月二十五日为五谷神生日，指津庵专辟一殿祀之，香火鼎盛。

清明扫墓祭先，是其作为节日的风俗。明万历县志说：“清明墓祭，郊外如织。”

扫墓是一种孝俗。上虞水乡出外祭扫多是船行。扫墓有丧期内与丧期外之分。前者尚处在三年守孝期，扫墓需穿孝服出行，故气氛比较凝重，有的孝妇还要一路号哭，以示悲痛。后者则比较轻松，家人坐船中说说笑笑，一脸轻松，年轻女子也可穿红着绿尽显娇娆，多少带一点踏青的意味，有“正月灯，二月鹞，三月上坟船里看姣姣”之说。

墓地具体祭扫有两项程序：一是祀后土神，陈猪、鱼、鸡小“三牲”果品酒饭，主祭人行跪拜礼，旁有赞礼。二是墓祭，陈菜肴十碗，另有应时食品艾青糕，然后按辈分大小迭相敬悼，墓主儿子要行三跪九叩大礼，其他大人鞠躬、拜礼均可，小孩子按房头长少随拜。礼毕烧纸钱。

清明节另外一项标志是家家做艾糕、吃艾糕，还会在邻里之间相互赠送，俗传食之明目，谓之“亮眼麦果”。

（二）端午

端午也称端五、端阳，是一个集纪念先秦爱国士大夫与逐疫避毒为一体的传统节日。

端午吃粽子，流行的说法是为了纪念爱国诗人屈原。不过，根据东汉《曹娥碑》记载，上虞一带祭祀的是忠臣伍子胥，越地视其为潮神，曹娥之父曹盱这天驾舟出江，祭祀潮神时堕水而亡，故旧时曹娥江上一直有龙舟竞渡娱乐赛事。

是日，家家裁菖蒲为剑，插艾叶为旗，遍布大门、床笫间，做闷烟堆，有的还要在门外张贴张天师、钟馗像以驱鬼镇邪，或画蛇、蝎、壁虎、蜈蚣、蟾蜍五种毒虫贴于门上，谓之驱避邪毒。另有释家、道人沿门送“五色符”，大者贴于门框，小者贴于小孩的额头。此外，还有佩戴药囊香袋、吃“五黄”，即黄瓜、黄鳝、黄酒（有的是雄黄酒）、黄鱼、蛋黄，小孩子吃雄黄豆、在额头以雄黄书写“王”字等。

（三）冬至

土方间有“冬至大如年”之说，故在这天要祭先，吃冬至酒。不过，此事在曹娥江两岸略有不同，江西面东关方向的人一般不去上坟，只在家中祭祀；江东面百官方向的人要在坟地拜祭烧纸钱、佛图，还要给坟头培土，谓之“加被”。

另外，这天忌说不吉利的话语，忌争吵，忌打碎碗盘，媳妇不能回娘家过夜。同时，还要畚隔夜火熜裹入被内，至翌晨炭火不熄，可兆来年兴旺发达。有的还会在这天写下“庭前垂柳珍重待春風”9个9笔空心字贴于墙壁，冬至起数九，日填一笔，填满81笔为止。

（四）过年

上虞有“过了腊八就是年”的说法，至开年正月十五（元宵）都算过年。腊月二十日开始称夜不称日，谓之“二十夜，连日夜”“过了二十夜，爹爹姆嬷连日夜”。打这以后办年货、置新衣、忙年事成为主题。

廿三夜称“小年夜”，祭灶神，用汤团送灶。

廿四夜掸尘打扫卫生。

廿五夜白天搡年糕，晚上炒豆，且要将豆撒于屋中，谓之“遍宝”。有的地方睡前还有“洗老虎脚”的习惯。

廿六夜仍准备年事，忌杀生。

廿七夜宰杀鸡、鸭、鹅、鱼和杀年猪。但杀鸡、鸭、鹅要说“装扮”，宰猪叫“放倒”，杀鱼叫“剖鱼”。

廿八夜白天裹粽子，通常需邻居相帮；晚上煮粽子，然后捞出成串挂起，随吃随取。

廿九夜搓糯米汆汆（实心丸子）、裹汤圆和打鲞冻肉。

大年三十，阖家团圆分岁。一是谢神、祭祖。谢神是感谢一年来各路神祇的照应赐福，同时，祈求来年继续得到神的关照，故也称祝福。祭品用“三牲”或“五牲”福礼，再辅以“三茶”“六酒”、各式糕饼、水果和银锭、元宝等。供品以八仙桌承载，唯桌子缝线须横，谓之“横神直祖”。然后焚香点烛，施礼敬拜。与祭祖比，谢神时间相对较短，中间也只敬酒一次，有“快菩萨，慢祖宗”之说。祭祖的桌子的缝线要直向放，供桌上方悬挂代图，通常是三代内的先人画像。供菜或九碗或七碗，通常成单数陈列，酒按三代祖宗人数置盅，但至多不过八盅。其他糕点果品、香烛纸钱等供品、程式，与谢神基本相仿，唯中间敬酒须加三次，寓“酒过三巡，菜过五味”之意。二是吃年夜饭，有“三十日夜的吃”之称。是夜换桃符、贴春联，灯火通明，里外透亮。说是吃“十碗头”，其实通常是16碗，鸡鸭鱼肉、大中小炒菜、三鲜、八宝、藕富（读作“有富”）、汤圆等都可令人大快朵颐，唯一碗煎鱼不能吃，要留到年后才吃，寓意“吃剩有余”“年年有余”。餐毕大人要给小孩子分“压岁钱”。然后坐夜守岁，至半夜燃放爆竹，谓之放关门炮仗。

正月初一，旧称元旦，晨兴起早，第一件事是燃放开门炮仗，早餐吃汤圆，老少皆穿一身新衣，称“正月初一的穿”。给父母拜岁，百官方向还要到先人坟地祭拜。晚上要早睡，谓之“赶进岁”。

正月初二开始走亲访友，谓之贺岁，有“小来外婆家，大来丈姆家，老来姊妹家”之说。走亲访友贵重的礼包是桂圆、荔枝、莲子、白糖，稍次一等的是黑枣、柿饼、糕干、酥糖，但都算阔礼。

正月初五拜财神，但多见于居街商家，寻常居民与农家不事张扬。

正月十三至正月十五闹元宵，主要是吃汤圆，观花灯，看灯头戏。一般来说元宵过后年节已落，但族大亲多的家庭仍然会继续走动，直至正月落台。

二、人生礼仪

（一）催生

催生是一种预祝产妇吉祥顺产的礼仪。临产前，产妇的娘家人要选择初一，或者月半日，将事先准备好的新生儿衣服，以及催生的青箬粽、红鸡蛋等礼品送到女婿家。催生粽寓意不同，因而与平时的粽子裹法不一样，它是在一个较大的母体粽子上，再裹出一个细小的子粽，使两粽相连，大小相依，称为“抱子粽”。男方家则要把女方家送来的催生礼分发给亲朋、邻里，分享喜悦，共祈吉祥。

（二）满月

婴儿出生满30天称“满月”，要剃满月头，特别要在头后面留出一小撮辞发，称“鸭尾巴”，剃下的胎发应用红纸包裹挂于床边帐钩，以示“身体发肤受之父母不敢毁伤”之意。同时要分剃头麦果或红鸡蛋，办满月酒，亲友上门相贺。满月的孩子可抱出去让亲友邻里观看，丰惠等地有抱孩子走等慈桥之习。“等慈”谐音“登仕”，一是练胆，二是讨彩头。

（三）得周

婴儿出生满周岁谓之得周，要行抓周礼。抓周物品男女有别。若是男孩子，桌上放置文房四宝、书籍、钱币、印章、算盘等物；若是女孩子，桌上放的是针、线、尺、剪、铲、勺等。让孩子自行抓取，以先抓到手的物品视为其日后从业方向的预示，如抓住书本或文房品，喻将来读书中举；抓印章，喻做官；抓算盘、钱币，暗示发家。同时，要办酒席以示庆贺。

（四）生日与做寿

生日通常指得周至50岁之前的庆生活动。主要内容是办生日酒。其中，以行冠（笄）礼最为隆重。虞俗三十岁、四十岁基本不做寿，有“三十赖，四十错”之说。另外，非逢五、逢十的生日，也就吃一碗家里做的生日面，或一两个煮鸡蛋了事。五十大寿或花甲之寿都应提前一年办，所谓“做九不做十”。亲朋好友要送轴、寿果、寿面、寿糕或馒头等寿礼。其中，送馒头之类的寿礼，数量要多出寿数10个，如50岁要送60个寿馒头，以此类推。寿家则要办酒席宴客，同时向亲朋、邻里分发寿果、寿面，或寿糕、馒头。年纪愈高，庆贺愈隆重。有的人家还要请班子做戏，称寿戏，传统的戏目多是《八仙庆寿》。

值得一提的是，上虞众多生日寿诞中，66块肉庆寿的风俗非常特殊。说是阎王喜欢吃66岁老人的肉，到达这个年龄的人，如果不曾吃出嫁女儿送的66块肉会大难临头，谓之“六十六，阎罗大王要吃肉”。因此，但凡在66岁生日，有女儿的上虞的父母都会吃下一碗女儿送来装有66小块肉的寿礼，所谓“六十六，娘（爹）吃女儿一碗肉”。

三、服式衣装

曹娥江上虞衣着服饰两岸大体相同，且不同身份有不同的装束。

（一）帽子

乡绅春秋季节多戴秋帽，因戴在头顶的样子像覆置的半个西瓜，俗呼“西瓜帽”。劳动阶层戴乌毡帽，该帽四季可戴，东关、道墟等曹娥江西翼尤甚；年纪大的人冬天戴罗松帽，夏天头戴草帽、麦秆帽，山区则无论冬夏、晴雨皆习戴笠帽。50岁以上的妇女，喜欢戴由两片黑色绒布做的围帽，称额带或包头。

（二）衣服

士子习穿长衫，若在赴宴等应酬场面时再外罩马褂。绅士穿戴与士子大体相仿，或在面料上有所讲究。劳动阶层春秋季节穿对襟短袄短衫，下身穿团拢折腰的大裆裤，俗呼“团团裤”，冬天则夹以棉花，式样相同，有钱人家的男女穿皮袄；夏天穿绑身（无袖，由前后两片做成，腰间系带的一种式样），下身穿折腰大裆短裤（贴身内裤），谓之“牛头司裤”，或穿灯笼长裤。女性多穿大襟布衫，俗呼“斜无领”，下身穿大裆裤或裙。大户人家的贵妇、小姐穿旗袍，衣料多为丝绸，有的袍衫上罩云肩，婚嫁则穿戴凤冠霞帔。

（三）鞋子

无论男女，所穿的鞋子都由自家做。男子劳作时穿草鞋，夏天居家喜着蒲鞋或木拖鞋，平时居家穿布鞋，有方口、圆口两式。雨天穿钉鞋或木屐，有“一宿二餐，钉鞋雨伞”之说。冬天无论男女皆穿蚌壳棉花鞋。女子都缠足，鞋尖且窄，鞋帮多绣花。

祈福避祸

——寻常百姓的民间信仰

上虞民间信仰分宗教信仰与非宗教信仰两类。宗教信仰指民众对佛道两教的信仰；非宗教信仰指民众对不在佛道两教之列神祇的信仰。前者主要是观世音菩萨信仰、东岳大帝信仰；后者主要是曹娥信仰、关帝信仰。

一、观世音菩萨信仰

观世音菩萨信仰，也叫观音信仰。佛教是上虞民众之中最为普遍的一种宗教信仰，其中又以净土宗为最。然其核心既不是阿弥陀佛，也不是大势至菩萨，而是观世音菩萨。

上虞民众笃信观音，主要表现在四个方面。一是在寺庙等佛教场所，相当部分供奉“西方三圣”，观音菩萨是“三圣”之一。二是以前凡是农村职业念佛会主要由中老年妇女组成。一般每两三个村子都有一个会首，哪家需要念佛由会首联系，然后组织班子上门服务，出场频率以农闲居多，但一年四季基本不断。念经的方式主要是口诵“南无观世音菩萨”，或“南无大慈大悲观世音菩萨”，循环反复。所念经卷虽说离不开《佛说无量寿经》《佛说观无量寿佛经》《佛说阿弥陀经》“净土三经”，但具体操作时，这三经多是选择其中的一经或者二经来念，不一定全部念遍，反倒是不在此例的《心经》，因为出自观音之口，为人笃信，每场必念，其知名度和影响力皆超过“净土三经”。三是每逢二月十九、六月十九和九月十九，观音菩萨的诞生、成道和出家三个纪念日，男女信众，特别是女性信众纷纷结伴到寺院庵堂烧香点烛，念经礼拜，有的还要在这三个月的初一至十九忌荤食素，被称为吃“观音素”。四是但凡小有家财的人家，一般家里都供着一尊观音菩萨，为家中女主吃素念佛的主要偶像。此外，观音有送子法术，谓之“送子观音”。这也是观音拥有许多信众的原因之一，旧有“户户阿弥陀，家家观世音”之说。

二、东岳帝信仰

东岳大帝是传说中的泰山神，主管世间万物生命与凶吉祸福。按照《封神演义》的说法，东岳帝是姜子牙封的道教神祇，全称是“东岳泰山天齐仁圣大帝”。民间认为，东岳大帝的职能与佛教中的阎罗王有类似之处，掌管着阴曹地府十八层地狱、七十二司。旧时凡逢有人死亡，丧家都要到东岳庙烧庙头纸。

上虞许多乡镇都建有东岳庙。光绪《上虞县志》载虞邑（不包括曹娥江以西的东关、道墟、长塘等乡镇）东岳庙有数十座。其数量之多远超财神庙，与土地庙、关帝庙不相上下。俗传农历三月二十八是东岳帝的生日，各乡均要举行为期3天的迎神赛会，有的还要请戏班做戏，连演数天。上虞众多庙宇之中，东岳庙的迎神赛会规模最大、影响最广，而其中又以丰惠、曹娥、崧厦、章镇为魁。有关东岳庙迎神赛会盛况，前面叙述非物质遗产等章节中已经讲到，此不赘述。

三、曹娥信仰

曹娥信仰，也叫曹娥孃孃信仰。曹娥是东汉上虞著名孝女，立碑建庙时间至今达1870多年。其信仰始于东汉度尚立碑建庙（祠）之年，宋大观四年（1110）朝廷敕封以后，信众范围更加扩大，信仰更为虔诚。

曹娥信仰本质上是水神信仰，影响甚大，历史上形成一个以上虞为中心、北抵钱塘江、南至象山港的“孃孃菩萨”信仰圈，集中地表现在一年一度的曹娥庙会。旧时每逢农历五月十六至二十二会期，来自镇海、鄞州、慈溪、余姚、上虞、萧山等滨江、沿海地区的香客蜂拥而至，热闹异常，人数多的时候，曹娥庙内外香客日流量达2万以上。绍兴一带香客主要靠租船抵达；宁波方向香客早先乘坐浙东运河的客船，铁路开通后主要乘坐的交通工具是火车。五月十八至二十一4天是庙会高潮期，彼时宁波来的火车有数节车厢坐的全是香客，铁路部门特地要在这个时候为曹娥火车站延长停靠时间开绿灯；绍兴方向来的烧香船，从曹娥庙后面的运河埠头，一直泊队至三角站，甚至延伸到白米堰，规模之大非别的庙宇可比，民间有“今生不到曹娥殿，来世亲爹亲娘没得见”俗语。

四、关帝信仰

关帝，就是关羽，字云长。三国蜀汉名将，以勇武忠义著称于世。大约从南北朝起，关羽崇拜始见滥觞，经唐宋元明清一路顶礼膜拜。因其在明万历四十二年（1614）被敕封为“三界伏魔大帝神威远镇天尊关圣帝君”后，“关帝”一称遂不胫而走。

上虞的关帝信仰与别地，尤其与北方关帝信仰的主旨不同，上虞关帝信仰本质上是一种水神崇拜。

上虞关帝信仰高峰出现于唐宋，关帝庙都约定俗成地建在运河之侧。萧绍运河、四十里河、虞余运河，包括十八里河、小越街河等运河支线亦建有其庙，关将军作为一位断水的神而存在。上虞的关帝庙与山西等北方地区的大不同，山西的关帝庙求财祈利、功名科考、人生福寿等管事很多，当地民谣：“行商坐贾求市利，赶考秀才、举子望功名，平民百姓盼福寿，习武兵丁祈安宁。”而上虞的关帝功能单一，只管拦住河水，不让其往下游流走。丰惠十八里河新通明坝段侧的武安王庙（宋徽宗大观二年敕封关羽为“武安王”），旧时曾立有一块明代县令朱维藩写的记文，略曰：“上虞去县治十里，有坝曰新通明。其水下趋，东奔姚江，在民欲回风气，请于官，筑基于水口，建祠肖像，借重关公以镇之……”碑文将建庙用意说得一清二楚。

虽然上虞（包括东关、道墟等原绍兴县属地）关帝只管拦水，不问他事，但是既已立庙，庙里面坐着英灵神威的武圣关帝，漕运官员与跑船货主、工人过此不免要上香点烛，敬拜一番，以尽礼节。若恰逢关帝生日，人们往往还会出钱雇请戏班子在庙里做戏娱神，算是上虞关帝信仰的副产品。

货畅其流

——运河经过的老街景象

运河是经济大动脉，凡是运河经过的集镇，都是街市铺展的商贸区域，人们在这里聚散货物，安居乐业，各取所需，既满足了居民的生产生活所需，同时也是商贾牟利的重要场所。那时，但凡老街碰面的熟人，打招呼的第一句话便是“恭喜发财”“大家发财”。

一、丰惠老街

浙东运河四十里河段穿县城而过，在丰惠街河两侧形成大小不等、纵横交错的街巷，旧有“八街四十弄”之说。有东、西大街，南街、西南门街，东、西小街和县前街、十字街等商业区，至于大大小小、长长短短的弄堂实在太多。

丰惠老街主轴是临河而立的街面屋。那时茶肆酒楼、行商坐贾、南货北果无不充实其中。虽说时代转换，岁月迁流，老街的景象有所变化，但古风依旧，精神尚存。而其中又以浙东运河北西大街的最为完整，遗存的主要是清代建筑。

西大街是一条双面老街。东起丰惠桥，西至站弄全长约300米，街面宽度分两段，东段80米左右长街面宽约8米，其余街面宽度在3.5米至3米之间。南面店铺枕河而开，居民往来两岸有石桥沟通，自东而西依次有丰惠桥、永丰桥和通济桥等老旧石桥；北面店铺则依托密集的民舍，前店后厂，贯通街面里外是许多大大小小的弄堂，自西向东依次有站弄、县前路、九曲弄、鱼行弄、庙弄、唐家弄、钱家弄等。

街面屋多为二层楼房。一般楼上住人，底层前半间开店，后半间用于加工作坊。如开酒店的，前间卖酒营业，后间则从事酿酒和仓储；开铁器农具店的，前间经营铁器产品，后间则在鼓炉打铁。临河房子朝街河的一侧，往往设有石阶踏道，既是私家船码头，也是用来洗刷衣物的河埠头。说到船码头，旧时客商进出丰惠主要依靠船只，西大街木桥头的快船埠头就是一个很热闹的客商集散之地。外出走亲访友或采办货物的人们，一清早就被阵阵海螺声召唤，急匆匆赶来坐船出行，船家两橹三扳，不用多时船就开到百官上源闸。

老街店家经营的多是生产生活必需的日常用品，一般有茶肆酒馆、米粮糕饼、小吃点心、诊所药堂、缸甏什杂、竹木铁器、弹花棕棚、烟酒酱油、鱼肉咸货、香烛锡箔和瓜果豆腐等，其间也不乏测字算命排八字和风水、卜宅的营生。据丰惠“老土地”俞文治先生回忆，西大街上旧有商号店铺70余家。其中，坤元南货店和亿昌布店正好对街而开，有民谚：“丰惠大地方，坤元搭亿昌。”有些老字号店铺门口多书有寓意美好的行业联额，酒楼里常书“太白遗风”，药店里多写“神农备尝”“饮之太和”与“但愿世间人无病，何愁架上药生尘”这样的对联。

另外，由于老街附近也是集镇中心，所以一些达官贵人、富商大户、地主乡绅等也多居住在街市附近。例如，位于西大街溪弄口的观察第，虽说最早的主人一时无从查考，但“牛瘦角不瘦”，其五进七间、高柱硕梁、照壁门楼、砖雕门额等豪华格局尚存。位于西小街的孝义台门，建造的主人叫钟亿，官做得不是很大，但以孝著名，据说明代“上虞四谏”之一的徐学诗曾向朝廷表荐其为“孝义之门”。同在这条街上名气大的还有百年望族葛氏父子（葛浩、葛木）“进士台门”。位于东小街的有刘家台门，这家的先祖是南宋侍郎刘汉弼，族中出过刘汉传、刘履、刘鹏等慷慨悲歌的忠义士大夫。此外，比较有名的还有：世济弄钱家宅院（现辟为“北撤会议”旧址陈列），城隍河敕五堂（现为胡愈之故居）与范家台门（现为范寿康故居），县前街大庙弄朱家台门，小庙弄马家、姚家、陈家、王家等台门群。其中，王家台门现为王一飞烈士故居。

丰惠毕竟是千年古城，老街与周边台门是古县城中的精华，源远流长，正如清末民初当地宿儒张宗灿说的“肇虞隶越古山城，唐宋元明沿袭清。峰聚水环钟毓秀，衣冠文物册史名”。

二、道墟老街

虽然现代意义上的运河不直接经过道墟，但运河的前身——越王勾践时期的“山阴故水道”终端在称山，即便后来运河直走东关，道墟也与运河挨得很近。受到运河经济的辐射，加之本地物产丰富，故而道墟老街十分繁荣。

道墟老街地处镇中部偏北，依水路走向而建，由平面呈“丁”字形的直湖、横湖和两岸临河街面屋组成。横湖东起天龙桥，西至观音阁；直湖北起观音阁，南至大江桥。这两条老街的长度大体相当，均为130米左右。

老街临河建筑为清代、民国时期遗存，多为二层楼房，开间浅窄，一般楼上住人，底层开店，大部分临街建筑多向外伸出宽大的腰檐，笼罩街路形成廊檐，使行人免遭雨淋日晒之苦。街路与河岸一律为条石板铺设，每隔十几步即设有单面或双面河埠头。河两岸有石构桥梁沟通，无论是横湖还是直湖，桥梁分布密度都比较高，基本上每隔二三十米就有一座桥梁。如横湖自东至西百余米内就依次有天龙桥、蒲鞋桥、草鞋桥等，直湖上自北至南也有观音阁桥（毓秀桥）、大江桥等。

旧时老街上商铺林立，买卖两旺，开有南货店、绸布行、酒店、豆腐店、锡箔店、香烛店、米店、酱园、打铁店、铜锡器店、陶杂店、柴行、药店等。有许多铺面后面还连着加工的作坊，自产自销。其中，协大米店和谦豫酱园是当地的老字号。特别是谦豫酱园，系商业老字号，创办于咸丰、同治年间，位于道墟老街横湖南岸和直湖东岸的转角处，是民国时期绍兴谦豫酱园开在道墟的一家分号。该分号坐北朝南，为三间夹一弄的砖木构二层楼房，正对草鞋桥，东山墙内壁上遗留墨书“酱园”两字。谦豫酱园所产酱油十分鲜美，名噪一时。旧有“桂皮茴香豆，曹娥来的芽青豆，谦豫同兴好酱油，东关请来好煮手，嚼嚼韧久久，下酒好过口，便宜实惠何处求”的民谣流播。当时，道墟产的一些地方特色食品都在街上设摊叫卖，比较有名的有“烘青豆”“蒸羊肉”“鸟肉”（鸟方言读如“雕”）和“官枣”等。

除此之外，有的桥上还会定期形成特有的桥市，如横湖上的蒲鞋桥、草鞋桥就是因为约定俗成专门销售蒲鞋、草鞋而得名。街河中还不时地有渔船泊岸售卖鲜活的鱼虾等水产品。特别是每逢市日，街上商贾云集，四邻八村的乡民都倾巢而出，纷纷前来赶市，这时街上摊主的叫卖声、买主的讨价还价声、店小二的唱喏声和小孩子的喧哗声满街响起，热闹非凡。

三、驿亭老街

虞余运河流经驿亭镇，西、东两端分别形成驿亭、五夫两条老街，两街均凭堰而立，至晚在宋代已经十分繁荣。

驿亭老街西起驿亭堰，东至云庆桥，长约300米，店铺夹河营业，一字排开，有20多个单面或双面的河埠供人洗刷。驿亭堰始建于唐代，原是夏盖湖的配套水利设施，运河开通后便有了交通功能，往来客商船只经此等候过堰，遂成街市，旧有协泰号、茂泰号、万丰号、彩生祥、镇丰号等商号，以及陶氏箍桶店、毛师傅铜匠店和中药堂、豆腐坊、油条店、烟酒糖果铺等小本营生。驿亭堰侧一棵800多年古樟树下，分布着百年望族经纬、经元善、经亨颐、经叔平等名人的故里，以及敬修堂、大同医院等产业。河上的云庆桥为南北跨石构拱桥，始建不详，重修于道光三年（1823），通长14.4米，南面设15档踏步，北面设16档踏步，拱券、栏板、台阶等整体保存完好。

五夫老街是驿亭街的下游，位于运河南侧，较驿亭街略短。其西起村口，东止于长坝，分上街、中街、下街三段，夹路两面开店，多为清至民国年间的建筑。北侧多为二层楼房，门板皆可拆卸，街道地面原为石板路，现多半已改为水泥路面。民国3年（1914）百官至宁波铁路通车，五夫设有车站，由此带动了街市的进一步兴旺。民国13年（1924），五夫设立五夫营房驻扎军队，一下子平添了许多吃口，这无疑也为老街的繁荣倾注了活力。街上店铺有经营绸缎布匹、南货糕点的王恒升，销售油酱酒盐醋的益和号（系小越益和酱园的分店），经营日用百货的张合兴。另外，中药店有两家，即上街的延益堂和下街的天德堂。五夫邮局是当时上虞仅有的三家邮局之一（另两家一在百官，一在丰惠）。此外，服务修理行业的店铺和茶馆等有十多家。五夫老街虽然不长，但是“五脏俱全”，显得比较紧凑。

四、小越老街

小越老街因虞余运河支线而兴。北起丁家桥，南至车船坝，长约760米；东至渡航桥，西至伏龙山。街面以南北向的老街为中心，沿河而设，西侧为上街与下街，东侧为下岸路。上街、下街临街铺面多为木结构二楼，开间较宽，楼层较高，形式大气，底层开店，楼上住人。在街河交汇地方，房屋随街河走向而转折，建筑立面丰富，造型生动。街区内东西向街河尚存二条，临河街面也是店铺。街河上河埠桥梁众多，行人往来十分方便。在小越的街河上，保存较好的小越桥、会源桥、永宁桥均为石构梁桥；飞凤桥、渡航桥、永镇桥、丁家桥、伏龙桥桥面已改建，但基础不变，框架犹存。清末民国时期小越形成了一纵二横、以纵为主的商业网络。

小越传统小吃久负盛名。清光绪《上虞县志》载：“馒头，糖馅备各色，出北乡小越者佳，又制有荷花糕，色微黄，形似荷花。麦粉也推小越。”“茶食、饼饵之属不胜枚举，统以茶食。推崧厦、小越为长。”街上人气旺，船只进出亦多。为了方便大船通行，有人就将梁桥改成拱桥。清光绪《上虞县志》记载：“朝宗桥在小越市，旧为方桥，商船多碍。光绪十五年袁仑募捐，改建环桥。”可见，清末时小越商船往来繁多，商贸已十分繁盛。民国时，镇上的药店、米店、布店、南货店、土烟店、炒货店、酱园、轿彩店等各种生活用品店应有尽有。仁寿堂药店、延龄堂药店、泰昌布店、恒泰源南货店、同元土烟店、益和酱园、协和祥炒货店、徐大成轿彩店等一大批老字号店铺生意十分兴隆，时人称小越为“小上海”。

此外，旧时尚有运河经过的曹娥、梁湖、蒿坝和丰惠新通明等地的老街也很有影响力。

运河、老街，实现了商人淘金的梦，支撑起民生安顿的天。

第八章

波涌浪卷

辛亥革命至抗日战争前后

1911—1945年，国人经历了三千年未有之大变局，辛亥革命宣告了中国两千多年君主专制制度的终结，新文化运动如火如荼，接着，十月革命一声炮响，给中国送来了马克思列宁主义，中国共产党在这一时代背景中诞生。九一八事变后，民族矛盾陡然上升，抗日战争拉开序幕。在这风雷激荡、波涌浪卷的历史时期，上虞人迎着曙光，艰难前行。

名噪沪上

——小八太公与“久大”商号传奇

在中国古汉语语境中，“久大”是一个寓意着雄心勃勃、牛气冲天的词汇。南朝梁刘勰的《文心雕龙》说：“使一代之制，共日月而长存，王霸之迹，并天地而久大。”共日月而存，“久大”之称不可谓不雄；并天地而大，“久大”之号不可谓不伟。同治初年，上虞一个名叫董筼山的商人以“久大”为商号，经过两代人约80年驰骋商海，纵横捭阖，创造出一个令人惊叹的商业传奇。

董筼山，字庆章，小名董小八，人称“小八太公”，上浦镇渔家渡村人（旧属会稽），生于嘉庆二十三年（1818），其远祖是明代大名鼎鼎的理学大家董玘。董筼山父、祖这两辈，虽然功名不继，家产渐乏，但承祖上荫德，仍然是村中诗书相继的佼佼者。董筼山自幼聪慧，才气不凡，参加县试、府试，皆名列前茅，但院试不遂，迫于家累，便放弃功名，以舌耕与农商艰难度日，由于勤奋努力，加之善于捕捉商机，几年下来，家财渐长。咸丰十年（1860），尝到经商甜头的董筼山带着董瀛山、董南山兄弟两个，到绍兴府横街开设“悦来丝行”。说来也巧，就在他开业不久，有个吴姓广东客商，贩运蚕丝被绍兴捐局扣留。凭着识人的直觉，董箕山认定这位广东人可交，于是主动帮助他解除困境，双方成为患难之交，联手做起了生意，“久大”名号就此亮相，因主营者姓董，人称“董久大”。商号开张，业务日见其大，先后在宁波、上海、杭州等地开设分号。尤其是在上海英租界梅白克路，该商号与一位瑞典商人合伙开了经营丝、茶、典当生意的商行，从此，“董久大”之名声振沪上，业务除了经营丝、茶以外，还向钱庄、当铺等方向发展。影响较大的有“镒源”“镒康”“镒丰”“明记”钱庄，以及“同和”“德和”当铺。《渔渡董氏宗谱》：“箕山先生以忠信之姿，抒经纶之抱，避豪客于绿林，结英流于黄浦。”说的就是他在上海、杭州等大城市打拼的故事。“董久大”既占领城市市场，又重视乡邑市场。董氏兄弟与吴姓广商、英商怡和洋行联合出银8000两，在自己的家乡渔家渡村合办“久大茶栈”，收购上等茶叶，精制后的成品珠茶专门供给怡和洋行外销，生意遍及北美、欧洲、非洲等20多个国家。与此同时，“董久大”还将商业触角伸向农业，在上虞等地购买田产近千亩，实行农工商一体化经营。由于商号善于经营，各个领域皆获得丰厚回报，“董久大”之名妇孺皆知，“小八太公”一跃成为生意遍及沪杭甬绍的商界巨头。

不幸的是，就在商号生意走向全盛之时，年仅60岁的董箕山于1878年患病去世。

董箕山去世后，“久大”事业由继子董金鉴继承。董金鉴，字镜吾，一字竟吾、偶仁，号肖箕，别号小舜江渔隐。他是董箕山胞弟董南山之子，过继给董箕山做儿子。

董金鉴自幼在上海长大，深谙商机，继续做大产业。不过，与父辈有所不同的是，董金鉴主持下的商号主要在反哺乡里方面做了许多善事。一是在家乡建立保卫团，十多名团兵配备了步枪、短枪、洋鼓、礼服，每至夜晚，依村道巡逻，以应付动乱的时局，保护村民安全。二是拨出巨额田产、银钱建立“三山”义庄。所谓“三山”，是指“久大”商号创始人董箕山、董瀛山、董南山仨兄弟。

“三山”义庄是个慈善机构，建在渔家渡村东首。坐北朝南，面阔约26米，进深约17米。正屋为九开间二层楼房，前二侧有厢房各三间，东北角前后各设1个石库门，左为三开间附房。因旧时当地百姓为赈济灾难而储藏施舍米粮于此，故“三山”义庄楼层较低，上储粮食，楼板开有少量孔洞，以便所施粮食从孔中徐徐而出。除了用粮食救民以困，义庄还添置渡船、修筑出行山路，解决当地乡民出行交通问题，特别是对茅山岭、花坎岭两条山路做了拓宽、平整、砌石等提升改造。同时，义庄效仿先贤遗法，将渔渡村周围5华里内的贫苦户登记造册，每户按月发放白米3斗。每年入夏，董姓族人还可以到义庄领取仁丹、痧药水等夏令药品。此外，义庄出资购置消防水龙，成立“永安水龙会”，确保村民安全。

天有不测风云。19世纪末，“董久大”的生意开始滑坡，有的是投资不当，不盈反亏；有的是合伙人或者经营代理人无良，卷款而逃。进入20世纪，“董久大”更是厄运连连，因投资失败导致资金链严重断裂，从此一蹶不振；1922年董金鉴过世，商号再无回天之力，只留下“渔家渡”“董久大”“三山”义庄等往日光芒万丈的名号为人们所津津乐道。

声震沪汉

——上虞钱业商人的八面威风

钱业商人，是指以经营货币为事业的金融精英。晚清民国上虞钱业异军突起，像一匹黑马，驰骋武汉、上海，大显身手，刮起一股“喑呜则山岳崩颓，叱咤则风云变色”的“上虞旋风”。下面选取几例简要介绍。

经纬（1804—1865），字庆桂，号芳洲，驿亭坝头人。1818年（14岁）因贫而贸迁上海。经过一番打拼，在北市开设仁元钱庄，影响巨大。他是上海市钱业公所（钱业公会的前身）首董，相当于今天说的钱业董事会主席。根据现有资料，他是上虞人在沪经营钱业第一人。经纬以钱业立身，兼营沙船、丝茶，历几年而积资达数十万，为早期旅沪经商虞籍人士领袖和钱业开山，直至民国，经纬在钱业界“尤供奉主位”。经纬死后，其仁元钱庄由长子经元善接管。

陈春澜（1837—1920），小越横山人。早年曾随叔父在武汉钱业界当学徒。19岁转到上海打拼，先后在台维洋行、淳信洋行当学徒、“跑街”。后来他独立经营贸易货栈，在汉口、天津等埠设立分号。51岁始以合资、独资或先合资后独资的形式，在上海先后开设永丰、寿丰、兆丰、五丰、宝丰、厚丰、和丰（后改为人丰）、滋丰、志丰、鸿丰、春丰（后改为春元）等11家钱庄。由于钱业资本雄厚，加之经营有方，陈春澜的钱庄在上海一带有着举足轻重之地位。陈春澜是继经纬之后，绍帮钱业的主要代表人物之一。晚年，陈春澜将上海等地的钱业全部交给侄子陈一斋、陈心斋、陈立斋等和侄孙陈炳耀打理，自己退居家乡，反哺桑梓再辟天地。

田祈原（1867—?），又名田冰，小越田家村人。田家与陈春澜是世交。陈春澜与田祈原之父田继昌志趣相投，义结金兰。陈春澜发迹后，年仅13岁的田祈原即往投奔，学做钱业生意。在陈春澜的栽培下，没出几年，田祈原便表现出卓越的经营才干，出任永丰钱庄总经理后不久，使钱庄收益大增，每年分红效益惊人，业内戏称其为"财神菩萨"。据载，1921年，田祈原创建了中国第一家信托公司，取名为"中一信托公司"，他自任董事长。辛亥革命后，田祈原出任上海钱业公会会长；1927年又一度担任上海总商会的代理会长；曾兼任绍兴七邑旅沪同乡会会长之职。[①]民国26年，董事长田祈原因年老告退，改选同乡（驿亭人）李济生接替其职。同时，田家村还走出了另一位上海工商业巨子——中一信托公司创办人之一的田时霖。

裴云卿，崧厦裴家村人，生卒年不详。16岁开始从事钱业，因经营有方，许多钱庄、银行都邀他担任职务，以提高本单位在行业中的地位。曾先后担任过同春钱庄经理、同润钱庄总经理，兼任怡和、慎德、宝昌、泰来、安泰、光大、德丰、济生、开泰、同懋等钱庄董事长，一大、年丰、泰来钱庄董事，金源钱庄监察人，中庸银行、绸业银行、浦东银行、通济银行、太平银行董事，中央信托公司常务董事及其保险部董事，钱业准备库委员，银钱业联合会副主席等职。除了裴云卿外，裴家村还出过裴勉山、裴正庸等钱业精英。

王延松（1900—1975），又名王承志，梁湖玩石村人。幼孤，家贫，母亲不得已到上海给老板做用人，王延松稍长便在一家绸缎店当

① 松雪堂主：《小草无私　绿满天涯——记民国上海钱业巨子田祈原》，选自《上虞文史资料选粹》，中国广播电视出版社2008年版，第179页。

学徒，深得老板欢心。他诚实守信，因归还陈蔼士（陈其美）遗失在店里的皮包，时来运转，在陈蔼士的推荐下，出任华人华股绸缎公司总经理。公司开张那天，上海总商会会长虞洽卿亲临主持，设盛宴招待全市知名人士，连上海大亨黄金荣、杜月笙、张啸林都亲临捧场。后来他的事业不断做大，创办绸业银行，并任上海银行业同业公会常务委员、上海汉口路绸业商业储蓄银行董事长兼总经理。

此外影响大者还有陈淦、刘午桥、何衷筱、邵燕山、范高平、陈甘棠等。1944年10月，由浙籍金融巨子黄雨斋、李思浩、李济生、裴云卿、裴正庸等创办的浙江劝工银行，在上海青城路落成，上海市政府于10月18日，以沪市组三字第10680号批示形式，将劝工大厦与右侧黄浦分局之间一条尚未命名的路，定名崧厦街。这是上虞钱业人为家乡挣得的荣耀。

业内有人考查，1912年，上海尚有24家划汇钱庄，而由上虞人担任经理或主要投资人的钱庄有12家。另据不完全统计，晚清到民国时期，在上海从事钱庄业的襄理以上高管和主要投资人达200余人。而晚清的上海钱业同业组织主要负责人中，就有6位是上虞人[①]，足见上虞人在沪绍帮中威风八面。对此，《上海钱庄史料》有则记载说得颇为中肯："清代钱庄，绍兴一派最有势力，当时阻止票号势力不得越长江而南者，此派之力也。"

尤其值得一提的是，上虞钱业精英不仅本业辉煌，于社会公益慈善而言亦是中坚，泽被桑梓。像经纬不仅在钱业上开风气之先，在公益事业上也为人称道，所建辅仁堂、育婴堂、清节堂皆名噪沪上。陈春澜的公益事业在第七章中已有述及。田祈原创建了永锡堂，专事穷苦百姓施材、育婴、义渡等；田时霖创紫荆小学，另办"凤荫山庄"扶贫济困，两获大总统嘉禾勋章。裴云卿、裴正庸等创办时化小学。王延松办学等善事不胜枚举。

---

① 胡耀灿：《晚清到民国时期上海钱业同业会的六位虞籍会长》，上虞新闻网2013年4月7日。

“四堂”之首

——罗振玉与他的学术成就

“四堂”是指中国近代四位研究甲骨文的著名学者：雪堂、观堂、鼎堂、彦堂。雪堂是罗振玉的号，观堂是王国维的号，鼎堂是郭沫若的字，彦堂是董作宾的字。史家唐兰曾评价说：“卜辞研究，雪堂导夫先路，观堂继以考史，彦堂区其时代，鼎堂发其辞例，固已极一时之盛。”罗振玉被称为“中国近代传古第一人”。

罗振玉（1866—1940），字式如、叔蕴、叔言，号雪堂，晚号贞松老人。三都永丰乡（今小越街道）人。居上虞第十九世，其家族也就是在罗振玉的曾祖罗墩贤时期始迁淮安。

罗振玉16岁回浙江考中秀才第七名，此后两次乡试落第。尽管如此，他不废学业，白天协助祖母打理家事，夜晚苦读，家中无书就向亲友借阅，不断拓宽阅读范围，慢慢地由读经转向金石，像路山夫家藏的金石拓本、蒋伯斧家的玺印收藏，对罗振玉影响都很大。他不到19岁就整理出《存拙斋札疏》，由86岁高龄的名儒汪梅村为其作序。因其文字古雅，不知情的人们皆以为宿儒所为。不久，他又撰成《金石萃编校字记》《寰宇访碑录校议》等作品。迫于生计，1890年后罗振玉一边做西席，一边趁机阅读东家的经史子集、碑版古印拓本等书。

中日甲午战争后，罗振玉矢志农业强国，与蒋伯斧到上海创立“学农社”，设“农报馆”，专译日本农书，1898年又在上海创立“东文学社”教授日文，王国维便是学社诸生中的佼佼者。由于罗振玉在兴农方面的成就引起了当局的注意，1900年他应张之洞之邀，在武汉的湖北农务局任职，兼任农校监督（校长）。后任武昌江楚编译局帮办、上海南洋公学虹口分校校长，并赴日本考察教育。1903年被两广总督岑春煊聘为教育顾问。翌年，在苏州创办江苏师范学堂任监督。1906年调北京，任学部参事厅行走、参事，官居五品；宣统二年，张之洞兼管学部，以罗振玉为农科大学监督，用正三品顶戴。

辛亥革命爆发，罗振玉携眷与王国维流亡日本京都。居日八年期间，他的治学方向已由农业、教育，转为经史及金石、简牍之学。1919年罗振玉由日本返回中国，寓居上海、天津。1922年溥仪成婚，罗振玉随清室遗臣“入贺”，溥仪“赐”给他“贞心古松”匾，允其“专擢奏事”。1932年，罗振玉参加溥仪就任伪满洲国执政典礼，任伪政权参议府参议（未就职）。1933年至1937年，任伪满洲国监察院院长。同时兼任满日文化协会常务理事、满日文化协会会长等虚职。此后即居家读书、著述。卒年74岁。

罗振玉救时、才艺、学术皆冠绝当世。救时表现在设农社、创农报、创办《教育世界》。甲午战争后，知识界纷纷提出救国图强方案。罗振玉不热衷于搞政治改革，而是实打实地选择振兴“三农”。1897年创办《农学报》，梁启超曾为之作序。此间，他不仅邀请日本学者撰文，自己也积极撰写，内容大体可分为农业改良、提倡垦荒、种植试验、经营副业、农技研究和介绍先进等六个门类。《教育世界》主要介绍日本明治维新后教育现代化事迹。同时，罗振玉亲自撰文，就学制改革、文字改良、实业教育和清廷设立学部后的教育管理问题等展开讨论。才艺表现在书法与篆刻。他写的小篆以李斯虎符秦权为楷模，楷书以颜欧为极则，隶书以经典汉碑为标准范式，高古朴素，典雅清隽，具有庙堂气象。他治印不屑步趋明清流派，唯规摹古玺汉印，远去时俗，情趣盎然。当然，罗振玉对中华文化最为突出的贡献是学术，后人将其概括为五个方面：

第一是搜集、保存、印行了大批原始资料。著有《五十日梦痕录》《殷虚书契前编》《殷虚书契菁华》《铁云藏龟之余》《殷虚书契后编》《殷虚书契续编》《殷虚古器物图录》等书。

第二是率先正确地判定甲骨刻辞的性质及出土处之地望。指出卜辞属于殷商时代，是王室遗物；断定它作为文字学资料，能代表中国文字的来源；它作为史料，比正史更可靠。同时，他还指出甲骨出土地小屯即殷墟遗址，也就是商朝国都。这对后来的甲骨学研究具有重大的意义。

第三是考释出大量甲骨单字。以甲骨文字本身的特点为主要依据，参照《说文解字》，并将甲骨文与金文、古文、籀文、篆文比较，以阐释文字的渊源与流变情况，还利用字形或后世文献资料推求字的本义及其通假关系。先后于1910年在《殷商贞卜文字考》中释出单字近300个，于1915年在《殷虚书契考释》中释出单字近500个。其中多得到学界认可。后又将未识别的卜辞中的千余字编成《殷虚书契待问编》供大家探讨。

第四是首创了对卜辞进行分类研究的方法。《殷虚书契考释》一书将卜辞分为卜祭、卜告、卜出入、卜田渔、卜征伐、卜禾、卜风雨等多个类别，为后世的甲骨分类研究开创了先例。

第五是与王国维一起，确证了甲骨文中的合书的现象。在金文研究方面，他也搜集与刊布了大量的资料。著有《殷文存》《秦金石刻辞》《贞松堂集古遗文》，收录以前诸家著录中未见之器铭2427件。《三代吉金文存》收录当时可见的已著录和未著录的4835件青铜器铭。集一时铜器铭文原始资料之大成，在国内外产生了很大影响。还提出通释古金文的设想，提出综合比较研究的方法，指出金文在文字学上的价值。研究石鼓文，著有《石鼓文考释》；搜集整理汉晋木简，著《流沙坠简》《流沙坠简考证》等书。此外，还著有《干禄字书笺证》《俗说》《集蓼编》等多部著作。

对于罗振玉的成果与贡献，学界有目共睹。郭沫若在《中国古代社会研究》中说，在中国文化史上，实际做了一番整功夫的是，以清朝遗臣自任的罗振玉。董作宾《罗雪堂先生传略》中说："先生毕生殚力治学，著述等身，其于学术贡献最大者，厥有五事：其一曰内阁大库明清史料之保存；其二曰甲骨文字之考订与传播；其三曰敦煌文卷之整理；其四曰汉晋木简之研究；其五曰古明器研究之倡导。"华中师范大学历史系教授、博士生导师，中国历史文献研究会会长张舜徽在《中国文献学》中总结了罗振玉的贡献："（甲）殷墟甲骨文字的整理；（乙）金石刻辞的整理；（丙）熹平石经和汉晋木简的整理；（丁）敦煌石室佚书和西陲石刻整理；（戊）内阁人库档案的保存和整理。"中国殷商文化学会会长、博士生导师王宇信《甲骨学通论》认为，罗振玉考知甲骨出土地点意义有五："1.减少了甲骨资料的损失，有利于研究工作的展开；2.扩大了甲骨文的搜求，为甲骨文学的研究提供了更多的资料；3.扩大殷墟甲骨文以外出土文物的搜求范围，为考古学研究积累了资料；4.对确定小屯村为晚商都城和甲骨文为晚商遗物的研究也很有意义；5.甲骨文出土地的确定，进一步促进了1928年以后的殷墟大规模科学发掘工作，从而为殷商考古学的研究开了先河。"

建于河南安阳、2009年开馆的中国文字博物馆中，罗振玉的名字赫然在列。

负笈东瀛

——近代上虞留日学生概览

近代中国西学东渐，国人向慕西方新兴科技文化，纷纷出洋求学，以此实现救国理想。由于中国东邻日本，日本在明治维新后发展迅速，于是负笈东瀛成为清末民初上虞青年才俊的重要选择。

上虞学子赴日求学的共有54人。其中，女性4名，男性50名（参见附表）。这可能是不完全统计，因为夏丏尊在《我的中学生时代》谈到，他留日是受一个在日学法政长辈亲戚的影响，虽然目前尚不清楚夏丏尊的这位亲戚是否在勉夫文列，但从辈分上推测，其人留日可能早于20世纪初。此外，1904年5月，马一浮自美回国，途经日本，其挚友马君武、谢无量当时正在日本学习，于是，马一浮也短暂留日，学习日文、德文，年终回国。上虞留学生多为自费生，官费留学仅黄郛、宋崇文、吴觉农等少数几人。

留学生的绝对人数虽然并不多，但在整个绍兴府中的比重不小。何慧燕《清末绍兴留日学生与绍兴近代教育》文载，1872年至1911年的39年间，绍兴府留日学生共计110人，仅次于杭州府的133人[①]，而上虞从1902年至1910年的8年间就有留日学生12人。

这是一波不小的学潮，对后来上虞、浙江，乃至整个中国影响甚大，在此对他们的游学情况略作介绍。

上虞第一个赴日留学的是名叫王佩文（女，字级秋）的丰惠人，时间是在光绪二十八年，即公元1902年。

1903年上虞留日的增至4人，他们是驿亭籍洋务实业家经元善3子1侄，3子即经亨淦、经亨杰、经亨权，侄子即经亨颐。[②]其中，前3人在日情况不甚明了。

经亨颐（1877—1938），字子渊，号石禅，晚号颐渊，民国前期浙江教育文化界领军人物。起先就读于宏文学院，后入东京高等师范学校，专攻教育与数理。此间，他与陈师曾和孙中山、廖仲恺等相识，尤其与陈师曾不但是宏文学院的同学，而且同寓冰川馆一年有余。读书之暇，陈师曾绘画，经亨颐刻石助欢，后来一同升入师范学校，经亨颐的画技最早也在日本由陈师曾启蒙。1908年经亨颐任浙江官立两级师范学堂教务长，年底又赴日复学，1910年春毕回国；辛亥革命后，任职于浙江官立两级师范学堂（1912年改名为浙江两级师范学校，1913年改名为浙江省立第一师范学校），兼任浙江省教育会会长；曾创建春晖中学，并首任校长，学校的“白马湖图书馆”几个字由陈师曾题书。

1904年范高平、黄郛赴日。

范高平（1868—1944）是范寿康的父亲，字立枢，在日学习农业，后来是德高望重的实业家。

黄郛（1880—1936），百官人，出生在嘉兴，原名绍麟，字膺白，

---

① 何慧燕：《清末绍兴留日学生与绍兴近代教育》，《兰州教育学院学报》2018年10月第34卷第10期。

② 此据勉夫：《清末民国时期的上虞留日学生》，赵畅主编：《上虞文史资料选粹》，中国广播电视出版社2008年版，第265页。另据《经元善年谱简编》载为1902年。

号昭甫，早期民主革命先锋。在日本留学期间结识蒋介石、张群等人。国民政府成立后，历任外交部部长、教育部部长，代国务总理、摄行总统职权，是上虞历史上政治职位最高的一个大人物。

罗福成（1885—1960），字君美，罗振玉长子。其具体留日时间不明，推测其于辛亥革命后随父罗振玉避居日本，1919年随父返国。迁居旅顺，拒受日本驻伪满当局的招延，闭门潜研学问。中华人民共和国成立后，任旅顺博物馆研究员，为新中国博物馆事业作出很多贡献。

1905年夏丏尊、王璐、王蔚文、经亨鼎赴日。夏丏尊（1886—1946），名铸，字勉旃，后改字丏尊，号闷庵。他祖上经商，然而到他这辈家世已经败落，赴日的500银圆也是家里东拼西凑借贷而来。最初数月他请一日本人专教日文，中途插入宏文学院普通科，在他毕业前的两三个月，东京高等工业学校招考，他不待毕业就跨考成功。当时规定，入了官立专门学校就可领到官费资学，结果没有兑现，他就读近一年，不得不中途辍学回国，那一年夏丏尊21岁。光绪三十四年（1908）入浙江官立两级师范学堂执教，后随经亨颐至春晖中学教书。王璐、王蔚文、经亨鼎3人，除了经亨鼎为经元善侄子外，其余均情况不清。

曹慕管（1890—?），小越人，9岁离虞，早年就读于澄衷学堂，1910年赴日求学，早稻田大学毕业。1912年归国后任澄衷学堂校长达15年。其苦心孤诣，恢复中学，增办商科，厥功至伟。1922年12月，春晖中学开学典礼时，他从上海赶来家乡赴会并致辞。

范寿康（1896—1983），字允臧，系东京帝国大学教育、哲学硕士，1923年学成回国，任商务印书馆编译所编辑，主编《教育大词典》，大革命时期，1926年任广州中山大学教授兼秘书长。1927年至1930年任春晖中学代校长。1982年春，从台湾经美国辗转回北京定居，积极致力于祖国统一大业。同年12月，当选中国人民政治协商会议第六届全国委员会委员、常务委员。

章育文（1897—1986），字守宪，崧厦人。1917年赴日深造，机械专业，1923年至1926年任春晖中学代校长。

吴觉农（1897—1989），原名荣堂，丰惠人。1919年入日本农林水产省静冈茶叶试验场学习。回国后在中国茶叶事业建树卓著，被誉为当代“茶圣”。

1920年，上虞有钱友兰、魏福嘉、谢似颜等人赴日。

钱友兰（约1895—?），丰惠通明钱家，日本明治大学毕业，回国后从事教师职业。

魏福嘉（约1900—?），章镇清潭人，魏福绵之弟。化学家，曾任春晖中学教师、南京第二医学院教授。

谢似颜（约1903—?），章镇联江人，旅美地理学家谢觉民之兄。体育教育家，曾在春晖中学执教，后任台湾大学体育系教授兼系主任。

黄树滋（1897—1970），丰惠西蒲湾人。1921年赴日，东京高等师范学校毕业。1930年至1935年任春晖中学校长。

徐伯鋆（1907—1989），下管人。1928年日本千叶医科大学毕业，著名化学家，1934年与赵燏黄合著中国第一部生药学著作。

宋崇文（1902—1943），字庆寿，号钦绶，梁湖潘家陡人。1929年赴日留学，入东京大学（一说东京铁道局教习所）攻读法政。回国后归属南京国民党中央组织部编制下的第三梯队骨干预备。抗日战争全面爆发后，国民政府委派他担任绍兴县长，但被他婉言推诿。1943年病逝于江浙皖三省茶叶出口公司经理任上。

附表：近代上虞留日学生一览表

序号	姓名	性别	赴日年份	学校或所学专业	回国从业	备注
1	王佩文	女	1902年			丰惠人
2	经亨淦	男	1903年			驿亭人
3	经亨杰	男	1903年			驿亭人
4	经亨权	男	1903年			驿亭人
5	经亨颐	男	1903年	宏文学院，东京高等师范	教育	驿亭人

续表

序号	姓名	性别	赴日年份	学校或所学专业	回国从业	备注
6	范高平	男	1904年	札幌农学校	实业	丰惠人
7	黄郛	男	1904年	东京振武学校	军政	百官人
8	夏丏尊	男	1905年	宏文学院、东京高等工业学校	教育	崧厦人
9	王璐	男	1905年			
10	王蔚文	男	1905年			
11	经亨鼎	男	1905年			驿亭人
12	曹慕管	男	1910年	早稻田大学	教育	小越人
13	罗福成	男		早稻田大学	文博	小越人
14	范寿康	男	1913年	东京帝国大学教育、哲学硕士	教育	丰惠人
15	章育文	男	1917年		教育	崧厦人
16	吴觉农	男	1919年	静冈茶叶试验场	茶业	丰惠人
17	钱友兰	男	1920年	明治大学	教育	丰惠人
18	钱良	男	1920年	东京工业大学	电气	丰惠人
19	魏福嘉	男	1920年		教育	章镇人
20	谢似颜	男	1920年		教育	章镇人
21	陈蟠		1921年	东京高等师范	教育	
22	黄树滋	男	1921年	东京高等师范	教育	丰惠人
23	王执中	男	1926年	东京文理科大学	教育	丰惠人
24	章育武	男	1926年			崧厦人
25	章志清	男	1926年	千叶医科大学		崧厦人
26	黄清野	男	1926年		教育	丰惠人
27	李文政	男	1926年		教育	驿亭人
28	徐伯鋆	男	1928年	千叶医科大学	化学	下管人

续表

序号	姓名	性别	赴日年份	学校或所学专业	回国从业	备注
29	经娟文	女	1928年		化学	丰惠人
30	戚屿璋	男	1928年		教育	永和人
31	夏蕊华	女	1928年		教育	崧厦人
32	徐彩文	女	1928年	东京高等女校	教育	下管人
33	徐浩	男	1929年	明治大学	教育	下管人
34	刘谱人	女	1929年	东京女子高等师范	教育	丰惠人
35	赵益谦	男	1929年		教育	驿亭人
36	宋崇文	男	1929年	东京大学		梁湖人
37	徐文丕	男	1929年			下管人
38	黄树敏	男	1930年			丰惠人
39	朱士翘（何云）	男	1930年	早稻田大学	新闻	永和人
40	厉慕鹗	男				章镇人
41	朱念慈	男		东京帝国大学	法学	下管人
42	徐旭	男		东京中央大学		下管人
43	叶树芳	男		东京中央大学		百官人
44	谷斯愚	男		东京专修大学		百官人
45	夏咏常	男		亚东预备学校		
46	陈士梦	男		亚东预备学校		
47	杜志成	男		东京高等工业学校		
48	章惠纯	男				丰惠人
49	朱培栋	男				丰惠人
50	王延康	男		明治大学		
51	赵时睿	男		亚东预备学校		
52	经佩亚	男				百官人

续表

序号	姓名	性别	赴日年份	学校或所学专业	回国从业	备注
53	赵韦	男		宏文学院		
54	宋越伦	男		日本大学 东京帝国大学	新闻	谢塘人

注:引自勉夫:《清末民初时期的上虞留日学生》,赵畅主编:《上虞文史资料选粹》中国广播电视出版社2008年版,第265—269页。少数人赴日年份有争议。罗福成、宋越伦为笔者增补。其中,将钱艮赴日时间由原先的1932年调整为1920年,系与其兄钱友兰同年赴日。

古道热肠

——老县城里八太娘井的故事

井，是旧时城乡居民必不可少的生活设施，其重要性几乎等同于柴米油盐酱醋茶。井有两类：一类是有特定或明确的使用对象的自用井，通常设在房前屋后，这类井主要供开挖者自用；另一类是无明确使用对象的公益井，一般由慈善者或者公益组织出钱，设在山麓岭间或城乡交通线侧，供樵者、行旅者饮用解渴。

公益井多分布在乡野，在城里罕见。但是，民国23年（1934），上虞县城内（丰惠集镇）有人也开挖出这样的公益井，且一挖就是八口，基本可以满足城里居民的用水需求。行此善事的主要人物是一位范姓老妇，老小皆谓之“八太娘”。

丰惠八太娘井（马志坚供）

“八太娘”身世迷离，只留下零星碎片的传说。相传其丈夫早逝，家境贫寒，有一幼子，名为陈永庆。母子俩靠在八字桥侧接官亭口设摊，靠兜售油炸臭豆腐之类的小吃度日，生活实在难以为继。大约在民国初年，范氏带着儿子去上海，在一家德国商人家里做“娘姨”（今称保姆）。范氏做事实诚，勤快细心，儿子陈永庆也很懂事，不仅帮母亲做家务，还主动负责起伺候男主人的事。早上主人出门，他上前披衣、递帽、递拎包，临了还要轻柔地说一句“主人慢走”之类的祝福话语。到了傍晚主人回家时分，陈永庆早早地立在门边，听着门外的声响，数着主人的脚步，估量着主人的移动位置，待主人走到离门前两三步远的当口，陈永庆开门相迎，一脸笑容，然后接包、接帽、卸衣，利利索索地把主人的随身物品放回原处，又不失时机地端上一杯热咖啡或者茶，伺候停当，回身将主人的皮鞋拿出去擦亮放回原处，以便第二天一早主人出门可穿。母子俩的家政工作深得雇主的肯定。寒来暑往，一晃数年，陈永庆也由原先的毛孩子成长为仪表不凡的青年。

德国商人见陈永庆聪慧机敏，便有心栽培，在洋行里给他安排了一个职位，陈永庆深知谋生不易，便事事走心，不仅公司业绩提升很快，在其他工作上还干得风生水起，得到老板赏识，没多久，陈永庆在洋行的职务得到升迁。正当陈永庆母子在上海的日子过得顺风顺水时，欧洲的战事吃紧，德商接到国内指令将要回国，行前他将洋行与在沪家产都托于他们母子打理，自己随手拎一只包匆忙返国。母子俩小心谨慎地照看德商的生意，星移斗转，年复一年，孰料德商竟然一去不回，再无任何音信，陈永庆母子原先说好代管的边界渐渐变得模糊起来，生意越做越大，钞票越赚越多，还在上海建起了“永庆公馆”。多年以后，上海商界只晓得陈永庆，不知道有德商。显然，在人们眼里陈永庆就是上海滩上一个响当当的老板。

当年的穷母子转眼成了大老板。但娘儿俩始终心念家乡，不忘来时路。1934年前后，上虞连年干旱少雨，河水干涸、农田龟裂，甚至连百姓的饮用水供应都成了严重问题。消息传到上海，范氏心神不定，食不甘味，她与儿子陈永庆商量解救的办法，最后决定以出资打井的方法救急。二话不说，陈永庆在上海聘请的打井工程技术人员赶到县城，勘测寻找水源丰沛点位，同时根据城区居民分布与地下水脉条件，布点、挖井一气呵成。没多久，在东门书院口、南街文武庙前、西纤路后畈、北门弄中段、老街孔庙前、西南门街黄泥道地、十字街和马院八个地块，圆形井身直径2米、深7米至8米不等的八口大井被相继挖掘出。井成之日，人们纷纷从四方汇拢过来，惊奇地端详着带有半自动出水装置的“西洋井”，争相接水品鲜，对范氏母子的义举赞不绝口。因为这八口井是陈永庆以母亲的名义所建，人们约定俗成地称之为“八太娘井”。

时至今日，虽然人们不再饮用井水，但当年范氏和陈永庆出资打的那八口井，依然在长者山下古城街巷口静静地陪伴世人，默默诉说一段美好的往事。

清澈甘洌的井水，传承良善，照见人性之美。

（注：本文部分内容参考了史济荣老师的《传奇老妪八太娘》。）

无奥不宣

——杜亚泉发蒙启智的颠沛人生

杜亚泉是近代中国最为博学的思想家之一。蔡元培评价其知识渊博，“所攻之学，无坚不破，所发之论，无奥不宣”。

杜亚泉（1873—1933），原名炜孙，字秋帆，号亚泉，笔名伧父、高劳，出生在会稽伧塘（今上虞区长塘镇）一个商贾世家。自小颖悟，“恒自奋勉”，常“悉心研摩，忘餐忘寝”，家族中有的人把他看作“痴人”。杜亚泉的父亲杜锡三希望儿子走科举道路，将其悉心培养，17岁的杜亚泉考中秀才，不过，后来乡试落榜，遂从族叔杜山佳“治训古”，继续备战功名。中日甲午战争后，杜亚泉受知识界变法图强思潮影响，放弃科举，转向杜山佳学习“治中算，习天元”的算学，进而学习李善兰、华蘅芳两氏算书。光绪二十二年（1896），杜亚泉受山阴名流何寿章、徐树兰之聘，任绍兴中西学堂算学教员。教学之余，他苦读西方科学知识，自学了物理、化学、动植物、矿物诸学科，同时自修日语。1898年浙江学政到学堂测试教员算学，杜亚泉名列本郡第一。也就在这一年，他与蔡元培相识相知，志同道合。1900年秋他到上海，创办亚泉学馆，培养科技人才；1902年应邀到南浔浔溪公学

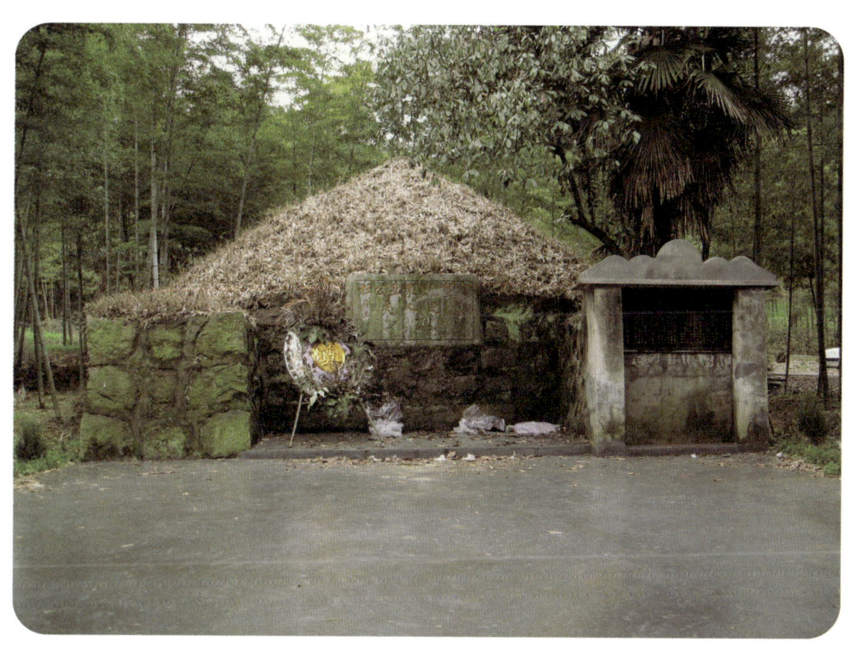

杜亚泉墓（马志坚供）

主持校务；1904年由蔡元培介绍，进入商务印书馆编译所，次年任理化部主任；1912年起主持《东方杂志》笔政。从此，杜亚泉由一个地方性人物，真正成为在全国颇有影响的文化名人。1918年至1920年间，因其与陈独秀、蒋梦麟、余云岫等人，在东西文化、新旧思想、中西医学等问题展开激烈争论，动静甚大，舆论汹汹，商务印书馆不得已免去杜亚泉主编职务，改任其负责编辑课本工作。一·二八事变爆发，杜亚泉的住所连同商务印书馆编译所被炸毁，他不愿进租界避难，携眷回到家乡长塘，清贫度日，甚至在病重时也无钱医治，60岁卒年靠借别人棺木入殓。

杜亚泉学识渊博，创下多项中国之最。1900年他创办的亚泉学馆，被认为是“私立大学的滥觞”，学馆编辑出版的《亚泉杂志》是中国最早的化学期刊。1902年编的《文学初阶》是专供蒙学堂用的读本，其书首创按语言规律，从实词入手，由浅入深，循循善诱，然后教授的内容由实而虚，由单字到句子，由儿童身边常见事物的各种浅近知识，到声光化电、中外史地人物，进而到伦理修身以及激励儿童奋发读书学艺以振兴中华等。1907年至1918年他编的300余万字《植物学大辞典》，得到蔡元培高度评价，蔡元培在所作的序言中说："吾国近出科学辞典，详博无逾于此者。"美国科学家祁天锡也认为"自有此书之作，吾人于中西植物之名，乃得有所依据，而奉为指南焉"。1917年至1923年编的250余万字《动物学大辞典》，所收录的动物名称术语，每条均附注英文、德文、拉丁文和日文，图文并茂，正编前有动物分布图、动物界之概略等，正编后附有西文索引、日本假名索引和四角号码索引。该书与《植物学大辞典》同为中国科学界空前巨著，至今仍在发挥作用。此外，他还编译了诸如《普通数学》《普通化学》《普通质学》《普通矿物学》《普通植物学》《普通动物学》《普通生物学》《普通英文典》等中等学堂教科用书，以及《化学工艺宝鉴》《人生哲学》等书。

杜亚泉思想深邃，见解独到，要之有六：一是定位中西文明。他认为，中西文明是两类不同性质的文明。中国属于"静"的文明，西洋属于"动"的文明。他指出"西洋文明与吾国固有之文明，乃性质之异，而非程度之差"，同时进一步认为，"吾国固有文明，正足以救西洋文明之弊，济西洋文明之穷"。二是辨析新旧问题。他认为"新"与"旧"并非恒定不变，而是随着时代前进而相互转化，且认为"新""旧"是时间概念，并非价值范畴，"新"不一定等于善，"旧"不一定等于恶。三是调和中西文化。力主取长补短，强调多元融合、交流互鉴。四是精简政府机构，倡导以民为本，节政费以养民力，减政权以顺民情。五是反对物质主义，倡建核心价值。"盖物质主义深入人心以来，宇宙无神，人间无灵魂，惟物质力之万能是认……一切人生之目的如何，宇宙之美观如何，均无暇问及……如此世界，有优劣而无善恶，有胜败而无是非。"六是以和平取代争斗，以道德价值构建和平世界。"脱离非道德的进化律自由发展之动物界，建设一道德的进化律所支配之人间世界，以共同之和平，代相互之争斗，使生存竞争，受若干之制限。”可谓金玉良言，句句切中肯綮。

2013年，“纪念杜亚泉先生诞辰140周年学术研讨会”在上虞召开，与会学者、教授对杜亚泉学术思想给予高度评价。杜亚泉先生外孙田建业学者认为，杜亚泉思想是反思我国社会的极“左”思潮的一剂良药。上海历史学会会长、上海社会科学院研究员熊月之认为，杜亚泉思想不因风雨岁月的涤荡而稍减其光芒，是不朽的！上海历史学会副会长、华东师范大学历史系教授许纪霖指出，杜亚泉很早就注意到人心迷乱、核心价值缺失，以及物质主义危害的问题，很有远见，要让杜亚泉的思想成为照耀未来的一盏明灯。上海历史学会副会长、上海师范大学人文学院教授苏智良认为，杜亚泉先生是一位百科全书式的大家，是一位思想家和学问家，他的著作是一个非常重要的思想库。浙江大学传媒与国际文化学院教授高力克认为，杜亚泉是卓尔不群的思想家，他的思想属于未来。而在此之前，当代中国学术界标志性领军人物王元化评价说：“直到改革开放的20世纪90年代前期，中国思想界、出版界冲破重重阻力，发掘出不少湮没多年的宝贵思想资源，而其中最具震撼力的，莫过于杜亚泉和顾准。”

千年国粹

——马一浮与他的现代儒家学说

他出入佛老，宗于孔门；他精通西学，推崇“六经”，他最早将德文版《资本论》带回祖国，最早为浙江大学校歌作词。此人就是被称为“千年国粹，一代儒宗”的马一浮。

马一浮（1883—1967），幼居伧塘（今上虞长塘镇），名福田，字耕余。后自取《庄子》“其生若浮”之义，改名浮，字一浮，号湛翁，别号太渊、一佛，又号宛委山民、圣湖野老等。中年以后，取《法华经》“蠲除戏论”之义，自号蠲叟或蠲戏老人，晚年又取《论语》“朝闻道，夕死可矣”之义，自号夕可老人。世人习称“马一浮先生”。

马一浮一生大体可分为三个阶段。

出生至1911年是读书明志阶段。1883年马一浮出生于四川成都，父亲是四川仁寿县知县，母亲出身于陕西沔县名门望族。马一浮6岁随父返回浙江，住会稽伧塘后庄（今上虞长塘镇）。9岁能通读《楚辞》《文选》，乡里视其为神童，以至于业师郑墨田都不堪教授，请辞教职。16岁在县试中名列第一，成为绍兴名绅汤寿潜的快婿。1901年，马一浮到上海游学，与谢无量等创办《二十世纪翻译世界》。1903

年，被选聘为清政府驻美使馆文员。留美期间，马一浮大量阅读了包括《资本论》在内的西方名著，深受启发。他在日记中这样写道："今天下午我得到英译本马克思《资本论》一册，此书求之半年矣，今始得之，大快，大快，胜服仙药十剂，予病若失矣！"[①]1904年马一浮因"剪辫子，改服色"得罪清政府，被使馆解职，回国途经日本，经历为时半年的短暂留学，年底回国。1907年秋瑾等革命志士遇害。马一浮写下《悲秋四十韵》作挽。辛亥革命的胜利果实落到袁世凯手中，马一浮深感"救国有志，回天无力"，于是在杭州杜门治学。

1912年到1949年是究心儒学阶段。马一浮学问渊深，颇为士林所重。1912年教育总长蔡元培聘请马一浮为教育部秘书长。不久，马一浮因政府废"六经"事而辞职。1916年，蔡元培任北京大学校长，力邀马一浮出任北京大学文科学长，马一浮仍因"废经"一事书函回绝。此后几年，北京大学陈百年校长、浙江大学竺可桢校长等几次相邀，马一浮均因教育理念问题坚守初心，没有应命。1917年，宗白华写信欲拜马一浮为师，马一浮未接受宗白华的请求，但回信告诉他"德性之本，具于一心，为仁由己，不假外求"的进道方法。[②]1937年，抗日战争全面爆发，日军攻陷上海，逼近杭城，马一浮南奔桐庐、开化避寇，次年到江西泰和时，恰巧与西迁而来的浙江大学不期而遇。此时国难当头，马一浮欣然接受竺可桢校长之请，出山教授学子，讲稿先后形成《泰和会语》《宜山会语》，浙大的校歌大体也在这个时期创作。1939年，国民政府在四川乐山创办复性书院，聘请马一浮任主讲，并主持讲学事宜。两年后他因种种原因辍讲，专事书院刻书，1948年正式结束复性书院刻书生涯。

1950年至1967年是悲欣交集阶段。1950年，马一浮应陈毅市长邀

①《日记·一佛之北米居留记》第二函（1909），《马一浮集》第二册，浙江古籍出版社、浙江教育出版社1996年版，第276页。

② 马一浮：《致宗白华》第一函（1917），《马一浮集》第二册，浙江古籍出版社、浙江教育出版社1996年版，第499—500页。

请，出任上海市文物管理委员会委员。1953年出任浙江文史馆首任馆长，直至1966年“文化大革命”爆发。1954年马一浮被聘为全国政协特邀委员。1957年苏联最高苏维埃主席团主席伏罗希洛夫访华，周恩来总理陪同其到杭州访问，特意安排“伏老”会见“马老”，并向“伏老”介绍说：“马先生是当代中国的理学大师。”1962年，马一浮先生80寿诞，周总理在国家财政十分困难的情况下，特拨人民币一万元专款，作为马一浮的刻书基金，并以此为寿礼。1964年，马一浮赴北京参加全国政协会议，受到毛主席的接见，席间马一浮恭书楹联敬赠毛主席与周恩来，前者曰：“使有菽粟如水火，能以天下为一家。”后者曰：“选贤与能，讲信修睦；体国经野，辅世长民。”这深切地表达了他对共和国领袖与开国元勋的赞许之情。在“文化大革命”中马一浮受到不公对待，从此一病不起，于1967年6月2日与世长辞，终年84岁。梁漱溟赞其为“千年国粹，一代儒宗”；汤一介誉之为“现代儒家三圣之一”[①]。

按照当代哲学家，曾任《儒藏》编纂中心主任、首席专家的汤一介的观点，马一浮是经学家。他在《马一浮先生的国学观》一文中说：“经学家与经学史家不同。经学史家可以是学术大师，而经学家不仅是学术大师，而且是思想理论大师。马一浮先生的思想是建立在‘六艺’之学基础上的一套思想理论体系。”马一浮的现代儒家学说，大体可以简要地归结为以下几点：

第一是推崇“六艺”。“六艺”也即“六经”，指《诗》《书》《礼》《乐》《易》和《春秋》六部经书。一尊“六艺”为“国学”。“今楷定国学者，即是六艺之学。”二称“六艺”统诸子及经史子集四部。三言“六艺”统西学。

第二是发明心性。一明理气同俱。无论在时间上还是在逻辑上，理与气都无先后。所谓“太极未形以前‘冲漠无朕’，可以说气在理

① 另两位是熊十力和梁漱溟。汤一介：《马一浮先生的国学观》，《中华读书报》2012年7月25日。

中，太极既形以后‘万象森然’，可以说理在气中”。二弥程朱、陆王。“朱子释‘格物’为穷知事物之理，‘致知’为推极吾心之知。知者，知此理也。知具于心，则理不在心外明也，并非打成两橛。”三示方法门径。提出“四门”之教：一曰主敬为涵养之要；二曰穷理为致知之要；三曰博文为立事之要；四曰笃行为进德之要。同时强调心的作用：“总该万行，不离一心……此乃圣学之宗要，自性之法门，语从体验得来，从胸襟流出，一字不敢轻下。要识圣贤血脉，舍此别无他道。”[①]这本质上是修习“六艺”的方法论。

第三是激赏《孝经》。马一浮认为，“六艺”说的一切仁义礼乐皆本于孝悌，《孝经》是“六艺”之约。行孝悌则礼乐由此生，性命由此至，神化由此出。反之，离此而言礼乐，则礼乐为作伪也；离此而言性命，则性命为虚诞也；离此而言神化，则神化为妄幻也。故《孝经》一篇，实“六艺”之总归。他说：“大哉！《孝经》之义，三代之英，大道之行，六艺之宗，无有过于此者。”

第四是世界大同。他说：“浮之为志，不在促促数千年、数十国之间，以为全世界人类生存之道……吾欲唱个人自治、家族自治，影响于社会，以被乎全球。”[②]又说：“吾侪今日讲学，志事亦与古人稍别，不仅是为遗民恢复而止。其欲明明德于天下，百世以俟圣人则同，不以一国家、一民族、一时代为限则别。此义非时人所能聚了解，将谓无救于危亡。”[③]他还将这个思想融入浙大校歌。其中，末尾几句歌词这样说：“尚亨于野，无吝于宗，树我邦国，天下来同。”还说：“窃谓马列之最终目的，在国家消亡论。其言甚美，《礼运》无以过之。”[④]足

① 《马一浮集》（第一册），浙江古籍出版社、浙江教育出版社1996年版，第124页。

② 《马一浮集》（第二册），浙江古籍出版社、浙江教育出版社1996年版，第217页。

③ 《马一浮集》（第二册），浙江古籍出版社、浙江教育出版社1996年版，第534页。

④ 《马一浮集》（第二册），浙江古籍出版社、浙江教育出版社1996年版，第763页。

见《资本论》对马一浮思想影响至大。

后世对马一浮学术思想评价颇高，著名语言文字学家、文学家戴君仁推崇其为“继王阳明之后的又一位大儒”。汤一介说：“马一浮先生把‘国学’定义为‘六艺之学’的提法应为我们研究‘国学’者所重视。”中央文史研究馆馆员、中华文化促进会学术咨询委员、《马一浮与国学》一书作者刘梦溪说：“学问家有不同的等差分际，有专门家，有通儒。专门家多，通儒少。马先生是通儒……如果以为学的本我境界来衡量，马先生的名字在‘三圣’中，应排在最前面。”

幼教之父

——陈鹤琴与他的“活教育”理论

中国现代幼儿教育由陈鹤琴发轫。他的一系列幼儿教育主张和实践，为自己奠定了幼教之父的历史地位。他为现代中国儿童创造出一片全新的天地。

陈鹤琴（1892—1982），出生在一个破落的小商人家庭。故居位于上虞区百官街道鹤琴路51—53号（旧称茅家弄）。6岁丧父，母亲替人洗衣服补贴家用。上过6年私塾，14岁在亲友资助下，进入由美籍传教士甘惠德（W.S.Sweet）在杭州创办的蕙兰中学堂读书。1910年在上海圣约翰大学读书一年后，考入北京清华学堂。1914年与陶行知同行赴美留学，结下深厚情谊。1917年获霍布金斯大学文学学士学位。1918年获得哥伦比亚大学硕士学位。1919年8月回国，任南京高等师范学校、东南大学教授，南京晓庄乡村师范二院院长，创办我国最早的幼儿教育实验中心。中华人民共和国成立后，曾任南京师范学院院长、第一至第五届全国政协委员、全国文字改革委员会委员、江苏省政协副主席、江苏省人大常委会副主任，以及中国教育学会名誉会长、全国幼教研究会名誉理事长等职位。享年91岁，在南京逝世。

陈鹤琴“活教育”理论主要有爱心关怀、儿童为本、联通互动和活化教育四个方面。

一、爱心关怀

陈鹤琴认为：“一个热爱儿童的教师，他是全心全意为儿童谋幸福的，继续不断地改进自己的工作的。反之，不热爱儿童的教师，他是不会时时刻刻想到应该如何指导儿童生活，如何使儿童得到合理的教养的。热爱儿童是做一个优良教师的起码条件。”为此，他曾发九大宏愿：一愿全国儿童不论贫富、智愚，一律享受平等教育，达到身心两方面最充分的发展；二愿全国盲哑及其他残疾儿童，都能享受到特殊教育，尽量地发展他们的天赋才能，使他们本身能享受到人类应有的幸福；三愿政府及慈幼机关为儿童福利着想，多给予儿童安全的保障；四愿全国所有奴婢童工等不良制度完全绝迹；五愿全国的成人们，各尽其所能保育儿童，救济儿童，感化儿童；六愿全国的父母们都具有教育常识，切实了解儿童心理和儿童期的价值；七愿全国妇女们都了解母性的伟大，注意胎教和妊娠期的卫生，造就优良和健全的国民；八愿全国教师们抱着鞠躬尽瘁、死而后已的精神去教导儿童；九愿全国慈善家，凡遇救济事业，先从儿童做起，遇到危险先救儿童。

二、儿童为本

陈鹤琴认为，教育应契合儿童心理。旧式教育不注重儿童心理，把孩子当作“小人”看（笔者按：意为缩小版的成人），让他们穿长衫马褂，要求他们的一举一动都要和成人一样，这是不科学的。他说：“儿童不是‘小人’，儿童的心理与成人的心理不同，儿童时期不仅作为成人之预备，亦具他的本身价值，我们应当尊敬儿童的人格，爱护他们的烂漫天真。”他将儿童特点归纳为好动心、模仿心、好奇心、游戏心“四心”说，反对把幼稚园办成“幼稚监狱”，将学校当作“知识的牢狱”。

三、联通互动

陈鹤琴认为，幼教是家庭、学校、社会三方面互动的事业。他说："幼稚时期是人生最重要的一个时期，它将决定儿童的人格和体格，什么习惯、知识、技能、言语、思想、态度、情绪都要在此时期打下基础。"其中，学校、家庭是重要的两极。他说："幼稚教育是一件很复杂的事情，不是家庭一方面可以单独胜任的，也不是幼稚园一方面可以单独胜任的，必定要两方面共同合作方能得到充分的功效。"他主张通过"恳亲会""讨论会""报告家庭""探访家庭"等形式互通互鉴。同时，陈鹤琴也重视社会环境对儿童身心成长的作用。他说："儿童的环境不外乎两种：一种是自然环境，一种是社会环境。自然环境就是各种动植物的现象。社会的环境就是个人、家庭、集社、市廛等类的交往。这两种环境都是天天要与儿童接触的，所以我们应当利用这两种环境作为幼稚园课程的中心。"而儿童在自然环境中接受教育，要通过好的社会环境做保障。

四、活化教育

陈鹤琴"活教育"理论，是其整个教育思想的灵魂，其产生是对旧的"死教育"的反动。陈鹤琴指出"活"与"死"的教育存在许多区别，区别的核心是前者强调一个"做"字，后者固化一个"听"字。做，是以学生为本，一切教育集中在做，做中学，做中教，做中求进步。听，是以教师为主，一切教育，集中在儿童用耳朵听教师口里讲的。为此，他提出"三大目标""十二原则""十大区别""四个步骤""五指活动"等系列认识论和方法论。比如，"三大目标"是：做人，做中国人，做现代中国人（目的论）；大自然、大社会，都是活教材（课程论）；做中教，做中学，做中求进步（方法论）。"十二原则"是：一是凡儿童自己能够做的，应当让他自己做；二是凡是儿童自己能够想的，应让他自己想；三是你要儿童怎样学，就应当教儿童怎样做；四是鼓励儿童去发现他自己的世界；五是积极的鼓励，胜于消极的制裁；六是大自然、大社会是我们的活教材；七是比较教育法；八是用比赛的方法，来增进学习的效率；九是积极的暗示胜于消极的命令；十是替代教学法；十一是注意环境，利用环境；十二是分组学习，共同研究。“四个步骤”是：实验观察、阅读参考、发表创作、批评研讨。“五指活动”是：儿童健康活动（包括体育、卫生等学科）、儿童社会活动（包括历史地理、公民、常识等学科）、儿童自然活动（包括动物、植物、矿物、气象、理化、算术等学科）、儿童艺术活动（包括音乐、图书、工艺等学科）、儿童文学活动（包括读、写、说等学科）。

其实，陈鹤琴“活教育”的全部理论，可以简要地概括为爱心与活化两大方面。爱心，既是对教师而言，也是对家长、社会而言；活化，本质上是以儿童为本，一切围绕儿童的生理、心理特点设置课程，培养兴趣，展开教育，同时让儿童自己在学中做，在做中观察体验。

南方嘉木

——当代“茶圣”吴觉农的国茶梦

“茶者，南方之嘉木也。”其与丝绸、瓷器一样，是中华文化的典型代表。在卷帙浩繁的茶文化中，有一个人毕生事茶，尤其在振兴国茶方面呕心沥血，晚年又著《茶经述评》，并被誉为“当代茶圣”。新中国成立后，历任农业部副部长、全国政协常委、中国农学会名誉会长、中国茶叶学会名誉理事长等职，此人便是吴觉农。

吴觉农（1897—1989），原名龙山，上学时改名荣堂，后因立志献身农业而又改名觉农。他曾说：“我的名字叫觉农，为什么叫觉农呢？我的一生中，最关心的是农民的生活和生产，这个名字表达了要为农业振兴，唤起农民自己起来革命以改善生活的决心。”

吴觉农早年就读于浙江中等农业技术学校（浙江农业大学前身），不久留学日本，在日本农林水产省的茶叶试验场学习研修，在此开启了他的事茶生涯，一生与茶叶结缘。

他回国后先后在上海、浙江、安徽、江西等地开展茶叶管理、教育和生产，取得很大成就。1938年、1939年这两年，华茶外销跃居出口商品第一位，不仅超额履行了对苏易货合约，还向西方国家换回一定数额的外汇，支援了抗日战争时期的经济。他深知要发展国茶，人才是第一位的。于是，20世纪40年代初，他在重庆复旦大学首创茶叶系，自兼系主任和教授，并邀请了一批有名望的学者、专家授课。之后，他又在福建武夷山创立了我国第一所国家级的茶叶研究机构，集中了一批专家、教授和有实际经验的茶叶从业人员，系统研究茶叶的栽培、制造和贸易等方面的课题，取得了不少较有影响的研究成果。尤其值得一提的是抗日战争初期，吴觉农组织浙江省油茶棉丝管理处的同仁，克服因战乱带来的种种不利因素，主持翻译了美国威廉·乌克斯的《茶叶全书》，并于1949年5月完成全部翻译工作，由上海开明出版社出版。毫不夸张地说，这是中国茶叶经历了几千年发展之后的一次思想革命，被认为是中国茶叶改革史上的一个里程碑。

新中国成立后，他会同政务院（1954年更名为国务院）有关部委，成立了中国第一个对外贸易公司——中国茶业出口公司，他兼任总经理。当时，国际茶叶形势变幻莫测，一方面，他致力于巩固苏联等国的茶叶市场，开拓与资本主义国家的市场贸易；另一方面，他积极组织茶叶的收购加工，履行易货偿债。抗美援朝时期，美国对我国实行封锁禁运，他又采取了绿茶改制红茶等应变措施。在随后召开的全国茶叶会议上，他制定了第一个茶叶发展计划，为新中国的茶叶事业勾画了宏伟细致的蓝图。

吴觉农一生事茶70余年，对茶有着从历史到文化，从经济到政治，从茶树的选育、栽培到茶叶的采制、鉴别，从工艺到功效，从茶马互市到国际贸易等多方面的独到见解。其观点主要有：

第一是确立了茶的“祖国”。在茶树起源问题上，一直以来就有“印度说”“多元说”和“缅甸说”三种说法。其中，又以“印度说”势头最猛。吴觉农利用对古植物学、古地理学、古气候学，以及对“茶”字的发音等，全面深入地论述了茶树发源地在中国的观点。他的论证资料翔实，理据充分，逻辑严谨，扭转了国外学者的错误认知，让茶树“认祖归宗”，在中国找到一个安身立命的家。

第二是饮茶风尚的传播。吴觉农认为，饮茶风尚传播有三大动因：一是大规模人口流动，二是僧人推动，三是禁酒。在他看来，战争是造成大规模人口流动的主要原因，中华民族的融合史在某种程度上也是战争兼并史，此为一。至晚于西汉开始，僧道中人就开启了烹茗就饮的吃茶习尚。同时，饮茶风尚在中国传播的主力是僧人，其走出国门也有僧人的力量，在日本尤其如此，此为二。唐朝饮茶之风的蔓延，与朝廷禁酒关系甚大。“安史之乱”后，朝廷在京城长安开始禁止卖酒。正是因为禁酒，不少爱好饮酒的人转向饮茶，做到了以茶代酒，从而大大地促进了饮茶风尚的传播，此为三。

第三是茶叶的培植、加工与茶区的划分。历来茶树种植有各种方法，但吴觉农推崇茶籽直播和茶苗移栽两法，并且分别提出了不同种类各自的培植方法。绿茶、乌龙茶、红茶是中国三大茶叶种类，具有各自不同的加工要领。就加工绿茶而言，吴觉农认为，要掌握杀青、揉捻、干燥三个环节。红茶初制分四步：鲜叶先经萎凋，促进酶活性；然后通过揉捻使酶与多酚类接触，开始进行氧化；再通过发酵控制多酚类的酶性氧化达到适当程度；最后干燥时用高温制止酶性氧化。把握好红茶初制的四步，就能为上好的红茶质量奠定基础。我国幅员辽阔，各地自然环境各异，需要划分一定的茶区，以指导茶叶生产科学发展。吴觉农主张以纬度为主要划分依据，即以北纬31°和26°作为基线，将我国划分为北部、中部、南部三大茶区。他认为这样划分的好处是，似乎可以确定北部是以制作绿茶为主的茶区，南部是以制作红茶特别是红细茶为主的茶区，中部则是兼作红茶、乌龙茶和绿茶的茶区。当然，茶区的划分是指南而不是教条，它的实质是因地制宜。

孔子说：“人能弘道，非道弘人。”吴觉农晚年主编《茶经述评》，将毕生心血凝聚于此书。全书30万字，一经问世即深受好评，1987年、2005年先后两度出版，是一部不可多得的茶学力作。因此，吴觉农既是中国几千年茶文化的总结者，又是当代茶叶事业的开启者。陆定一在为该书作的序言中说：“吴觉农先生的《茶经述评》就是二十世纪的新茶经……如果陆羽是‘茶神’，那么说吴觉农先生是当代中国的茶圣，我认为他是当之无愧的……”这绝非虚言。

汤湖文澜

——现代民间文学先驱陶茂康

汤湖，今称汤浦，地处上虞区西南角，四周是山，旧属绍兴县。综观上虞文化史，20世纪30年代以前，几乎找不到一位涉足民间文学的文化人，这个局面要等到陶茂康出现以后才得以打破。陶茂康起点很高，一开始便与钟敬文、娄子匡、周作人等合璧，风云一时。

陶茂康（1901—1971），别名乃璠，汤浦当地人。出身商家。父亲陶吉斋是绸缎、茶叶商人。当地有一首民谣："吃鱼吃肉董久大，穿红着绿陶吉斋，萝卜白菜宋瑞泰，秀兰佃王独只蟹。"陶茂康自小聪颖，好学善问，12岁入汤浦小学读书，1916年毕业；1917年随父亲去沪，就读于上海澄衷中学。上海的这段经历使陶茂康开了眼界，长了不少见识。1920年他遵父命回汤浦经营吉昌茶栈生意。然而陶茂康似乎更对文化感兴趣，将生意上赚的余钱，投到他喜爱的文化事业上。他创办了"三余俱乐部"。"俱乐部"是西方舶来品，原为欧洲上流社会的一种娱乐社交场所，这在当时的农村，人们连听也没听说过，陶茂康将之引进汤浦，实在不是一般的大胆超前之举。"俱乐部"起名"三余"，意谓冬者岁之余，夜者日之余，阴雨者晴之余，含有在空余时间劝学的意思。内设图书室、阅报处，夜校、话剧团，另建立乒乓球队和篮球队，开展体育活动。同时，话剧团也经常自编自演乡土节目娱乐村民，诸如《辫子阿三相亲》《假洋鬼子赶集》《六秀塔的传说》等。虽说陶氏身处交通闭塞的山区农村，但他的一系列前卫举动，不啻当时大师云集的春晖中学。

在绍兴文化界的影响下，20世纪30年代，陶茂康对民间文学产生了兴趣，所办刊物《民间》影响甚大。1941年，日军占领绍兴，危难时刻陶茂康出任汤浦乡长，因阳奉阴违得罪日本兵，军方下令抓捕，陶茂康闻讯出逃。人命得保，但在汤浦的家宅被日军焚毁。1943年，陶茂康因不甘心日本占领军推行奴化教育，在白鹤九莲寺办起舜阳中学，生源多来自绍兴、陶堰、东关等沦陷区。其以教育应对时艰之壮举，堪比西南联大。20世纪50年代中期，陶茂康遭到不公对待，服刑劳改多年，1961年刑满释放，回家后长年卧病，1971年去世，享年70岁。1983年陶茂康冤案得到纠正，其名誉恢复。

陶茂康酷爱民间文学，1930年创办刊物《民间》，于1931年6月出版第1集，到12月出版第7集。《民间》1932年8月出第12集后，当年10月1日起改为《民间月刊》，称第2卷第1期，由陶茂康、钟敬文、娄子匡合编，至1934年4月出第10、11期合刊为止。这是中国最早的民俗月刊之一，也是绍兴地区影响最大的民间文学刊物。

陶茂康的《民间》，16开本，稿源遍及永康、江山、东阳、诸暨、杭州、上海、萧山、绍兴、海宁等县市。内设民歌童谣、传说故事、谜语童话、联语俗谚等栏目。像《民间》第三集，有正文页面110页，其中故事31篇、画谜2幅、对联3副、歌谣75首、笑话5则、谜语189条。而在31篇故事当中，徐文长《称缸》《画桃子》《狗爹爹》等故事就有14篇，几近占了一半，内容滑稽，带有嘲讽世态、批判谴责的风格。此外，还有章达耷作的序言和编者自著的尾声，体例相当完备，发行者是汤浦吉昌茶栈，印刷者是绍兴印刷局，另有绍兴汤浦开泰昌、绍兴大路教育馆和上虞百官恒盛昌三个代售点，每册售价二角。

其影响远至国外，德国、日本和日内瓦国际图书馆等均来函征集。

陶茂康除了主编《民间月刊》外，还出版了《民间歌谣集》《民间谜语集》《民间故事集》《中国新年风俗志》，又在绍兴《商报》上出《民俗周刊》183期，可谓硕果累累。

“芳词洒清风，藻思兴文澜。”从20世纪20年代的“三余俱乐部”，到30年代的《民间》，再到40年代的舜阳中学，汤浦这个山沟里的小乡镇因为陶茂康，一度文气沛然，风生水起。

梦里家乡

——陈梦家的诗作与考古学成就

1931年1月的一天清晨，春寒料峭，陈梦家在白马湖畔顾盼张望，此时的他完全沉浸在回乡的幸福当中，一切都是那么的亲切和熟悉。徘徊良久，一首《白马湖》悄然从他的心底流出：“白马湖告诉我：老人星的忧伤，飞过的水活鸰，月亮的圆光。我悄悄地走了，沿着湖边的路，留下一个心愿：再来，白马湖！”这是游子对故乡的眷恋，诗一出口，便一句句滑落进清波粼粼的湖里，浮起一片旧时的光景。

陈梦家的一生浪漫而悲情。

他的父亲陈金镛（字敏应）是个牧师，家居百官小桃园，太外祖母钱氏是曹娥人。陈梦家1911年出生于南京，1966年于北京逝世，终年55岁。据说母亲在怀孕期间梦见有一头猪入怀。居室有豕，意象为“家”，父母便给他起名为“梦家”。

陈梦家6岁上学，9岁随父母迁居上海。15岁考入南京“国立第四中山大学”（后改名为中央大学）法律系，遇到了时在中央大学任教的闻一多与徐志摩，并在他们的影响下开始诗歌等文学作品的创作。1931年夏天，大学毕业，他获得律师执照，但没去从事与本专业有关的工作，而是应徐志摩之邀，赴上海负责编选《新月诗选》，不久任《诗刊》主编。1932年，一·二八事变爆发的第二天，陈梦家就上淞沪前线，参加抗战将士伤患救护工作。停战之后，他到青岛大学任闻一多的助教，并在闻先生的指导下开始研究甲骨文。1934年赴北平燕京大学研究院深造，师从容庚、唐兰，专攻古文字学，获硕士学位，留燕京大学中文系任助教。从此，他全力专注于中国古文字学、古史学的研究。1937年抗日战争全面爆发，陈梦家到长沙清华大学教授国文。是年秋，赴昆明西南联大任教。1944年秋，经费正清、金岳霖两位教授推介，赴美国芝加哥大学讲授中国古文字学。1947年游历英、法、瑞典、丹麦、荷兰等国，广泛收集流散于欧美的中国铜器资料，同年秋天返回清华大学。6年后转为中国科学院考古研究所研究员，并兼任考古研究所学术委员会委员、《考古学报》编委、《考古通讯》副主编。1957年因在推行汉字简体化、拉丁化过程中提出自己的看法，被错划成右派，三年后被派往兰州，协助甘肃省博物馆整理武威汉简。因不忍批斗等屈辱，1966年9月3日在家自杀身亡。改革开放后，陈梦家冤案得到全面纠正，他热爱祖国、热爱社会主义事业的精神得到了高度评价。

陈梦家诗情横溢，20多岁就出版诗集，被业内誉为“唐初四杰中的王勃”。1936年前就出版了《梦家诗集》《在前线》《铁马集》《梦家诗存》四本诗集，是后期“新月派”诗人中享有盛名的代表性人物。他的诗想象丰富，思绪奇险，节律明快，拥有音乐美、绘画美和建筑美，受到胡适等人的热捧。当时的出版商介绍陈梦家诗集时这样说：“梦家的诗，指出了中国新诗的一个新方向，适之先生看了便觉得‘新诗的成熟时期快到了’，一多先生看了一首《悔与回》，又认为‘自然是本年诗坛可纪念的一件事’。”业内有人这样评论：“陈梦家不仅是出色的诗人，而且是一位既能师承又能变通的诗歌理论家。”他倡导“诗是美的文学”，重视诗的内蕴美，追求诗歌内容与形式的完美统一，确立“醇正”和“纯粹”的诗学体系，完成了中国现代诗歌理论史上的重要转折。其影响较大的诗作有《一朵野花》《雁子》《悔与回》《秦淮河的鬼哭》等。不仅如此，陈梦家的诗歌评论也很有见地，尤其对诗歌应用格律与否看法很辩证。他说，形式是感观赏乐的外助，格律在不影响内容的程度上，我们需要它，正如画像不拒绝合适的镜框。而在《新月诗选·序言》中又说：“我们决不坚持非格律不可的论调，因为情绪的空气不允许格律来应用时，还是得听诗的意义不受拘束的（地）自由发展。”

陈梦家既是诗人，也是战士。1932年他参加国民党第十九路军抗日救护。在淞沪前线，他为战士的倒下而流泪，为日寇的疯狂野蛮而喷火，一腔爱国热血偾张。他在《在前线·序》中这样说道：“（二月）十三日季家桥之役……我们曾亲见勇敢的士兵挺胸往前冲锋，跌倒又爬起。子弹像蝗虫一样在泥地上跳，像风雨一样打落兵士的斗笠帽。挂彩的伤兵染成一个血人走回来，没有一个官兵在伤亡时不仍然紧握着枪弹。有些倚在坟堆上托枪瞄准，可是就这样永远不动了。我们转身到别处去一下，回来田野上已经突起好些新坟了，白纸条在竹枝上飘。那些不曾完全掩埋好的手，还握着我们的手榴弹……”为此，他创作了《哀息》《在蕴藻滨的战场上》《老人》《一个兵的墓铭》等战争题材的诗篇。有了这场血与火的洗礼，陈梦家比徐志摩、方玮德等其他新月派诗人多了一分铁血丹心。

人的兴趣取向在不同阶段可能有不同的表现，而陈梦家尤甚，谁能想到，一个激情爆棚、长于抒情的诗人，竟然在25岁时转向，搞起了古文字研究，并且做出了大名堂，成为继罗振玉、王国维之后考古界的领军人物。早在燕京大学毕业前后的短短两年间，他就写了十多篇文章，诸如《令彝新释》《禺邗王壶考释》等是解析文字的；《古文字中之商周祭祀》《商代的神话与巫术》《祖庙与神主的起源》《高禖郊社祖庙通考》等，是探讨商周宗教、神话和礼俗的；《商代地理小记》《隹夷考》是考究古代地理的。

陈梦家甲骨文研究的代表作是《殷虚卜辞综述》，它是甲骨文研究的百科全书。该书70多万字，分总论、文字、文法、断代上、断代下、年代、历法天象、方国地理、政治区域、先公旧臣、先王先妣、庙号上、庙号下、亲属、百官、农业及其他、宗教、身分、总结、附录，总结了发现甲骨文时至1956年的成果，是甲骨文研究领域的权威著作之一，至今仍被经常引用，在国内外都有较大影响。

陈梦家铜器研究的代表作是《西周铜器断代》，总体上按各玉器铭考释，方法是因研究古代宗教、神话、礼俗而治古文字，再由研究古文字而转入研究古史和考古学。书中详细记述不同时代的各类铜器98件，每件都记录了全篇铭文的释文，有的甚至逐史、逐字、逐句地讨论，对于研究上古汉语和汉语史意义重大，为国内外学术界所推崇。

陈梦家对汉简研究的成果，主要集中于《武威汉简》和《汉简缀述》两本书中。此外，还有《老子今释》《海外中国铜器图录考释》《尚书通论》《美帝国主义劫掠的我国殷周铜器集录》。论文有《释底渔》《释“国”“文”》《关于上古音系的讨论》《殷代铜器》《慎重一点“改革”汉字》《蔡器三记》，等等。

这里需要特别说一说的是，20世纪40年代，陈梦家在海外搜寻中国青铜器资料的不凡经历和对国家作出的巨大贡献。1944年秋，陈梦家应邀前往美国为芝加哥大学讲学。事实上，陈梦家清楚，在美国选读他的古文字学这门课的学生寥寥无几。所以，他此行的另一个主要目的是搜集失散在美国的中国铜器资料。为了尽可能地做到全面、详尽，陈梦家往返底特律、克利夫兰、圣路易斯、明尼阿波利斯、纽约、纽黑文、波士顿、普罗维登斯、普林斯顿、旧金山、火奴鲁鲁、多伦多等十多个北美城市，并于1947年前往英、法、丹麦、荷兰、瑞典等国，遍访当地博物馆和私人收藏家。借助这些资料编成的《美国所藏中国铜器集录》，共收入37家博物馆、图书馆和大学等公家收藏机构，以及62位私人藏家、13家古董店所藏共845件青铜礼器。其中尚未包含青铜乐、兵、车马和日用器具及欧洲、加拿大所藏青铜器。试想，即便是在交通、通讯、摄影等技术发达的今日，由一人来完成如此艰巨浩大的工程，也是难以想象的，没有深厚的爱国热情支撑和对中华文化的狂热，断不可能实现。而由此编纂而成的《美国所藏中国铜器集录》，至今仍是国内文物工作者，尤其是青铜器研究者必不可少的参考工具书。陈梦家的这一贡献，不是光用“学术成就”四个字就可以概括的。

春晖蔚起

——春晖文化发轫与白马湖作家群

春晖文化是个宽泛的概念。这里说的春晖文化，是以白马湖为基点，以新文化运动为背景，以20世纪20年代春晖中学为依托的教育文化，包括教育理念、散文创作两个部分。

教育理念是春晖文化的核心。春晖中学的教育理念是“与时俱进”。无论是投资人，还是策划创办者、教师皆是接受新文化洗礼的开明人士。投资人陈春澜本人虽无多少学问，但是早年在上海滩打拼，对西学有所了解，眼界较宽，对新学十分支持，之前（1908）就在自己的村子小越横山办起了春晖小学堂；主要策划者王佐、经亨颐。王佐虽然是清末光绪朝举人出身，但和蔡元培一样，提倡新式教育，致力于教育救国、科学救国；经亨颐早年留学日本，是新文化的标杆性人物，早在出任浙江省立第一师范学校（简称“一师”）校长时，就大胆改革教育积弊，推行“人格教育”，“一师风潮”后，遭守旧势力排挤，转身回家乡创办春晖中学并出任校长，他的教育理念在春晖中学得以继续贯彻实施。至于春晖中学的教师，都是新文化运动中的佼佼者，有许多还是经亨颐以前的同事，影响较大者有夏丏尊、丰子恺、刘熏宇、刘大白、叶天底、匡互生、朱自清、朱光潜、刘叔琴、吴梦非、王任叔（巴人）、杨贤江、刘质平、张孟闻等。

经亨颐“与时俱进”校训（刘育平供）

春晖中学从开学的第一年起，就确立“反对旧势力，建立新学风”方针，使整个学校浸润在“五四”革新精神中。

上面说过，“人格教育”是经亨颐的一贯主张。经亨颐早在1918年就写出《我国之人格》一文，登载于第192期《教育周报》；在受陈春澜委托制订《春晖中学计划书》的时候，也将他的“人格教育”“英才教育”“动的教育”思想贯穿其中。“人格教育”解决学生立身问题，“英才教育”针对的是学生立业，“动的教育”是铸型教育的反动。主要含义有：一是体现“与时俱进”的教育理念；二是“为机能的差别的发展的教育，借明人格之特征”[①]。正因为如此，春晖中学在开学初期，就把《新青年》《向导》《语丝》等进步刊物引进教室。1923年，春晖中学即招收女生，首开浙江省级中学男女同校之先河。不仅如此，学校还不时聘请蔡元培、李叔同、叶圣陶、胡愈之、钱君匋、何香凝、张大千、黄炎培、柳亚子、陈望道、张闻天、俞平伯、吴觉农、蒋梦麟、于右任、吴稚晖等文化教育界望人来讲学或居住，以他们的风范学识熏陶和影响学子。总之，经亨颐要把学生培养成“智、德、体、美、群”全面发展的人才。

为了配合或者更有效地贯彻推行“与时俱进”教育理念与经亨颐的“三大”教育主张，1923年，夏丏尊开始翻译意大利作家德·亚米契斯的《爱的教育》，通过借鉴西学的方式，在教师中进一步树立以学生为本的思想。其在该书的序言中这样说：“好像掘池，有人说四方形

① 张彬、经晖、林建编：《经亨颐集》，浙江大学出版社2011年版，第91页。

好，有人又说圆形好，朝三暮四地改个不休，而于池的所以为池的要素水，反无人注意。教育上的水是什么？就是情，就是爱。教育没有了情爱，就成了无水的池，任你四方形也罢，圆形也罢，总逃不了一个虚空。”对此，夏丏尊身体力行，其教育被学生亲切地尊称为“妈妈式的教育”。

与此同时，时任春晖中学教导主任的刘薰宇，也反对当时盛行的实用主义教育思潮，力挺“人格教育”，曾不无感慨地说：“中国人民在二三十年以前，大家都抱着一个希望，把科举废掉，办起学校来就可造就许多人才，大家也可享太平福了，那（哪）知道这些人才出来以后更不太平啊！在我看来，就是这些人才是讲‘用’的教育里来的，所以靠不住，因为他们只知道自己有‘用’有‘利’，却忘了人们的真幸福。”①

1927年，范寿康执掌校政，继续推行春晖传承的教育理念，并且创造性地提出“个性教育”。为此，他专门编写《我们怎样读书》。全书分五编：第一编“为学的目的与方法”，第二编“我们怎样学习国文”，第三编“我们怎样学习历史、地理”，第四编“我们怎样学习数学和自然科学”，第五编“我们怎样学习图画、音乐和英语”。此书收罗夏丏尊、丰子恺、刘薰宇等早期春晖中学老师和梁启超、陈东原、胡适、朱经农、施炳如等国内许多名师谈论的为学目的，以及各学科学习方法的许多文章，此举一下子拉近了学生与大师们的距离。范寿康在春晖中学推行“个性教育”的实践，后来撰成《个性教育》一书，书中说教育是“使未成熟者理解现代化，进而创造或建设社会的文化”，“这是教育的根本原理”，对学生“个性的尊重”是“现代教育的一大特色”，重要的是要“培养学生的爱国精神”，等等。

春晖文化的另一个组成部分是白马湖作家群现象，业内又称其为现代散文“白马湖派”。“白马湖派”本质上是以夏丏尊等春晖中学教

① 李兴洲：《大师铸就的春晖——1920年代的春晖中学》，人民出版社2008年版，第166页。

师为主体，以共同价值观作为基础，以清新自然、平实随性、担当作为等创作风格为纽带的一个不自觉文学群体。也就是说这个“学派”概念，并非像“新月派”诗人一样出于时人的自我标榜，而是业内后人总结的结果，最早由台湾作家杨牧于20世纪80年代初在《中国近代散文选》一书中给出。他将春晖中学教员作为主体创作的“清澈通明，朴实无华，不做作矫揉，也不讳言伤感”的共性散文，谓之“白马湖派散文”，得到社会认可。无论是1991年朱惠民的《现代散文“白马湖派”研究》、1992年金梅的《白马湖派散文家》，还是1998年钱理群、温儒敏、吴福辉编著的《中国现代文学三十年》等，皆认可这一说法。此后，夏丏尊、朱自清、丰子恺等作家不曾想到，自己竟被后人冠上“白马湖派”的名号，与“语丝派”“鸳鸯蝴蝶派”等文学流派一同流传于中华大地。

根据朱惠民1994年选编的《白马湖散文十三家》，列出的该派作家名单是：夏丏尊、朱自清、丰子恺、朱光潜、陈望道、李叔同、俞平伯、冯三昧、刘叔琴、刘大白、刘延陵、刘薰宇、叶圣陶。钱理群等认为，文学教育历来是文化素质教育的重要方面，相当多的现代作家都当过中学、小学教员，很自觉地把文学教育作为写作目标之一。“可称为‘开明派’的一支散文作家队伍，便在这方面显得突出，他们大多是上海立达学园的同事，30年代又聚集在开明书店周围，有丰子恺、夏丏尊、叶圣陶诸先生。”可见，随着夏丏尊等轴心作家工作地点的转移，“立达派”“开明派”也是“白马湖派”的延伸别称。

在谈到春晖中学、白马湖作家群的时候，顺带说一下经亨颐的“寒之友社”。经亨颐除教育和民主革命活动外，于诗、书、画、印均有杰出造诣，1928年底其与何香凝、陈树人、于右任等，在上海发起组织成立以切磋诗书画印为宗旨的艺术团体“寒之友社”，社名取自经亨颐题《竹菊图》“此间俱是寒之友，不道寻常倾盖欢”之句，并自任社长，黄宾虹、张大千、张善孖（zī）、潘天寿、丰子恺、王祺、姜丹书等为社员。每逢雅集，大家翰墨淋漓，尽情挥毫，以诗言志，以画喻节，极一时之盛。从某种程度上讲，经亨颐的“寒之友社”本质也是春晖文化的另一种延续。其中，潘天寿为感谢其在“一师”求学时，恩师经亨颐曾对其艺术人生上的悉心指导，于1930年特作《长松山房图》相赠。

“北南开，南春晖。”春晖中学虽然始于20世纪20年代，但其文化渊源可溯至1908年陈春澜创建的春晖小学堂。春晖文化至今已经赓续了一百多年。春晖蔚起，可谓源远流长，历久弥新。

第九章

鸡鸣不已

五四运动以来

浙江文史记忆·上虞卷

五四运动是中华民族现代意识的全面觉醒。在风雨如晦的年代，中华儿女在中国共产党领导下，鸡鸣不已，不屈不挠，向着帝国主义列强和黑暗的旧中国发出猛烈怒吼，激起阵阵狂澜，东方地平线上，一轮光芒四射的朝阳喷薄而出。

辛亥骁勇

——夏达才的戎马生涯

1981年，上海市政府隆重举行纪念辛亥革命70周年大会，主办方为七位辛亥耄耋老人拍了一张纪念照片，其中就有上虞乡贤夏达才。夏达才为辛亥革命流过血，为北伐战争立过功，为抗日战争受过刑，为解放战争出过力。

夏达才（1889—1983），原名铭章，字以行，大泽乡（今陈溪乡）夏家岙人。幼入县立小学读书，19岁经人介绍去绍兴白话报馆当学徒。清宣统二年（1910）冬投军，在浙江陆军八十二标二营右队充副兵，一年后升正目（相当于班长），不久保送进浙江弁目学堂学习。辛亥革命爆发，夏达才所在的标营响应起义，约定时日在杭城举事。弁目队被任命为先锋队，夏达才任尖兵队长，打响浙江辛亥革命暨光复杭州的第一枪，攻取抚台衙门，生擒浙江巡抚曾韫。翌日清军败北，杭州全城光复。之后，夏达才由中尉排长升任上尉连长。1918年浙军驰援福建，夏达才为先锋。在水口遇到粤军主力，激战一夜，弹药将尽，许多军队纷纷撤离，只有夏达才和另外两位连长坚持指挥战斗，奋战一天，终于击溃敌军。在历次战斗中，夏达才总是身先士卒，冲锋在前，敢打硬仗，曾多次负伤，其军事才能在战火中日益显现。1920年夏达才返回浙江，在周凤岐的浙军第二师任营长。

1926年北伐战争打响，周凤岐部扩编为第二十六军。次年，周凤岐率部配合何应钦主力进攻军阀孙传芳，而夏达才奉命留任杭州游击司令，任务是随时向军部提供情报，同时，组织别动队袭扰孙传芳军后方。此时，战败的孙传芳部队正向杭州留下镇退却，夏达才见状，连夜召集人马，抢登城隍山制高点，向敌军开火，同时高喊“革命军进城了”，使得本已风声鹤唳、草木皆兵的敌军纷纷抢乘火车逃窜。

之后，夏达才第二十六军沿沪杭铁路向松江继续北伐，但战事并不顺利，激战两昼夜仍未攻下松江，上级命令夏达才限时攻克松江。夏达才果然不负众望，赶在黎明前拿下松江，结束战斗，他和参战部队也因此得到军部通令嘉奖。此后的北伐战斗中，夏达才英勇杀敌，屡屡获胜。

1929年，夏达才任宁波要塞司令部中校营长，不久又晋升为陆军步兵上校团长。他洁身自爱，拒纳贿赂，这与心胸狭窄、贪图私利的要塞司令王皞南相冲突。一次，有个商人想在夏达才团驻地镇海关外的几个小岛落脚，提出只要夏睁一只眼，闭一只眼，每月就可得到可观的红利，那商人还说，此事经王皞南司令同意并且他有参与。但据夏达才调查，商人是为了制卖比鸦片还毒的红丸，夏达才断然拒绝干伤天害理的勾当。到手的“好事”让夏达才搅黄，王皞南心怀忿恚，伺机报复。中日战事吃紧，军部要在镇海关修建炮台。夏达才与王皞南为选择炮台位置的事发生了争执，王皞南借机说：“你不服，可以走人！”夏达才闻言愤然辞职，回到上虞。

抗日战争全面爆发，上海失守，宁绍危急。夏达才积极行动投身抗日，并和县长陆桂祥商议筹组上虞县抗日自卫大队。但陆县长生怕夏达才势力壮大会危及自己的权力，暗中作主将自卫队奉送给了钱塘江北岸守备司令宣铁吾。夏达才闻讯，万念俱灰，不得已卸甲改行经商，游方生意以养家糊口。1940年5月，夏达才在上海，被汉奸谷世裕以国民党特务罪名拘捕，因在被审问时顶撞日军特高科科长，一下子被打掉两颗门牙。此后，日军宪兵每隔几天提审夏达才一次，每次都用电刑、老虎凳、辣椒水等手段逼问，甚至还用刺刀刺他的胸膛，血流如注。夏达才坚贞不屈，始终保持中国人的堂堂正气。日军见硬的不行就来软的，他们叫伪上海市市长傅筱庵前来劝降，许以高官厚禄。夏达才将计就计，装作要去见傅筱庵，在路上成功脱身逃出上海。

抗日战争胜利后夏达才回到上虞，先与吴觉农合伙经营茶叶，后任上虞县参议员，其间多次掩护革命群众。有一次，他在杭城听到当局要对四明山进行“剿匪”，便当即回上虞将情况通知给四明山亲友，让他们赶紧疏散，间接地向游击纵队传递了情报。其他但凡县里有什么军事行动，他均如法炮制。上虞解放前夕，兵匪乱作一团，百姓深受其害，夏达才多次出面维持，以最大努力保全人民生命财产。1949年5月，解放军大军南下，夏氏以县临时救济会主席身份为解放军募捐军粮，被后来建立的上虞县人民政府誉为开明士绅。是年底，夏达才亲自送两个儿子光荣参加中国人民解放军。不久，夏达才迁居上海，靠推销酱油为生。夏达才在1956年加入中国国民党革命委员会，1961年被聘为上海市文史馆馆员。改革开放后，夏达才和范寿康等积极与在台湾的友人联系，致力于两岸统一。

1983年3月31日，夏达才逝世，享年93岁，上海有关方面为其举行了隆重的追悼会，悼念这位为辛亥革命流过血、为北伐战争立过功、为抗日战争受过刑、为解放战争出过力的先贤。

大道之行

——新中国建立前胡愈之的文化人生

胡愈之（1896—1986），原名学愚，字子如，笔名胡芋之、化鲁、沙平、伏生、说难等。著名社会活动家，集记者、编辑、作家、翻译家、出版家于一身，学识渊博，是新闻、文化界少有的全才。中华人民共和国成立后，历任《光明日报》总编辑、国家出版总署署长、全国人大常委会副委员长等职务。他的一生与新闻文化事业同行。

一、天生媒童

光绪二十二年（1896），胡愈之出生在有“二百年祖宅，十一世书香”之称的丰惠敕五堂后咫园。父亲胡庆堦（一作皆）在当地是个小有名气的维新派知识分子，母亲黄木兰温厚贤良。

胡愈之似乎天生是个媒童。从小爱读父亲藏的《仁学》与家中订的《申报》《时报》《新民丛报》等书报，并将自己认为好的内容剪下来合在一起装订成册。一来二去，13岁时竟与学友吴觉农、二弟胡仲持和堂弟等，有模有样地办起报来，名之曰《家庭三日报》，之后将其改为《家庭杂志》。同时，又办《后咫园周报》，内容主要摘录《申报》《时报》《浙江潮》等报刊上的部分文章和时事消息。15岁以县试第一名考入绍兴府中学堂，在这里他有幸认识了鲁迅先生。16岁那年，父亲让他师从绍兴名宿薛朗轩。薛老师平易近人，教导他说文章不能离开现实一味模仿古人，对胡愈之后来的新闻文化事业影响很深。

二、同风而起

这里说的“风”就是以陈独秀创办《新青年》为标志的新文化运动。胡愈之一踏上社会，便遭遇此风，并同风而起，扶摇直上。18岁的胡愈之考中上海商务印书馆练习生，从此拉开了他革命生涯和参加文化活动的序幕。1915年还是练习生的他，便在《东方杂志》发表名为《英国与欧洲大陆之海底隧道》的第一篇译作，他的能力水平因此被业内认可，次年即升任《东方杂志》编辑。此后他译文、撰稿的劲头更足，成就许多作品，主要分五类：一是介绍“一战”背景下的国际时事，二是传递西方新思想、新科学，三是述评国内政治、经济、文化问题，四是宣传新科技、新发明知识，五是推介世界语。

受新文化运动和《新青年》影响，胡愈之力推白话文。他自言：“‘五四’时期，我和沈雁冰是提倡白话文最（有）力的两个人。”（胡愈之《我的回忆》）轰轰烈烈的五四运动，使年轻的胡愈之的思想经受了全新洗礼，他写了许多文章，介绍国际斗争新动向，揭露巴黎和会内幕，控诉列强侵略行径和北洋政府镇压学生、革命民众的罪恶。同时，他还积极参加罢工斗争。他这样鼓励职工：天下是工人的，只要团结就能泥土变成金，力量胜于天。上海的新文化运动给了胡愈之无限激情，但家乡上虞的信息闭塞仍使他不安。为此，1920年秋由胡愈之、胡仲持编辑的报纸《上虞声》在上海诞生。对于报纸的宗旨，胡愈之在四年后的《上虞声》复刊词中这样说：一是反对土豪劣绅，二是反对堕落生活，三是认真办理地方自治，四是整顿小学教育，五是提高人民常识，六是改良农民生活，七是结合青年同志共谋改良地方。他要引流大上海的新文化“波澜”，冲击家乡上虞的“死水”。

1925年5月15日，日商棉纱厂工人顾正红因带领工人与资本家交涉，遭枪杀身亡，30日，上海两千余名学生在租界，抗议资本家镇压工人大罢工，孰料竟遭英国巡捕开枪射击，当场打死13人，重伤数十人，逮捕150余人，造成震惊中外的“五卅惨案”。胡愈之义愤填膺，怒不可遏写下3万余字《五卅事件纪实》长文，披露列强资本家暴行，声援工人、学生。两年后的“四一二反革命政变”中，大批共产党员和革命志士遭到屠杀，血流成河，胡愈之悲愤难抑，与郑振铎、章锡琛、吴觉农等7人向蔡元培、吴稚晖、李石曾写出抗议信，要求立即停止这种亲痛仇快的反革命行径，并组织人民审判委员会加以制裁。此后，胡愈之游历欧洲。1931年1月下旬，他在从法国回国途中，顺道对莫斯科进行了为期一周的考察，将所见所闻写成6万言报告文学《莫斯科印象记》。该书深受民众欢迎，连续5次再版。这是我国第一本比较系统地介绍苏联政治、经济和人民生活状况的著作，虽然后来被国民党政府查禁，但一石激起千层浪，这本小册子在社会上引起强烈反响。

三、赴汤蹈火

1931年9月18日，日本突然以重炮轰击沈阳北大营的中国驻军，同时对吉林、黑龙江发动进攻，制造了震惊中华的九一八事变。仅过了10多天，胡愈之就以真名发表《尚欲维持中日邦交乎?》一文，在中国最早提出“断交宣战”的抗日主张。第二年，胡愈之出任之前因商务印书馆被炸停刊后新复刊的《东方杂志》主编，在复刊号卷首特撰《本刊的新生》，一上来就对日本帝国主义给以迎头痛击，提出要“创造本刊的新生，创造民族的新生”。1933年元旦，胡愈之组织“新年的梦想”专辑，在向社会名流发出的征稿信中这样说：“在这昏暗的年头里，莫说东北三千万人民，在帝国主义的枪刺下活受罪，便是我们的国家，整个民族也都沦陷在苦海之中……但是我们真的没有出路了吗？我们绝不作如此想……”他以此激发民众的抗日决心。征文发出立即得到了柳亚子、徐悲鸿、巴金、老舍、周作人、夏丏尊、茅盾等142位知识分子的响应。1933年初，胡愈之参加了由宋庆龄、蔡元培、鲁迅等进步人士组织的中国民权保障同盟会，揭露国民党反动集团蔑视人权、残害共产党员和进步人士的罪恶行为。同盟会的活动引起当局的恼怒，杨杏佛被暗杀，但胡愈之等人愈挫愈奋。胡愈之在白色恐怖和抗日救亡中的出色表现，很早就引起了共产党组织的注意。1933年9月，中共中央组织部直接吸收批准胡愈之入党。此后，胡愈之以新的政治生命，更加努力地为党和人民积极工作，接连做了几件很有影响力的大事，诸如协办《生活日报》，参加全国各界救国联合会，组织鲁迅葬礼，营救同情抗日救国会的章乃器、沈钧儒、李公朴等“七君子”，翻译出版美国记者埃德加·斯诺的《西行漫记》，编印《鲁迅全集》，等等。胡愈之的奋身工作，自然也引起了国民党的紧张，国民党将他列入黑名单。因为这个原因，党中央把胡愈之转移到新加坡。1940年，周恩来亲自点将，要他以《南洋商报》编辑部主任的名义，在海外抗日掀浪。胡愈之走马上任，大刀阔斧地开展工作：一是加大抗日宣传力度，强调华侨在抗日救国中的作用。二是重抓社论和专论。社论是报纸的灵魂，对于帮助读者认清时局、安定人心作用甚大。三是改革版面和栏目，增加版次，增辟了《每周大事述评》《每日一题》《时势解题》等专栏。在胡愈之的努力下，《南洋商报》声誉日隆，销路大增，在南洋广大华侨中，盛大的抗日救亡烽火熊熊燃烧。

抗日战争胜利后，胡愈之继续留在南洋工作3年。他在1948年回国，受到了毛泽东、周恩来等党中央领导的亲切接见。“大道之行也，天下为公。”此后，摆在胡愈之面前的，又是一场崭新的文化事业开拓之旅。

文化收台

——范寿康与台湾国语运动

台湾国语运动，是1945年台湾光复以后文化收台的重要工作。这一运动之所以在台湾取得重大成就，与范寿康的努力关系甚大，这是他一生为中华民族所作的最大贡献。

范寿康（1896—1983），字允藏。上虞区丰惠镇人。中国著名教育家和哲学家。1913年留学日本，先后就读于东京第一高等学校、东京帝国大学。1921年撰写《马克思的唯物史观》一文在《东方杂志》发表。1923年获教育与哲学硕士学位。同年回国，任商务印书馆编译所编辑，主编《教育大词典》。1926年任广州中山大学教授兼秘书长。1927年任春晖中学校长。1932年任安徽大学文学院院长。1933年8月至1938年4月，任国立武汉大学人文学院哲学教育系教授。此间他开设《中国哲学史通论》一课，用马克思主义哲学的阶级分析方法、辩证思维方法研究和阐释中国哲学。1937年七七事变后，响应中国共产党中央委员会发出的《关于中国时局的宣言》，辞去武汉大学教职投身抗日工作，并经郭沫若介绍，参加国民政府军委会政治部领导下的抗日宣传工作。后改任文化工作委员会国际研究室主任、政治部设计委员，行政院参议员。1945年抗日战争胜利，赴台被任命为台湾地区行政长官公署教育处处长。解放战争时期和中华人民共和国成立后，任台湾地区行政长官公署教育处处长、台湾大学哲学系教授兼台湾大学图书馆馆长。1982年4月18日，从台湾经美国辗转回北京定居。同年12月被选为中国人民政治协商会议第六届全国委员会委员、常务委员。

此处为了说清楚文化收台和范寿康工作的意义，需对日本奴化台湾的情况略作回顾。日本早在清同治末年就对台湾进行渗透，对台湾全面统治则始于1895年的《马关条约》。至抗日战争胜利，日本对台湾统治整整50年。此间，日本在台强制推行奴化教育，一项根本性措施是以日语取代中华国语（汉语普通话）。1896年日本已在台设立16座日语讲习所，另设分教所18处，招募台湾弟子入学。1898年，日驻台总督府颁布《公学校令》，将各地的日语讲习所统一改名为“公学校”，普及日语的殖民教育开始发酵。尤其是1937年抗日战争全面爆发后，日本加强了效忠天皇、铲除中国文化的“皇民化”运动，日语公学校遍布全台湾，日语被定为台湾的“国语”。据有关统计资料，1930年台湾懂日语者还不到10％，1937年便增至40％，至1944年达到70％还要多。台湾家庭讲“国语”，通过审核并被定为“国语”常用家庭的，可领到“国语之家”的牌子，被视为优质国民。可以这么说，至1945年光复前，台湾被日本奴化程度十有七八，更为可怕的是，当时的台湾小学生，只会说日本话，而不会讲台湾方言或中国语，年纪大一点的勉强能说台湾话，但腔调已不纯正，中国语汇被日语同化已是不争的事实。

台湾光复，不仅要在政治上使之重新归入中国版图，同时，也要在其民族思想、语言和文字书写主要形式上，重新中国化。在这样的情况下，范寿康被任命为台湾地区行政长官公署教育处处长。他怀着强烈的民族感情推行国语（汉语普通话）扫盲。范寿康有针对性地提出了全面“中国化”的号召，并制定多项措施，他组织教育系统各级官员在全台湾推行国语，成立国语推行委员会。在教育领域，从小学、中学、大学都要实行国语教育，培养学生的中华民族观念。当时，台湾在这方面的师资紧缺。为了解决这个问题，他创建台湾师范学院，培训国语师资。在社会上，范寿康推行以爱国主义为本的血统一致教化，引导台湾人民的精神回归祖国。由于措施到位，开展有力，仅短短一年，台湾同胞在言谈、出版物等方面，皆恢复了国语的使用，文化收台取得了很大成效。

今天，台湾同胞老少都能讲一口流利的国语（汉语普通话），在很大程度上，要归功于范寿康当年作出的不懈努力。仅此一点，他对中华民族的贡献值得高度评价。

“浙大保姆”

——西迁路上的竺可桢校长

竺可桢，字藕舫。祖籍章镇藕浦（也称牛步，现属泰山村），其父亲迁居东关保驾山，故居（俗称竺家台门）在东关街道建东西路54号。

其曾任浙江大学校长13年，有8年多在浙大西迁路上恪尽职守。此间，他率浙大穿越浙江、江西、广东、湖南、广西、贵州六省，转换建德、泰和、宜山、遵义四地，行程2600千米，谱写出一部可歌可泣、轰轰烈烈的“文军长征史”，在艰苦卓绝的环境中，硬是将一所衰落不堪的大学办成“东方剑桥”。因此，竺可桢被学生亲切地誉为“浙大保姆”。

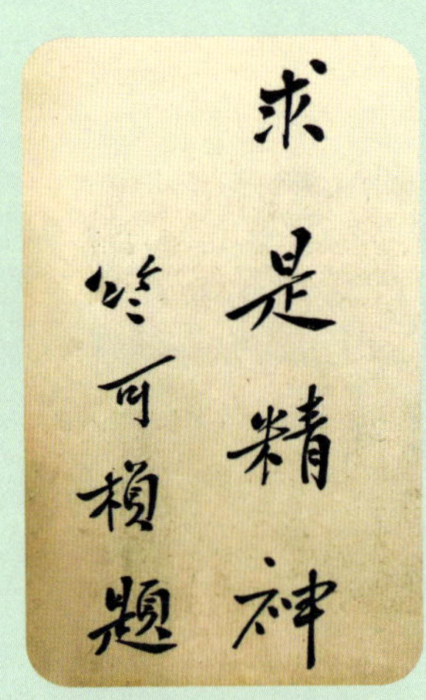

竺可桢题“求是精神”
（刘育平供）

浙大西迁的序幕在1937年9月21日拉开，第一站是浙江建德。七七事变爆发，日本开始全面侵华，8月淞沪会战失利，杭州危在旦夕。为了使一年级新生能安心学习，同时也为下一步行动做准备，竺可桢将新生安置在西天目的禅源寺就读。11月5日日寇在浙江、江苏两省间的金山卫全公亭登陆，炮火打进杭州，在此情况下，竺可桢决定浙大迁校建德县。对此，竺可桢的日记中这样写道："十一月八日　星期一　立冬　晴　上午两次警报，下午亦三次……决定二、三、四年级生于星期四、五、六各日移往建德。因敌兵登陆以后，一时不易剿灭，倭机将每日扰武林，无法上课，故不如早移建德为得计也。"从11月11日开始，浙大教师学生分三批出发，在江干码头乘船，于15日全部到达建德。同时，凡是可以搬运的图书、仪器等，师生们全部用车船运至建德。11月下旬，在天目山禅源寺就读的新生，也分批行动到达建德。竺可桢将学校办公室、教室、宿舍等分散在城内各处，总办公室设在总府前方宅，教室分设在林场、天工堂、孔庙等处，宿舍则在中心小学、万源当、东门街一带的民房。

浙大西迁的第二站是江西泰和。泰和当时是吉安市的属县，位于吉安南首。竺可桢考虑到学生学业，在迁往泰和前，先至吉安市区短暂停留，目的是为学生补足之前荒废的近一个月的学业，以便结束学期。1937年11月24日，也就是在浙江省城杭州沦陷这天，师生们踏上了赴赣路程。学生分若干队，每队皆由一两位导师率领，途经兰溪→金华→常山→玉山→樟树→吉安，行程752千米，于1938年1月20日抵达吉安。这段平时两天能走完的路程，师生们竟走了25天，平均每天移动约30千米。一路上，日军飞机不时盘旋在他们的头顶进行投弹轰炸，有一次竺可桢自己差点挨炸。对此，他在1937年12月26日的日记里这样说："十一点到金华，见各店均闭，状况更比上次凄凉……二点欲到车站晤邹心谷段长，又有警报，未几，日机来投弹，渐近渐响，一弹声息震窗户，祭即伏地，若再投一弹，必近头顶……决定令学生教员均设法回兰溪走常山……"同样，从玉山找火车运送教学仪器设备的过程也很艰辛。学校到玉山时，天一直下着小雪。为了能将图书、仪器等早日运走，竺可桢冒雪顶风，四处奔波，求情联系车辆，经过10多天的等待，终于将书籍设备安全运出。在吉安期间，浙大租用当时已放寒假的乡村师范、吉安中学校舍，在此为学生补课，结束学期，由水、陆两路南进泰和，1938年3月中旬到达目的地。师生们稍事安顿，便努力学习课业，学生们更是发奋读书，以回击日寇的侵略。与此同时，师生们还与当地群众打成一片，结合教育实践，积极参加生产劳动，为百姓做了修筑防洪大堤、创设澄江学校和协助开辟沙村垦殖场3件好事。1938年6月26日，竺可桢为行将毕业的学生作题为《大学毕业生应有的认识与努力》的演讲，勉励毕业学生要有挽救民族危亡的志向，投身抗日。竺可桢是这样说的，也是这样做的，西迁路上，他始终强调“读书不忘救国”，支持学生自治会发起给前方将士捐献棉背心的活动，他在教育用房紧张的情况下，特地拨出两间房子作为缝制场所，并经常和夫人张侠魂到现场鼓励指导；学生自治会发起抗日募捐，竺可桢夫妇率先捐出他们的结婚戒指。同时，张侠魂还发起在七七事变抗战一周年的纪念活动。不幸的是，妻子张侠魂、次子竺衡患病，由于竺可桢忙于校务，无暇顾及，加之缺医少药，14岁的儿子与41岁的妻子先后在泰和病逝。亲人的离去，是竺可桢心头永远的痛。

浙大西迁的第三站是广西宜山。事情发生在1938年夏秋。当时，竺可桢制定了入桂线路：图书仪器沿赣粤水道入桂，因其比较安全；师生循赣湘公路、湘桂铁路西行，因其比较节约开支。由于路遥物多，学校先后在赣州、大庾、南雄、曲江，以及茶陵、衡阳、桂林设立运输站，对于人员分组、出发日期等，都作了详尽的规定和明确分工，做到紧迫之中不忙不乱，患难之中同舟共济。自1938年8月13日首批队员出发，至10月底，所有教员学生全部安全抵达宜山。宜山昔为“蛮烟瘴雨”之乡。浙大以当地原工读学校为总办公室，以文庙、湖广会馆为礼堂、教室，在郊区搭建茅屋作为学生宿舍。特别值得一提的是，竺可桢在此确立“求是”校训，并且让马一浮作词、应尚能作曲，制定浙大校歌。这是竺可桢在校任职期间首次为浙大立魂。直至今日，“求是”精神一直在浙大传承。1940年1月9日，浙大第三次打包行装迁往贵州。

浙大西迁的第四站来到贵州，并在1940年春至1946年夏秋度过约7个年头。师生们在遵义落脚。遵义城内房屋不敷应用，所以竺可桢又选定距遵义东70千米的湄潭县城作为分部。与前相较，此时的浙大环境相对安定，许多工作走上有序轨道。在竺可桢“读书不忘救国”这一主张影响下，浙大爱国力量蓬勃发展，开展各种抗日活动。师生们创办黑白文艺社、拓荒社、塔外画社、铁犁剧团和湄江吟社等社团组织，他们或抒发忧国忧民之情，或歌颂祖国壮丽河山，或立志砥砺志气，教学相长，一派生机蓬勃的景象。这里需要特别一说的是黑白文艺社组织学生上街抗日游行一事。黑白文艺社的核心是一个马克思列宁主义小组，1942年初多次研究游行事宜，以揭露当局腐败反动、宣传抗日。某天早晨7点钟，学生果然结队上街。竺可桢闻讯，怕学生因此受伤甚至丢性命，先是苦心劝导，继而步行到步兵学校，求告军警理解学生的爱国行为，不能与学生发生冲突，不能棒击学生，更不可以对学生开枪。但他还是不放心，索性自己走在游行队伍最前端，以他的血肉之躯护卫学生安全。由于竺可桢的舍命担当，游行学生无一伤亡，最后集中到遵义大操场举行大会，这次游行集会圆满结束。学生的爱国行动，使这座曾经扭转中国命运的遵义古城，又响起了一声春雷。

浙大在遵义、湄潭办学约7年，这是其历史上光辉的时期，成就了诸如苏步青、王淦昌、谈家桢、贝时璋、卢鹤绂、陈建功等45位两院院士。此间，竺可桢还多次同英国科学家李约瑟会晤。李约瑟参观考察战火中顽强生存的浙大后，对竺可桢在如此艰难困苦的条件下取得的成就惊讶不已，李约瑟在为学校作《战时与平时之国际科学合作》的演讲时，由衷称赞浙大是“东方剑桥”。

1946年秋，浙大结束西迁流亡，胜利复员东返。回到杭州后的竺可桢，第一时间来到学校，他望着荒草没胫、满眼凄凉的校园百感交集，暗下决心，要在这片废墟之上重建校园，再创辉煌。

壮怀激烈

——热血青年的夏盖山摩崖题刻

森然如刀枪列戟，严整若盾牌矩阵，这就是夏盖山摩崖题刻的强大气场和不屈精神。

夏盖山又名夏驾山、大禹峰、镬盖山，海拔168米，孤峰独耸于虞北滨海地区。唐朝前后，此山是虞北地理分界点，山北是海，山南是陆。题刻位于山巅西首朝北岩壁，该岩壁东西长约10米，高约8.5米，计85平方米左右。岩壁的前方有一块平坦空地，大小可容百人。

题刻共有四组，皆为竖书，除第2组题刻字体最大之外，其余几组题刻字的大小皆与巴掌相差无几。自东向西依次为：

第1组，隶书3行。首行主题“卧薪嘗膽　湔雪國耻”。第2行落款“中華民國二十五年五月九日”。第3行落款“中國青年励志會浙江上虞分會旅行團題”。

第2组，隶书3行。第1行主题“還我河山”。第2行落款“二十八年一月一日海嘯劇團一週紀念全體”。第3行落款“團員舉行談心會於此敬刻四字藉作自勉”。这是字体最为雄壮的题刻，主题“還我河山”每字约60厘米见方，最为醒目。

夏盖山摩崖题刻（马志坚供）

第3组，行楷书3行。第1行主题“前進”。第2行落款“中華民國二十五年六月十日”。第3行落款“上虞三進小學童子軍團題”。

第4组，魏碑体3行，前两行为主题。第1行为“莫待老來方學道”。第2行为“孤墳多是少年人”。第3行落款“崧厦嚴梅梁書”。不记年月。

从内容看，第1组至第3组，皆是抗日题材。其中，第1组“卧薪嘗膽 湔雪國耻”、第3组“前進”，分别刻于民国25年（1936）5月9日和6月10日。前者取意越王勾践卧薪尝胆的典故。其时，国人在中国共产党的领导影响下，高举“停止内战，一致抗日”旗帜。1936年2月20日，红一方面军以“中国人民红军抗日先锋军”的名义，在毛泽东、彭德怀率领和指挥下，从陕北清涧以东的沟口、河口等地渡黄河，发起东征战役。4月9日，周恩来与张学良在陕北肤施（延安）举行联合抗日救国会谈，双方达成了联合抗日的协议，并商定了解决通商、互派代表等问题的办法。而在这前后，上虞进步青年也在积极宣传抗日救亡主张，陈树谷就是其中最活跃的一个进步青年。他在

1933年从上海回到上虞，与进步青年创办《明月文艺》《齿轮文艺》等油印刊物；发起组织“上虞县各界青年救亡协会”“上虞青年抗日流动宣传团”；举办青年读书会，传阅进步书刊，积极从事抗日救亡活动。1936年前后，陈树谷就在夏盖山东麓的谢塘陈留小学任教。虽然，目前“中國青年励志會浙江上虞分會旅行團”“上虞三進小學童子軍團”一时查不到出处，但陈树谷的活动很值得关注，这两组题刻即便不是他组织所为，也可能与在他影响下的其他进步组织有关。

第2组“還我河山”，语出南宋赵与时《宾退录》第五卷“徽宗尝梦吴越钱王引徽宗御衣云：‘我好来朝，便终于还我河山’”。相传抗金名将岳飞，也曾手书“還我河山”四字。此刻题于民国28年（1939）1月1日。其时，抗日战争已经全面爆发。1938年4月至5月，邢子陶到上虞发展共产党员，先后建立中共后郭支部、中共上虞县工作委员会（简称县工委），领导抗日。可见，此时抗日烽火已在上虞燎原。由此推之，“海嘯劇團”应当是受到上虞党组织影响、具有积极抗日思想的一支演艺队伍。

第4组题刻内容消极，从铭文所在的位置推考，时间不会超出抗日战争时期，可能是这四组题刻中的末者，它是对前三组题刻激烈情绪的消解，一定程度上反映出当时上虞某些青年人内心的真实想法。同时，也从一个侧面说明，上虞的抗日斗争并不仅仅停留在标语口号中。

不忘初心

——为国献身的党史英杰

“不忘初心、牢记使命”是中国共产党第十九次代表大会的主题。中国共产党人的初心使命是为中国人民谋幸福、为中华民族谋复兴。为了践行这一初心，担起这项使命，上虞在大革命、土地革命、抗日战争、解放战争诸时期，分别涌现出无数英雄烈士，他们抛头颅、洒热血，为此付出了年轻的生命，其中，大革命时期以王一飞、叶天底为代表，抗日战争时期以何云、陈树谷、观杰为代表。

王一飞（1898—1928）是上虞最早的共产党员，也是历史上资格较老的党员，他几乎一开始便在陈独秀、周恩来、瞿秋白等中共顶级人物的领导之下工作，他的革命经历在上海、湖北、湖南等地都有展开。

光绪二十四年（1898），皇都北京正在开展一场意在改变清廷命运的变法活动。此时，在上虞城关（今丰惠镇）小庙弄，一户普通的知识分子家庭传来了婴儿出生时的啼哭声。人们不会想到，这个孩子长大以后，将会与中国的命运紧密联结。他就是王一飞。

王一飞年幼丧父，家道中落，在家乡勉强读完小学后，进入可以免费就读的绍兴山（阴）会（稽）初级师范学堂，毕业后顺理成章地回乡做了6年小学教员。1920年，陈独秀等在上海建立中国共产党早期组织，并创办外国语学社作为培养进步青年的基地。这年秋天，王一飞离开家乡到上海学习，与俞秀松、罗亦农、刘少奇等成为同学或校友。王一飞学习认真，进步很快，没几个月工夫，就加入了社会主义青年团。次年2月，他与任弼时、萧劲光等同船赴俄国留学。1922年，他在莫斯科东方大学光荣地成为中国共产党员。从此，他的人生与壮丽的共产主义运动同频共振。

1925年，王一飞回国，彼时正值第一次国共合作。他一回来便投入紧张的工作。组织上让他暂时担任上海区委书记一职。王一飞上任伊始便对上海区委组织作了整顿，及时推进了以前因区委主要领导身体原因耽搁的许多工作。待新的上海区委书记正式到任后，王一飞被调回中央，负责军委筹建工作。1927年，中央领导机关迁往武汉，并在此召开了中共五大，王一飞当选为中央委员。“四一二反革命政变”后，王一飞出任中共中央军委秘书长，数月以后又以军委代表身份，参加党中央在汉口召开的八七会议。5月下旬，他奔赴鄂北指导秋收起义。中央领导机关回迁上海前决定成立长江局，成员由罗亦农、陈乔年、任旭、王一飞、毛泽东5人组成，罗亦农任书记。10月，王一飞以特派员身份赴长沙，主持改组湖南省委工作，并任湖南省委书记。根据中央指示，湖南省委决定年底举行暴动，王一飞任总指挥。因叛徒出卖，王一飞在1928年1月中旬被敌捕获，1月18日在长沙教育会坪慷慨赴义，年仅30岁。

“无情未必真豪杰，怜子如何不丈夫。”作为儿子，王一飞心念慈母，是个孝子；作为丈夫，王一飞挂心爱妻，是个好丈夫。无论环境多么严酷、工作多么紧张，他都会与家里书信往来，不是问候老母便是问候妻儿。其中，他写给妻子陆缀雯的一封家信中这样说：“……我母年高，性情慈爱，妹可善为解释……因我始终未能前来孝敬白发高堂，决不忍心以细微小儿之事，使老人家感觉不快。此点望妹能体会我……”

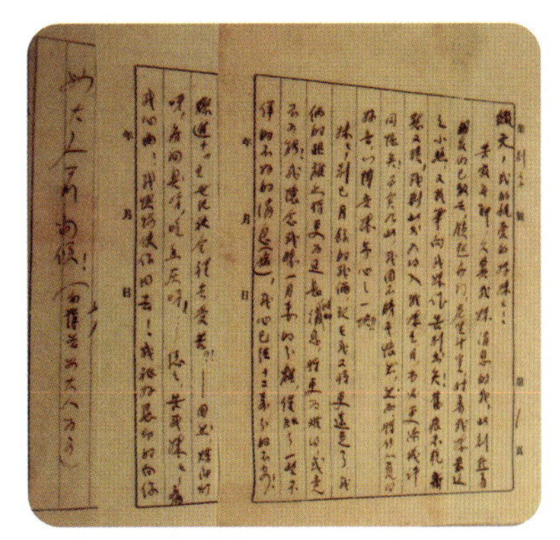

王一飞家书（刘育平供）

1985年1月，陆缀雯将王一飞在1927年3月参加上海工人第三次武装起义时运送军火的皮箱，连同51封家书和当年穿过的衣服等，都捐赠给了当时的中国革命博物馆永久珍藏。[①]

家国情怀，忠孝一体，是上虞英烈的共性。与王一飞同庚同学、同生共死的叶天底也是如此。

叶天底（1898—1928），原名霖蔚，学名天瑞，又名天砥。家在城关东面运河之侧的谢家桥（今属丰惠镇）。小学毕业后，考入浙江省立第一师范学校。他有较高的绘画禀赋，又得经亨颐、李叔同等名师亲炙，早在“一师”就读期间，已在业内小有影响。在五四运动和“一师”进步教师的影响下，叶天底很快走上革命道路。

1920年“一师风潮”后，叶天底经陈望道推荐，到了上海，在一家印刷工厂做《新青年》文稿校对，并由此结识了陈独秀、邵力子、杨明斋等进步人士，开始接受共产主义思想的启蒙熏陶。1921年，他本要与王一飞等人一同赴俄留学，然因身体原因未能成行，只好回老家上虞养病。也就在这时，他将《共产党宣言》首个中文全译本带到了上虞。

他先在上虞第一小学当教员，把《新青年》《新潮》等进步书刊推荐给同事。第二年，经亨颐创办的春晖中学开学，他转入春晖中学任教员，同时在周边农村开办农民夜校，趁机宣传马克思主义思想，胡愈之称赞他是“上虞革命运动的点火人”。1923年，在陈望道介绍下，叶天底返回上海，在东方艺术研究会从事艺术研究。此间，他经常到

① 记者贺陶、通讯员赵林：《上虞元素亮相中国共产党历史展览馆》，《上虞日报》2021年7月13日第3版。

上海大学听共产主义小组同志的讲课，参加他们的活动，初步确立了为共产主义奋斗终身的崇高理想。次年底，经瞿秋白、恽代英介绍，叶天底光荣入党。1924年夏至1926年春，叶天底前往苏州乐益女中任教。此间他以教师作掩护，积极开展革命活动。“五卅惨案”发生后，他与恽代英发起成立“苏州各界联合会”，领导全城声援上海工人斗争。不久，上海区委在苏州成立独立支部，这是中共在苏州创立的第一个党组织，由叶天底任书记。乐益中学停办后，叶天底不得不回到上海。此时，他的病情再次复发，且较前更为严重，在组织的劝说下，他回到上虞老家养病。

说是养病，实则他一天也没有停止过工作：先是在谢家桥办起农民夜校，自出经费，自编教材，自当老师；再是在他的书房秘密成立中共上虞独立支部，自任书记，这也是上虞历史上第一个中共组织。同时，他组织的中共上虞独立支部与国民党临时执委会联手，开展农民运动，建立革命武装，秘密发展共产党员，壮大革命力量。

“四一二反革命政变”后，反动势力嚣张，党的活动一度中止，后来在国民党左派人士的同情支持下得到恢复。组织农会、建立武装、成立石榴社、出版《石榴报》等活动又开展了起来。1927年11月上旬，中共浙江省委按照“八七会议”的精神，决定举行浙东大暴动，计划由叶天底负责指挥攻占上虞县城的战斗，消灭反动武装。11月12日，因暴动被敌人探悉，叶天底被捕，并被押往杭州浙江陆军监狱服刑。叶天底是个孝子，入狱半月即给老母写信：“亲爱的母亲：十来日不相见了，你的脸上不知瘦了多少……我现在最所记念的，就是恐怕你为我而忧愁，反把身体弄坏……”

时间很快到了1928年2月，敌人在无计可施的情况下露出杀气。叶天底料知自己必有一死，就给他的大哥写了封信：“我决无生路，不死于病，而死于敌人之手。大丈夫生而不力，死又何惜，先烈之血，主义之花……我决不愿跪着生，情愿立着死！”信中表现出了他大无畏的共产党员气节。2月8日，叶天底英勇就义。

何云（1905—1942），原名朱士翘，上虞朱巷村人。他的一生大体可分前后两个阶段。前段为他出生至1930年的读书学习阶段；后段为1931年至1942年的抗日救国阶段。他和胡愈之一样，也是一位杰出的新闻文化战士。何云牺牲后，刘伯承曾沉痛地说："实在可惜啊！一武（指左权）一文（指何云），两员大将，为国捐躯了！"

何云出生在破落的书香之家，祖父朱介眉是前清举人，父亲朱伯修是职员，患有肺病，中年早逝。何云6岁进村办启文小学读书，10岁考入县立第一高等小学，勤学颖悟，爱好写作。他本想继续升读，但终因父病未能如愿，便随其三叔到北乡一所小学当见习教员。何云心志不改，边教边学，1919年考取省立第五师范学校。其时，正值五四运动高涨，何云初受进步思想的熏陶。1923年何云从师范学校毕业，到横塘庙（今属驿亭镇）小学教书。1926年，他受叶天底、钱念先等上虞早期共产党员思想影响，投身工农运动，一步一步地走上革命道路。1930年春，为了躲避反动派的陷害，他离开上虞去上海。何云最担心的就是母亲，临行前专门与老人家作了依依拜别："娘，有国才有家，国强民为壮……等革命胜利了，你老人家也能过上幸福的晚年生活了。"[①]他到沪后，先在复旦大学文学系做了数月的旁听生后，同年夏天东渡日本留学。

九一八事变爆发，何云不堪国土沦丧，毅然停学回国。1932年他经刘芝明介绍加入中国共产党，并以上海泉漳中学教师身份作掩护，从事党的地下工作。次年6月，他在一次活动中被捕，与陶铸一起被关押在国民党上海宪兵司令部。四年的牢狱生活期间，他坚贞不屈，自学德语、世界语。"八一三事变"后日军占领上海，国共实现第二次合作，在这样的形势下，本来被判无期徒刑的他终于出狱，按照组织安排任《金陵日报》编辑，开始以新闻战士的姿态，活跃在抗日战线。1937年12月底南京沦陷。他奔赴武汉，参加《新华日报》创刊，

① 邵水荣等：《何云传略》，任建春主编：《战地儒将：何云传集》，香港华夏文化艺术出版社2008年版，第5页。

并任编辑。1938年8月中旬，根据当时的严峻形势，中共长江局指示《新华日报》工作人员疏散，转移至西安筹备西北版《新华日报》创刊工作，无奈因国民党当局阻挠而未果。当时适逢朱德总司令途经西安，他得悉此事，即面邀何云去晋东南创办华北版《新华日报》。12月19日，《新华日报》华北分馆正式成立，何云任华北分馆主任（社长）兼总编辑。1941年10月中旬，日寇进犯太行山腹地，报馆随军转移，在艰难困苦的环境中，何云与同事们一面与日寇周旋，一面编印报纸。1942年5月28日，在何云与同事们收听完延安党中央的电讯，准备转移电讯设备时，日军已经包围了他们的处所，枪声四起，夹杂着敌人的疯狂叫嚣。在率领同事们突围的过程中，何云被敌人射出的子弹击中，壮烈牺牲，他和40余位同事同时殉国。

何云牺牲后，八路军先后两次开会追悼。第一次是1942年7月8日，在太行山东麓的涉县郭峪村西山腰一座石庙里，战友们为何云等烈士开追悼会，用松柏、树枝搭起了牌楼、灵棚，院内挂满了挽联、悼文和花圈。林火致悼词，新任新华日报社社长陈克寒介绍了何云生前为党、为人民所作的贡献，号召大家化悲痛为力量，用实际行动为烈士报仇。第二次是同年9月1日，青年记者学会延安分会举行追悼何云及全体新闻界殉国烈士纪念会。杨尚昆到会，报告何云生前的英雄事迹，博古讲话。参加追悼会的还有王若飞、王鹤寿、胡乔木、罗迈、陶铸等。当天，延安《解放日报》发表了杨尚昆《悼何云》、陶铸《沉痛的哀悼》等文章。华北版《新华日报》发表了邓拓《哭何云同志》的挽诗："文章浩荡卫神州，血溅太行志亦酬。党报事艰来日永，同侪心痛老成休。云上遥祭挥无泪，笔阵横开雪大仇。后死吾曹犹健在，不教胡语乱啾啾。"

陈树谷（1916—1944），又名陈特平，笔名叶希，上虞县通明乡南村花园畈人。父亲陈牧卿是乡村教师。陈树谷12岁在县城小学毕业，因家贫无力继续升学，便到余姚普文明书局当学徒，不久被解雇，后来居家自学。16岁时他经胡愈之介绍，到上海邹韬奋主办的《生活》

周刊做练习生，始用“叶希”笔名在相关报刊上发表文章。第二年《生活》周刊遭到查封，他不得已回到上虞。后来他与进步青年葛瑛等创办《明月文艺》《齿轮文艺》等油印刊物，宣传抗日救国。1935年，陈树谷到谢塘陈留小学任教，继续从事抗日救亡宣传。1936年底，他被国民党上虞县党部以“共产党嫌疑”罪名逮捕，终因证据不足，加上他父亲上下打点，得以交保释放。

1937年春，陈树谷离开陈留小学重返上海，在开明书店出版的《月报》当助理编辑。淞沪会战爆发后，陈树谷响应党的号召，回乡开展抗日救亡运动，发起组织“上虞县各界青年救亡协会”“上虞青年抗日流动宣传团”等组织团体。此间他曾赴嵊县寻找中共党组织。1938年，中共浙江省临工委委员、组织部部长邢子陶到上虞了解抗日形势，考察并介绍陈树谷、罗振声、罗佩蘅入党。同年，抗日战争时期上虞县第一个党组织——中共后郭支部建立，罗振声任书记，陈树谷任组织委员。上虞党组织得以恢复和发展。5月，上虞历史上第一个党的县级领导机构——中共上虞县工作委员会成立，由陈树谷任书记。他以教师身份为掩护，通过办报刊、组织战地服务团等一系列活动，工作卓有成效。

陈树谷在上虞开展的工作，引起了国民党顽固派的忌恨和注意，为了保存力量，1940年春夏之际，组织决定将陈树谷调离上虞，让其赴皖南新四军教导队学习。他在教导队学习进步很快，对党的事业更加充满信心和激情，曾在寄给母亲的一张照片中写下：“母亲：让我把您的爱，去献给无数受苦难的劳苦大众！”

1941年1月，在皖南事变突围转移途中，陈树谷因腿部受伤被捕并囚禁于上饶集中营。此间，他经受住了敌人的严刑拷打，毫不动摇。同年夏天，陈树谷越狱出逃，忍受伤痛和饥饿，步行一个多月回到上虞。母子相见，悲喜交集，陈树谷含泪宽慰母亲说：“我是不会死的。即便死了，也是为劳苦大众而死，是光荣的。”

陈树谷在家乡短暂调养后，很快联系上了党组织，1941年8月去了苏中二地委，历任中共江都县委宣传部副部长、部长，高邮县二区区委副书记兼宣传科科长、武装部部长等职。1943年冬，陈树谷在带领特工对敌作战中，因腿部受伤被捕。次年1月8日，陈树谷被敌伪军赵松岩部残酷杀害，年仅28岁。

观杰（1921—1944），原名石永仙，又名石子英，上虞章镇任叶村人。1937年他更名观杰，之前，他曾报考慈溪观海卫锦堂师范，未被录取，更名为观杰，含有励志的意思。1944年牺牲时年仅23岁。

他早年在村私塾读书，后考入春晖中学章镇分校。抗日战争全面爆发，观杰怀着一颗爱国心，奔赴皖南参加新四军，并在泾县军部教导大队训练期间，先后五次获得嘉奖，1939年入党。1942年8月，观杰被调到由谭启龙、何克希等领导的浙东战区三北游击司令部当教育副官，负责新兵训练。1943年，观杰改任游击司令部特务大队一中队队长。其时正是反顽自卫战相当艰巨的时刻。国民党第三战区在浙江天台成立“前进绥靖指挥部”，以挺进第三、第四、第五纵队为前锋主力，又从缅甸远征军中调来5个野战突击营，集中2万余兵力，扬言要在3个月内消灭三北游击纵队。同年11月，战斗打响，国民党“挺四”“挺五”纵队，向司令部驻地蜻蜓岗发起猛攻，田岫山部还突击攻占梁弄，情况万分危急。观杰冷静指挥，沉着应战，灵机一动，采取迂回战术，派人暗中绕到蜻蜓岗后侧，然后突然下令发起冲锋，把敌人打得落花流水。其间，观杰率领的中队几乎连续作战，1944年元旦前后，又马不停蹄地接下攻打盘踞在章镇的“挺五”张俊升部任务，他率队连夜摸黑，拔除敌人筑在章镇门户姜山上的碉堡，然后随大队攻打盘踞在镇上的张部老巢。

1944年1月上旬，新四军浙东游击纵队正式亮相，观杰所在一中队被改编为新四军浙东游击纵队第五支队三大队第七中队。国民党顽固派亡我之心不死，又增派用英式装备的第三战区突击第一纵队五个营，约3000人的武装力量，进入四明山“清剿”。14日，敌突击营突然包围纵队司令部驻地茭湖。为了保卫司令部的安全，观杰又担当起突如其来的阻击重任。他先是命令排长计金根带突击班，夺回了敌人占领的高地。然后，他又与战友一道据险强守，多次打退敌人反扑，战斗甚是激烈，但观杰和中队兵士咬紧牙关，硬是不让敌人得逞，为司令部的安全转移赢得了时间。

1944年夏天，日伪军在浙东“三北”（余姚北、慈溪北、镇海北）地区加设据点，准备抢粮。7月31日，日伪军数百之众分几路向新四军驻地慈溪庵东合击。上级令七中队组织抵抗。观杰带两个班，身先士卒，杀向敌阵，打乱了敌人的部署，使敌人一时拿不定进攻的方向。而这时七中队余部与兄弟部队瞅准战机发动猛击，一举攻占了敌人的最后阵地，粉碎了敌人的阴谋。不幸的是，在这场战斗中，观杰中弹牺牲。

实际上，观杰在新四军浙东纵队时间没有几年，与敌交战也屈指可数。但是，他所在中队承担的都是牵一发动全身的血战与硬仗，既要有胆魄又要有智慧，他凭借卓越的指挥才能、战无不克的辉煌战绩，在某种程度上成为新四军浙东游击纵队的军魂和战士心中的主心骨。所以，观杰的牺牲，令他的战友们与百姓们无限哀痛，有一首歌谣这样唱道：“观杰同志真英勇，身先士卒带头冲。完成任务不怕死，留下英名千古颂……”“观杰中队”战无不胜的丰功永存。

“观杰中队”的光荣传统与革命精神由今天的人民军队继承。2015年9月3日，在北京天安门举行的抗日战争暨世界反法西斯战争胜利70周年阅兵式上，代表新四军浙东纵队的“观杰中队”旗帜亮相天安门，接受党和国家领导人以及全中国、全世界人民的检阅。为告慰烈士忠魂，2020年9月，在观杰家乡任叶村，“观杰烈士纪念碑”重建落成。

礼敬鲁迅

——徐懋庸与他的杂文

1936年鲁迅先生的葬礼上，放着一副徐懋庸送的挽联：“敌乎友乎，余惟自问；知我罪我，公已无言。”这是他对他一生敬重的鲁迅先生的真情告白。

徐懋庸，原名茂荣，现代作家，一生的荣辱几乎都与鲁迅有关。1910年12月26日出生在下管镇，论宗谱辈分，他是管溪徐氏第20世孙。管溪徐氏是元明以来大名鼎鼎的望族，科第继世200余年，仅在明代，举人、进士等功名人物达百余人之多，涌现出徐文彪、徐学诗等风骨凛然、彪炳史册的气节之士。

家族的历史虽然辉煌，但到徐懋庸出生时已大不如前。父亲是个制贩纱筛的小行商，徐懋庸在小的时候经常跟着父亲走村串户贩卖纱筛，日子过得比较清苦。徐懋庸从小聪颖好学，6岁进入下管的小学就读，成绩很好，有“神童”之称。十一二岁的时候，徐懋庸在老师徐叔侃的推荐下，已经接触到鲁迅的《阿Q正传》等小说杂文，只是那时他不会想到，自己日后会与这位叫鲁迅的人物有关联。

徐懋庸小学毕业后，家里已无力再供其读书，同族徐用宾介绍他到下管鹿溪小学当教员，后来徐懋庸又去了丰惠东溪坤麓小学、前江（今属百官街道）民强小学校当教员。15岁时他在胡愈之编的《上虞声》发表文章，小小年纪便私淑胡愈之和鲁迅，心中有个作家梦，尤其由衷崇拜鲁迅先生的文章，为了能及时读到鲁迅新作，他还特地订了一份《语丝》。他说："就在那时，我树立了做一个进步作家的决心，胡愈之是我的模范，而最高的目标是鲁迅。"

受叶天底、徐用宾等革命者的影响，徐懋庸思想日趋进步。1926年，他在中共领导的上虞县国民党党部任宣传干事，负责编辑《南针报》，"四一二反革命政变"后，因坚持编辑散发地下刊物《石榴报》遭到通缉，不得已逃往上海躲避，考上国立劳动大学附中半工半读，他读书努力，完成四年学业后已能用法文译书。1930年毕业后他任教于临海回浦中学，此间他翻译了法国罗曼·罗兰《托尔斯泰传》。1933年，徐懋庸第二次来到上海，在此书出版后，恭恭敬敬地给鲁迅先生寄了一本书并附上一封问好求教的信，这是他在上海首次直接联络他敬仰已久的鲁迅先生。收到赠书与来信的鲁迅十分高兴，当夜提笔回信。后来两人展开密切的书信往来，1933年到1936年间，他俩书信往来不下52次。

1933年6月，徐懋庸因妻子分娩，回黄岩岳母家，在侍候妻子的日子里，他偶然读到鲁迅发表在《申报·自由谈》的文章，很有触动，同时有了写作的冲动，便随即写了两篇短文寄给《申报·自由谈》，竟被采用登载。编辑黎烈文专门致信鼓励并向他约稿。一来二去，徐懋庸以"杂文家"出了名。因他的文风酷肖鲁迅，当时业内许多人皆以为"徐懋庸"是鲁迅的又一个笔名。有这么一个故事：1934年《申报·自由谈》主编黎烈文，邀请鲁迅、郁达夫、曹聚仁、林语堂、徐懋庸等十来个撰稿者聚餐。徐懋庸与在座各位并不认识。虽然之前他在劳动大学听过鲁迅的演说，后又多有书信往来，但总归未曾近距离与鲁迅谋面。席间林语堂晚到，他一落座就笑着对鲁迅先生说："周先生又用了新的笔名吧？"鲁迅反问道："何以见得？"林语堂说："我看新近有个徐懋庸也是你。"鲁迅先生听后哈哈大笑起来，并以手指着徐懋庸说："这回你可没有猜对，徐懋庸的正身就在这里。"于是，满席的人都大笑起来，这说明徐懋庸的文风似鲁迅确是事实。1935年徐懋庸将要出版《打杂集》，请鲁迅作序，一向关爱青年作家的鲁迅痛快地答应，并在序中说这部杂文集和现在贴切生动、泼辣、有益，而且也能移人情。这让初入文坛的徐懋庸名声大振，引起了"左联"的注意，"左联"宣传部部长任白戈找其谈话，邀请其加盟。不久，他就被选为"左联"常委，替代任白戈继任"左联"宣传部部长，后又担任"左联"书记。

徐懋庸进"左联"，一方面固然进一步接近了作为"左联"实际盟主的鲁迅，另一方面又不可避免地置身于文坛的纷争中。比如，光华书局想出《申报·自由谈》半月刊，欲请徐懋庸当编辑。徐懋庸征求鲁迅先生意向，鲁迅劝他"不要跳下这泥塘去"。可是徐懋庸经不住"左联"其他负责人的"鼓励"，还是在《申报·自由谈》更名为《新语林》半月刊后做了其编辑。果然不出鲁迅先生所料，此刊很快夭折，徐懋庸也被弄得灰头土脸，不得不辞职，他心中不快。鲁讯先生劝解他说："事情已经过去了。"但好事多磨，让人痛彻心扉、意想不到的事还是发生了。

1936年上海文坛发生了"国防文学"与"民族革命战争的大众文学"两个口号论争。徐懋庸凭着鲁迅对他的爱护和信任，急不择言地给鲁迅先生写信，陈述自己对某些人和事的看法。虽然主观上没有要伤害鲁迅的意思，但客观上确实让病中的鲁迅先生感到严重不快，鲁迅专门为此撰写《答徐懋庸并论抗日民族统一战线问题》长文，逐条批驳他的来信，且公开发表。此事已伤及感情，两人从此形同陌路。两个月后，鲁迅溘然长逝，这也让徐懋庸失去进一步解释的机会，留下终生遗憾，这才有了本文开头提到徐懋庸参加追悼会、送挽联的事，他的内心异常痛苦。

显然，这时的徐懋庸已很难继续在沪立足。1938年春，他离开上海去了延安。所幸的是，在他的要求下，毛泽东同志百忙之中抽出时间，在凤凰山麓窑洞中接见了他，听取了他的汇报。毛泽东同志认为，“左联”“两个口号”之争，是革命阵营内部的争论，是正常现象。这让徐懋庸重压心头的那块“大石头”卸了下来。同年8月徐懋庸加入党组织，任抗日军政大学教员、政工科副科长、晋冀鲁豫边区文联主任等职。新中国成立后，他先后担任中南军政委员会委员、中南文化部副部长、中南教育部副部长，武汉大学秘书长、副校长、党委书记，中国科学院哲学研究所研究员等。

然而，世事无常。20世纪50年代后期到60年代中期，在与鲁迅的恩怨问题上，时时想着解释翻篇的徐懋庸，反而又因这事重新成为“罪人”，被贴上“右派”“反革命”的标签，丢了党籍，受尽磨难。尽管如此，徐懋庸对党依然忠心耿耿，始终念叨着要为党做更多的事情。

1977年2月7日，徐懋庸溘然长逝。当然对他的功过，却依然不能盖棺定论，甚至连追悼会都不准开。历史是公平的。徐懋庸病逝后两年，组织上对他给出了公正的评价，恢复其党籍和一切名誉，还补开了追悼会，评价说：“徐懋庸的一生，是革命的一生，是坚持真理的一生，是艰苦奋斗的一生。”

徐懋庸一生作品甚丰，主要分译作和散文（杂文）两类。前者除了《托尔斯泰传》，另有法国巴比塞的《斯大林传》《列宁家书集》，法国加罗蒂的《人的哲学——马克思主义与存在主义》（与段薇杰等合作），日本山川均的《社会主义讲话》，苏联高尔基的《秋夜集》等；后者除了《打杂集》，还有《不惊人集》《街头文谈》《打杂新集》等。他的杂文涉及面广，反映出丰富的知识视域和社会见解，对于政治、历史、哲学、经济、文学、艺术、民情、风俗等，是中是外，于古于今，无所不谈；他有较好的马克思主义哲学基础，能运用辩证法于杂文，总是抓得住事情的关键或实质，针砭时弊，一针见血，确有鲁迅投枪匕首的风格。

反攻前奏

——怒火喷涌的许岙“讨田”战役

1945年，艰苦卓绝的抗日战争进入了大反攻阶段的最后关头，这时一直秉持“有奶便是娘”的国民党挺进第四纵队（简称“挺四”）军阀田岫山，扯下最后伪装，第三次投敌叛国，编为伪“中警特遣”部队，以图日伪顽沆瀣一气，共同与人民为敌。为了给抗日战争大反攻扫清障碍，拔除田岫山这根敌人安插在四明山地区的毒刺，浙东游击纵队在1945年6月6日前扫清余姚第泗门、上虞丁宅街等田岫山部外围障碍后，发出《浙东游击纵队为消灭浙东人民的公敌田岫山告全军同志书》，给“讨田”临门一脚，许岙“讨田”战役即将打响。

许岙位于覆卮山东麓，北距上虞县城（丰惠）30千米，两地经上沙岭由车行山道可通外，余皆大山，连接群山之间的不过是羊肠小路。田岫山一方面占据县城，另一方面又在许岙构筑大小碉堡28座，号称“浙东的马其诺”，交由其父统率，以图最后依凭。众所周知，攻打碉堡最奏效的武器是强有力的火炮，可是纵队没有攻坚装备，只有一门八二式迫击炮，且距离稍远就不起作用，许岙“讨田”战役打了14个昼夜，与许岙田岫山部强大的碉堡群不无关系。这次战斗是新四军浙东游击纵队在浙东抗日根据地对日伪规模最大、战果最辉煌的战斗。

在许岙“讨田”战役中，纵队采取的是围点打援、各个击破的战术。所谓围点，就是从山下围住许岙，然后对碉堡实行各个击破，渐次推进；所谓打援，就是分兵把守许岙以北沿线，防止县城（丰惠）田岫山本部出兵，以及上虞以外来敌增援，若有动静，就阻击消灭之。

战斗从6月7日开始。指挥作战的是纵队参谋长刘亨云、政治部主任张文碧，他们率领三支队一、三大队，五支队一部和警卫大队（下称警大）、余上特务营，共4个营的兵力，连夜从上虞县城近郊出发，正午部队到达离许岙不远的一个山村。刘参谋长伏在山岗用望远镜一扫，果然群碉堆垒，上下错落，这对于没有强火炮配备的纵队，无疑是块难啃的大骨头。不过，决定战争胜负的不是武器，而是民心。

田岫山及其手下一贯杀人放火，奸淫掳掠，以抗战的招牌掩盖暴行，无恶不作，而田岫山本人还有吃人心的嗜好，群众听说纵队要消灭田岫山，无不拍手称快，不经动员就纷纷拆掉自家门板，取出眠床棕棚，掮起套满绳索的竹杠，组成担架队、运输队，有的还从路途较远的里山岙赶来随军行动，一个军民团结灭“田”的汪洋大海很快形成。

1945年6月7日晚，三支队一大队戈阳教导员率领三中队，夜摸许岙右侧阵地的前哨堡——太平碉。敌人由于没有防备，在睡梦之中被士兵们塞进敌营的手榴弹爆炸声惊醒，没敢抵抗就投降做了俘虏。这时东方刚刚露白。士兵们乘胜推进，至中午11时许，在连克了两座黄泥碉后，下午3时又向蒋山碉发起攻击。这是一座中型碉楼，有上下两层，里面住着一个排的兵力，这是武德碉的前卫。警大调来炮连助威，炮击数次，其中一颗硫黄弹燃着蒋山碉外搭建的伙房，顿时烈火熊熊，士兵们索性砍来柴草，并将之推移到碉前火攻蒋山碉，火势越烧越猛，连碉瞭望孔的木板都燃烧起来，碉堡内的敌人像关在笼子里的野牛，发出绝望的嚎叫，不管死活夺门而逃。日落黄昏，蒋山碉在一片火海之中被纵队拿下。在纵队夺取蒋山碉后，武德碉便进入纵队视野，一眼望去，它像一顶“鹅冠”，居高临下，鸟瞰整个许岙阵地，旁边山梁有一条通向嵊县、天台的暗径，由武德碉控制，这是田岫山为自己预留的逃生活命通道。碉内配有敌军两个武装精良的步兵排，纵队拿不下这顶“鹅冠”，战斗无法向纵深推进。6月8日当晚，月色朦胧，纵队组织一个排，向武德碉作试探性攻击。激战一小时，敌军毫发不伤。这时龟缩在县城内的田岫山获悉许岙被围，派100余人火速增援。9日拂晓，晨雾未散，增援敌人就在各个碉堡火力掩护下，从许岙左翼向武德碉扑上来。纵队三支队受命阻敌，打垮敌人多次反冲锋。同时，刘参谋长命警大将“鹅冠”严密封锁，阻断碉外所有的水井、泉坑、伙房和厕所，要把守敌困死在碉内。三支队全体指战员英勇顽强，与敌增援部队反复争夺前沿阵地，经过几番拉锯，终于将敌击溃，使武德碉完全孤立，为促成碉内敌人瓦解创造条件。终于，碉内的敌人口干舌燥，饥饿难耐，再也憋不住了。10日夜间，碉内敌人全部放弃抵抗，缴枪投降。11日，纵队把兵锋指向敌人用来保护印刷厂的黄泥碉，但遭到敌人拼死抵抗，激战两昼夜未能攻克。14日，刘参谋长再令三支队二中队强攻该碉，终于打破堡垒，纵队占领印刷厂，缴获大批物资。6月15日，纵队向许岙敌人的核心防御地田家山发动猛攻，一口气占了山上4座碉堡。此战像一把尖刀，割断了锦锋碉与永和碉之间的联系。这时田岫山更加着急，他一方面向各守碉残部几次下达死守命令，另一方面派出县城看家部队增援许岙。另外，国民党顽军第三十三师也奉命连夜赶来增援。情况紧急，如若不加速消灭敌人，取得最后胜利，战况有可能出现逆转。这时何克希司令特地从梁弄赶来许岙，他采用心战的方法，给守碉的田岫山的父亲写了一封信说明战情，晓以利害，让他们尽早投降，可保不死。70多岁的田父老奸巨猾，他知道国民党顽军第三十三师已赶来增援，想借机拖延时间，等待机会。何司令知道老贼诡计，限令20日清晨前放下武器，但其电台必须在6月15日晚11时前交出。在纵队强大火力的压迫下，田父终于无可奈何地决定投降。

20日清早，寂静的山岭上，旭日初升，阳光分外和煦。这时锦锋碉洞门大开，不可一世的田父带着家眷及全体守敌官兵700余人向纵队投降，许岙“讨田”战役完胜。田岫山虽然在当时没有被擒，带着残余向嵊西落荒而逃，但一路遭到纵队友邻部队追击，大势已去，从此再无东顾之力，等待他的只有死路一条。在许岙之战中，纵队经过14个昼夜的艰苦奋战，终于迎来了丰硕的战果。

许岙“讨田”战役的胜利，对于推进整个浙东抗日斗争具有十分重要的意义。此次战斗消灭田岫山部，歼灭了国民党顽军第三十三师一部，促使“挺五”张俊升部起义，解放了浙东第一个县城上虞（丰惠），不仅使浙东抗日根据地得到进一步巩固，也为浙东游击纵队以后奉命北撤奠定了基础。

北撤前后

——浙东新四军在上虞

从现有资料看，由中共浦东工委直接领导和秘密控制的武装部队进入浙东“三北”地区，最早是在1941年，并在余姚、上虞的谢塘（又称谢家塘，时属灵惠镇）、小越打击国民党“忠义救国军”艾庆璋部。1942年5月，部队又从上海浦东，分批南渡杭州湾到达“三北”，并在慈溪鸣鹤场成立三北游击司令部，由何克希任司令，谭启龙任政委，并把部队统一整编成第三、第四、第五支队，特务大队和海防中队。因后曾撤销过第四支队，故民间对共产党的武装称作“三五”支队。同时，部队在虞东、虞西、虞南建立抗日根据地，不过，此前皆未亮出“新四军”旗号，而是用了“第三战区三北游击司令部”的番号。1944年1月5日，浙东部队正式公布新四军浙东游击纵队番号，并在徐家岙、谢家塘、百官、沥海，以及丁宅街、许岙、县城丰惠等地与敌作战。当然，浙东新四军在上虞面临的最为突然与艰难的任务，是抗战胜利后的奉命北撤。

1945年9月20日的一个早晨，清风送爽，太阳像平常一样升起，司令部一切工作都在围绕攻打宁波而按部就班、有条不紊地进行着。

就在这个当口，谭启龙却突然接到上级传来“浙东纵队务须于七天内将全体人员撤离浙东，越快越好”的电文，这让谭政委一时不知所措。原来抗战胜利后，中共中央为了争取和平，主动让出广东、浙东、苏南、皖南等8块革命根据地，浙东新四军北撤就是在这样的背景下作出的痛苦抉择。

军令如山。浙东区委和纵队司令部再怎么想不通也要坚决服从党中央的命令。1945年9月22日，谭启龙、何克希、张文碧、杨思一、顾德欢、连柏生、刘亨云等7人在上虞召开会议，研究部署北撤事宜。次日上午，在县城丰惠钱家弄区党委机关所驻的几间平房内，中共浙东区委扩大会议召开，地、县委书记和部队支队以上领导30余人与会。这就是新四军历史上具有重大意义的“北撤会议”。会议进行了半天，作出七个方面的决定：

第一是决定由纵队副司令张翼翔、参谋长刘亨云率五支队及纵队侦察分队去“三北”沿海，会合海防大队，全力控制杭州湾南岸、沿海主要渡口，封锁钱塘江口、集中所有船只，为北撤渡江做好准备。

第二是所有公开人员和武装部队（除少数病弱人员外），全部撤离浙东。金萧支队（包括地方干部）除留精干力量就地隐蔽、坚持斗争外，火速北上，到上虞集中北撤。

第三是决定从各部队抽调精干的少数武装和一部电台，由刘清扬、邢子陶等同志组建浙东工委，坚持浙东地区的革命斗争，领导地下党的活动。

第四是建立公开的“新四军浙东游击队纵队留守处”，采取合法的斗争形式，保护那些不能随军北撤的伤病员的人身安全，保护一时无法撤走的兵工厂、印刷厂、后方医院等后勤机关人员的安全。

第五是限期收回抗日民主政府发行的“抗币”。对一切带不走的物资作妥善处理，以粮食换成金银（银圆）带走或藏粮于民。

第六是决定各地下党组织可以秘密通知一些党员，让他们联络当地的抗日积极分子和群众团体的骨干，以参加过帮助新四军工作的群众团体名义向国民党党政机关登记，以减少一些不必要的损失。

第七是决定由区党委宣传部部长顾德欢起草一个告别浙东人民的文告。

9月30日，顾德欢撰稿的《忍痛告别浙东父老兄弟姐妹书》刊登在《新浙东报》终刊号上。上虞民众闻见这个消息，无不惋惜，许多老区群众甚至两眼泪花，不忍亲人离去，一幕幕军民鱼水情在上虞上演。1945年9月底到10月初，浙东区党委、浙东行署和浙东游击纵队1.5万余人，分3批从杭州湾渡海北撤，一路向北奔赴目标地，中间虽遭国民党阻击，但终究完成了使命，实现中国共产党历史上的重大转折，为最后取得全国胜利奠定了基础。

定格历史

——上虞解放的那一天

1949年5月22日，是一个值得上虞人民永远铭记的日子。七十多年前，中国人民解放军从蒿坝馒头山渡江，挺进上虞县城（丰惠），在地方党组织和游击武装配合下，将红旗插上城头，揭开了上虞历史的崭新一页。

1949年是人民解放战争的最后一年，国民党军队在长江以北的主力部队已被彻底消灭。4月21日，人民解放军百万雄师突破长江天堑，4月23日成功解放南京。随即，解放军以排山倒海之势，向长江以南广大地区推进。为了迅速解放浙江全境，5月16日，第三野战军七兵团司令部发布向浙东、浙南进军的命令：第22军从杭州三墩出发，沿杭甬公路向宁波进攻。

5月19日，第22军65师抵达东关、曹娥一带，第66师到达道墟一带。为了阻止人民解放军向浙东进军，国民党京沪杭警备总司令汤恩伯亲自部署第87军所属3个团，沿曹娥江东岸布防30千米。其中，所属第221师663团（长江部队机炮团）以百官龙山为固守要点，沿江向南、北延伸，分兵防守外梁湖到前江一带；所属第220师一部驻守曹娥江中游章镇；曹娥江下游的崧厦五甲渡，则由国民党上虞县乡镇自卫大队防守；浙江省保安司令部的一个团驻守上虞县城。国民党部队还强迫群众日夜加修沿江防御工事，沉没江上所有船只，妄图据江顽抗。

第22军抵达曹娥江西岸后，军长孙继先、政委丁秋生等部队首长，连夜赶往东关，部署突破曹娥江的渡江战斗。根据国民党部队的布防情况，决定从南到北突破曹娥江江防，强渡曹娥江。早就盼望解放的上虞人民很快被发动起来，纷纷投入支前工作，仅半天时间，便组织了200多艘民船。曹娥数百名码头工人和驳运工人也被迅速组织起来，积极准备渡江器材，待命配合解放军渡江。

5月20日晚，强渡曹娥江的战斗打响。第22军65师194团，首先向百官龙山之敌发起进攻。敌人凭龙山制高点，疯狂扫射解放军渡江战士，使解放军强渡数次受阻。与此同时，友邻部队在距百官8.5千米的蒿坝馒头山，选择敌人的防御弱点，秘密乘船渡江，占领了东岸滩头阵地，在南穴、横山头俘敌50余名。接着，大部队迅速渡江，由南向北攻打外梁湖、百官守敌。龙山守敌在正面遇炮击、侧面遭攻击的情况下，一个营的防御阵地很快被打垮。

渡江战斗（李金海供）

攻下龙山后，国民党军基本无险可据，解放军发起全面渡江攻势。5月21日拂晓，百官守敌向东败退，解放军迅速占领百官。与此同时，虞北崧厦、虞西南章镇也相继解放。这时，盘踞在县城的国民党部队，得知解放军势如破竹的战绩，惊恐万状，于5月21日晚弃城出逃。次日凌晨5时，第22军65师先遣队进抵丰惠，解放了县城，把红旗插上国民党县政府门楼。

从5月20日晚到22日，经过3昼夜激战，许多战士付出鲜血和生命，迎来上虞全境的解放，使这座有着悠久历史的县城重新回到了人民的怀抱。

龙山巍巍，江流万古。解放以后，龙山之巅一座高耸入云的革命烈士纪念碑岿然矗立，这是中国共产党带领人民军队前赴后继、浴血奋战，取得光荣胜利历史的最好见证。时至今日，每当清明时节，都有各界人士、远近民众和中小学生抬着花篮前来祭扫，缅怀先烈，明誓理想，铭记历史，砥砺前行。

第十章

奋进征程

从龙山麓奔向长三角

浙江文史记忆·上虞卷

1954年秋，上虞县政府从丰惠长者山麓，回迁到百官龙山脚下，并且一路从龙山时代、曹娥江时代、杭州湾时代，向着融入长三角的目标，为实现民族复兴的伟大梦想快速飞奔，长驱迈进。正所谓“绍奕世之宏休，兴百年之丕绪”。

调整变革

——上虞政区调整和基层政权完善

上虞区划与归属自古都有变化。中华人民共和国成立以后，这种调整变革一直伴随着上虞的建设与发展，表现为隶属关系的"东摇西摆"、行政区划的"左右损益"、基层政权的力量整合。

上虞区划隶属关系的"东摇西摆"主要表现在归属宁波或绍兴管辖的变动中。1949年5月29日，中共浙江省第二地方委员会（宁波地委）成立，6月5日，浙江省第二专员公署（宁波专署）成立，上虞隶属其管辖。6月23日，中共浙江省第十地方委员会（绍兴地委）和浙江省第十专员公署（绍兴专署）成立，上虞划归其管辖，1952年复归宁波专区。1964年9月，中共绍兴地委、绍兴专署复建，上虞又重新归绍兴管辖。

上虞行政区划"左右损益"，打县治回迁百官后便有展开。前十多年有三次。一是1954年10月，浙江省人民政府将绍兴县所属的东关区1个镇、14个乡，富盛区的长东、保山、长塘、会湖4个乡和汤浦区的四峰、渔浦、汤霞、胜江、四村5个乡划归上虞县管辖，并增设东关区和汤浦区。至此，全县共有9个区和125个乡（镇）。二是1956年11

月，上虞城关区（丰惠）所属的永兴乡和下管区大泽乡的王家庄、下管乡的大岭顶自然村划归余姚县。同时，绍兴县王化乡川下村划归上虞县汤浦乡。三是1960年及1966年，下管人民公社的大山、隐地、黑龙潭、悬岩、溪山5个生产大队，以及陈溪公社戴王、麋山2个大队划归余姚县。之后，影响最大的一次是2021年2月21日，浙江省政府浙政函〔2021〕17号文件批复，同意将绍兴市上虞区沥海街道的管辖区域划归绍兴市越城区。区划调整后，上虞区由8个街道、10个镇、3个乡调整为7个街道、10个镇、3个乡，区域面积由1403平方千米调整至1362.4平方千米，户籍人口由77.9万人调整至72.1万人。

基层政权的力量整合，是基层政权建设的重要内容。上虞自1956年至2006年的50年间，曾作多次调整。其中，规模比较大的有：

1956年，开展撤区并乡工作，撤销城关、百官、章镇、崧厦、沥海、小越、东关7个区公所，保留汤浦（同年11月更名为章镇，同年12月又恢复汤浦等6个区公所）、下管2个区公所；将125个乡（镇）合并为41个大乡和3个县属镇。

1958年，在人民公社化运动中进行并乡建社，撤销8个区，建立12个人民公社，下辖69个管理区（又称生产大队），实行“政社合一”。1959年，调整为83个管理区。

1961年，恢复区公所以乡设社。根据《农业六十条》精神，调整人民公社规模，撤销原12个大公社，复建城关、百官、下管、章镇、汤浦、崧厦、小越、东关8个区委。调整后，全县设8个区公所、56个人民公社。

1963年，为建立粮、棉、麻商品生产基地，适应农业生产的发展，便于集中领导，县人委①决定撤销百官、汤浦两个区的建制，原属百官区的南湖公社划入小越区，皂湖公社划入城关区，娥江、梁湖公

① 据唐元明主编《上虞县志》1990年版第30页载，1955年秋，原先的上虞县人民政府改称上虞县人民委员会，10月12日启用新印章，简称“人委”。1981年重新改称上虞县人民政府，7月22日启用“上虞县人民政府”印章。

社由百官镇直辖；原属汤浦区的蒿坝公社划入东关区；汤浦、胜江、上浦3个公社并入章镇区；小越区的盖北公社划入崧厦区。

需要说明的是，20世纪50年代中期到60年代中期，上虞基层组织调整变化动作频繁，有时一年之内都有废复。所以此所叙述也只是一个大概。

1984年部分乡镇机构调整，建立路东乡、小越镇、沥海镇、蒿坝乡、江山乡、夹塘乡、谢桥乡，同时撤销百官、虞东、蒿坝公社和小越乡、沥海乡。

1984年设立海涂区，两年后更名为海滨区，并将崧厦区的沥海镇、三汇乡、沥东乡划归海滨区管辖。

1992年4月，开始撤区扩镇并乡，撤销8个区，把57个乡镇调整为24个乡镇（其中镇18个、乡6个），下设800个行政村、48个居委会、5159个村民小组。

2006年，上虞完成行政村规模调整，行政村数量由786个减至361个，调减幅度54.1%，村平均人口由773人增加到1706人，村域平均面积由1.06平方千米扩大到3.34平方千米。

与此同时，2001年以来，撤镇改街道工作也不断推进，至2019年的近20年间，上虞区调整为8个街道、10个镇、3个乡。8个街道是：百官、曹娥、东关、道墟、小越、梁湖、崧厦、沥海。

此外，随着经济社会的快速发展，上虞两度变身，县级建置的含金成色不断攀升。一是1992年8月，国务院批准上虞撤县设市。撤县设市后的上虞仍为县级市，原行政区域不变，行政管理上委托绍兴市代管。二是2013年撤市设区，并于11月8日举行撤市设区挂牌仪式，标志着裹卷会稽山胆剑豪气的上虞，从此搭乘上了大绍兴、大湾区发展的巨轮，驶出杭州湾，奔向长三角。同时，政府内部体制机制的改革仍在进行。如1999年被市民称为“政务超市”的上虞市便民服务中心成立，这是全国首家规范意义上的政府集中办事机构，引发了政府行政管理体制改革大潮；2017年以来的“最多跑一次”改革，逐渐向变“无处跑”为“有处跑”、“慢跑”为“快跑”、“长跑”为“短跑”、“多窗跑”为“一窗跑”、“路上跑”为“线上跑”的“五跑”发力，跑出了上虞加速度。

随着数字化改革时代的到来，上虞在此方面的努力已由内外变更调整，转向数字化赋能发力，整体智治、数字政府、数字经济、数字社会、数字文化以及数字法治等，将在今后相当一段时期成为推进经济社会变革发展的巨大动力。

生产力决定生产关系，经济基础决定上层建筑，是社会历史发展的必然规律。上虞无论是隶属关系的变更、行政区划的损益、基层政权的调整变革，还是内部体制机制的改革完善等，都是为了合理调配资源，从更高层面、更大范围解放生产力，不断朝着新时代迈进。

舜禹之德

——水利建设的皇皇伟业

党和政府始终把水利建设放在十分重要的位置。早在人民政权诞生不久的1950年春，上虞便组织25.4万民工，拨出11.4万公斤大米，修筑章镇区7条堤埂和梁湖、百官、百沥三处海塘。几乎整个20世纪50年代，类似的工程隔年都有。如，1951年投入7000余名民工，修筑章镇区龙浦、八社等6条堤埂和百官、崧厦、沥海等4条主要堤塘，受益耕地7.5万亩；1952年在娥江乡赵家村百沥海塘建造“余上慈”闸，工程由宁波专署组织上虞、余姚两县兴建，次年建成，灌溉上虞、余姚、慈溪3县9个区的农田；1954年兴建上源闸，使城关（丰惠）、百官两区受益；1959年投放劳动力15万工，疏浚百沥河道25千米。此后，这类工程持续不断，如1971年的龙山隧道引水工程、1973年的疏浚盖沥河、1992年的新东进闸河道人工疏浚工程等。

20世纪70年代至90年代，上虞有三个水利建设史上划时代的大项目，那就是上浦引水灌溉工程、五甲渡裁弯取直工程、小舜江水库工程。

一、灌溉排涝　调伏江水

上浦闸引水灌溉工程，位于上浦镇境内曹娥江中游。分枢纽工程和总干渠两部分。1992年2月其更名为上浦闸枢纽工程，1977年9月动工，1979年7月竣工，由漫水闸、过水堰、引水闸、船闸等组成。1981年7月总干渠建设完成，总长13.5千米（1997年《上虞市水利志》作13.6千米）引水灌溉虞北及四十里河区31万亩农田，同时部分供给余姚、慈溪两县，使总计灌溉面积达70亩以上。大体也在此时，虞北七四丘东大堤以排咸、排涝、挡潮为目的的东进闸也建成投用。

二、裁弯取直　除梗畅流

五甲渡裁弯取直工程，是曹娥江中、下游重要的防洪工程，也是浙江省迄今最大的河道裁弯工程。弯道始于塘角村，终于吕家埠，长7.2千米，裁弯取直后的河长为2千米。整个工程由裁弯河道、左右岸防洪堤、五甲渡大桥、光明涵洞、汇联排涝闸及管理房七大部分组成。工程始于1992年底，于1998年6月底基本竣工。终以长1.7千米的微弯河道，取代原来7.2千米长的“Ω”形河弯。此举对于曹娥江排涝防洪、改善航行条件和美化城市等具有重要意义。

三、汤浦水库　水清情深

绍兴市汤浦水库，又称小舜江水库，位于小舜江上游上虞、绍兴两县（今柯桥区）境界。工程于1997年12月兴建，坝址以上控制集雨水面积460平方千米，总库容2.35亿立方米，水面面积14平方千米，设计日供水规模达100万吨。一期工程2001年1月建成供水，5年后二期工程竣工投用。

为了建设水库，库区人民作出了重大牺牲。上虞、绍兴2县3镇19个行政村，移民总数达5406户，计15623人。其中，上虞市汤浦镇的庙下、官杨、岭下、宅阳、大坞、下越、水坑口、上街、川下、托潭、娄岙、岙岭下等12个行政村移民。1998年11月25日第一批移民迁出。汤浦移民主要安排在沥海、崧厦、汤浦三地。许多移民的家中，都不约而同地收藏着一小包采自出生地的泥土，他们每逢清明时节，必回乡扫墓祭祖。

说到水利，不能不说的是发起于20世纪60年代末的另一件大事——治江围涂。1969年12月，近3万民工经过17天努力，围成“六九丘”海涂3500亩。打这以后，治江围涂成为相当一段时期上虞人民冬季生产劳动的重头戏。2017年5月21日，上虞世纪新丘围涂工程三期6标段龙口顺利合龙，48年的围涂历史画上句号，共围成海涂15丘，计34万亩，创下了上虞历史上改天换地的丰功伟绩。

进入21世纪以后，最得民心的是习近平同志在浙江工作期间提出的“绿水青山就是金山银山”，以及党的十八大后轰轰烈烈开展的“五水共治”。上虞坚持“水岸同治、标本兼治、长短结合、长效管理”方针，推出“河长制”“清三河”“截污纳管”“四边三化”“两路两侧”和规范畜禽养殖等一系列“组合拳”，取得巨大成就，实现了“可游泳河”的目标，为全域高质量推进美丽上虞建设奠定扎实基础。

一路高歌

——工业经济从小零散到大平台

旧时上虞百姓农耕之余，主要从事装卸、搬运和打铁、烧制砖瓦、木匠、石匠、漆匠等杂作之类的手工苦力活。大约到清末民国初年，才出现几家稍微像样一点的作坊式企业。如民国初期东关金复兴酒坊（东关酒厂，今绍兴女儿红酿酒有限公司的前身）和崧厦、丰惠、东关、章镇等地以制酱为主的酿造厂。上虞工业经济从无到有、从小零散到大集聚，是中华人民共和国成立以后的事，大体经历了前30年起步壮大、后40年做强腾飞两个阶段。

工业经济前30年起步壮大的主要标志有：一是完成对私有制经济的公私合营改造；二是建设了一批新的国有企业；三是一部分二轻企业[①]和农村社队企业（后改称乡镇企业）开始跨出艰难的第一步。

所谓工业经济后40年做强腾飞，本质是改革开放把工作重点转移到以经济建设为中心后带来的量的扩张、质的提升，以及工业结构、布局的不断优化，走出了一条由多种所有制企业缤纷灿烂→块状经济

① 以前将轻工业分为一轻和二轻。一轻指与重工业直接相关联的生产资料产业，二轻则是指生活资料提供产业。

集聚裂变→工业园区大平台巨轮出航的发展道路。

一、乡镇企业　快速崛起

20世纪70年代，上虞已具水泥、陶瓷、电机、纺织、建材等国有企业。与此同时，乡镇企业异军突起，发展迅速。

1979年2月，上虞被浙江省人民政府列为柳制品出口产品生产基地，1980年新增企业50家，1983年柳制品获国家对外经济贸易部颁发的“出口产品品质优良”荣誉证书，历年柳制品出口量占全省70%以上。此外，以上虞风机厂、绍兴市制冷设备厂、上虞县环保设备总厂、上虞县联丰玻璃钢厂、上虞灯泡厂、上虞县百官电机厂、上虞县助剂总厂、上虞县芳华日化厂等为代表的一批科技含量高的乡镇企业快速崛起，产品畅销国内外，彰显强劲实力，领跑全国同行，占有上虞工业企业的半壁江山。

二、“小型巨人”　砥柱中流

“小型巨人”是20世纪90年代，对具有科技、创新等发展潜力企业的一种拟人化称谓。1998年3月，龙盛、闰土、卧龙、春晖、阳光等16家企业被列为上虞着力培育的“小型巨人”企业，它们多数分布在机电、化工两大行业，年产值一般都有数亿元，最高的有8亿多元，实现利税也多有数千万元甚至超亿元，真正称得上是上虞经济的顶梁柱。

三、科技孵化　环保为先

上虞市高新技术孵化器，是2000年上虞经济开发区培育和发展高新技术产业的重要基地。孵化器占地250亩，分为科技孵化楼、标准厂房区、生活服务区等三大功能区块，实行企业化管理和“税外无费”政策，设置的唯一门槛是没有污染，重点发展电子信息、机电一体化、新材料等高新技术产业。至2012年底，累计入驻企业79家，成功孵化“出壳”49家。当时，上级领导或者兄弟县市同行来上虞参观取经，第一站是便民中心，第二站便是孵化器。与此同时，上虞经济开发区、杭州湾上虞工业园区，规模以上产值占全市比重达73.6%，实现了从“曹娥江时代”到“杭州湾时代”的跨越。

四、块状经济　亮丽出镜

面对长三角一体化趋势，上虞把加快工业化、城市化作为两大主要任务，确立“工业立市、开放兴市、商贸活市、文化强市、生态靓市”发展战略。积极发展块状经济。2011年前后，上虞已培育形成了崧厦伞件、丰惠手套袜业、道墟机械仪器、上浦风机、小越消防压力容器、沥海新型包装、汤浦铜管与童装八个板块，在强化专业化分工协作、优化资源要素配置、提高产业竞争力等方面发挥了重要作用。

五、从一把泥刀到“建筑之乡”

改革开放后，上虞的“泥水匠”们一把泥刀闯天下。经过多年打拼，上虞建筑业跨入“千亿元俱乐部”行列。1993年上虞有建筑企业81家，施工队伍超过5万人，总产值名列全省第二位；2008年，全市建筑企业达到157家，其中特级企业7家、一级企业18家、二级企业40家、三级企业70家；2015年连续两次被浙江省政府命名为“建筑之乡”。从业人员达11万人，创“鲁班奖”等部级、省级优质工程77项。2018年，上虞全区建筑业总产值达1722亿元。至2019年上半年，上虞有建筑特级企业7家、一级36家、二级108家，形成了以上海为核心、长三角为龙头，进而辐射全国的市场格局。2021年实现建筑业税收13.2亿元、增长19.1%，获评浙江省建筑工业化示范城市。

六、上市企业　腾蛟股市

2021年春，伴随着一声响亮浑厚的钟声，浙江春晖智能控制股份有限公司成功登陆深交所创业板。这是2000年“上风高科”首开企业上市先河以来，上虞第19家A股上市公司，也是2017年以来的第8家上市企业。上虞是浙江省“凤凰行动”的上市公司引领产业发展示范区，区委、区政府高度重视资本市场发展，把推动企业上市作为战略性、基础性工作，走出了一条以上市公司为主体、并购重组为手段，利用资本市场推动企业转型升级、引领区域经济高质量发展的上虞路径。资本市场“上虞板块”占比持续扩大。2021年，上虞拥有境内19家A股上市公司，其中的浙江龙盛、卧龙电驱、亚厦股份等入围中国民营企业500强，浙江龙盛、闰土股份、皇马科技、中欣氟材、扬帆新材等企业进入中国精细化工百强榜。上虞上市公司总市值超3000亿元，辅导报会企业10家，同时启动“凤凰行动”计划2.0版，上虞工业经济饱满而强健的勃勃生机日益显现。

七、平台经济　活力无限

1992年以来，市委、市政府突出以上虞经济开发区、杭州湾上虞工业园区两大平台为中心的产业核心区块，进一步完善功能，加强集聚效应，逐渐发展出上虞大企业、大集团的集聚地和新的经济增长极。2019年，全区产业空间由1个国家级杭州湾上虞经济技术开发区、4个特色小镇以及9个工业园区（小微企业园）组成，形成“开发区＋工业园区＋特色小镇”三大工业发展主平台，打造“万亩千亿”产业大平台。更为可喜的是，同年杭州湾上虞经济技术开发区与上虞经济开发区战略性整合，在高能级平台赋能下，“两区”主导产业迅速实现整合优化，以原来重点发展新材料、现代医药两大产业升级为重点打造“4+3+1”[①]产业发展体系。同时，大力推动产业链与创新链深度融合，推动产业集群往更高层面发展。2020年上虞地区生产总值突破千亿元，2021年财政总收入达到170亿元、一般公共预算收入突破百亿元，综合实力跃居全国百强区第35位，前进28位，为“十四五”的良好开局打下坚实基础。

---

①“4+3+1”的“4”是高端装备、现代医药、新材料、电子信息；“3”是通用航空、氢能、电子化学品；“1”是配套产业创新发展的生产性服务业。

天堑通途

——曹娥江从渡乡到桥乡的大飞跃

波涛汹涌的曹娥江既是上虞的母亲河，同时也是上虞人民往来两岸的鬼门关。千百年来，曹娥江上渡口林立，像梁湖、百官一带，今天还叫得出名的尚有梁湖渡、杜浦渡、江坎头渡、蒿陡渡、馒头山渡、亭山渡、狄祁渡和百官渡、后郭渡、赵家渡、三甲渡、五甲渡等渡口名，其他沿江乡镇也一样。谓上虞为渡船之乡毫不夸张。人们过江过溪靠摆渡，多少人因渡江翻船命丧水中。这种情况要到中华人民共和国成立以后才得以扭转。

上虞自1955年到2021年的66年中，仅曹娥江章镇斜拉桥以北，至曹娥江出海口大闸以南一段江流，就陆续建起来20座桥梁，完成了从渡乡到桥乡的大飞跃，实现天堑变通途的梦想。

最早打破交通“万马齐喑”困局的是，曹娥江上首座铁路桥的架通。铁路桥时称“洋桥”，虽说始修于民国初年，但因种种原因，一直未能修完，直至1955年1月第三次动工，该桥于同年10月方得以竣工通车。1974年桥东堍第5孔进行扩孔，铁路桥成为立交桥，使329国道经龙山脚下摆渡往来的车辆不需要再行爬龙山坡、等候火车横穿铁路。

1969年10月，百官公路大桥（又称曹娥江大桥、彩虹桥）在百官渡南侧兴建，1972年通车，系混凝土双曲拱桥梁。这是曹娥江上虞境内第二座大桥、第一座公路大桥，从此，曹娥江结束了汽车靠轮渡的历史。

6年后，章镇兴建第二座公路大桥，也是曹娥江上虞境内第三座大桥。1983年10月竣工。此为国内第一座独塔斜拉型大桥，被写进中国桥梁史。

1990年1月，舜江大桥（俗呼赵家大桥）竣工通车，系曹娥江上虞境内的第四座大桥、第三座公路大桥。1988年5月动工兴建，于次年12月通车。该桥承接了329国道改道后的过江贯通功能，也一举结束了周边百姓靠渡船过江耕作的历史。近几年正在对该桥进行拼宽改造，不久可望交付使用。

1996年2月，标志着上虞进入曹娥江时代的人民大桥建成通车。桥全长1120多米，宽26米，是曹娥江上虞境内第五座大桥、第四座公路大桥，也是继章镇大桥后的第二座独塔斜拉型大桥。

2013年嘉绍大桥的建成通车，成为上虞进入杭州湾时代的标志。该桥北起嘉兴市海宁市，南接绍兴市上虞区。桥全长10.137千米，面宽40.5米，时为世界上最长、最宽的多塔斜拉桥。

大体在这前后，曹娥江修桥如万箭齐发，建设了南环大桥、北三环桥、四环桥、五甲渡大桥、曹娥江大闸闸前大桥、曹娥江袍江大桥、杭甬高速桥、高铁大桥、东山大桥、上浦大桥等桥梁。2021年11月9日，位于四环大桥与三环大桥之间的曹娥江城市人行桥正式启动建设。

这些江桥如巨龙襻江，似长虹卧波，为上虞奏响一曲又一曲恢宏壮丽、荡气回肠的《命运交响曲》。

上虞从渡乡到桥乡的变化，折射出上虞对外大联通、对内大循环"大交通"建设取得的巨大成就，刷新着人们对"九县通衢"的上虞交通区位优势的认识。同时，这也为上虞的"一江两岸"和"诗画曹娥江”建设插上了翅膀。此情此景，如果再让当年在百官渡口写下“晓雨微茫水接天，隔江茅店有炊烟。杖藜独上沙头路，犹记当时赶渡船”诗句的宋人李光见到，不知他又会产生何种感想。

文化自信

——改革开放以来的人文上虞建设

文化自信是在文化自觉基础上，主体对自身文化的认同、肯定和坚守。人文上虞建设，着重表现在遗产保护、场馆建设、学术研究、文化讲堂、节会活动、新时期上虞精神等诸多方面。

一、遗产保护

遗产保护是文化自信的重要标志。上虞对文化遗产的保护主要表现为文物保护和非物质文化遗产传承两个方面。

文物保护主要表现为三点。一是修缮文物建筑。上虞历史悠久，文物遗存丰富，改革开放后，各级政府文物保护力度不断加强，短短几十年，基本还清了数百年濒危文物的历史欠账。其中，规模较大，斥资较多的有曹娥庙、春晖中学、九狮桥、同兴里、胡愈之故居（敕五堂）、古纤道（东关段）、钱氏大宅院等。特别是2018年起，上虞连续出台《不可移动文物（古建筑类）修缮五年计划》和《名人故居保护工程三年行动计划》，累计投入3.5亿元。此外，上虞对古城丰惠老街等文物建筑保护修缮工程的投入也是大手笔，改造经费达5000万元，使千年老街再现繁华。2021年，浙江省发改委公布全省第一批11个千年古城复兴试点名单，上虞丰惠镇赫然在列。二是将文物保护纳入法制化管理轨道。“十三五”期间，上虞新增省级文保单位4家。上虞现有的世界文化遗产1处、国家级文保单位4家、省级文保单位12家、县（市、区）文保单位56家，90%以上为改革开放后的产物。三是对古窑址的考古发掘。自20世纪70年代以来，上虞先后对鞍山三国龙窑、帐子山龙窑和李家山商代龙窑、大园坪、尼姑婆山、禁山等越窑遗址进行发掘。其中，禁山早期越窑遗址被列为2014年度全国十大考古新发现。

国家对非物质文化遗产的保护传承起步较晚，但上虞一开始就表现出迅猛的发展势头。从2007年起开展非物质文化遗产普查，截至“十三五”末，上虞已拥有国家级非物质文化遗产名录2项、省级名录12项、市级名录44项、区级名录173项，国家级非遗代表性传承人1人、省级代表性传承人16人、市级代表性传承人55人、区级代表性传承人120人，另有各级非遗传承基地44个，其中省级非遗传承基地6个、市级非遗传承基地20个，在绍兴市名列前茅。

二、场馆建设

场馆建设是指在建筑中布置相关陈列展览，是显示城市文脉、以文化人的重要手段。上虞场馆建设主要有四种形式：一是在名人故居（旧居、旧址、宗祠）中设置相应的展陈。如在叶天底、王一飞、竺可桢、胡愈之、徐光宪等名人故居中，都布置了相应的生平事迹陈列；在“北撤会议”旧址开设“上虞革命史迹陈列”；在称山章氏大宗祠开设“章学诚生平事迹陈列”等。二是在机关部门、学校用房中设置相应的展陈。如区档案中心在办公大楼，开设“档案里的上虞历史——上虞印象”展陈；梁湖中学开设“张杰事迹陈列馆”；丰惠镇政府机关大院开设“丰惠文史馆”等。三是“一江两岸”中的场馆布点，这一形式将在本章第六节中展开介绍。四是设置在广大农村文化礼堂中的村史村情展陈室。此外，尚有诸如中鑫艺术博物馆、会稽金石博物馆等部分民营博物馆。依托这些展陈，2021年上虞发布5条精品“红色之旅”游玩路线，将这些分散在上虞城乡各地的场馆串珠成链，为盘活文化资源、助推全域旅游，提供了可靠的路线图。

三、学术研究

学术研究是对现有历史文化进行整理研究、编纂成书的行为，是衡量地区文化自信的重要标尺。改革开放以来，上虞文化整理研究之风日趋浓厚，成果迭出，令人目不暇接，丛书类系列化特色明显。要之有七：一是政协文史委早期编的夏丏尊、陈鹤琴、吴觉农、胡愈之等名人系列专辑，后期2008年伊始编的《上虞文史资料选粹》，至今已推出四辑，对彰显乡贤文化、传承地域文史作用甚大。二是上虞乡贤研究会编的《上虞乡贤文化》，该会自2001年以来每年出一辑，连出八辑，为上虞地域文化研究承前启后架起桥梁。三是区文联于2001年编纂出版的《白马湖作家群文丛》，由《李叔同诗文遗墨精选》《经亨颐诗文书画精选》《丰子恺散文漫画精选》《朱自清散文精选》《夏丏尊散文译文精选》《白马湖散文随笔精选》组成，是对春晖文化的系统整理与结集发布。2015年出版的《上虞乡镇（街道）历史文化丛书》，以区文联与各乡镇（街道）上下联动、分合统一的方式编撰出版。全套丛书20卷500多万字，是一部全面梳理上虞乡镇（街道）历史文化发展脉络的鸿篇巨制，具有较高的学术价值、史料价值和实用价值。四是2008年上虞新四军历史研究会编的《上虞英烈丛书》，一套4本，由《大道先行——叶天底传集》《军中翘楚——王一飞传集》《战地儒将——何云传集》《铁军风骨——陈树谷传集》组成，系统梳理了上虞早期共产党员为国献身的英雄事迹，对于党史学习教育意义颇大。五是区委党史研究室（地方志办公室）2010年以来编的《上虞史志丛书》。该丛书从区级层面一直下行至镇村，对于资政育人助力良多。六是区档案局口子于2011年编的《上虞地方文化丛书》，包括《文化古迹》《名贤名人》

《民风习俗》《越窑青瓷》《百年春晖》《风流东山》等共10类11册，计240余万字。未几，该局又以记忆名录形式编了《上虞孝德》《上虞方言》《上虞老字号》等后续图书。此举第一次实现了对上虞优秀传统文化的系统整理，在上虞文化建设史上具有里程碑意义。七是上虞东山文化研究会2015年编的《东山文化丛书》，一套5册，包括《始宁东山志》《东山诗选集》《东山文选》《东山故事汇编》《东山谢氏名人传记》，为传承弘扬东山文化扬起一片风帆。此外，以李刚领衔的上虞文物工作者，自20世纪80年代中期以来，孜孜不倦地对越窑和青瓷文化进行研究，成果不凡。1988年《越瓷论集》出版，1990年《古瓷新探》出版。此后《青瓷风韵》《瓷之源——上虞越窑》《瓷国之光》《早期越窑》等书接连出版，至2014年，越窑青瓷系列专著合计出版10余本。这不但巩固了上虞瓷源地位，而且使青瓷文化变得更加饱满和富有魅力。

四、文化讲堂

2010年起，上虞政府部门推出市民讲堂、虞舜讲堂和春晖讲堂，定期安排本地和外请的专家学者讲课。

市民讲堂开办于2010年，由市委宣传部、市文化广电新闻出版局主办，内容有政治理论、政策法规、人文历史、文学艺术、文化旅游、医学保健、家庭教育、技能技巧等多个方面，前后历61讲。

虞舜讲堂是由市委宣传部、市社会科学界联合会和市广播电视总台联合推出的一档电视讲座类栏目，以“服务大众，传播知识，提升素质”为理念，开启于2011年，至2016年已录制播出23讲；同时，编纂《虞舜讲堂》。

春晖讲堂开启于2015年，宗旨是建设春晖文化，传播春晖精神，并以“弘扬传统、开拓视野、提升品质、促进交流”为己任，内容涵盖政治、经济、文化、教育、自然科学、国防军事等多个领域，至2021年已历73讲。

五、节会活动

主要有这样几种形式。

第一是名人纪念会活动。如夏丏尊、马一浮、杜亚泉、陈鹤琴、胡愈之、吴觉农、竺可桢、谢晋等泰斗级虞籍名人，在他们的诞辰举行纪念会。其中，2018年的王充思想学术研讨会由光明日报社、浙江省委宣传部、绍兴市委主办。

第二是兴办文化周活动。像2003年举行首届虞舜文化活动周，其中有《民间传说——梁山伯与祝英台》特种邮票首发式，谢晋、何占豪、傅全香等嘉宾出席的梁祝文化研讨会，“梁祝之夜”大型广场文艺晚会等活动，影响颇大，由政府文化部门主办。

第三是春晖中学校庆，逢“十”庆祝。说是校庆，本质上是上虞的一项重要文化传播节会，影响颇大。

第四是祭舜和举行孝文化节。祭舜始于2011年，至2021年已历11届，起始由政府主办，后多由民间自发举行。孝文化节暨孝女曹娥祭祀始于2017年，是上虞致力于打造孝德文化新高地的重头戏，至2021年已历5届。第5届孝文化节祭祀曹娥大典还破天荒地加入“洋元素”，“洋主播”参与其中，向国际发出中国“好声音”。孝文化节皆由政府主办。其中，第5届孝文化节由浙江省民族宗教事务委员会、浙江省归国华侨联合会、浙江省文化和旅游厅、浙江省文物局指导，由上虞区委、区政府、中国新闻社浙江分社主办。

第五是实施“青蓝工程”。这项工程始于2017年，是对乡贤文化传承的深化与拓展。活动邀请著名乡贤回乡，用自身经历勉励即将赴外地求学的优秀准大学生刻苦学习、追求卓越、不忘家乡、报效国家，促使乡贤精神薪火相传。活动有一项学子宣誓程序，其誓曰：“虞山舜水，是我家乡；孝德贤风，予我滋养；千里将行，山高水长；报效祖国，增荣乡邦；谨以宣誓，永志不忘。”“青蓝工程”由区委宣传部主抓，目前向着“青蓝学友联盟”纵深发展。此外，尚有名目繁多

首届孝文化节祭祀孝女曹娥（陈肖平供）

的体育赛事节会，如曹娥江国际半程马拉松赛、曹娥江国际龙舟大奖赛、世界名校赛艇挑战赛等活动。与此同时，几乎每个乡镇（街道）也都有大小不等的缤纷绚烂的节会呈现，如盖北“野藤”葡萄节、驿亭二都杨梅节、下管“飞越管溪”长三角越野嘉年华、上浦“瓷源·莲”文化节，等等。

六、新时期上虞精神

2012年上虞提炼出“崇孝守信、务实创新”新时期上虞精神。“崇孝”是新时期上虞精神的人文精粹，“守信”是新时期上虞精神的坚实支撑，“务实”是新时期上虞精神的鲜明特质，“创新”是新时期上虞精神的核心内涵。“崇孝守信、务实创新”新时期上虞精神，是上虞人民在漫漫历史长河中生息奋斗、逐步积淀孕育而成的特有的精神品质，全面体现了上虞人文特质、地域特点和时代特征，是一个内涵丰富的有机整体，全方位凝聚了上虞人民的思想精华。2013年新年上班第一天，上虞市委召开全市领导干部会议，动员、教育和部署新时期上虞精神，标志着其从此作为具有上虞辨识度的精神坐标，在虞舜大地传习实践，并成为践行社会主义核心价值观的重要抓手。

诗画娥江

——“一江两岸”呈现的蓬勃生机

曹娥江是上虞人民的母亲河。诗画娥江的本质是通过对曹娥江两岸的精心打理，使之成为“一江两岸、江城一体”，有独特城市辨识度的一道地标性风景线，并以此带动上虞城乡全域大花园、大景区建设，催生整体活力，提升人民生活幸福度。

一、亮丽江景

亮丽江景走过了一条破立并举的道路：先整治清理曹娥江沿线一切有碍观瞻的构筑物和污染源，以禁止采砂、整治岸上和落实“河长制”三个大招还“母亲河”清清底色；然后推出一系列的两岸美化建设，扮亮江景。

“一江两岸”景观建设始于2003年，原称“曹娥江城防工程”，东岸建成十八里亲水型绿色文化长廊，西岸建成十二里亲水型绿色运动长廊，一江两岸，一动一静，相互呼应，建成后获得国家水利风景区荣誉。2011年移地重建以大舜庙为核心，以舜耕群雕、虞舜宗祠、中华孝德馆、风情街等景观为羽翼的中华孝德园的落成，为城区曹娥江

曹娥江景一角（朱胜均供）

西岸凤凰山麓“老曹娥”区块的改造提升吹响进军号。

2012年起上虞实施更高规格、更宽视野的“一江两岸”景观工程。项目范围北起五甲渡大桥，南至舜江大桥（赵家大桥），东依江东路，西临滨江路，全长约为5.6千米，总建设面积超180万平方米，其中绿化面积约135万平方米，总投资10.7亿元，分三期实施，至2021年全面建成。其中，一期工程位于曹娥江三环大桥—四环大桥之间，全长1.8千米，主要景观有城市阳台、金滩戏水、休闲广场等。二期工程位于舜江大桥（赵家大桥）—三环大桥段，全长约为1.7千米，主要景观有游船停靠点、景观绿地、园林小品、活动场地等。三期位于四环大桥和五甲渡大桥之间，全长2.2千米，主要景观有湿地公园化生态改造和绿化带建设、生态护岸建设、曹娥江两岸景观配套工程、沿江夜景专项工程等。“一江两岸”三期景观工程的建成，为游客打造一个24小时活力滨水空间，为塑造上虞“江城一体”新形象，写下了浓墨重彩的一笔。

与此同时，上虞又在曹娥江沿岸布局了娥江书场、文化艺术展示馆、围棋与越剧大师工作室、虞舜书画院、罗步臻艺术馆、非遗展示馆、乡贤馆、e游书吧、娥江影视厅，以及华通体育馆、游泳馆和移地新建的上虞博物馆等设施，进一步浓厚人文气息。

在主城区“一江两岸”样板带动下，随着乡村振兴和新型城镇化的协同推进，城区以外的“一江两岸”建设也如火如荼地展开，从而使城市滨水环境重新达到生态功能、防洪排涝和市民休闲运动三位一体的和谐状态，极大地提升了城市品位。

二、特色小镇

特色小镇是近年兴起的创新经济模式，坐落于“一江两岸”的特色小镇，更是一种“装点此关山，今朝更好看”的江边景观。截至2021年，上虞推进中的特色小镇有12个之多。其中，坐落于“一江两岸”的，从北至南依次有花田小镇、伞艺小镇、e游小镇、孝德文化小镇和青瓷小镇。

花田小镇，又叫上虞杭州湾花田小镇，位于滨海新城，占地200亩，以滨海湿地和四季花海为主题，围绕田园生态风光打造创意农业，项目主要有：杭州湾海上花田景区、海上花田欢乐大世界，花田小镇客厅和风情街区，海上花田度假村等，形成集旅游、产业、栖居、游憩、休闲于一体的产城融合的特色滨海旅游田园小镇。

伞艺小镇，坐落于虞北重镇崧厦街道，是依托“中国伞城”创建起来的特色小镇，规划面积2.5平方千米，2015年被列入绍兴市特色小镇，2019年被列入第四批省级培育类特色小镇名单。

e游小镇，坐落于曹娥街道城乡接合部，规划总面积约2.8平方千米，2015年开始培育，聚焦以游戏、电竞、动漫、影视等为代表的泛娱乐信息经济产业，2016年2月被列入省级特色小镇名录，成为当前浙江78个省级特色小镇之一。近几年，e游小镇以2.0版建设为载体，着力推动数字产业化跨越发展，打造数字文化产业的“中国乌镇”、全省5G产业发展应用先行区。

孝德文化小镇，位于曹娥街道东南首，曹娥老区运河街区两侧，即东至曹娥江，南至朱山头村，西至春晖工业大道，北至萧甬铁路，规划面积约1.2平方千米，总投资达50亿元。小镇整合中华孝德文化、运河文化、民俗文化、非遗文化等，是上虞打造绍兴文创大走廊东段的重要建设点、孝德文化新高地。

青瓷小镇，也叫瓷源小镇，坐落于上浦镇西片环凤凰山区域，规划面积3.2平方千米，主要包括国家考古遗址公园、“上虞青”陶瓷博物馆、国际艺术区、大善小坞村民居、茶禅谷、矿坑酒店及矿脉艺术长廊等六个单元。

“一江两岸”中的特色小镇低碳环保，是形式美与产业美的和谐统一，既得“面子”，又得“里子”，与亮丽江景共同形成“拥江而立、向湾而兴”的城市发展新格局，成为打造“新时代富春山居图”的县域样板，是“绿水青山就是金山银山”理念[①]在上虞生动实践结出的累累硕果。

① 其完整的表述是：“我们既要绿水青山，也要金山银山。宁要绿水青山，不要金山银山，而且绿水青山就是金山银山。”参见中共中央宣传部编《习近平总书记系列重要讲话读本》，学习出版社、人民出版社2016年版，第230页。

结 语

“长风破浪会有时，直挂云帆济沧海。”

上虞区委一届十次全体（扩大）会议提出，“十四五”时期全区经济社会发展的总体要求是：以习近平新时代中国特色社会主义思想为指导，围绕在忠实践行“八八战略”、奋力打造“重要窗口”中勇当排头兵争做优等生要求，立足新发展阶段，贯彻新发展理念，构建新发展格局，推动高质量发展，全面建设高水平“创新强区、品质名城”，打造世界级绿色智造先进区、长三角开放活力新都市、新时代孝德文化传承地，积极探索“四个率先”实现路径，率先走出争创社会主义现代化先行省的区域发展之路，综合实力进入全国百强区前30强，主要经济指标进入全省区（县、市）前10强，并不断争先进位。到2035年，全区综合实力大幅跃升，社会治理能力、文化软实力、公共服务水平、生态环境建设跃上新台阶，地区生产总值突破3000亿元，常住人口人均地区生产总值达到5万美元，率先基本实现高水平现代化，展示“重要窗口”的最美风景。

可以想象，一个人民共同富裕、百姓生活幸福美满、发展层次更高的新上虞，正在向我们走来。

后　记

本书系《浙江文史记忆》丛书分册，遵循编委会行文原则和要求。史实均有规范来源，个别史实说法与丛书其他有关卷可能有所不同，一般取学界已有共识。另外，作为历史记忆类书籍，个别章节中的内容，不免要从网上查阅，参考业内有关专家学者的材料，以得到借鉴启发，但为形式所限，恕不列出参考篇目，诚请见谅。

最后，囿于个人学力、水平所限与现代技术手段掌握方面的缺陷，对于书中存在的不足甚至错误，希望广大读者批评指正。

2022年5月24日

图书在版编目（CIP）数据

浙江文史记忆．上虞卷 / 马志坚著 ；王永昌主编．—杭州 ：浙江人民出版社，2023.3
ISBN 978-7-213-10945-4

Ⅰ．①浙… Ⅱ．①马… ②王… Ⅲ．①文化史-上虞 Ⅳ．①K295.5

中国国家版本馆CIP数据核字(2023)第018134号

浙江文史记忆·上虞卷

ZHEJIANG WENSHI JIYI SHANGYUJUAN

马志坚 著 王永昌 主编

出版发行 浙江人民出版社（杭州市体育场路347号 邮编 310006）
市场部电话:(0571)85061682 85176516

责任编辑 毛江良
助理编辑 徐雨铭
责任校对 陈 春
责任印务 程 琳
封面设计 王 弋 王 芸
电脑制版 杭州兴邦电子印务有限公司
印 刷 杭州富春印务有限公司
开 本 660毫米×960毫米 1/16
印 张 27.75
字 数 358千字
版 次 2023年3月第1版
印 次 2023年3月第1次印刷
书 号 ISBN 978-7-213-10945-4
定 价 108.00元